Das Englische ist eine weltweit verbreitete Sprache, die von über 350 Mio. Menschen als Muttersprache verwendet wird, v. a. in den großen englischsprachigen Ländern Großbritannien, Irland, USA, Kanada, Australien und Neuseeland. Darüber hinaus erfüllt das Englische in vielen Teilen der Welt die Funktion einer Zweitsprache oder Fremdsprache. Hierbei ist besonders zu betonen, dass das Englische kein einheitliches sprachliches System darstellt, sondern zahlreiche Erscheinungsformen aufweist, die sich unter Umständen ganz erheblich von der englischen Standardsprache, wie sie in deutschen Schulen gelehrt wird, unterscheiden können.
Das vorliegende Buch trägt dieser sprachlichen Vielfalt Rechnung. Der Leser erfährt in anschaulichen Grafiken und weiterführenden Texten in einer Einführung Grundsätzliches über Sprache, Wortbildung oder Syntax. Der historische Teil informiert über die Entwicklung vom Altenglischen zum modernen Englisch, und daran anschließend werden regionale Besonderheiten in England, Schottland, Irland und Wales erläutert sowie die Varianten von den USA bis Papua-Neuguinea.

Prof. Dr. Wolfgang Viereck, geb. 1937, ist Inhaber des Lehrstuhls für Englische Sprachwissenschaft und Mediävistik an der Universität Bamberg und hat über 350 Publikationen zu Bereichen dieses Atlas verfasst. Er ist u. a. Präsident des ›Atlas Linguarum Europae‹ sowie der ›International Association of University Professors of English‹.
Dr. Karin Viereck, geb. 1938, hat Arbeiten zum Sprachkontakt und zu geolinguistischen Aspekten veröffentlicht.
Dr. Heinrich Ramisch, geb. 1958, ist Akademischer Oberrat am Lehrstuhl für Englische Sprachwissenschaft und Mediävistik an der Universität Bamberg. Er ist Mitherausgeber des ›Computer Developed Linguistic Atlas of England‹ und arbeitet zur Variation des Englischen, zum Sprachwandel und zum Sprachkontakt.

Werner Wildermuth, geb. 1958, studierte an der Fachhochschule für Gestaltung in Schwäbisch Gmünd und an der Hochschule der Künste in Berlin Visuelle Kommunikation. Seit 1985 arbeitet er als freier Grafiker-Designer und gestaltet für verschiedene Buch- und Zeitschriftenverlage sowie Fernsehanstalten Schul- und Sachbücher sowie Info-Grafiken und Animationen.

In der Reihe ›dtv-Atlas‹ sind bisher erschienen:

Akupunktur, 3232
Anatomie, 3 Bände, 3017, 3018, 3019
Astronomie, 3006
Atomphysik, 3009
Baukunst, 2 Bände, 3020, 3021
Biologie, 3 Bände, 3221, 3222, 3223
Chemie, 2 Bände, 3217, 3218
Deutsche Literatur, 3219
Deutsche Sprache, 3025
Englische Sprache, 3239
Ernährung, 3237
Erste Hilfe, 3238
Informatik, 3230
Mathematik, 2 Bände, 3007, 3008
Musik, 2 Bände, 3022, 3023
Namenkunde, 3234
Ökologie, 3228
Pathophysiologie, 3236
Philosophie, 3229
Physik, 2 Bände, 3226, 3227
Physiologie, 3182
Psychologie, 2 Bände, 3224, 3225
Stadt, 3231
Weltgeschichte, 2 Bände, 3001, 3002

Weitere dtv-Atlanten sind in Vorbereitung

Wolfgang Viereck, Karin Viereck,
Heinrich Ramisch

dtv-Atlas Englische Sprache

Mit 130 Abbildungsseiten in Farbe

Grafiker Werner Wildermuth

Deutscher Taschenbuch Verlag

Originalausgabe
1. Auflage Februar 2002

www.dtv.de

Umschlagkonzept: Balk & Brumshagen
Gesamtherstellung: Druckerei C. H. Beck, Nördlingen
Printed in Germany · ISBN 3-423-03239-1

Vorwort

In diesem Buch legen wir Fakten vor. Es ist dies keine Veröffentlichung über das Für und Wider des Englischen als globale Sprache. Dann hätte man, um ein Beispiel zu geben, sich nicht darauf beschränken dürfen, das zunehmende Gewicht, das dem Englischen heute innerhalb der EU zukommt, darzustellen, sondern man hätte auch auf die Implikationen eingehen müssen, die sich daraus für die anderen relevanten Sprachen ergeben. Ein »English Only«-Standpunkt ist uns fremd! Auch beteiligen wir uns nicht an Spekulationen, die um die Jahrtausendwende regelrecht ins Kraut schießen, wie wohl die englische Sprache am Ende des nächsten Jahrhunderts aussehen könnte. Wie sagte doch der amerikanische Baseballstar Yogi Berra: »Prognosen sind schwierig, besonders wenn sie die Zukunft betreffen!«

Das der Reihe der dtv-Atlanten zugrunde liegende (und bewährte) Schema ist nicht immer leicht einzuhalten. Welche Informationen sind unbedingt erforderlich, auf welche könnte auch verzichtet werden? Hier gab es wiederholt unterschiedliche Auffassungen zwischen den Autoren und dem Verlag.

Unser Manuskript enthielt bei Ablieferung ein Literaturverzeichnis von knapp 500 Titeln mit den entsprechenden Verweisen im Text. Die Verlagslektorin, die mit der Einrichtung des Manuskripts für den Druck befasst war, war jedoch der Meinung, dass eine Popularisierung des Gegenstandes weitgehend ohne wissenschaftliche Dokumentation auskommen sollte. Daher wurde das Literaturverzeichnis rigoros gekürzt, und es entfielen auch sehr viele Verweise im Text.

Frau Dr. Gabriele Knappe von unserem Lehrstuhl und Herr Dr. Sebastian Köppl von der Universitätsbibliothek Bamberg waren treue Begleiter unserer Arbeit. Wir möchten ihnen für ihre Hilfe bei der Literaturbeschaffung und so manchen Hinweis danken.

Heinrich Ramisch ist verantwortlich für die Kapitel bzw. Abschnitte Allgemeine Einführung, Karibik, Afrika, Asien sowie Australien und Neuseeland, für die anderen sind es Wolfgang und Karin Viereck. Möge sich dieser Atlas als nützlich erweisen und eine weite Verbreitung finden.

Bamberg, November 2001 W. V., K. V., H. R.

Inhalt

Abkürzungs- und Symbolverzeichnis

a. a. O.	am angeführten Ort
Adj.	Adjektiv
Adv.	Adverb
ae., Ae.	altenglisch, Altenglisch
afries.	altfriesisch
afrikan.	afrikanisch
afrz.	altfranzösisch
ags.	angelsächsisch
ahd.	althochdeutsch
aind.	altindisch
airan.	altiranisch
Akk.	Akkusativ
allg.	allgemein
am., amerik.	amerikanisch
an., An.	altnordisch, Altnordisch
angl.	anglisch
anorm.	altnormannisch
arch.	archaisch
as.	altsächsisch
AusE	Australian English
ausschl.	ausschließlich
austral.	australisch
austron.	austronesisch
BBC	British Broadcasting Corporation
Bed.	Bedeutung
bes.	besonders
best.	bestimmt(e)
Bev.	Bevölkerung
Bez.	Bezeichnung
brit.	britisch
Bsp.	Beispiel
bzw.	beziehungsweise
ca.	circa
CarE	Caribbean English
chin.	chinesisch
christl.	christlich
dän.	dänisch
Dat.	Dativ
deutl.	deutlich
d. h.	das heißt
dial.	dialektal
Dim.	Diminutiv
dt.	deutsch
Dtl.	Deutschland
EAE	East African English
EDD	English Dialect Dictionary
ehem.	ehemalig(e)
EIL	English as an International Language
einschl.	einschließlich
Einw.	Einwohner
engl.	englisch
ENL	English as a Native Language
ESL	English as a Second Language
estn.	estnisch

et al.	et alii, und andere
etym.	etymologisch
europ.	europäisch
Ew.	Einwohner
Ex.	Exemplar(e)
fem.	feminin
ff.	und die folgenden Seiten
finn.	finnisch
fl.	floruit 'blühte'
fme., Fme.	frühmittelenglisch, Frühmittelenglisch
Fn.	Fußnote
franz., frz.	französisch
GA	General American (Standardaussprache des amerikanischen Englisch)
GB	Großbritannien
gegr.	gegründet
Gen.	Genitiv
genet.	genetisch
germ.	germanisch
got.	gotisch
grammat.	grammatisch
griech.	griechisch
heim.	heimisch
hist.	historisch
Hzm.	Herzogtum
idg.	indogermanisch
Indik.	Indikativ
Inf.	Infinitiv
insb.	insbesondere
insg.	insgesamt
Instr.	Instrumental
it., ital.	italisch, italienisch
J.	Jahr(e)
Jh.	Jahrhundert
Jtsd.	Jahrtausend
Kap.	Kapitel
kath.	katholisch
kelt.	keltisch
km	Kilometer
Konj.	Konjunktiv
LAE	Linguistic Atlas of England
lat.	lateinisch
lautl.	lautlich
LV	Lautverschiebung
lexikal.	lexikalisch
linguist.	linguistisch
literar.	literarisch
log.	logisch
LSS	Linguistic Survey of Scotland
MA	Mittelalter
mask.	maskulin
me., Me.	mittelenglisch, Mittelenglisch
mi	Meile (= 1,609 km)

Mio.	Million(en)
mlat.	mittellateinisch
mod.	modern
Mtgl.	Mitglied(er)
N	Norden
nat.	natürlich
n. Chr.	nach Christus
ne., Ne.	neuenglisch, Neuenglisch
neuseel.	neuseeländisch
nfrz.	neufranzösisch
Nom.	Nominativ
NZE	New Zealand English
O	Osten
o.	oben
OED	Oxford English Dictionary
o. g.	oben genannt
Part.	Partizip
Pers.	Person(al-)
phonet.	phonetisch
phonolog.	phonologisch
Pl.	Plural
pol.	politisch
portug.	portugiesisch
Präp.	Präposition
Präs.	Präsens
Prät.	Präteritum
Pron.	Pronomen
Prov.	Provinz
provenz.	provenzalisch
psych.	psychologisch
rd.	rund
reflex.	reflexiv
reg.	regional
rel.	relativ
relig.	religiös
Rep.	Republik
rom.	romanisch
RP	Received Pronunciation (Standardaussprache des britischen Englisch)
s.	siehe
S.	Seite
S	Süden
SAE	South African English
sard.	sardisch
SAWD	Survey of Anglo-Welsh Dialects
Sb.	Substantiv
schott.	schottisch
SED	Survey of English Dialects
Sg., Sing.	Singular
skand.	skandinavisch

slaw.	slawisch
sog.	so genannt
soz.	sozial
span.	spanisch
spme., Spme.	spätmittelenglisch, Spätmittelenglisch
spr., sprach.	sprachlich
St.	Saint
StE	Standardenglisch
Subst.	Substantiv
s. v.	sub voce, unter dem Stichwort
teilw.	teilweise
trad.	traditionell
u. a.	unter anderem, unter anderen
UN	United Nations, Vereinte Nationen
urspr.	ursprünglich
usw.	und so weiter
u. v. a.	und viele andere
u. zw.	und zwar
v. a.	vor allem
Vb.	Verb
v. Chr.	vor Christus
vergl.	vergleichende
versch.	verschieden(e)
vgl.	vergleiche
W	Westen
WAE	West African English
Wb.	Wörterbuch
wiss.	wissenschaftlich
wörtl.	wörtlich
z.	zentral
z. B.	zum Beispiel
z. T.	zum Teil
>	wird zu
<	entstanden aus
¯	Länge des Vokals (ū)
:	Länge des Vokals (ɑ:) bzw. entspricht
[ ]	phonetische Umschrift
/ /	phonemische/phonologische Umschrift
*	nicht belegte Form
< >	orthographische Konvention
‡	in Opposition zu
' '	('Baum') gerade Anführungszeichen kennzeichnen Übersetzungen bzw. Bedeutungen
( )	Kennzeichnung von sprachlichen Variablen

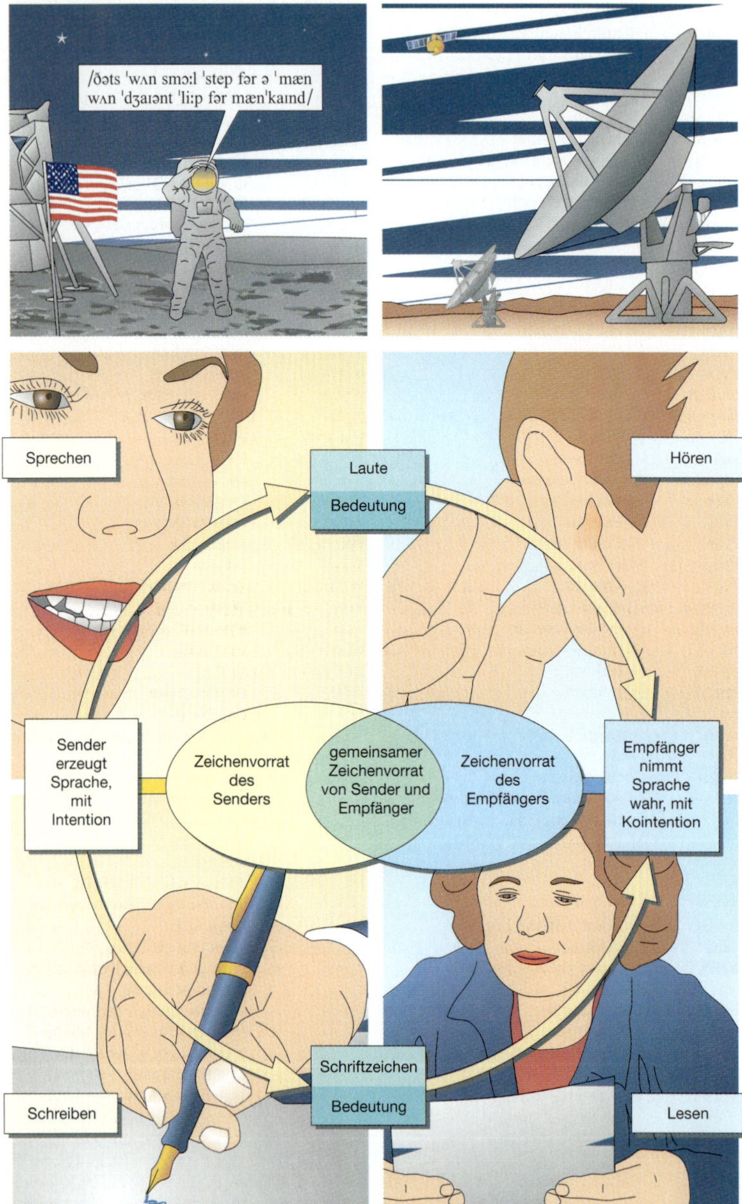

Sprachliche Kommunikation

Die Sprache ist eines der besonderen Wesensmerkmale des Menschen. Mit ihrer Hilfe können sich Menschen untereinander verständigen; sie dient der Übermittlung von Informationen, die sowohl einfach als auch äußerst komplex sein können.
Grundsätzlich gibt es zwei unterschiedliche Verwendungsweisen von Sprache:
– die **gesprochene Sprache** (mit lautlichen Zeichen) und
– die **geschriebene Sprache** (mit grafischen Zeichen).
Die gesprochene Sprache ist das primäre Medium; sie wird im Kindesalter aus einem natürl. Kommunikationsbedürfnis heraus erworben. Der Erwerb der geschriebenen Sprache erfolgt später, üblicherweise im schul. Unterricht. Die grundlegendere Rolle der gesprochenen Sprache zeigt sich ferner darin, dass viele Sprachen nur in gesprochener Form existieren und dass die verschiedenen Schriftsysteme – zumindest ursprünglich – von der gesprochenen Sprache ausgehen.
Mit der gesprochenen und geschriebenen Sprache ergeben sich für den Sprachbenutzer unterschiedl. Verwendungsmöglichkeiten.
Die gesprochene Sprache ist im Allg. spontan, situationsabhängig und vergeht sofort. Bei der geschriebenen Sprache hat man die Gelegenheit zum Überlegen und zu Veränderungen; sie ist weniger situationsabhängig, und sie bleibt bestehen.
Entsprechendes gilt für die **Sprachwahrnehmung**. Wie beim Schreiben hat man auch beim Lesen die Möglichkeit, einen Text langsam und beliebig oft zu lesen, was beim Hören normalerweise nicht der Fall ist. Auf der anderen Seite spielen in der gesprochenen Sprache Aspekte wie Betonung, Sprechtempo und Lautstärke eine wichtige Rolle, die in der geschriebenen Sprache nicht oder nur umständlich wiedergegeben werden können.

Kommunikationsmodell
Sprachliche Kommunikation lässt sich anschaulich in einem **Modell** darstellen (Abb.).
Der **Sender** (Sprecher oder Schreiber) macht Äußerungen mit einer best. Intention in einer best. sprachlichen Form (Laute oder Schriftzeichen). Die sprachl. Formen sind Träger von Bedeutungen.
Der auf die Kommunikation eingestellte Empfänger (Hörer oder Leser) nimmt die Äußerungen (Laute oder Schriftzeichen) des Senders wahr.
Das **Ziel der Kommunikation,** die Übermittlung von Information, ist erreicht, wenn die sprachl. Formen bei Sender und Empfänger als Zeichen den gleichen Inhalt ausdrücken.
Zeichen ist hier zu verstehen als die Kombination von Lauten/Schriftzeichen + zugeordneter Bedeutung.
Der **Zeichenvorrat** muss beim Sender und Empfänger – wenigstens teilweise – gleich sein, damit eine Informationsübertragung stattfinden kann.
Des Weiteren lassen sich folgende allg. charakterist. Merkmale von Sprache feststellen:
– Arbitrarität: Sprache ist **arbiträr** (willkürlich). Die Verbindung einer best. Lautfolge mit einer best. Bedeutung ist willkürlich, d. h., es besteht kein kausaler Zusammenhang zwischen beiden und die Zuordnung könnte auch eine andere sein.
So erscheint im Englischen für die Vorstellung 'Baum' die Lautfolge /tri:/, im Deutschen jedoch die Lautfolge /baʊm/. Eine Ausnahme bilden die Onomatopoesien (Lautmalereien), wie z. B. *bow-wow, cock-a-doodle-do*, die nicht willkürlich sind.
Die Willkürlichkeit in der Sprache wird überwunden durch **sprachl. Konventionalität,** d. h., innerhalb einer Sprachgemeinschaft sind die Beziehungen zwischen Lautfolge und Bedeutung durch Konventionen geregelt. Der Sprecher einer Sprache muss diese kennen bzw. erlernen.
– Dualität: Sprache lässt sich in zwei Strukturebenen unterteilen. Die erste Ebene bilden die Laute. Sie haben für sich genommen noch keine Bed. Jedoch sind sie die Elemente für die zweite Ebene. Ihre Funktion besteht darin, dass sie durch Kombination untereinander Einheiten bilden, die eine best. Bed. tragen. Die Einheiten, die von sich aus eine Bedeutung haben, bilden die zweite Ebene.
So haben die Laute /t/, /r/ und /i:/ im Englischen für sich genommen noch keine Bedeutung. Erst wenn man sie miteinander kombiniert, ergibt sich die bedeutungsvolle Einheit /tri:/ *(tree)*.
Der Vorteil der Dualität von Sprache besteht darin, dass eine große Zahl von bedeutungsvollen Einheiten mit einer relativ kleinen Zahl von Elementen gebildet werden kann.
So gibt es z. B. in der Standardaussprache des brit. Englisch *(Received Pronunciation)* 44 bedeutungsdifferenzierende Laute (Phoneme), mit denen viele Tausende bedeutungsvolle Einheiten (Wörter) gebildet werden können.
– Produktivität: Als Sprecher einer Sprache kann man Äußerungen produzieren, die vorher noch nie gemacht wurden. Die Zahl der mögl. Äußerungen ist unendlich. Jedoch ist die Produktion von sprachl. Äußerungen nicht beliebig, sondern unterliegt best. Regeln (vgl. z. B. die Wortstellungsregeln im Englischen).
– Komplexität: Sprache ist ein umfangreiches, kompliziertes System mit histor. Relik-

A Aussprache des postvokalischen /r/ in *arm* in modernen englischen Dialekten

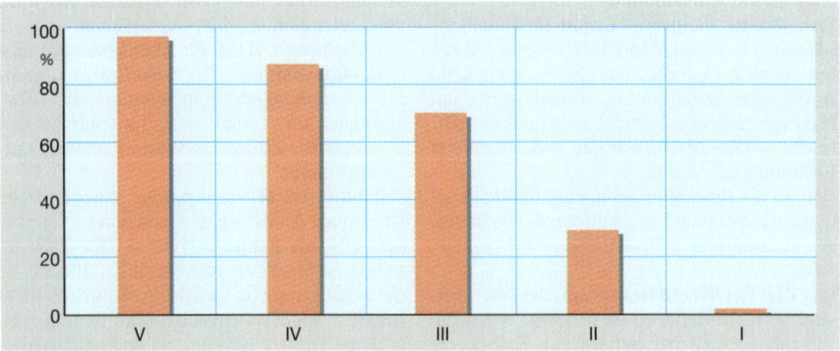

B 3. Person Singular Präsens ohne *-s* in Norwich nach sozialer Schicht

ten, grammatikal. Besonderheiten, Ausnahmen von Regeln oder unlog. Erscheinungen (vgl. z. B. die Pluralbildung *child – children*).

– **Redundanz:** Innerhalb der Sprache treten dieselben Informationen mehrfach auf, d. h., Sprache ist in diesem Sinne nicht vollkommen ökonomisch.

Vgl. z. B. das zweifache Erscheinen des Plurals in ***two** houses* oder die doppelte Markierung der Vergangenheit in dem Satz *She went to Manchester **yesterday.***

Variation in der Sprache

Spricht man von Sprachen, wie z. B. *dem* Englischen, *dem* Deutschen, so ist dies eine Abstraktion von der Wirklichkeit. Der tatsächliche Gebrauch von Sprache ist gebunden an best. soziolog. zu definierende Gruppen, sog. Sprechergemeinschaften. Aufgrund unterschiedl. Sprechergemeinschaften existieren versch. **Formen einer Sprache (Sprachvarietäten)**.

Das Englische ist kein einfaches, einheitl. sprachl. System, das von allen Englischsprechenden auf ein und dieselbe Weise benutzt wird.

Diese Tatsache wird u. a. dem Fremdsprachenlerner bes. deutlich, wenn er bei einem Besuch im englischsprachigen Ausland Probleme hat, die örtliche Varietät des Englischen zu verstehen.

Für die Variation im Englischen sind versch. Faktoren relevant, auf deren Grundlage man best. Varietätsklassen unterscheiden kann. So gibt es:

– **regionale Varietäten,** z. B. unterscheidet sich das schott. Englisch von der Sprachform des Englischen in England,

– **soziale Varietäten,** z. B. das Sprachverhalten der unteren Mittelschicht gegenüber anderen sozialen Schichten, und

– **ethnische Varietäten,** die mit der ethn. Zugehörigkeit der Sprecher in Zusammenhang stehen, z. B. die Sprachform der afro-amerikan. Bevölkerung in den USA.

– **Registerspezifische Varietäten** erklären sich durch die unterschiedl. Tätigkeitsgebiete der Sprecher. Bereiche wie Justiz, Medizin, Handwerk oder Fußball haben ihren eigenen, typ. Sprachgebrauch.

– **Stilspezifische Varietäten** ergeben sich durch die unterschiedl. Stellung der Kommunikationspartner zueinander. Dies äußert sich in einem unterschiedl. Formalheitsgrad in der Sprache.

Man wählt in einem Gespräch mit einer Person, die einem nicht so nahe steht (Unbekannter, Vorgesetzter), üblicherweise eine formellere Varietät, während man mit einer wohl vertrauten Person (Freund, Familienmitglied) eine informellere Sprechweise bevorzugt.

So gehört z. B. der Ausdruck *the person to whom I wrote* einem formellen Sprechstil an. Der gleiche Inhalt lässt sich aber auch informell ausdrücken: *the chap I wrote to.*

Wie viele Varietäten des Englischen sich unterscheiden lassen, hängt im Wesentlichen von der Zielsetzung einer Untersuchung ab und davon, wie detailliert eine Analyse sein soll. Im Grunde gibt es unendlich viele Varietäten, mit Bezug auf Personen so viele, wie es Individuen gibt. Jeder Einzelne hat seinen für ihn typischen Sprachgebrauch (**Idiolekt**).

Aus Analysezwecken und aus Gründen der Übersichtlichkeit werden verschied. Varietätsklassen beschrieben, obwohl in Wirklichkeit Sprachvarietäten in verschiedenster Weise voneinander abhängen und zusammenwirken.

So gibt es z. B. in England ein enges Verhältnis zwischen regionaler und sozialer Sprachvariation (s. S. 102).

Darüber hinaus ließen sich neben den oben genannten Faktoren noch weitere nennen wie **Geschlecht, Alter** oder **Religion**, die ebenso einen wichtigen Einfluss auf sprachl. Variation nehmen können.

Ein bes. Unterscheidungsmerkmal für regionale Sprachvarietäten des Englischen ist die Aussprache des sog. postvokalischen /r/ in Wörtern wie *bar* oder *barn*.

Varietäten, in denen das postvokalische /r/ ausgesprochen wird, werden auch als *rhotisch* bezeichnet und Varietäten, in denen es nicht realisiert wird, als *nicht-rhotisch.*

Die Karte (Abb. A) zeigt als Beispiel die Aussprache des postvokal. /r/ in *arm* in engl. Dialekten. In den meisten Regionen Englands wird heute das postvokal. /r/ nicht ausgesprochen. Gleiches gilt für die brit. Standardaussprache. Die Realisation mit /r/ findet sich insbes. noch im Südwesten und auch in einem kleineren Gebiet im Nordwesten (Lancashire).

Früher war die Aussprache des postvokal. /r/ weiter verbreitet (vgl. hierzu S. 82), sie ist aber im Laufe der Zeit immer weiter zurückgegangen.

Als Bsp. für **soziale Sprachvariation** kann der Gebrauch der 3. Person Sg. Präsens ohne *-s* Endung (z. B. *she go, he say*) in Norwich dienen (Abb. B). Die Häufigkeit der Verwendung solcher Formen ist abhängig von der sozioökonom. Schicht der Sprecher. Während das Merkmal in der höchsten sozialen Schicht I *(middle middle-class)* überhaupt nicht auftritt (0%), ist es in der untersten sozialen Schicht V *(lower working-class)* extrem häufig (97%). Die Werte für die anderen sozialen Schichten liegen entsprechend dazwischen.

Bereich	Untersuchungsgegenstand
Phonetik / Phonologie	Laute und ihre Funktion
Morphologie	Wörter und ihre Bestandteile
Syntax	Sätze und ihre Bestandteile
Semantik	Bedeutung von sprachlichen Einheiten
Lexik	Wortschatz und seine Strukturen

A Teildisziplinen (sprachliche Ebenen) der Linguistik

gesprochene Texte (300)	Dialoge (180)	privat (100)	persönliche Gespräche (90) Telefongespräche (10)
		öffentlich (80)	Unterrichtsstunden (20) Diskussionen in Rundfunk/Fernsehen (20) Interviews in Rundfunk/Fernsehen (10) Debatten im Parlament (10) Befragungen vor Gericht (10) geschäftliche Unterredungen (10)
	Monologe (100)	schriftlich nicht niedergelegt (70)	spontane Kommentare (20) freie Reden (30) Vorführungen (10) juristische Vorträge (10)
		schriftlich niedergelegt (30)	Vorträge in Rundfunk/Fernsehen (20) Reden (nicht in Rundfunk/Fernsehen) (10)
	vermischt (20)		Nachrichten in Rundfunk/Fernsehen (20)
geschriebene Texte (200)	nicht gedruckt (50)	nicht beruflich (20)	Aufsätze [Schüler/Studenten] (10) Prüfungsarbeiten [Schüler/Studenten] (10)
		Korrespondenz (30)	private Briefe (15) Geschäftsbriefe (15)
	gedruckt (150)	fachwissen-schaftlich (40)	Geisteswissenschaften (10) Sozialwissenschaften (10) Naturwissenschaften (10) Technik (10)
		nicht fachwissen-schaftlich (40)	Geisteswissenschaften (10) Sozialwissenschaften (10) Naturwissenschaften (10) Technik (10)
		Reportagen (20)	Pressereportagen (20)
		Anleitungen (20)	Verwaltung/Verordnungen (10) Fachkenntnisse/Hobbies (10)
		meinungs-bildend (10)	Leitartikel (10)
		kreativ (20)	Romane/fiktionale Literatur (20)

B Aufbau des *International Corpus of English* (ICE) mit Anzahl der Texte in Klammern

Bei der wiss. Beschäftigung mit Sprache ergeben sich versch. Teilgebiete, je nachdem welcher Aspekt von Sprache untersucht wird. Nach der traditionellen Einteilung unterscheidet man die folgenden 5 Teildisziplinen (sprachlichen Ebenen):
Phonetik/Phonologie (Lautlehre), **Morphologie** (Formenlehre), **Syntax** (Satzlehre), **Semantik** (Bedeutungslehre) und **Lexikologie** (Wortschatzlehre).
Prinzipiell kann in der Sprachwissenschaft zwischen einer synchronen und einer diachronen Betrachtungsweise unterschieden werden. Innerhalb der **synchronen** Linguistik wird Sprache zu einem bestimmten Zeitpunkt untersucht (z. B. das heutige Englisch oder das Englisch der Shakespeare-Zeit). Dabei wird das zu diesem Zeitpunkt bestehende **System** analysiert, ohne auf vorausgehende oder nachfolgende Veränderungsprozesse einzugehen.
Im Gegensatz dazu ist bei der **diachronen** Linguistik der Faktor »Zeit« mit eingeschlossen. Sprache wird in ihrer histor. Entwicklung untersucht, z. B. die lautlichen Veränderungen im Englischen von der Shakespeare-Zeit bis heute.
Für die sprachwiss. Forschung gilt, dass die Synchronie der Diachronie vorausgeht. Für eine diachrone Untersuchung ist es zunächst notwendig, die einzelnen aufeinander folgenden synchronen Sprachzustände zu analysieren, bevor eine histor. Entwicklung nachgezeichnet werden kann.
Neben den o. g. Teildisziplinen lassen sich weitere Teilbereiche der Linguistik unterscheiden:
Die **Geolinguistik (Areallinguistik)** untersucht die regionale Variation in einer Sprache, einschl. der traditionellen Dialekte.
Die **Soziolinguistik** analysiert das sprachl. Verhalten in versch. sozialen Gruppen und Schichten.

Beide Richtungen werden in der einschlägigen Literatur zum Englischen häufig unter dem Begriff **dialectology** (Dialektologie) zusammengefasst.

Die **Psycholinguistik** beschäftigt sich mit der Abhängigkeit der Sprache von psych. Faktoren.

Untersucht wird u. a. der Zusammenhang zwischen Sprache und Denken, die psycholog. Realität von linguist. Hypothesen, die Psychologie des Spracherwerbs sowie Sprachstörungen.

Die **Pragmalinguistik** untersucht die Bedeutung und Wirkung von sprachl. Äußerungen und deren Verwendung in versch. Kommunikationssituationen. Durch die Einbeziehung von außersprachl. Faktoren wie Situation, Sprecherrolle, Sprecherabsicht usw. wird die soziale Dimension sprachl. Handelns hervorgehoben.
Gegenstand der **Textlinguistik** sind die bes. Merkmale und Strukturen von gesprochenen und geschriebenen Texten, wobei insbes. satzübergreifende Phänomene berücksichtigt werden.
Die **historische Linguistik** widmet sich der Analyse früherer Sprachstufen (Alt-, Mittel- und Frühneuenglisch) und beschreibt den geschichtl. Wandel der Sprache.
Die **Etymologie** untersucht die Geschichte und Herkunft von Wörtern sowohl hinsichtlich der Form als auch der Bedeutung.
Im Rahmen der **kontrastiven Linguistik** werden 2 oder mehrere Sprachen auf synchroner Basis miteinander verglichen, um Gemeinsamkeiten und Unterschiede zwischen den sprachl. Systemen herauszuarbeiten.

Die Ergebnisse können einerseits für sprachtypolog. Studien verwendet werden. Andererseits kann die kontrastive Linguistik für den Fremdsprachenunterricht nutzbringend eingesetzt werden, da vor allem die Bereiche, in denen die Sprachen Unterschiede aufweisen, eine potenzielle Fehlerquelle für den Fremdsprachenlerner darstellen.

Daneben gibt es Gebiete, die dem Bereich der **angewandten Linguistik** zuzurechnen sind, wie z. B. Linguistik und Fremdsprachenunterricht, Übersetzungswissenschaft, Sprachheilkunde (Logopädie) oder die Neurolinguistik, hier bes. die Erforschung der Aphasie (Sprachverlust).
Eine der wichtigsten Entwicklungen der letzten Jahre ist der Einsatz der **elektronischen Datenverarbeitung** innerhalb der Linguistik. Durch die heutige Computertechnologie gibt es die Möglichkeit, große Textsammlungen **(Textkorpora)** elektron. zu speichern und nach linguist. Gesichtspunkten schnell und präzise zu analysieren. Ein bedeutendes Projekt für die Untersuchung der versch. Sprachformen des Engl. weltweit ist das **International Corpus of English** (ICE), mit dem 1990 begonnen wurde und das 20 Teilkorpora aus folg. Ländern/Regionen umfasst:
Australien, Fidschi, Ghana, Großbritannien, Hongkong, Indien, Irland, Kamerun, Kanada, Karibik, Kenia, Malawi, Neuseeland, Nigeria, Philippinen, Sierra Leone, Singapur, Südafrika, Tansania, USA.
Jedes Teilkorpus folgt dem gleichen Grundschema (s. Abb. B) mit 500 Texten (gesprochen und geschrieben) und jeweils 2000 Wörtern (insges. 1 Mio. Wörter).

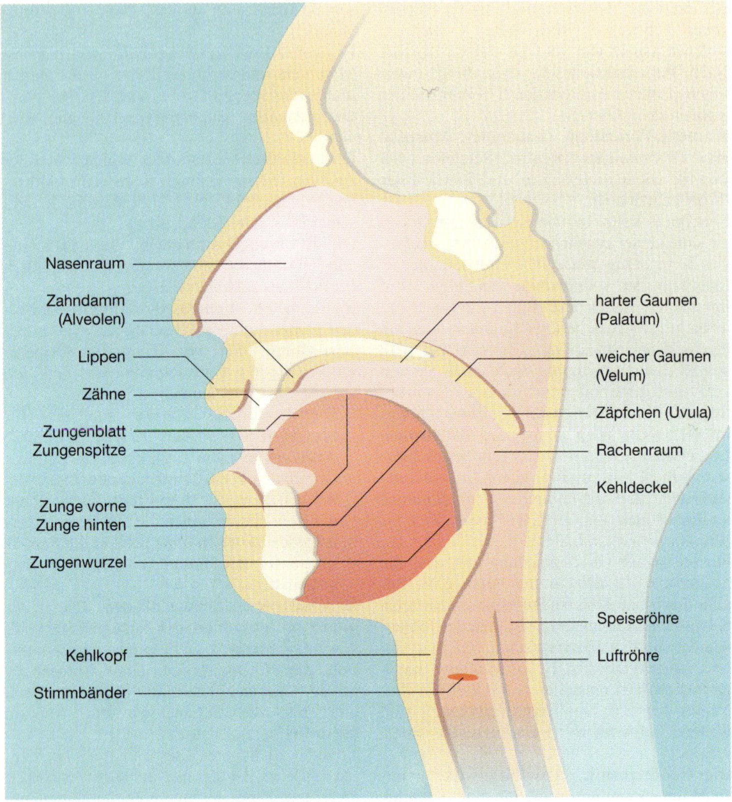

A Die menschlichen Sprechorgane

Artikulationsort / Artikulationsart	bilabial	labiodental	dental	alveolar	postalveolar	palatoalveolar	palatal	velar	glottal
Plosive	p b			t d				k g	
Affrikaten						tʃ dʒ			
Frikative		f v	θ ð	s z		ʃ ʒ		[x]	h
Nasale	m			n				ŋ	
Laterale				l					
Approximanten	w				r		j		

B Konsonanten im Englischen (RP)

Aus physikal. Sicht manifestiert sich gesprochene Sprache in Schallwellen, die von einem Sprecher produziert und von einem Hörer wahrgenommen werden. Dementsprechend lassen sich innerhalb der Phonetik drei Teilbereiche unterscheiden:

Die **artikulatorische Phonetik** untersucht, wie die versch. Laute vom Sprecher und dessen Sprechorganen produziert werden.

Die **akustische Phonetik** analysiert die Laute nach deren physikal. Eigenschaften (Dauer, Frequenz, Intensität).

Die **auditive Phonetik** untersucht, wie die Laute vom Hörer wahrgenommen und identifiziert werden.

Physikal. gesehen sind keine 2 Laute völlig gleich. Die Realisierung eines Lautes erfolgt vielmehr im Rahmen einer gewissen Bandbreite. So kann z. B. der Vokal in dem Wort *cat* phonet. recht unterschiedl. realisiert werden (z. B. kürzer/länger, offener/geschlossener, lauter/leiser); dies wirkt sich jedoch nicht negativ auf die Wahrnehmung des Wortes aus.

Man unterscheidet grundsätzl. Sprachlaute konsonant. und vokal. Typs.

Bei **Konsonanten** besteht im Artikulationsraum ein Hindernis (Enge oder Verschluss), so dass die Luft nicht ungehindert austreten kann. Akust. gesehen bilden Konsonanten keine harmon. Schwingung, sondern enthalten eine Geräuschkomponente.

Bei **Vokalen** besteht im Artikulationsraum kein Hindernis. Die Luft kann ungehindert austreten. Zudem sind Vokale stimmhaft, d. h., die Stimmbänder vibrieren. Aus akust. Sicht enthalten Vokale keine Geräuschkomponente, sondern bilden eine harmon. Schwingung.

Bei der phonet. Beschreibung von Konsonanten sind sowohl die Stelle, an der sich das Hindernis befindet (der **Artikulationsort**), als auch die Art, wie das Hindernis überwunden wird (die **Artikulationsart**), zu berücksichtigen.

Für die engl. Konsonanten sind folgende Artikulationsorte relevant:

bilabial (Ober- und Unterlippe), *labiodental* (Unterlippe und obere Schneidezähne), *dental* (Zunge und obere Schneidezähne), *alveolar* (Zunge und Alveolen = Zahndamm), *post-alveolar* (Zunge und hinterer Teil der Alveolen), *palato-alveolar* (gegen harten Gaumen gehobene Zunge und Alveolen), *palatal* (Zunge und harter Gaumen), *velar* (Zunge und weicher Gaumen), *glottal* (Stimmritze am Kehlkopf).

Bei den Artikulationsarten unterscheidet man: *Plosive* oder *Verschlusslaute* (plötzliche Öffnung eines Verschlusses), *Frikative* oder *Reibelaute* (Luft wird durch eine Engstelle gepresst, was ein Geräusch verursacht), *Affrikaten* (Kombination aus Verschluss- und Reibelaut), *Nasale* (Luftstrom entweicht durch die Nase) und *Laterale* (Luftstrom entweicht seitlich vom Hindernis).

Eine bes. Gruppe bilden im Englischen die so genannten *Approximanten* (/w/, /r/, /j/), die aus phonet. Sicht eher vokal. Charakter haben, da sie typischerweise ohne Reibung artikuliert werden und auch keine Geräuschkomponente enthalten.

Aus funktionaler Sicht handelt es sich aber vielmehr um Konsonanten, da sie wie diese nicht im Silbenzentrum, sondern am Silbenrand erscheinen.

Neben Artikulationsort und Artikulationsart unterscheiden sich Konsonanten hinsichtlich der **Artikulationsintensität (fortis – lenis).** Fortiskonsonanten werden mit einem höheren Grad an Muskelspannung und einem rel. starken Luftstrom artikuliert. Bei Leniskonsonanten ist die Muskelspannung geringer und der Luftstrom schwächer.

Ein weiteres Unterscheidungskriterium ist die **Stimmhaftigkeit**. Bei **stimmhaften Konsonanten** vibrieren die Stimmbänder, bei **stimmlosen Konsonanten** nicht. Fortiskonsonanten sind stimmlos; Leniskonsonanten sind im Englischen je nach lautl. Umgebung stimmhaft oder ganz oder teilw. stimmlos.

Bei der phonet. Beschreibung von **Vokalen** berücksichtigt man:

1. die **Mundöffnung** (Abstand zwischen Gaumen und Zunge). Man unterscheidet zwischen geschlossenen, halb geschlossenen, halb offenen und offenen Vokalen;
2. die **Stellung der Zunge**. Je nachdem welcher Teil der Zunge gehoben wird, unterscheidet man zwischen Vorder-, Mittel- und Hinterzungenvokal;
3. die **Lippenstellung**. Sie ist gespreizt, neutral oder gerundet;
4. die **Dauer**. Es gibt Kurz- und Langvokale.

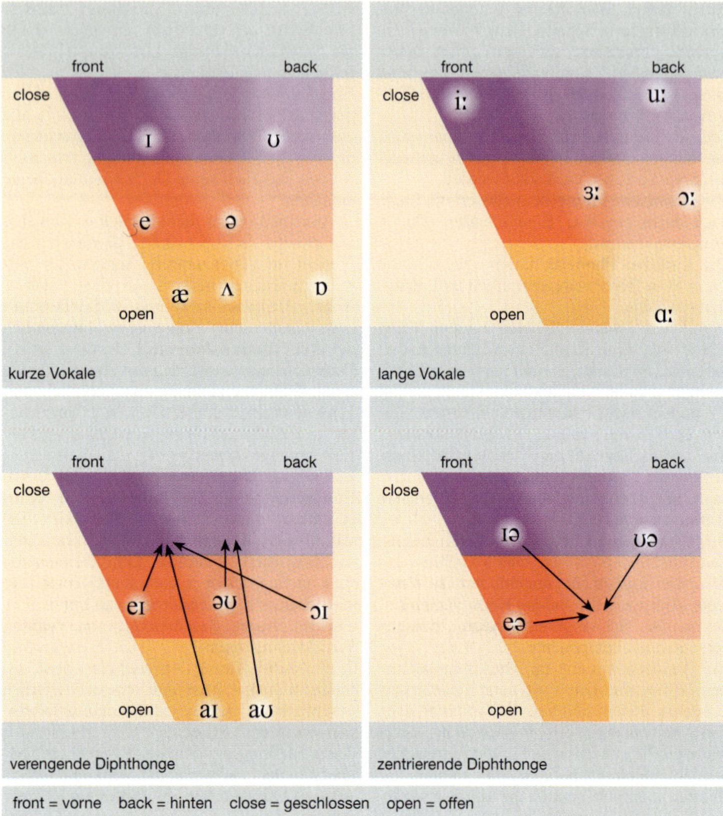

A Vokale im Englischen (RP)

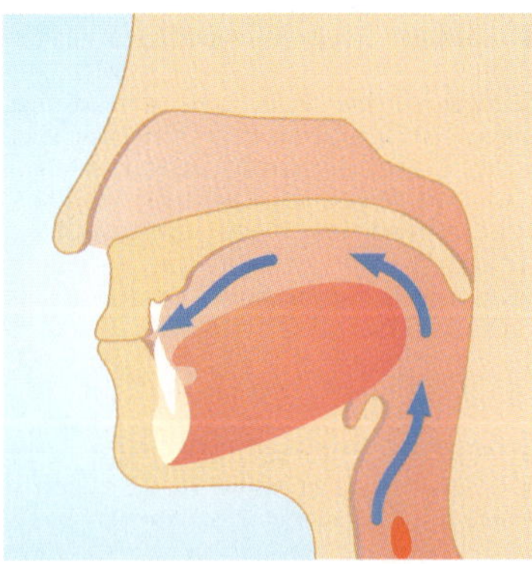

B Artikulation von /p, b/

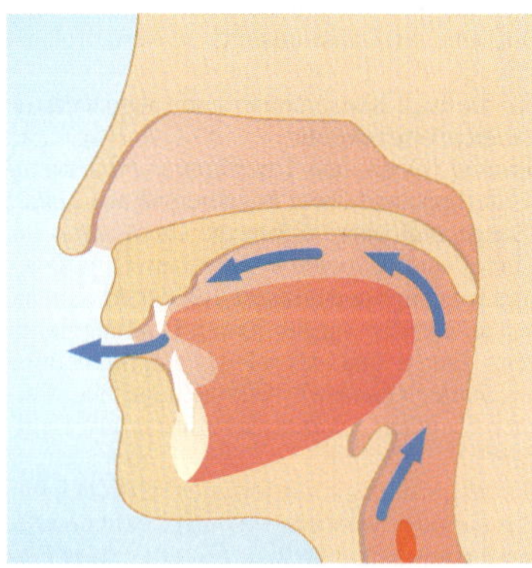

C Artikulation von /θ, ð/

Mundöffnung und Zungenstellung lassen sich anschaulich durch die Positionierung in einem **Vokaldiagramm** (Vokaltrapez) darstellen (Abb. A). Hierbei bezieht sich die vertikale Ebene auf die Mundöffnung (offen – geschlossen) und die horizontale Ebene auf die Stellung der Zunge (vorne – hinten). Nach den genannten Kriterien lässt sich z. B. /iː/ (wie in *see*) als ein geschlossener Vorderzungenvokal beschreiben, der zudem lang und gespreizt ist. /ɒ/ (wie in *hot*) ist dagegen ein kurzer, offener Hinterzungenvokal, der mit gerundeten Lippen ausgesprochen wird.
Bei den **Diphthongen** handelt es sich um Gleitvokale, die an einer bestimmten Position beginnen und deren Lautqualität sich in Richtung eines anderen Vokals verändert. Die Diphthonge im Englischen verändern ihre Lautqualität in Richtung /ɪ, ʊ, ə/.
Als Arbeitsgebiet behandelt die **Phonetik** die Erzeugung, Übermittlung und Wahrnehmung von Lauten. Sie ist bemüht, eine genaue materielle Analyse und Beschreibung der einzelnen Laute zu geben. Die kleinste Einheit in der Phonetik heißt **Phon**. Als Symbol für Phone benutzt man eckige Klammern [ ].

Im Gegensatz dazu beschäftigt sich die **Phonologie** mit der Funktion der Laute im Sprachsystem. Sie untersucht die Laute in einer Sprache im Hinblick auf ihre bedeutungsdifferenzierende Funktion. Die kleinste Einheit ist das **Phonem** (kleinste bedeutungsdifferenzierende Einheit). Als Symbol für Phoneme verwendet man Schrägstriche / /.
Zur Ermittlung von Phonemen benutzt man den **Minimalpaartest**. Minimalpaare sind Wortpaare, die sich nur in einem Laut an der gleichen Position unterscheiden. Im Englischen bilden z. B. die Wörter *pin* [pɪn] und *bin* [bɪn] ein Minimalpaar. Durch die Lautveränderung wird eine Bedeutungsveränderung bewirkt. Hieraus folgt, dass die Laute [p] und [b] eine bedeutungsdifferenzierende Funktion im Sprachsystem haben und somit Phoneme dieser Sprache sind (/p/ und /b/).
In der Standardaussprache des brit. Englisch (RP) unterscheidet man insgesamt 44 Phoneme (20 Vokalphoneme und 24 konsonant. Phoneme), die folgende Häufigkeit aufweisen:

ə	10.74%	ɔː	1.24%
ɪ	8.33%	uː	1.13%
e	2.97%	ʊ	0.86%
aɪ	1.83%	ɑː	0.79%
ʌ	1.75%	aʊ	0.61%
eɪ	1.71%	ɜː	0.52%
iː	1.65%	eə	0.34%
əʊ	1.51%	ɪə	0.21%
æ	1.45%	ɔɪ	0.14%
ɒ	1.37%	ʊə	0.06%

Vokale insgesamt: 39.21%

n	7.58%	b	1.97%
t	6.42%	f	1.79%
d	5.14%	p	1.78%
s	4.81%	h	1.46%
l	3.66%	ŋ	1.15%
ð	3.56%	g	1.05%
r	3.51%	ʃ	0.96%
m	3.22%	j	0.88%
k	3.09%	dʒ	0.60%
w	2.81%	tʃ	0.41%
z	2.46%	θ	0.37%
v	2.00%	ʒ	0.10%

Konsonanten insgesamt: 60.78%

Phoneme sind abstrakte Einheiten, die sich auf das Sprachsystem beziehen. Sie werden in der Sprache realisiert durch Phone. Die verschiedenen Realisationen eines Phonems bezeichnet man als **Allophone.**
Ein gutes Beispiel für verschiedene Realisationen eines Phonems bietet das Phonem /l/ im Englischen. Es besitzt hauptsächlich zwei Allophone, das helle [l] und das dunkle [ɫ]. Das helle [l] steht vor Vokalen, wie z. B. in *leave, let.* Das dunkle [ɫ] erscheint am Wortende nach einem Vokal, wie etwa in *pull, fill.* Die beiden *l*-Laute unterscheiden sich phonetisch deutlich voneinander. Sie haben aber im Englischen keine bedeutungsdifferenzierende Funktion, d. h., es lassen sich keine Minimalpaare finden, die auf einer Opposition zwischen hellem [l] und dunklem [ɫ] beruhen. Sie sind demnach Allophone des Phonems /l/.
Die Verteilung der Allophone von /l/ ist abhängig von der lautlichen Umgebung. Man spricht in diesem Fall von **komplementärer Distribution**. Dies bedeutet, dass in einer bestimmten Lautumgebung nur helles [l] erscheint, während in einer anderen Lautumgebung nur dunkles [ɫ] vorkommt. Somit ergänzen sich die Allophone gegenseitig und schließen sich gegenseitig aus.
Im Gegensatz dazu gibt es auch **freie Varianten** eines Phonems. Im Englischen kann das Phonem /r/ verschieden realisiert werden, wodurch sich keine Bedeutungsunterscheidung ergibt. Die unterschiedliche Realisation ist aber nicht abhängig von der lautlichen Umgebung. Man nennt diese Allophone freie Varianten des Phonems /r/. Die unterschiedliche Aussprache von /r/ im Englischen steht jedoch mit bestimmten regionalen und sozialen Faktoren in Zusammenhang.
Bei einem kontrastiven Vergleich der phonetisch-phonologischen Systeme des Englischen und Deutschen lassen sich die **Schwierigkeiten für deutsche Lerner** bei der Aussprache des Englischen näher bestimmen.
Probleme gibt es zunächst bei **Phonemen**, die im Deutschen **nicht existieren**, wie bei /θ, ð/, die häufig durch /s, z/ ersetzt werden. Bes. schwierig sind die Fälle, in denen dentale und

RP, Received Pronunciation	GA, General American			
■	■	p	*pen*	/pen/
■	■	b	*bed*	/bed/
■	■	t	*tea*	/tiː/
■	■	d	*day*	/deɪ/
■	■	k	*key*	/kiː/
■	■	g	*get*	/get/
■	■	tʃ	*cheap*	/tʃiːp/
■	■	dʒ	*joy*	/dʒɔɪ/
■	■	f	*fat*	/fæt/
■	■	v	*vat*	/væt/
■	■	θ	*thing*	/θɪŋ/
■	■	ð	*this*	/ðɪs/
■	■	s	*soon*	/suːn/
■	■	z	*zip*	/zɪp/
■	■	ʃ	*ship*	/ʃɪp/
■	■	ʒ	*pleasure*	/ˈpleʒə/
■	■	h	*hat*	/hæt/
■	■	m	*meat*	/miːt/
■	■	n	*nice*	/naɪs/
■	■	ŋ	*king*	/kɪŋ/
■	■	l	*lip*	/lɪp/
■	■	r	*right*	/raɪt/
■	■	w	*win*	/wɪn/
■	■	j	*yet*	/jet/

nicht-phonemische Symbole:

RP, Received Pronunciation	GA, General American			
■	■	i	*happy*	/ˈhæpi/
			react	/riˈækt/
■	■	u	*influenza*	/ɪnfluˈenzə/
			to each	/tu ˈiːtʃ/

RP, Received Pronunciation	GA, General American			
■	■	ɪ	*pit*	/pɪt/
■	■	e	*pet*	/pet/
■	■	æ	*pat*	/pæt/
■		ɒ	*pot*	/pɒt/
■	■	ʌ	*putt*	/pʌt/
■	■	ʊ	*put*	/pʊt/
■	■	ə	*about*	/əˈbaʊt/
■	■	iː	*bean*	/biːn/
■		ɑː	*barn*	/bɑːn/
	■	ɑː	*barn*	/bɑːrn/
■		ɔː	*born*	/bɔːn/
	■	ɔː	*born*	/bɔːrn/
■	■	uː	*boon*	/buːn/
■		ɜː	*burn*	/bɜːn/
	■	ɜː	*burn*	/bɜːrn/
■	■	eɪ	*bay*	/beɪ/
■	■	aɪ	*buy*	/baɪ/
■	■	ɔɪ	*boy*	/bɔɪ/
■		əʊ	*no*	/nəʊ/
	■	oʊ	*no*	/noʊ/
■	■	aʊ	*now*	/naʊ/
■		ɪə	*peer*	/pɪə/
■		eə	*pair*	/peə/
■		ʊə	*pure*	/pjʊə/
	■	ɚ	*mother*	/ˈmʌðɚ/
			(»r-coloured schwa«)	

RP, Received Pronunciation	GA, General American			
	■	t̬	*better*	/ˈbet̬ɚ/
			(»flapped /t/« im GA)	

Konsonanten und Vokale im britischen (RP) bzw. amerikanischen (GA) Englisch

alveolare Reibelaute in Kombination auftreten, wie z. B. in *months* (/-θs/) oder *clothes* (/-ðz/).
Da im deutschen Phoneminventar /w/ nicht vorhanden ist, besteht die Neigung, den Unterschied zwischen /w/ und /v/ zu neutralisieren, so dass Wörter wie *west* und *vest* gleich ausgesprochen werden.
Ausspracheprobleme entstehen auch dadurch, dass **Phoneme** in beiden Sprachen **unterschiedlich realisiert** werden.
Das Phonem /r/ ist im Englischen ein reibungsloser Dauerlaut, während es im Deutschen meist als gerolltes Zäpfchen-[ʁ] oder auch als gerolltes Zungen-[r] artikuliert wird.
Da im Deutschen kein dunkles [ɫ] vorhanden ist, wird ein helles [l] bei der Aussprache des Englischen in allen Positionen verwendet, z. B. auch in *pull* oder *fill*.
Im Bereich der Vokalphoneme besteht ein typisches Problem für deutsche Lerner darin, nicht deutlich zwischen /e/ und /æ/ zu trennen. Beide Laute werden häufig mit dem im Deutschen vorkommenden Laut /ɛ/ verwechselt, mit der Folge, dass zwischen Wörtern wie *bed* /bed/ und *bad* /bæd/ nicht mehr unterschieden wird.

Die wichtigsten **Aussprachestandards des Englischen** sind die **Received Pronunciation (RP)** und das **General American (GA).**
RP ist innerhalb Englands eine Ausspracheform, die keine Rückschlüsse auf die regionale Herkunft eines Sprechers zulässt. Vielmehr zeigt sie an, dass der Sprecher einer höheren Gesellschafts- und Bildungsschicht angehört. Aus diesem Grund verfügt RP über ein bes. soziales Prestige. Außerhalb Großbritanniens wird RP als ein brit. Akzent identifiziert.
Hist. betrachtet entwickelte sich RP aus dem Sprachgebrauch von London und Umgebung. Die polit. und wirtschaftl. dominierende Hauptstadt und nicht zuletzt der königliche Hof waren sprachl. bes. einflussreich. Im 19. Jh. waren es vor allem die großen Privatschulen *(Public Schools)*, die RP als überregionale und schichtenspezifische Ausspracheform etablierten.
Im 20. Jh. trugen Radio und Fernsehen zur weiteren Verbreitung von RP bei. Da bei der BBC zunächst ausschließlich RP-Sprecher eingesetzt wurden, wurde RP auch bald als *BBC English* bezeichnet. Andere Namen wie *Queen's English*, *Oxford English* drücken ebenso das bes. soziale Ansehen dieser Ausspracheform aus.
In den letzten Jahrzehnten hat die Bedeutung von RP – auch in Radio und Fernsehen – deutlich abgenommen. Der Gebrauch des Standardenglischen mit einer Aussprache, die regionale Merkmale enthält, wird mehr und mehr akzeptiert.
RP dient aber nach wie vor als Aussprachenorm im **Fremdsprachenunterricht**. Ein bes. Vorteil des RP-Akzents ist, dass er aufgrund seines überregionalen Charakters allg. verständlich ist. Ferner gilt er als gebildete Sprachform des Englischen, die ein hohes soziales Prestige genießt.

Die Standardaussprache des amerikan. Englisch wird als **General American (GA)** bezeichnet. Diese Ausspracheform wird von einer großen Zahl von Amerikanern benutzt, die in ihrer Sprache keine bes. regionalen Merkmale eines *eastern* oder *southern accent* benutzen. Da GA in Rundfunk und Fernsehen weit verbreitet ist, wird dieser Aussprachestandard auch als *Network English* bezeichnet.

Wichtige **Unterschiede zwischen RP und GA**:
Das wohl auffälligste Merkmal im GA ist die Verwendung von /r/, phonet. realisiert als ein reibungsloses retroflexes [ɻ]. Im RP-Akzent kommt /r/ nur in Verbindung mit einem nachfolgenden Vokal vor (z. B. *right*, *sorry*). Im GA gibt es eine solche Beschränkung nicht, d. h., /r/ erscheint sowohl am Wortende (z. B. *car*, GA /kɑ:r/, aber RP /kɑ:/) als auch vor einem Konsonanten (z. B. *cart*, GA /kɑ:rt/, aber RP /kɑ:t/).
Die Realisation von /t/ zwischen zwei Vokalen (wie z. B. in *city*) ist verschieden. An dieser Position wird im GA ein kurzer, stimmhafter Verschlusslaut [t̬] verwendet. Die Lautkombinationen /tj, dj, nj/ im RP-Akzent werden im GA als einfaches /t, d, n/ realisiert (*tune* /tu:n/, *duty* /ˈdu:t̬i/, *new* /nu:/).
Im Vokalbereich kommt im GA der Laut /ɒ/ nicht vor. An dessen Stelle tritt meistens /ɑ:/, wie z. B. in *lot*. In anderen Fällen kann aber auch /ɔ:/ verwendet werden, vor allem wenn ein stimmloser Reibelaut folgt, wie z. B. in *cross*, *cough*.
Der unterschiedl. Gebrauch von /r/ im GA hat auch zur Folge, dass die Diphthonge /ɪə, eə, ʊə/ im GA nicht erscheinen. An deren Stelle tritt im GA eine Kombination aus Vokal plus /r/ wie in *near* /nɪr/, *square* /skwer/, *cure* /kjʊr/.
Ein weiteres typ. Merkmal des GA ist ebenso der Gebrauch von /æ/ anstelle von /ɑ:/ in Wörtern wie *past*, *laugh* u. a.

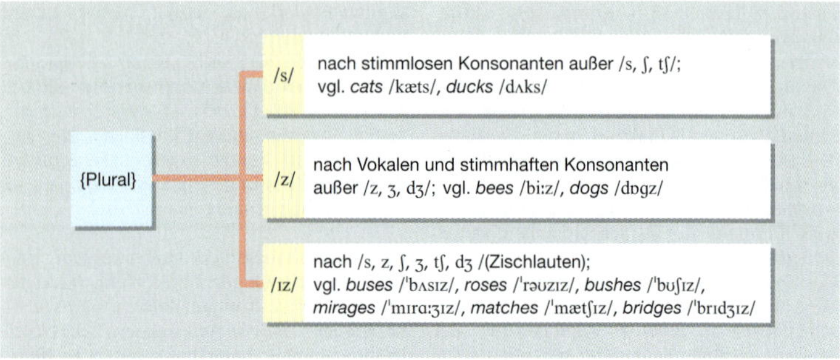

A Allomorphe des Pluralmorphems im Englischen (phonologisch bedingt)

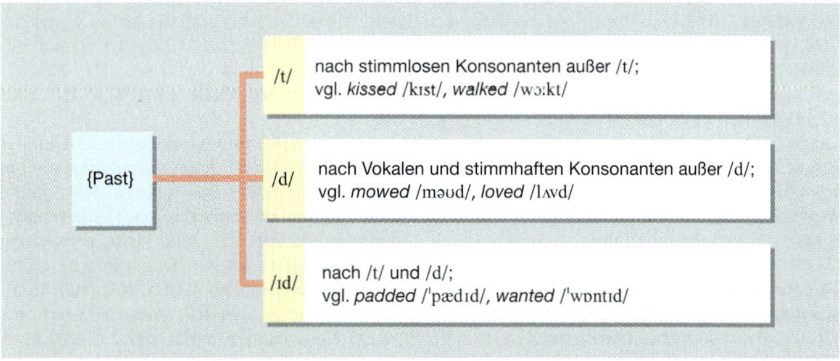

B Allomorphe des Vergangenheitsmorphems im Englischen (phonologisch bedingt)

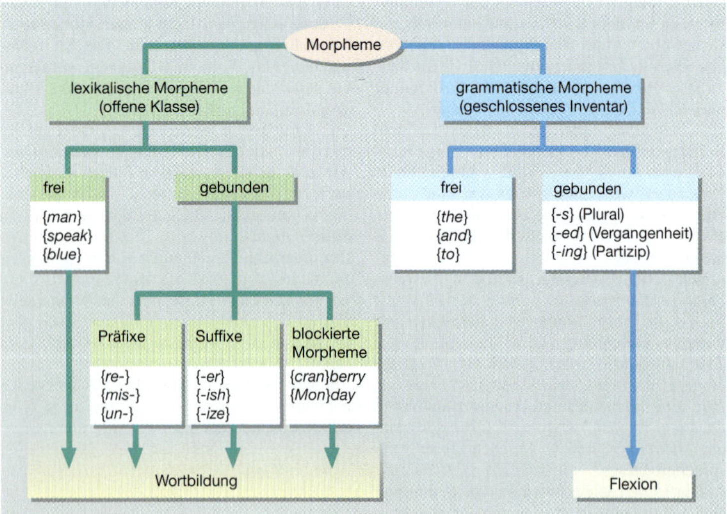

C Typen von Morphemen

Morphologie und Syntax sind nach traditionellem Verständnis Teilbereiche der **Grammatik**. Während sich die Syntax mit der grammat. Struktur von Sätzen beschäftigt, analysiert die Morphologie die grammat. Struktur von Wörtern.

Von zentraler Bedeutung ist innerhalb der Morphologie der Begriff **Morphem**, der als die **kleinste bedeutungstragende Einheit** der Sprache definiert ist. Morpheme werden in geschweiften Klammern { } geschrieben.

Das engl. Wort *farmers* besteht z. B. aus drei Morphemen: {farm}, {-er}, {Plural} ({-er} kennzeichnet in diesem Fall eine handelnde Person, vgl. *driv**er**, sing**er***). Die genannten Einheiten lassen sich nicht noch weiter in kleinere bedeutungstragende Einheiten unterteilen.

Ähnlich wie Phoneme sind Morpheme abstrakte Einheiten, die auf der lautlichen Ebene konkret durch versch. **Allomorphe** realisiert werden. Morpheme können folglich auch als Klassen von Morphen aufgefasst werden.

Die Verteilung der Allomorphe kann **phonologisch bedingt** sein, wie dies u. a. beim Pluralmorphem im Englischen der Fall ist. Ob /s/, /z/ oder /ɪz/ als lautliche Realisierung des Plurals erscheint, ist abhängig vom vorausgehenden Laut (Abb. A).

Sie kann ebenso **morphologisch bedingt** sein.

So ist die Verwendung von *-en* /ən/ in der Pluralform *oxen* abhängig vom Morphem {ox}.

Im Englischen gibt es ferner den Fall, dass das Pluralmorphem zwar auf der Bedeutungsebene vorhanden ist, aber formal nicht realisiert wird, wie z. B. bei *(two) sheep* (Pl.). Hier spricht man von einem **Nullallomorph**. Nullallomorphe finden sich im Englischen auch beim Pastmorphem, z. B. bei *hit* oder *put*.

Morpheme können aufgrund ihrer Funktion und Verteilung versch. Klassen zugeordnet werden. Grundsätzlich kann zwischen lexikal. und grammat. Morphemen unterschieden werden.

Lexikalische Morpheme bezeichnen Inhalte aus der realen oder ideellen Welt, z. B. {boy}, {house}. Sie sind **autosemantisch**, d. h., sie verfügen auch außerhalb eines bestimmten Kontextes über eine erkennbare Bedeutung und sind somit lexikal. autonom. Sie bilden eine offene Klasse, d. h., es können noch weitere, neue lexikal. Morpheme in die Sprache aufgenommen werden.

Grammatische Morpheme hingegen drücken allgemeine grammat. Funktionen aus (z. B. Plural oder Zeitform) oder regeln syntakt. Beziehungen, wie dies etwa Präpositionen oder Konjunktionen tun. Sie sind **synsemantisch**, d. h., sie entwickeln erst in Verbindung mit anderen (lexikal.) Morphemen ihren eigentl. Sinn und sind somit lexikal. nicht autonom. Grammat. Morpheme bilden in der Regel ein geschlossenes Inventar, das nicht beliebig erweitert werden kann. Im Einzelfall kann es zu gewissen Schwierigkeiten bei der Abgrenzung zwischen lexikal. und grammat. Morphemen kommen, nicht zuletzt, weil verschiedene Kriterien für die Unterscheidung herangezogen werden.

Weiterhin kann man zwischen freien und gebundenen Morphemen unterscheiden.

Freie Morpheme können allein und selbstständig im Satz auftreten. Sie haben damit gleichzeitig die Eigenschaft, Wörter zu sein.

Gebundene Morpheme können nur in Verbindung mit anderen Morphemen auftreten.

Die gebundenen lexikal. Morpheme dienen der Wortbildung. Sie werden auch als **Derivationsmorpheme** bezeichnet.

Eine Sonderstellung nehmen die **blockierten** oder **unikalen Morpheme** ein, die nur in einer einzigen Wortbildung vorkommen, z. B. {rasp} in *raspberry.*

Die gebundenen grammat. Morpheme dienen der Flexion. Sie heißen daher auch **Flexionsmorpheme.**

Ein Teilbereich, der ebenfalls zur Morphologie gehört, ist die **Wortbildung.** Es gehört zum dynam. Charakter einer natürlichen Sprache, dass ständig neue Wörter gebildet werden, um damit bestimmte »neue« Inhalte zu benennen. Man denke hier nur an die vielen Neuschöpfungen im Bereich des Computerwesens, z. B. *laptop, notebook, desktop publishing.*

Die Bildung neuer lexikal. Einheiten in einer Sprache erfolgt nach bestimmten Grundprinzipien und Regeln, die von der **Wortbildungslehre** untersucht werden. Für das Englische sind insbes. folgende Wortbildungsmechanismen relevant:

Präfigierung: Ein Präfix wird einem Basiswort vorangestellt, z. B. ***re**fill, **mis**fortune, **un**happy.*

Suffigierung: Ein Suffix wird an ein Basiswort angehängt, z. B. *driv**er**, fool**ish**, central**ize**.*

Konversion (Nullableitung): Wechsel der Wortart ohne Formveränderung, z. B. *love* (Verb) – *love* (Nomen) oder *daily* (Adjektiv) – *daily* (Nomen).

Komposition: Wortbildung aus zwei Basiswörtern, z. B. *blackbird, car park, duty-free.*

Rückableitung: Wortbildung, bei der ein Wort, das aus einem Basiswort und einem echten oder vermeintlichen Suffix besteht, um das Suffix gekürzt wird, z. B. to *baby-sit* (aus *baby-sitter*), to *burgle* (aus *burglar*).

höchste Ebene:	Sätze (*sentences*)	*The children smiled when their grandmother arrived.* bestehen aus einem oder mehreren Gliedsätzen
	Gliedsätze (*clauses*)	*The children smiled* | *when their grandmother arrived.* bestehen aus einer oder mehreren Phrasen
	Phrasen (*phrases*)	*The children* | *smiled* | *when* | *their grandmother* | *arrived.* bestehen aus einem oder mehreren Wörtern
	Wörter (*words*)	*The* | *children* | *smiled* | *when* | *their* | *grandmother* | *arrived.* bestehen aus einem oder mehreren Morphemen
unterste Ebene:	Morpheme (*morphemes*)	{*the*} {*child*}{Plural} {*smile*}{Past} {*when*} {*their*} {*grand*}{*mother*} {*arrive*}{Past}

A Die grammatische Hierarchie

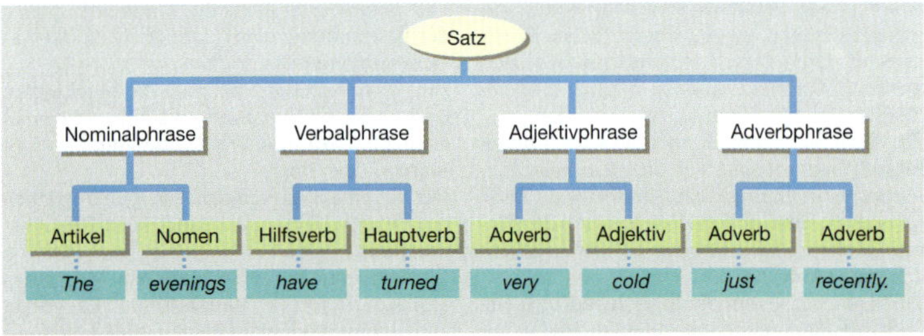

B Strukturbaum eines einfachen Satzes

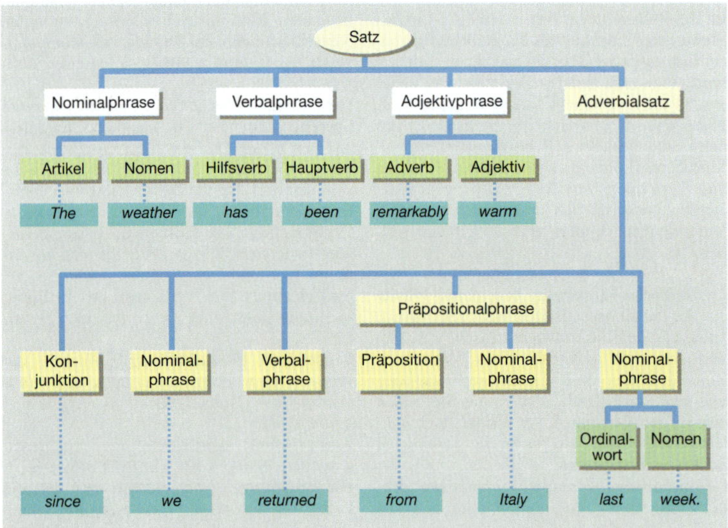

C Strukturbaum eines komplexen Satzes

Weitere Wortbildungstypen im Englischen: **Wortverschmelzungen**, z. B. *smog* (aus *smoke* und *fog*), motel (aus *motor* und *hotel*).
Verdoppelungen, z. B. *goody-goody, walkie-talkie.*
Wortkürzungen, z. B. *phone* aus *telephone, flu* aus *influenza.*
Initialwörter (Akronyme): Zusammensetzung der Anfangsbuchstaben eines längeren Ausdrucks zu einem Wort, z. B. *Aids (acquired immune deficiency syndrome), BBC (British Broadcasting Corporation).*

Syntax

Die **Syntax** untersucht allgemein die Beziehungen zwischen den einzelnen Elementen eines **Satzes.** Dabei finden sowohl formale als auch funktionale Aspekte Berücksichtigung.
In der Regel wird das **Wort** als kleinste syntakt. Einheit betrachtet. Jedoch bestehen Sätze nicht einfach aus Wörtern, sondern Wörter können zu größeren Einheiten, nämlich Phrasen, zusammengefasst werden, die die unmittelbaren Bestandteile von Sätzen bilden.
Eine **Phrase** ist also eine syntakt. Einheit, die aus einem oder mehreren Wörtern besteht, aber selbst keinen Satzcharakter besitzt, d. h. nicht aus Subjekt und Prädikat besteht.
Die meisten Phrasen enthalten ein zentrales Element, einen Kern (engl. **head**), der aus funktionaler Sicht die gesamte Phrase ersetzen kann und daher syntakt. von bes. Bedeutung ist. In dem Satz *The youngest child of my cousin is seriously ill* bildet *the youngest child of my cousin* eine Phrase (hier in der Funktion des Subjekts). Das Kernelement in dieser Phrase ist *child*, das stellvertretend für die ganze Phrase als Subjekt verwendet werden kann: *The child is seriously ill.*
Im Englischen lassen sich fünf Arten von Phrasen unterscheiden:
Nominalphrase mit einem Nomen oder Pronomen als Kern *(the clever little boy, she),*
Verbalphrase mit einem Vollverb als Kern *(will be reading, loves),*
Adjektivphrase mit einem Adjektiv als Kern *(really nice, ugly),*
Adverbphrase mit einem Adverb als Kern *(very slowly, quickly)* und
Präpositionalphrase, bestehend aus einer Präposition und einer Nominalphrase *(to him, in the country).*
Der **Gliedsatz** *(clause)* steht in der grammat. Hierarchie zwischen den Ebenen Phrase und Satz. Typ. Kennzeichen für einen Gliedsatz ist seine Struktur aus Subjekt und Prädikat.
Ein **Satz** *(sentence)* besteht minimal aus einem Gliedsatz (auch **einfacher Satz**, Abb. B) oder aber aus mehreren Gliedsätzen. Sind mehrere Gliedsätze Bestandteil eines Satzes, kann grundsätzlich zwischen zwei Arten der Verbindung unterschieden werden, Koordination und Subordination.
Bei der **Koordination** (Gleichordnung) werden zwei oder mehrere Gliedsätze aneinander gefügt, die syntakt. gleichrangig sind. Charakterist. Merkmal für die Koordination ist der Gebrauch von gleichordnenden Konjunktionen (Verbindungswörtern) wie *and, or* oder *but: It was Christmas Day and the snow lay thick on the ground.*
Bei der **Subordination** (Unterordnung) stehen zwei oder mehrere Gliedsätze in Verbindung, die syntakt. gesehen nicht gleichrangig sind; diese Struktur bezeichnet man als **komplexen Satz** (Abb. C). Als Verbindungselemente werden unterordnende Konjunktionen wie *because, that, since, although* verwendet. Syntakt. nicht gleichrangig bedeutet, dass der untergeordnete Satz nicht unabhängig ist, sondern vielmehr die Funktion eines Satzglieds im übergeordneten Satz übernimmt.
In dem Satz *The weather has been remarkably warm since we returned from Italy last week* erfüllt der untergeordnete Gliedsatz *since ... last week* die Funktion einer adverbialen Bestimmung im übergeordneten Satz (daher auch der Name *Adverbialsatz*). Die gleiche syntakt. Funktion könnten Phrasen, wie etwa *just recently, since last Friday* übernehmen: *The weather has been remarkably warm just recently.*
In dem Satz *I noticed that he spoke English with an Australian accent* hat der untergeordnete Satz *that ... accent* die Funktion eines direkten Objekts und könnte durch Phrasen, wie z. B. *his accent, it* ersetzt werden: *I noticed his accent.*
Die in Abb. A aufgeführte grammatische Hierarchie stellt eine vereinfachte Wiedergabe der Beziehungen zwischen den einzelnen syntakt. Einheiten dar. Wie oben erwähnt, enthält eine Präpositionalphrase eine Präposition und eine Nominalphrase. Umgekehrt kann auch eine Präpositionalphrase Bestandteil einer Nominalphrase sein, wie z. B. die Präpositionalphrase *at the college* in der Phrase *some students at the college.* Phrasen können sehr komplexe Strukturen sein. Rein theoretisch können Phrasen sogar unendlich lang sein, weil immer die Möglichkeit einer Erweiterung besteht. So kann auch die genannte Nominalphrase beliebig erweitert werden: *some students at the college on the other side of the park at the north end of ...* usw.
Ebenso können Sätze theoret. unendlich lang sein, weil immer die Möglichkeit gegeben ist, einen weiteren Gliedsatz anzuschließen.

Ein gutes Beispiel hierfür ist das engl. Kinderlied ›The House That Jack Built‹, in dem durch wiederholtes Hinzufügen eines

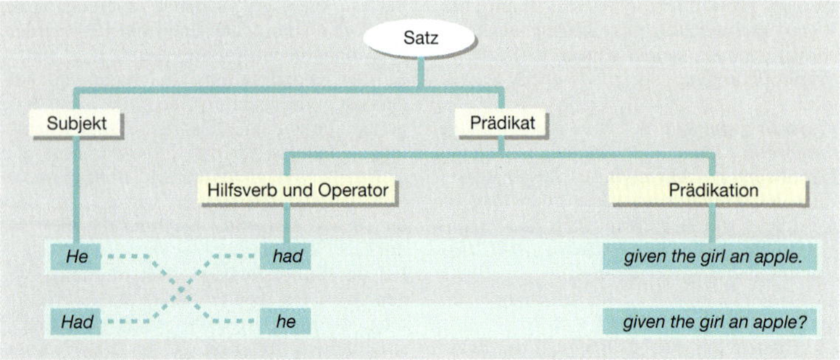

A Funktionale Struktur eines einfachen Satzes

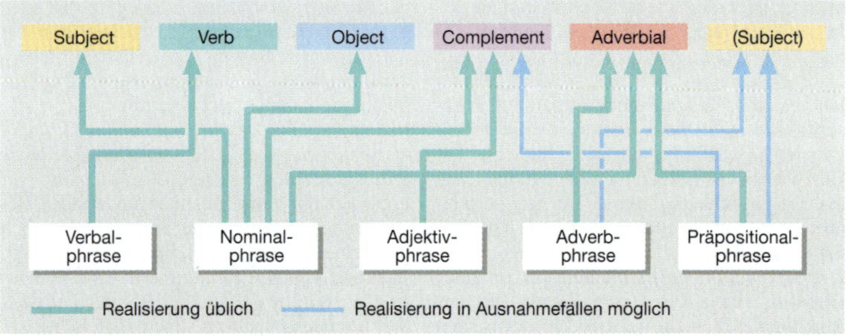

B Phrasen als funktionale Satzelemente

	Subject	Verb	Object(s)	Complement	Adverbial
Typ S V	*Someone*	*was laughing*			
Typ S V O	*My mother*	*enjoys*	*parties*		
Typ S V C	*The country*	*became*		*totally independent*	
Typ S V A	*I*	*have been*			*in the garden*
Typ S V O O	*Mary*	*gave*	*the visitor* / *a glass of milk*		
Typ S V O C	*Most people*	*consider*	*these books*	*rather expensive*	
Typ S V O A	*You*	*must put*	*all the toys*		*upstairs*

C Satztypen im Englischen

Gliedsatzes die Gesamtstruktur verlängert wird:

This is the house that Jack built. This is the malt that lay in the house that Jack built. This is the rat that ate the malt that lay in the house that Jack built. This is the cat that killed the rat that ate the malt that lay in the house that Jack built usw.

Wörter als Bestandteile von Phrasen werden aufgrund best. syntakt., morpholog. und semant. Kriterien verschied. Wortarten zugeordnet. Auch hier gibt es prinzipiell geschlossene und offene Klassen: Bei einer geschlossenen Klasse ist die Zahl der Elemente begrenzt, während eine offene Klasse durch neue lexikal. Einheiten erweitert werden kann.

Man unterscheidet folgende geschlossene Wortklassen für das Englische:

Präpositionen *(prepositions) of, without, in spite of,*

Pronomen *(pronouns) he, anybody, which,*

Begleiter *(determiners) the, every, some,*

Konjunktionen *(conjunctions) and, when, although,*

Modalverben *(modal verbs) can, must, will,*

Primärverben *(primary verbs) be, have, do.*

Offene Wortklassen sind:

Substantive *(nouns) John, room, play,*

Adjektive *(adjectives) happy, new, large,*

Vollverben *(full verbs) search, grow, play,*

Adverbien *(adverbs) steadily, completely, really.*

Darüber hinaus gibt es noch zwei weitere Wortkategorien, die sowohl Merkmale einer offenen als auch einer geschlossenen Klasse aufweisen:

Zahlwörter *(numerals) one, two, first* und **Interjektionen** *(interjections) oh, ah, ugh.*

Aus funktionaler Sicht können Sätze in verschiedener Weise analysiert werden. Eine traditionelle Unterteilung teilt einen einfachen Satz in zwei Hauptteile, in **Subjekt** und **Prädikat** (Abb. A).

Eine solche Analyse nimmt nicht primär Bezug auf die syntakt. Anordnung der einzelnen Elemente, sondern vielmehr auf die übliche Informationsstruktur einer Aussage. Das Subjekt ist häufig der Teil des Satzes, der den **Satzgegenstand** beschreibt und der als bekannt vorausgesetzt wird. Die Rolle des Prädikats besteht darin, über den Satzgegenstand etwas auszusagen **(Satzaussage)**.

Eine für das Englische bes. relevante Unterteilung des Prädikats ist die Trennung zwischen dem **Operator** und der **Prädikation.** Als Operator fungiert im Englischen das erste (oder das einzige) Hilfsverb. Es steht direkt nach dem Subjekt.

Der Operator spielt eine zentrale Rolle bei der Bildung von Fragen (Abb. A). So kann durch einfache Vertauschung von Subjekt und Operator ein Aussagesatz in einen Fragesatz umgeformt werden. Auch bei der Verneinung ist der Operator von bes. Bedeutung. Das Verneinungselement *not* steht direkt hinter dem Operator: *He had not* (oder *hadn't*) *given the girl an apple.*

Ist in einem Aussagesatz kein Hilfsverb und damit auch kein Operator enthalten, erscheint in dem entsprechenden Fragesatz oder im verneinten Satz eine Form von *do*, die die Funktion des Operators übernimmt: *They like to go abroad. Do they like to go abroad? They do not (don't) like to go abroad.* Die übliche funktionale Analyse unterscheidet insgesamt fünf Satzelemente im Englischen, nämlich **Subjekt** *(Subject)*, **Verb** *(Verb)*, **Objekt** *(Object)*, **Komplement** *(Complement)* und **Adverbial** *(Adverbial).*

Die konkrete Realisierung der einzelnen Elemente kann dabei sehr unterschiedlich sein. So kann ein Komplement (eine nähere Ergänzung zum Subjekt oder Objekt) durch eine Nominalphrase realisiert werden (z. B. *He is* ***a good student****.)* oder aber durch eine Adjektivphrase (z. B. *She is* ***very pretty****.*).

Die einzelnen Phrasen können versch. Funktionen übernehmen (Abb. B):

Verbalphrasen können nur in der syntaktischen Funktion 'Verb' verwendet werden.

Nominalphrasen sind in vierfacher Weise verwendbar, als Subjekt, Objekt, Komplement und als Adverbial.

Die Verwendung von **Adjektivphrasen** beschränkt sich auf die Funktion 'Komplement'.

Adverbphrasen werden normalerweise als Adverbiale gebraucht. In bes. Fällen können sie auch in der Subjektfunktion erscheinen (***Slowly*** *is exactly how he speaks.*).

Präpositionalphrasen werden in der Regel als Adverbiale gebraucht (*He lives* ***in London****.*). Sie können aber auch als Komplement (*She is* ***in good health****.)* oder als Subjekt (***On Tuesday*** *will be fine.)* verwendet werden.

Auch Gliedsätze können versch. syntakt. Funktionen erfüllen. Neben der Funktion 'Objekt' und 'Adverbial' (s. o.) kann ein Gliedsatz ebenso die Subjektsfunktion übernehmen: ***That she answered the question correctly*** *pleased him enormously.*

Auf der Basis der fünf funktionalen Satzelemente kann man sieben grundlegende Satztypen im Englischen unterscheiden (Abb. C). Sie bestehen aus zwei, drei oder vier Elementen. Nur die Elemente finden Berücksichtigung, die in den jeweiligen Satzmustern obligatorisch sind. Die angegebenen Satzmuster bilden die Grundlage für alle übrigen Satztypen im Englischen.

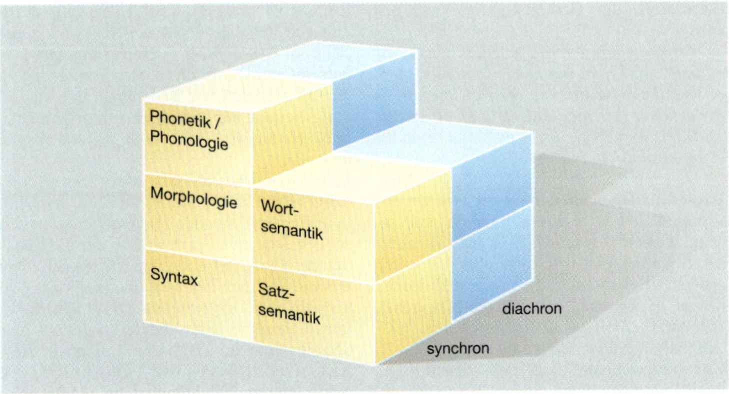

A Die Semantik im Verhältnis zu anderen Teildisziplinen der Linguistik

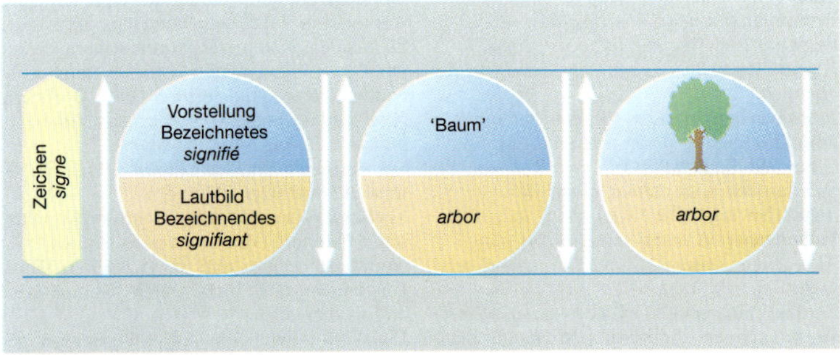

B Das Zeichenmodell von F. de Saussure

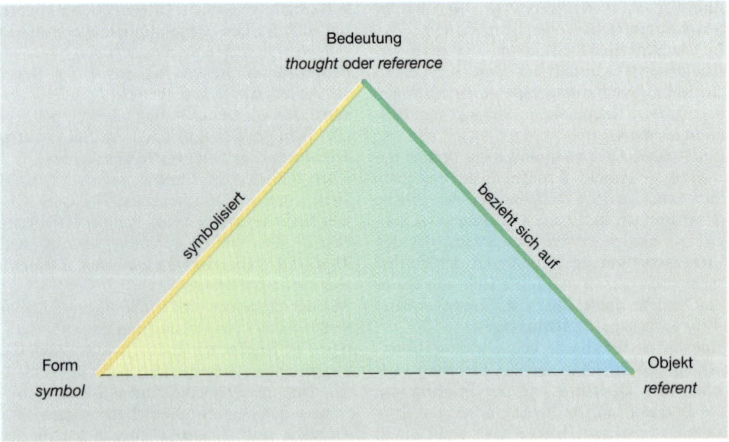

C Das semantische Dreieck

Die **Semantik** ist der Teilbereich der Linguistik, der die **Bedeutung** von sprachl. Einheiten untersucht.

Innerhalb der Semantik werden zwei wesentl. Forschungsansätze berücksichtigt. Zum einen werden die *Beziehungen zwischen den sprachl. Zeichen und der außersprachl. Wirklichkeit* analysiert. Zum anderen werden die *Bedeutungsbeziehungen, die innerhalb eines sprachl. Systems bestehen*, beschrieben.

Das Verhältnis der Semantik zu anderen sprachwissenschaftl. Disziplinen kann durch ein dreidimensionales Schema verdeutlicht werden (Abb. A). Auf der Ebene der Phonetik/Phonologie gibt es keine Semantik. Einzelne Laute haben für sich allein noch keine Bedeutung. Innerhalb der Phonologie spielt die Bedeutung nur insofern eine Rolle, als sie zur Ermittlung der kleinsten bedeutungsdifferenzierenden Einheiten (*Phoneme*) in einer Sprache herangezogen wird (s. S. 19). Jedoch findet im Rahmen einer phonolog. Analyse keine eigentl. Bedeutungsbeschreibung statt.

Andererseits lässt sich feststellen, dass suprasegmentale Merkmale (z. B. Intonation) entscheidend für die Bedeutung einer Äußerung sein können.

So drückt der Satz *I beg your pardon* üblicherweise eine ehrliche Entschuldigung aus. Mit einem bestimmten Intonationsverlauf versehen kann der gleiche Satz aber auch eine Drohung beinhalten.

Innerhalb der Morphologie kommt der Semantik eine zentrale Rolle zu. Dies zeigt sich deutlich in der Definition von *Morphem* als der »kleinsten bedeutungstragenden Einheit« in einer Sprache und generell bei der Bedeutungsbeschreibung von freien und gebundenen Morphemen.

Die Semantik ist ebenso relevant für das Verständnis von Sätzen. Syntakt. Funktionen wie Subjekt oder Objekt sind eng mit semant. Kategorien und Relationen verknüpft.

Die Semantik kann – wie auch die anderen Teildisziplinen der Linguistik – synchron und diachron ausgerichtet sein. Die **synchrone Semantik** beschreibt Bedeutungen und Bedeutungsbeziehungen in einem sprachl. System zu einem bestimmten Zeitpunkt. Die **diachrone Semantik** untersucht die Bedeutungsveränderungen im Verlauf der sprachgeschichtl. Entwicklung (Bedeutungswandel).

Zeichenmodelle

Um das Verhältnis von sprachlicher Form und Bedeutung näher zu erläutern, wurden in der Linguistik versch. Zeichenmodelle entwickelt. Nach SAUSSURE besteht das sprachl. Zeichen *(signe linguistique)* aus zwei Teilen (Abb. B). Eine bestimmte Vorstellung *(concept)* wird im Gehirn fest mit einem bestimmten Lautbild *(image acoustique)* assoziiert. Beide Teile bedingen sich gegenseitig und rufen sich gegenseitig hervor, was im Diagramm durch Pfeile ausgedrückt wird.

SAUSSURE betont, dass das sprachl. Zeichen ausschließlich psychischer Natur ist (»une entité psychique à deux faces«). Es verbindet demnach nicht eine Sache mit einem Namen, sondern auf mentaler Ebene eine geistige Vorstellung mit einer bestimmten Lautfolge. Die lautl. Seite des sprachl. Zeichens *(image acoustique)* nennt SAUSSURE auch **signifiant** ('das Bezeichnende'), die inhaltl. Seite *(concept)* **signifié** ('das Bezeichnete').

Das Zeichenmodell von ODGEN/RICHARDS **(semantisches Dreieck)** ist dreigliedrig (Abb. C). Es stellt eine Erweiterung zu SAUSSURE dar, da hier der Beziehung zwischen sprachl. Zeichen und der außersprachl. Wirklichkeit und damit der Bezeichnungsfunktion von Sprache Rechnung getragen wird.

Mit *symbol* ist die Form des sprachl. Zeichens gemeint, die für eine bestimmte Bedeutung (*thought* oder *reference*) steht. Somit entspricht die linke Seite des Dreiecks der Beziehung zwischen *image acoustique* und *concept* bei SAUSSURE. Die rechte Seite des Dreiecks stellt die Bezeichnungsbeziehung dar. So bezieht sich die Bedeutung auf ein Objekt *(referent)* der außersprachlichen Welt. Die gestrichelte Linie zwischen 'Form' und 'Referent' drückt aus, dass zwischen beiden keine direkte Beziehung besteht, sondern dass sich diese nur indirekt über die Bedeutung des sprachl. Zeichens ergibt. Insgesamt gesehen stellt das semant. Dreieck klar heraus, dass zwischen der Bedeutung einer sprachl. Form (als Vorstellung) und dem außersprachlichen Objekt, für das diese Form steht, unterschieden werden muss.

In der sprachwiss. Literatur wird zwischen denotativer und konnotativer Bedeutung unterschieden:

Die **denotative Bedeutung** einer sprachl. Form schließt alle semant. Merkmale ein, die für das bloße Verstehen als wesentl. angesehen werden können (auch *kognitive Bedeutung*).

Die **konnotative Bedeutung** ergibt sich aufgrund von best. Assoziationen, die eine sprachl. Form hervorruft, v. a. in Hinblick auf ihren stilistischen oder emotionalen Gehalt (auch *assoziative Bedeutung*).

So haben die Wörter *horse, steed, nag* die gleiche denotative Bedeutung, nämlich 'Pferd'. Sie unterscheiden sich aber in ihrer konnotativen Bedeutung. *Horse* ist das neutrale Wort, *steed* ist literarisch (vgl. dt. *Ross*), und *nag* ist abwertend (vgl. dt. *Gaul*).

	[menschlich]	[erwachsen]	[weiblich]
woman	+	+	+
man	+	+	−
girl	+	−	+
boy	+	−	−
bull	−	+	−
cow	−	+	+

A Semantische Komponentenanalyse

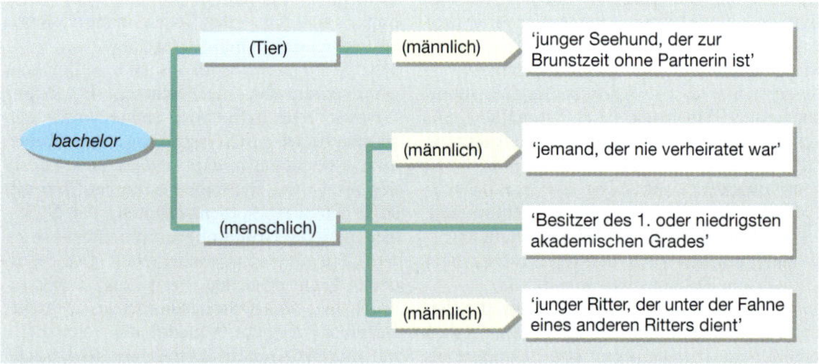

B Bedeutungen von englisch *bachelor*

C Englische Entsprechungen von deutsch *Affe* und *Schnecke*

Für die Bedeutungsbeschreibung sind in der Semantik versch. Ansätze verwendet worden. Eine bekannte Methode ist die **Komponentenanalyse** *(componential analysis)* (Abb. A). Bei den Wörtern *man, woman, boy, girl, bull* und *cow* lassen sich durch Vergleich semant. Merkmale bestimmen, die diese Wörter voneinander abgrenzen und somit definieren, wie [menschlich], [erwachsen] und [weiblich]. Dementsprechend kann die Bedeutung von einem Wort als ein Bündel von semant. Merkmalen beschrieben werden, wie z. B. *girl* als [+ menschlich], [- erwachsen] und [+ weiblich]. Die Komponentenanalyse geht von der Annahme aus, dass sich Wortbedeutungen in kleinere semant. Bausteine (oder Merkmale) zerlegen lassen. Durch die unterschiedl. Kombination dieser semant. Merkmale ergeben sich die verschiedenen Wortbedeutungen.

Die semant. Merkmale sind distinktive Elemente, d. h., sie stehen zueinander in Opposition. Ferner sind sie rekurrent, d. h., sie dienen nicht nur der Bedeutungsbestimmung eines einzelnen Wortes, sondern werden wiederholt zur Beschreibung von Wortbedeutungen in einer Sprache herangezogen.

Die Komponentenanalyse eignet sich bes. gut für die semant. Analyse von bestimmten Wortfeldern.

Auch wenn semant. Merkmale als Bausteine der Semantik in der Sprachwissenschaft als allgemein akzeptiert gelten können, so muss eingeräumt werden, dass bei der konkreten Analyse häufig Uneinigkeit über die Existenz oder die Art von semant. Merkmalen besteht. Bes. Probleme gibt es z. B., wenn man die semant. Merkmale von abstrakten Begriffen wie *justice* oder *democracy* bestimmen möchte.

Ein weiteres Aufgabenfeld für die Semantik ist die Analyse von semant. Relationen in einem sprachl. System. So werden zwei Wörter, die die gleiche Bedeutung haben, als **Synonyme** bezeichnet. Es ist jedoch zu fragen, ob völlige Synonymie in der Sprache überhaupt existiert. Es erscheint in der Tat angebrachter, von versch. Graden von Synonymie oder von Synonymie in bestimmten Kontexten zu sprechen. Ein recht häufiger Fall ist, dass zwei Wörter die gleiche denotative Bedeutung haben, sich aber hinsichtlich der konnotativen Bedeutung unterscheiden.

So bezeichnen *adult* und *grown-up* denotativ dasselbe ('Erwachsener'). Jedoch ist *adult* formeller, während *grown-up* eher umgangssprachlich ist.

Zwei Wörter, die einen Bedeutungsgegensatz beinhalten, nennt man **Antonyme.**

Man kann noch zwischen gradueller und komplementärer Antonymie unterscheiden.

Bei der **graduellen Antonymie** stehen die beiden Begriffe an den Endpunkten einer Skala, so dass Zwischenstufen möglich sind (z. B. *hot – cold,* mit Zwischenstufen wie *warm, lukewarm*).

Bei der **komplementären Antonymie** handelt es sich um einen binären Gegensatz, bei dem keine Zwischenstufen denkbar sind (z. B. *single – married*).

Haben zwei Wörter die gleiche Form (gleiche Aussprache und Schreibung), spricht man von **Homonymen**.

So gibt es im Engl. *ear* in der Bedeutung 'Ohr' und *ear* in der Bedeutung 'Ähre'.

Hat ein Wort mehrere verwandte Bedeutungen, so liegt ein Fall von **Polysemie** vor (z. B. *beam* in der Bedeutung 'Balken' und 'Lichtstrahl') (vgl. auch Abb. B).

Die Trennung zwischen Homonymie und Polysemie ist keineswegs immer eindeutig. Ein mögliches Unterscheidungskriterium ist der etymolog. Gesichtspunkt. Danach liegt Polysemie vor, wenn die verschiedenen Bedeutungen auf eine gemeinsame etymolog. Wurzel zurückgehen. Jedoch sind die etymolog. Beziehungen in der Gegenwartssprache oft nicht mehr erkennbar, so dass es sinnvoll erscheint, Kriterien wie synchrone Bedeutungsverwandtschaft und das Sprachempfinden des Muttersprachlers zu berücksichtigen.

So ist es z. B. nahe liegend, *pupil* in der Bedeutung 'Schüler' und *pupil* in der Bedeutung 'Pupille' als Homonyme aufzufassen, auch wenn beide Wörter auf eine gemeinsame etymolog. Wurzel zurückgehen.

Auf der Grundlage von kontrastiven semant. Analysen lässt sich anschaulich zeigen, dass einzelne Sprachen die außersprachl. Wirklichkeit unterschiedl. kategorisieren und abbilden. Es wird deutlich, dass unsere Erkenntnis und unser Verständnis von Wirklichkeit von den in einem sprachl. System vorgegebenen Inhalten und Einteilungsprinzipien beeinflusst wird.

Dies zeigt sich bereits bei ganz alltäglichen Begriffen. So hat das deutsche Wort *Straße* zwei Entsprechungen im Englischen, nämlich *street* und *road*, mit denen der Muttersprachler bestimmte Bedeutungsinhalte und Assoziationen verbindet.

Street ist eine Straße in einem Ort, an der sich Häuser oder andere Gebäude befinden. *Road* ist zum einen eine Straße auf dem Land, v. a. zwischen zwei Orten. Zum anderen kann *road* auch eine Straße in einem Ort bezeichnen.

Affe hat im Englischen die Entsprechungen *ape* und *monkey. Ape* ist die Bezeichnung für Menschenaffen, *monkey* für alle anderen, d. h. kleineren Affenarten (Abb. C).

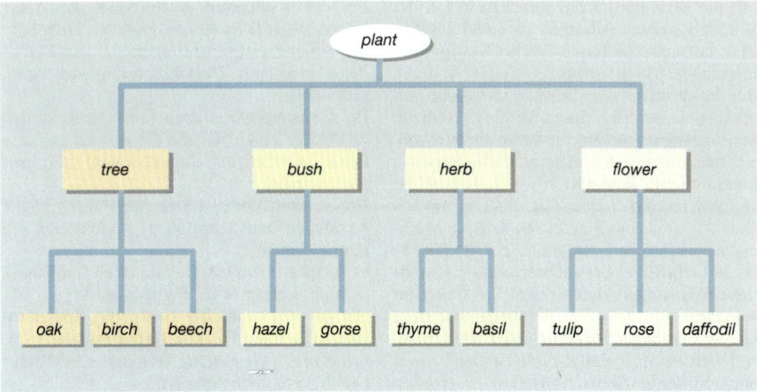

A Hierarchisch strukturiertes Wortfeld

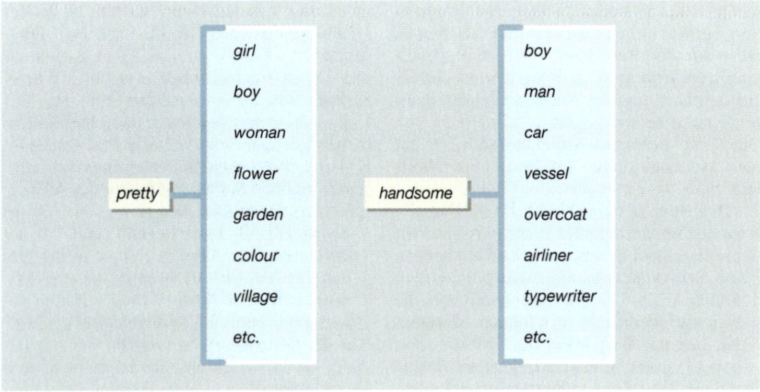

B Kollokationen von *pretty* und *handsome*

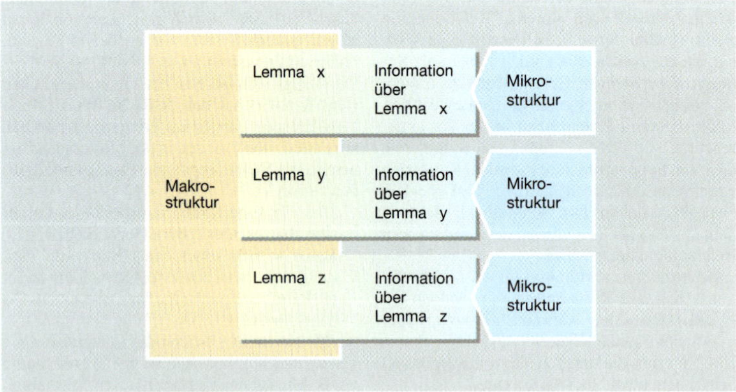

C Dimensionen im Wörterbuch

Der Gegenstandsbereich der **Lexik** ist der Wortschatz. Innerhalb der Lexik werden traditionell zwei Teilgebiete unterschieden: Lexikologie und Lexikographie.

Die **Lexikologie** untersucht Strukturen im Wortschatz, der als ein zumindest teilw. geordnetes System betrachtet wird. Gegenstand der Analyse können die Beziehungen zwischen Morphemen oder Wörtern oder Wortgruppen innerhalb oder auch außerhalb einer speziellen textlichen Umgebung sein. Hieraus ergibt sich, dass je nach Zielsetzung morpholog., semant., syntakt. und pragmat. Aspekte bei einer lexikolog. Untersuchung relevant sein können.

Eine häufig angewendete Methode, Strukturen im Wortschatz zu beschreiben, ist die Darstellung in **Wortfelder,** die sowohl intern strukturiert sind als auch untereinander ein Netzwerk mit unterschiedl. Verknüpfungen bilden.

Bestimmte Wortfelder weisen eine hierarch. Struktur auf. In diesem Fall kann unterschieden werden zwischen einem **Hyperonym** (Oberbegriff) und einem **Hyponym** (Unterbegriff). Das Verhältnis zwischen beiden wird als **Hyponymie** bezeichnet. Ein Hyponym enthält alle semant. Merkmale des Hyperonyms und darüber hinaus noch mindestens ein weiteres Bedeutungsmerkmal (vgl. Abb. A).

Als **Kohyponymie** wird die Beziehung der Hyponyme untereinander bezeichnet. Sie sind alle Mitglieder einer Klasse, die den gleichen Rang haben und sich gegenseitig ausschließen.

In anderen Wortfeldern ergibt sich die Struktur durch versch. semant. Differenzierungen. Bestimmte Bedeutungsmerkmale sind für die einzelnen Mitglieder im Wortfeld konstitutiv.

Im Wortfeld *woman* sind u. a. folgende Begriffe enthalten (mit den entsprechenden Bedeutungsmerkmalen in Klammern):

wife ('Ehefrau'), *mother* ('Mutter'), *widow* ('Mann verstorben'), *girl* ('jung'), *virgin* ('ohne sexuelle Erfahrung'), *spinster* ('älter, ohne sexuelle Erfahrung'), *whore* ('Prostituierte'), *lady* ('höflich, vornehm'), *mistress* ('Geliebte').

Ein anderer Aufgabenbereich für die Lexikologie ist die Erforschung von Kollokationen. Der Begriff **Kollokation** drückt aus, dass Wörter in einer Sprache häufig zusammen mit bestimmten anderen Wörtern erscheinen.

So haben z.B. *pretty* und *handsome* im Englischen die Bedeutung 'gut aussehend'. Jedoch unterscheiden sich beide Wörter hinsichtlich ihrer Kollokationen (Abb. B). *Pretty* erscheint vorwiegend in Verbindung mit Substantiven wie *girl* oder *woman*, während *handsome* eher zusammen mit *man* gebraucht wird.

Die Bedeutung dieser Kollokation zeigt sich u. a. darin, dass man bei einem Ausdruck wie *pretty neighbour* im Normalfall davon ausgeht, dass es sich um eine Frau handelt.

Die **Lexikographie** ist ein Teilbereich der angewandten Linguistik. Sie beschäftigt sich mit Zielen, Inhalten und Methoden, die im Zusammenhang mit der Erstellung von Wörterbüchern stehen. In einem Wörterbuch können prinzipiell zwei Dimensionen unterschieden werden:

Die **Makrostruktur** ist die geordnete, meist alphabet. Folge von Wörtern, zu denen das Wörterbuch best. Informationen gibt. Ein Stichwort wird auch als **Lemma** bezeichnet.

Die **Mikrostruktur** ist die zu jedem Lemma gegebene Information (Abb. C).

Unterschiede in der Makrostruktur ergeben sich durch unterschiedl. Auswahlkriterien. Einerseits gibt es die so genannten **extensiven Wörterbücher**, die Vollständigkeit anstreben, d. h., sie sind bemüht, den Wortschatz einer Sprache möglichst umfassend darzustellen. Andererseits gibt es die **selektiven Wörterbücher**, deren Lemmaauswahl bestimmten Beschränkungen unterliegt und die somit viele Wörter bewusst nicht berücksichtigen.

Zu diesen Wörterbüchern gehören z. B. die Lernwörterbücher, die für den fremdsprachlichen Lerner konzipiert sind und die nur den allg. gängigen Gebrauchswortschatz der Gegenwartssprache präsentieren, oder auch Wörterbücher, die auf bestimmte Bereiche des Wortschatzes ausgerichtet sind, wie etwa Slangwörterbücher, Fremdwörterbücher, fachsprachliche Wörterbücher u. a.

Im Hinblick auf die *Mikrostruktur* besteht der *wichtigste Unterschied* zwischen einsprachigen Definitionswörterbüchern und zweisprachigen Äquivalenzwörterbüchern. Erstere enthalten zu jedem Lemma mindestens die Bedeutungsdefinition. Letztere geben zu jedem Eintrag (in der Muttersprache oder Fremdsprache) eine Entsprechung (Äquivalent) in der Zielsprache.

Welche weiteren Informationen in der Mikrostruktur enthalten sind, hängt von den unterschiedl. Zielvorgaben der einzelnen Wörterbücher ab. In Frage kommen: Angaben zur Aussprache (phonet. Umschrift), zum grammat. Status, zur Etymologie, Nennung von Synonymen und Antonymen, Bemerkungen zum Stilniveau, wie z. B. 'literarisch' oder 'umgangssprachlich'. Außerdem gibt die Mikrostruktur häufig mithilfe von Beispielen Hinweise für den richtigen syntakt. Gebrauch der einzelnen Lemmata, was von bes. Bedeutung für den fremdsprachl. Wörterbuchbenutzer ist.

Die ursprünglichen Sprachfamilien der Welt (stark vereinfacht)

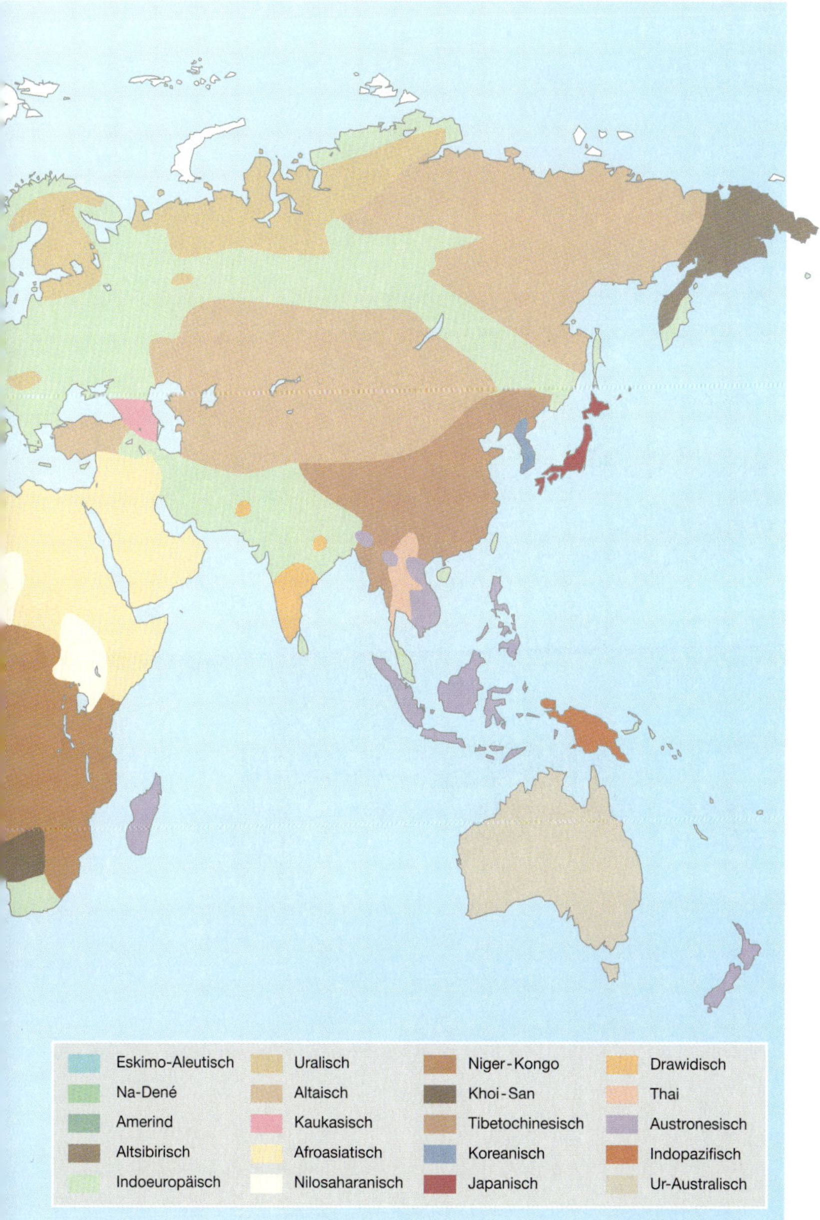
Eskimo-Aleutisch
Na-Dené
Amerind
Altsibirisch
Indoeuropäisch
Uralisch
Altaisch
Kaukasisch
Afroasiatisch
Nilosaharanisch
Niger-Kongo
Khoi-San
Tibetochinesisch
Koreanisch
Japanisch
Drawidisch
Thai
Austronesisch
Indopazifisch
Ur-Australisch

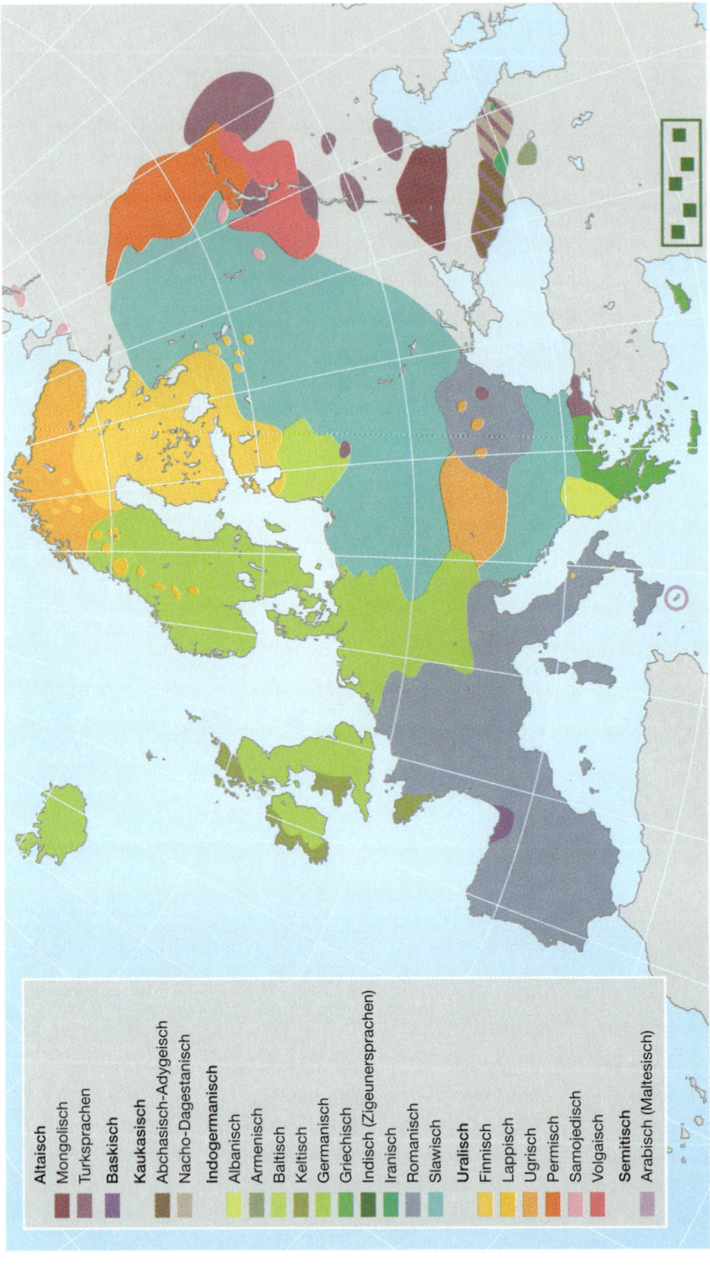

Sprachfamilien und deren Sprachgruppen in Europa (nach ›Atlas Linguarum Europae‹)

Sprachfamilien

Bis Anfang der 1980er Jahre hatten Sprachwissenschaftler und Archäologen insgesamt 6 760 versch. Sprachen erforscht, von denen 3 964 bereits ausgestorben sind.

Diejenigen, mit denen sich heute ca. 6 Mrd. Menschen auf der Welt verständigen, und die, die früher gesprochen wurden, werden in Gruppen eingeteilt. Diese **Sprachfamilien** umfassen verwandte Sprachen, die in ihrem grammat. Bau und ihrem Wortschatz Übereinstimmungen aufweisen, so dass für sie eine gemeinsame *Ursprache* (Protosprache) angenommen werden kann (Abb. S. 34 f.).

Sprachfamilien in Europa

In Europa existieren 6 Sprachfamilien mit 22 Sprachgruppen (Abb.):

– **Baskisch.**
Die Sprache der Basken in Nordspanien und Südwestfrankreich weist keine Untergruppen auf. Sie unterscheidet sich in vieler Hinsicht grundlegend von der ihrer Nachbarvölker, und ihre Herkunft ist bis heute ungeklärt. Es werden Beziehungen zum Kaukasischen angenommen.

– **Kaukasisch (2):** Abchasisch-Adygeisch und Nacho-Dagestanisch.

– **Indogermanisch,** auch **Indoeuropäisch (10):** Albanisch, Armenisch, Baltisch, Keltisch, Germanisch, Griechisch, Iranisch, Romanisch, Romani (Zigeunersprachen) und Slawisch.

– **Semitisch (1):** Arabisch (Maltesisch).

– **Altaisch (2):** Mongolisch und Turksprachen.

– **Uralisch (6):** Finnisch, Lappisch, Permisch, Samojedisch, Ugrisch und Volgaisch.

Dieser sprachl. überaus komplexe Gesamtbereich wird vom ›Atlas Linguarum Europae‹ erforscht und hat bereits wesentliche Einsichten in die Kulturgeschichte und Wortgeografie Europas gebracht (vgl. VIERECK 2000).

Klassifikation

Die vergleichende Sprachwissenschaft beginnt mit den systemat. Klassifikationsversuchen des 16. und 17. Jhs.

Zu den ersten Gelehrten, die den Gedanken der Sprachverwandtschaft entwickelten und schematisierten, gehören u. a. J. SCALIGER (1540–1609) und GOTTFRIED WILHELM LEIBNIZ (1646–1716).

Im 18. Jh. wies SIR WILLIAM JONES (1746–1794) erstmals aufgrund umfassender Studien darauf hin, dass Sanskrit, Griechisch und Lateinisch eine gemeinsame Wurzel haben.

Sprachtypologie

Seit FRIEDRICH SCHLEGEL (1772–1829) und WILHELM VON HUMBOLDT (1767–1835) unterscheidet man unabhängig von ihren histor. Verwandtschaftsverhältnissen folgende, auf morpholog. Kriterien beruhende Sprachtypen: **isolierende**, **agglutinierende**, **flektierende** und **inkorporierende**.

Isolierende Sprachen reihen meist einsilbige, unveränderliche Wörter aneinander. Die Funktion der Wörter im Satz wird bei diesem Sprachtyp (z. B. Chinesisch) durch die Wortfolge angezeigt:

Ni men ti hua wo pu Du/Plural/Besitzer/ Sprache/ich/nicht *tu tung* völlig/verstehen
(Ich verstehe eure Sprache nicht völlig.)

Beim **agglutinierenden (anfügenden)** Sprachtyp steht für jede grammat. Kategorie ein Affix, das an den Wortstamm angefugt wird, wobei jedes Affix ein Morphem ist, wie z. B. im Ungarischen:

Nép- ünk a béké- ért Volk/unser/best. Art./ Frieden/für *harc- ol*
Kampf/denominales Verbsuffix
(Unser Volk kämpft für den Frieden.)

Flektierende Sprachen sind wie agglutinierende synthetisch. Jedes Wort kann mehrere Endungen haben. Eine einzige Endung kann ihrerseits mehrere versch. grammat. Kategorien ausdrücken, wie z. B. im Russischen:

Мы восхища- ем-
Wir/bewundern/1. Pers. Pl. Präs. Indik./
ся гени- ем Шекспир- а
reflex./Genius/Instr./Shakespeare/Gen.
(Wir bewundern Shakespeares Genius.)

Als flektierend werden die idg. und die hamito-semit. Sprachen angesehen.

Bei **inkorporierenden (einverleibenden)** Sprachen sind die Hauptelemente eines Satzes in einem Wort vereint und existieren nicht unabhängig voneinander, wie z. B. in der Eskimosprache:

Qasuiirsarvigssarsingitluinarnarpuq. Qasu -iir -sar
müde/nicht/werden zu, etwas bewirken/
-vig -ssar -si -ngit -luinar
Platz für/geeignet/finden/nicht/völlig/
-nar -puq
einer/3. Pers. Sg. Prät. Indik.
(Einer fand keinen passenden Rastplatz.)

(Bsp. nach ROT 1992, S. 27 f.)

Genetische Sprachverwandtschaft

Diese grobe traditionelle Typologie, die Sprachen nach morpholog.-syntakt. Kriterien zu gruppieren suchte, ebnete den Weg für die **historisch-vergleichende Sprachwissenschaft**, die sich in den 30er Jahren des 19. Jhs. zu etablieren begann.

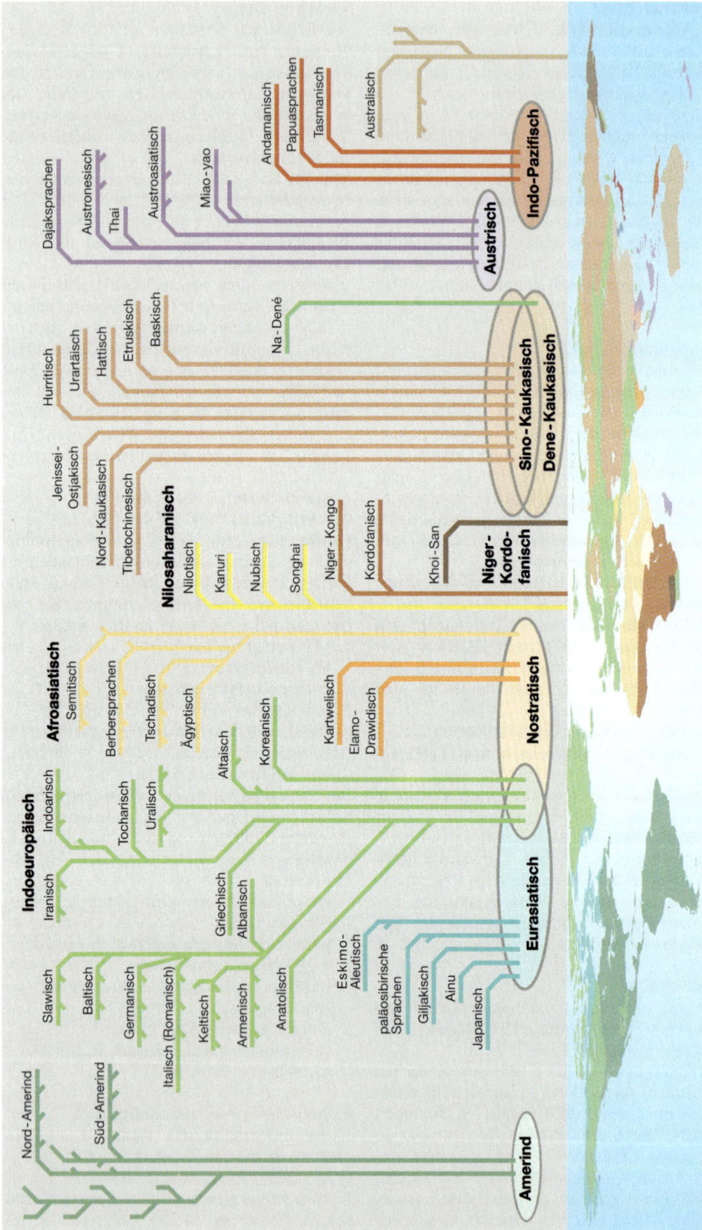

Stammbaum hypothetischer Superfamilien

Sie erforscht Herkunft, histor. Entwicklung und Verwandtschaftsbeziehungen von einzelnen Sprachen.
Auf diese Weise wurden im 19. Jh. die wichtigsten Sprachfamilien der Erde zusammengestellt. Neben JACOB GRIMM (1785–1863), FRANZ BOPP (1791–1867) und RASMUS RASK (1787–1832) sind v. a. AUGUST SCHLEICHER (1821–68) mit seiner Stammbaumtheorie und dessen Widerpart JOHANNES SCHMIDT (1843–1901) mit seiner Wellentheorie zu nennen.
Die gegenwärtige histor.-vergl. Sprachwissenschaft berücksichtigt Erkenntnisse der Archäologie, Anthropologie, Anthropometrie, Mythologie, Ethnographie und Molekulargenetik.

Das Nostratische
Mit ihren herkömmlichen Methoden kann die histor.-vergl. Linguistik rund 7 000 Jahre in die Vergangenheit eindringen. Vor ca. 30 Jahren unternahmen die russ. Linguisten W. M. ILLITSCH-SWITYTSCH und A. B. DOLGOPOLSKY – zunächst unabhängig voneinander – den (umstrittenen) Versuch, die Zweige der menschl. Sprache bis auf einen 12 000 Jahre alten Stamm zurückzuverfolgen.
Die russ. Wissenschaftler führten dabei sieben Sprachfamilien auf eine gemeinsame hypothet. Vorgängerin zurück, die sie nach dem lat. Wort für *unser* (noster) das **Nostratische** (»unsere Sprache«) nannten.
Die Sprachen dieser Großfamilie werden von 75% der Weltbevölkerung gesprochen.
Das Nostratische gilt als gemeinsame Mutter des Indogermanischen, der drawid. Sprachen Südindiens, der Kartwel-Sprachen des südl. Kaukasus, der ural. Familie, der altaischen Sprachen, der korean. Sprachen sowie der afro-asiat. Sprachfamilie (Abb.).
Das Englische ist im germ. Zweig des Indoeuropäischen enthalten.
Alternativ zur nostrat. wird die eurasiat. Superfamilie vorgeschlagen. Keine der Superfamilien wird bisher allgemein akzeptiert. DOLGOPOLSKY stellte bis heute 1 600 nostrat. Wurzeln zusammen. Vergleichbar dem rekonstruierten Wortschatz des Indogermanischen vermitteln viele von ihnen *kulturelle Information.*
Da das Nostratische keine Bezeichnungen für kultivierte Pflanzenarten oder für irgendwelche Anbauverfahren hat und nicht zwischen wilden Tieren und Haustieren unterscheidet, ziehen Wissenschaftler den vorläufigen Schluss, dass die Sprache vor der Entwicklung von Ackerbau und Viehzucht gesprochen wurde. Demnach müssen die Sprecher des Nostratischen Jäger und Sammler gewesen sein.
Weil es aber Wörter für dauerhafte Unterkünfte gibt, schließt WITALIJ SCHEWOROSCHKIN, dass die »Nostraten« in Siedlungen lebten. Dafür gibt es auch archäolog. Indizien.
Auch wenn Vertreter der klass. Schule den Nostratikern vorwerfen, ihre Thesen gründeten auf unzulässigen Vereinfachungen, räumen sie ein, dass die Nostratiker bei der Rekonstruktion hypothet. Urwörter anerkannten Regeln folgen.

Joseph H. Greenberg
JOSEPH H. GREENBERG fasste 1987 die mehr als 600 **Indianersprachen Amerikas** in nur 3 Sprachfamilien zusammen:
Eskimo-Aleutisch im äußersten Norden, **Na-Dené** im Nord- und Südwesten der USA sowie die etwa 350 Sprachen des **Amerindischen**, mit denen sich die Bewohner großer Teile Nordamerikas sowie Mittel- und Südamerikas bis zur Insel Feuerland verständigten.
1963 teilte GREENBERG die rund 1 000 **Sprachen Afrikas** nur 4 Familien zu:
Afroasiatisch, **Nilo-Saharanisch**, **Niger-Kordofanisch** und die **Khoi-San-Sprachen** mit ihren ungewöhnlichen Schnalzlauten.
Diese Einteilung, die anfangs heftig kritisiert wurde, ist inzwischen akzeptiert.
Heute gruppiert GREENBERG etwa 10 bekannte Sprachfamilien Europas und Asiens zu einer »eurasiat. Superfamilie«.
Wie MERITT RUHLEN verfolgt GREENBERG das so ehrgeizige wie umstrittene Ziel, alle Sprachen der Erde auf eine gemeinsame Ursprache zurückzuführen, die es möglicherweise schon vor rund 100 000 Jahren gegeben hat.
Bei seinen Sprachforschungen wendet er die Methode des Massenvergleichs von Wörtern an, ein Verfahren, das er **multilateralen Prozess** nennt.
Regelmäßig wiederkehrende Ähnlichkeiten in der Lautform und Bedeutung gelten ihm als Zeichen von Verwandtschaft. Da Lautwandel kaum mehr nachweisbar ist, wenn die Wurzeln sehr weit zurückliegen, besteht GREENBERG trotz aller Kritik darauf, dass seine Methode auch ohne die Rekonstruktion früherer Wörter und Idiome Einblick in die ferne Vergangenheit liefert.
Seiner Ansicht nach erlaubt ihm das multilaterale Vergleichsverfahren von 25 mod. europ. Sprachen, Verwandtschaftsbeziehungen zwischen den Sprachen zu erkennen, die enger spezialisierten Linguisten entgehen.

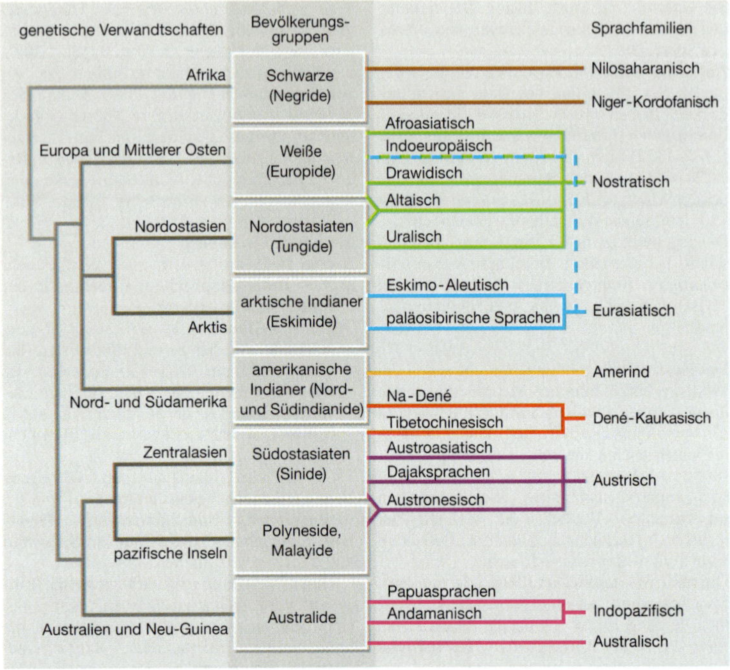

A Genetischer und linguistischer Stammbaum

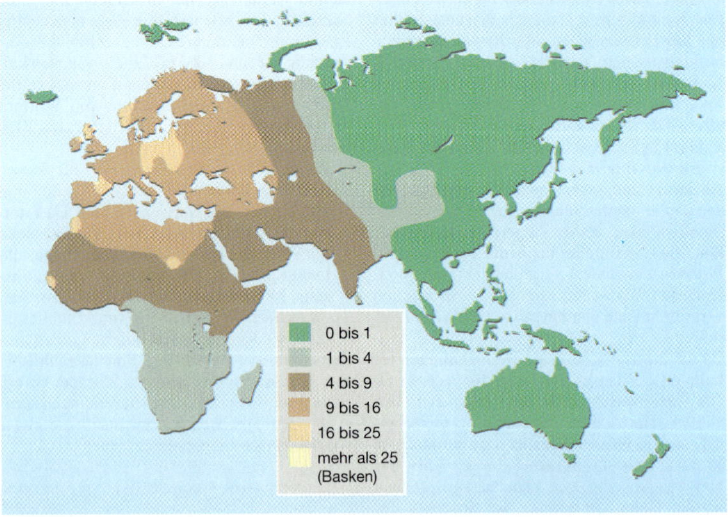

B Menschen mit Blutfaktor rhesus-negativ in der Alten Welt und Australien (in Prozent)

Genetik und Sprachwissenschaft

Aus anderen Zweigen der Wissenschaft findet GREENBERG wachsende Zustimmung.

Der Molekularbiologe DOUGLAS C. WALLACE, der einen Zusammenhang zwischen Genänderung und Sprachentwicklung annimmt, bestätigt, dass die Einteilung der Eingeborenensprachen Amerikas in drei Sprachfamilien aus genetischer Sicht durchaus berechtigt ist.

Auch der Humangenetiker LUIGI LUCA CAVALLI-SFORZA und seine Mitarbeiter belegen die genet. Ähnlichkeit von Populationen mit Mustern der Sprachverwandtschaft.

Ein bes. eindrucksvolles Beispiel bieten die fast 400 Sprachen der Bantu-Sprachenfamilie im mittleren und südlichen Afrika: Ihre jeweilige Verbreitung korrespondiert eng mit den Stammesgrenzen, und ihre Ähnlichkeiten spiegeln die genet. Verwandtschaftsverhältnisse der Stämme wider.

Eine weithin akzeptierte Erklärung dieses Phänomens lieferte GREENBERG. Er vermutete, die Bantusprachen seien auf eine einzige Sprache oder höchstens einige wenige sehr ähnliche Dialekte früher Bauern im heutigen Ost-Nigeria und Kamerun zurückzuführen. Als diese Populationen sich später – vor mindestens 3 000 Jahren – nach Süden und Osten auszubreiten begannen, entwickelten sich zugleich auch die Sprachen der entstehenden neuen Stämme auseinander, wenn auch die gemeinsame Wurzel immer noch erkennbar bleibt.

CAVALLI-SFORZA setzt die Häufigkeit, mit der bestimmte Gene in alteingesessenen Bevölkerungsgruppen auftreten, mit der Zugehörigkeit ihrer Sprache zu Sprachfamilien in Beziehung. Als Ergebnis zeigt sich, dass der genet. Stammbaum mit dem linguist. weitgehend übereinstimmt, da das Erbgut wie die Sprache eine Eigenentwicklung zu dem Zeitpunkt beginnen, in dem ihre Trägerpopulationen sich trennen (Abb. A).

Um den Verwandtschaftsgrad zu errechnen, vergleicht CAVALLI-SFORZA die Prozentsätze der rhesus-negativen Bevölkerungsgruppen (Abb. B).

Der Unterschied etwa zwischen Engländern (16) und Basken (25) beträgt 9%, der zwischen Engländern und Ostasiaten beläuft sich sogar auf 16%, denn nahezu kein Japaner oder Koreaner ist rhesus-negativ. Dies zeigt eine größere genet. Distanz zwischen Europäern und Asiaten an, was gleichzeitig eine frühere Trennung voneinander bedeutet als die der Engländer und der Basken.

Die Basken haben mit 25% den weltweit größten Bevölkerungsanteil rhesus-negativer Menschen. Nach CAVALLI-SFORZA sind sie das älteste überlebende Volk Europas, das erst spät Kontakt zu Einwanderern aus dem asiat. Raum bekam und deshalb viele seiner ursprünglichen genet. Merkmale bewahren konnte.

Während CAVALLI-SFORZA die Erbsubstanz des Zellkerns analysiert, arbeiten der Genetiker JIM WAINSCOAT und das Team des 1991 verstorbenen Molekularbiologen ALLAN C. WILSON mit der DNS (Desoxyribonukleinsäure) von Mitochondrien, den für Atmung und Stoffwechsel der Zelle zuständigen Zellbestandteilen.

Bei der Untersuchung der DNS von Menschen aus allen Erdteilen kam WAINSCOAT zu zwei bemerkenswerten Resultaten:

Zum einen wies er eine Zweiteilung aller Menschen in einen afrikan. und einen euroasiat. Zweig nach, zum anderen bestätigte sich, dass die gemeinsame Wurzel aller Menschen in Afrika liegt.

Die Forschungen der WILSON-Gruppe ergaben, dass sich die Entwicklungslinie der gesamten Weltbevölkerung bis zu einer einzigen Frau und ihrer Sippe zurückverfolgen lässt, die vor ungefähr 150 000 bis 200 000 Jahren gelebt hat.

Auch CAVALLI-SFORZAS Forschungsergebnisse bestätigen die These, dass die Urheimat des Menschen Afrika ist.

100 000 Jahre alte Fossilien von Fundstellen in Afrika und angrenzenden Regionen sind die ersten direkten Belege für den anatom. mod. Menschen. Allen Befunden zufolge haben sich die menschl. Populationen und ihre Sprachen gemeinsam verbreitet und verändert.

Genet. Daten geben Aufschluss über versch. Wanderungswellen des Menschen und somit über die Herkunft heutiger Populationen: Von Afrika aus wurden zunächst Asien und von dort aus die übrigen Kontinente besiedelt.

Vor etwa 100 000 Jahren trennten sich Afrikaner und Asiaten voneinander, vor 50 000 Jahren wanderten die ersten Asiaten dann nach Australien. Asiaten und Europäer sollen sich erst 15 000 Jahre später verzweigt haben. Erst vor 30 000 Jahren begann die Besiedlung Amerikas, u. zw. aus Ostasien, was 1999 durch eine JC-Virenanalyse bestätigt wurde.

Die Meinung der Forscher, dass sich parallel zur einsetzenden genet. Verzweigung des menschl. Stammbaums bald ein Sprachenstammbaum entwickelte, stützt die Annahme von der Monogenese der menschl. Sprache.

Abweichungen können entstehen, wenn eine best. Bevölkerungsgruppe ihre Sprache aufgibt und durch eine andere, etwa die des Eroberers, von Einwanderern oder einer Elite ersetzt.

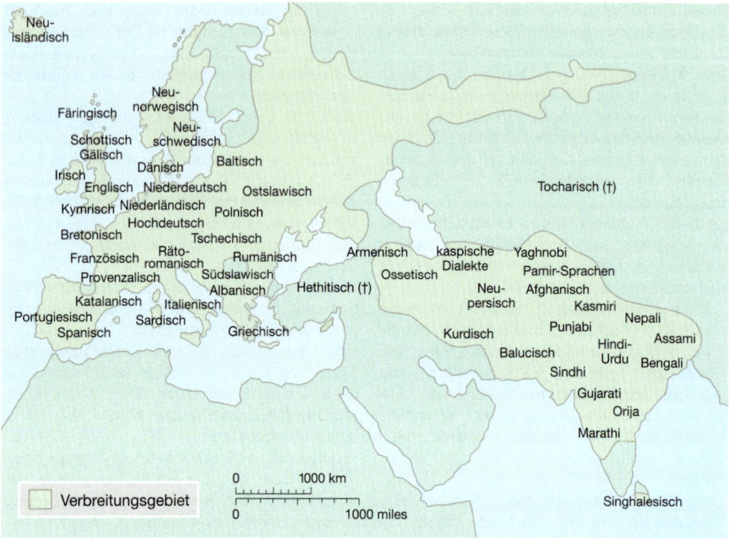

A Verbreitung wichtiger indogermanischer Sprachen

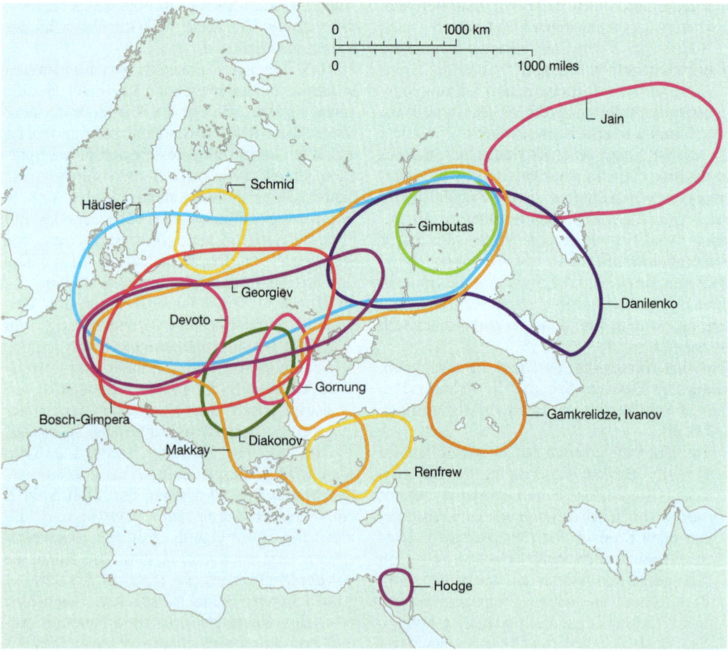

B Vermutete Urheimat der Indogermanen (Vorschläge seit 1960)

Der von FRIEDRICH SCHLEGEL geprägte Ausdruck **indogermanische Sprachen** setzt sich aus den beiden Sprachbezeichnungen »indisch« und »germanisch« zusammen, d. h. der östlichsten und der westlichsten der 1823 bekannt gewesenen Sprachen dieser Gruppe.
Nachdem man den idg. Charakter der Sprache der noch weiter westl. lebenden Kelten erkannt hatte, nannte man die Familie *indokeltisch.*

International spricht man heute von **indoeuropäisch**, im dt. Sprachraum hat sich jedoch die Bez. indogermanisch eingebürgert.

Die idg. Sprachen, deren Wortschatz und Formenbildung stark übereinstimmen, waren bereits zu Beginn der für die einzelnen Sprachzweige zeitl. höchst unterschiedl. schriftl. Überlieferung über ganz Europa und große Teile Vorderasiens und Nordindiens verbreitet. Zu ihnen gehören die großen Kultursprachen Indiens, der Antike und des Abendlandes (Abb. A).
In der Neuzeit hat sich das Gebiet der idg. Sprachen im Zuge der europ. »Eroberung der Welt« über weitere große Teile der Erde ausgedehnt, so z. B. Englisch in Nordamerika, Spanisch und Portugiesisch in Mittel- und Südamerika, Afrikaans in Südafrika.

Die Urheimat der Indogermanen

Die Frage nach der Urheimat der Indogermanen ist umstritten. Eigentlich müsste sie schon entschieden sein, denn wer würde sie nördl. des Nordpols, südl. von Nordafrika, westl. des Atlantiks und östl. des Pazifiks lokalisieren wollen. Alle diese Gebiete wurden ernsthaft als Wiege der Indogermanen vorgeschlagen!
Gegenwärtig werden bes. die Ansichten der Sprachwissenschaftler T. V. GAMKRELIDSE und V. V. IVANOV sowie des Archäologen COLIN RENFREW diskutiert.
Die Sprachwissenschaftler verlegen das Ursprungsland nach Armenien bzw. in dessen Nähe, was J. PARSONS bereits vor 230 Jahren getan hatte. Natürlich haben sich die Gründe für eine solche Entscheidung seither geändert. Für die Kaukasusregion sprechen nach Meinung der beiden Sprachwissenschaftler die idg. Wörter für Gerste, Weizen, Kirsche, Weinstock und Trauben, die auf eine Lebensweise schließen lassen, die in Nordeuropa bis zum 3. und 2. Jtsd. v. Chr. unbekannt war.

In die Kaukasusregion weisen auch Wörter für hohe Berge, Bergsee, Bergeiche, Löwe, Affe und Elefant.

Art der Ausbreitung des Indogermanischen

Nach traditioneller Auffassung wurde das Indogermanische von nomadisierenden Reitervölkern verbreitet, die den jeweils Unterworfenen ihre Sprache aufzwangen.
Ein gänzlich anderes Bild einer allmählichen Ausbreitung der Sprache, die von Ackerbauern getragen wurde, zeichnete der engl. Archäologe COLIN RENFREW 1987. Er schloss aus archäolog. Funden, dass Nachkommen der Ackerbauern durchaus in einem Zeitraum von 1 500 Jahren die Sprache nach Europa verbreitet haben könnten. Diese fächerte sich dann – bedingt durch Isolierung der einzelnen Gruppen voneinander – langsam auf und entwickelte sich zu eigenständigen Sprachen weiter.
Abb. B macht deutlich, dass seit 1960 noch weit mehr Lösungen für die Lokalisierung der Urheimat der Indogermanen vorgeschlagen wurden, die hier jedoch nicht näher vorgestellt werden können.

Die Kultur der Indogermanen

Die Indogermanen waren ein Hirten- und Bauernvolk. Ihre Kleidung bestand nicht mehr ausschl. aus Tierfellen; ihnen war die Verarbeitung von Wolle bereits bekannt, und sie waren mit Weben und Nähen vertraut.
Auch für den Wagenbau sind sprachl. Belege vorhanden. So gibt es Wörter für Rad *(*rot*^{h}*o-)*, Achse *(*hak*^{h}*s-)* und Joch *(*iuk'om)*.
Sie kannten Erz, Gold, Silber und die Schnurkeramik.
Wesentliche Einblicke in die Kultur vermitteln auch die Weiterentwicklungen des idg. Wortes **pətḗr*, die in mehreren Sprachen das männliche Oberhaupt eines Hausstandes (im Lateinischen: *pater familias*) bezeichnen. Dies weist darauf hin, dass das idg. Gemeinwesen patriarchal. organisiert war.
Das idg. Wort für Gott ist **dei̯u̯os*, was später im Lateinischen zu *deus* wurde. In Verbindung mit **pətḗr-* bezeichnet es den patriarch. Gott der idg. Religion: **Di̯eu̯ pətḗr-*. Dieses Wort erscheint als *Jupiter* im Lateinischen, *Zeùs patèr* im Griechischen und *Dyaus pitar* im Sanskrit.

Gliederung des Indogermanischen

Nach dem Zahlwort für 100 (idg. **km̥tóm*), dessen Anlaut in einigen Sprachen als *k* erhalten blieb (z. B. lat. *centum*), in anderen zu *s* verwandelt wurde (z. B. awes. *satem*), hat man die Zweige der idg. Sprachfamilie in **Kentum-** und **Satemsprachen** gegliedert.

Die Zweiteilung in westidg. (= *kentum*) und ostidg. (= *satem*) lässt sich jedoch seit der Entdeckung des Hethitischen und Tocharischen, die Kentumsprachen sind, aber von Völkern im Osten des angenommenen Ursprungsgebietes gesprochen wurden, nicht mehr aufrechterhalten.

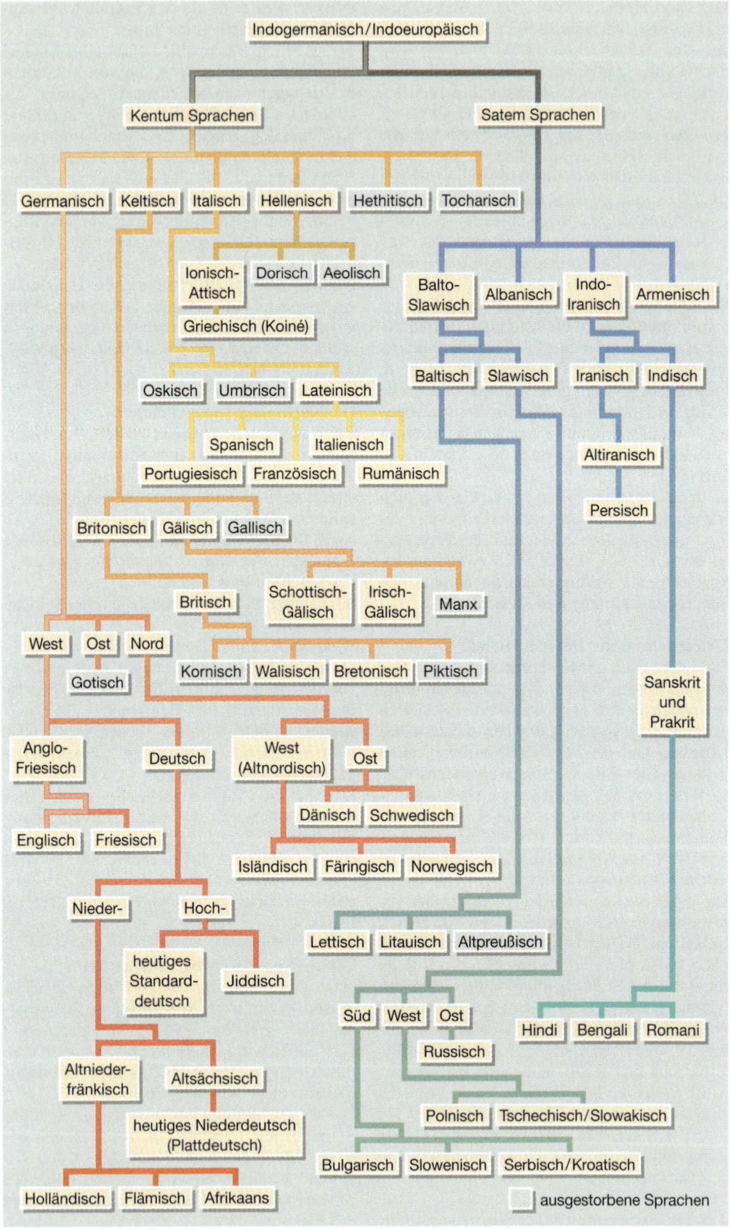

Stammbaum der indogermanischen Sprachen

Zur idg. Sprachfamilie zählen folgende Sprachzweige:

Indisch. Altindisch: Vedisch und Sanskrit, die hl. Sprachen des Hinduismus, spielen eine ähnliche Rolle wie das Latein für das Abendland; seit dem 14. Jh. v. Chr. belegt; **Mittelindisch:** Pāli und Prākrit; **Neuindisch:** Hindustani (Hindi und Urdū), Bengali (in Bangladesch), Marathi u. a. Zur ind. Gruppe gehört auch **Romani**, die Sprache der Zigeuner.

Iranisch. Altiranisch: Altpersisch und Awestisch, die Sprachen der heiligen Schriften der Parsen; seit dem 6. Jh. v. Chr. belegt; **Mitteliranisch:** Mittelpersisch (Pehlewi) und Soghdisch; **Neuiranisch:** Neupersisch (Iranisch), Kurdisch, Afghanisch, Tadschikisch, Belutschisch, Ossetisch (im Kaukasus).

Armenisch. Alt-, Mittel- und Neuarmenisch; überliefert seit dem 5. Jh. n. Chr.

Tocharisch. Anfang des 20. Jhs. in Ostturkestan entdeckt; besitzt 2 versch. Dialekte; in Texten um 600–700 n. Chr. überliefert.

Hethitisch. In Hattuša (heute Boğazkale, Türkei), der Hauptstadt des um 1200 v. Chr. untergegangenen Hethiterreichs, bei Ausgrabungen im 20. Jh. entdeckt. Es ist die *älteste bekannte idg. Sprache.* Die Keilschrift auf den gefundenen Tontafeln geht zum größten Teil auf das 15. und 14. Jh. v. Chr. zurück; 1915 von F. HROZNÝ erschlossen.

Griechisch. Überliefert ab Mitte des 2. Jtsds.; 3 Dialekte: der **ionisch-attische**, der **aeolische** und der **dorisch-nordwestgriechische.**

Grundlage der im 4. Jh. v. Chr. entstandenen *Koiné*, der Gemeinsprache, auf die das heutige Griechisch zurückgeht, war das Ionisch-Attische. Als Weltsprache des Hellenismus verbreitete sie sich im östlichen Mittelmeerraum und in Vorderasien.

Albanisch. Unsicher, ob es eine Weiterentwicklung des Illyrischen darstellt, das urspr. von der Ostsee bis zum Mittelmeer verbreitet war; erst im 15. Jh. n. Chr. aufgezeichnet.

Italisch. Umfasst eine Reihe von Sprachen, die im Altertum auf der ital. Halbinsel gesprochen wurden, wie Oskisch, Faliskisch, Umbrisch (in Süditalien) und Venetisch (in Nordostitalien); inzwischen alle ausgestorben.

Die bedeutendste Sprache des Italischen ist das **Lateinische**, das als Mundart der Stadt Rom Weltgeltung errang. Seit dem 6. Jh. v. Chr. belegt.

Lat. Tochtersprachen als Fortentwicklung des Vulgärlateinischen sind Rumänisch, Italienisch (= ostroman. Sprachen) und Iberoromanisch, Galloromanisch, Sardisch und Rätoromanisch (= westroman. Sprachen). Die Herausbildung roman. Sprachen begann im 6. Jh. n. Chr.; erste schriftl. Zeugnisse stammen aus dem 9. Jh.

Dem Dakorumänischen entstammt das Rumänische und das Moldavische; zum Iberoromanischen gehören das Spanische, das Katalanische und das Portugiesische, zum Galloromanischen das Französische und das Provenzalische. Rätoromanisch (Rumantsch) wird in Graubünden gesprochen, ferner in den Dolomiten (Ladinisch) und in Norditalien (Friaulisch).

Keltisch. In Europa einst weit verbreitet. Man unterscheidet **Festlandkeltisch** (ausgestorben): Gallisch, das im Altertum u. a. in Frankreich, West-, Mittel- und Süddeutschland sowie in Norditalien und auf der Pyrenäenhalbinsel gesprochen wurde, und **Inselkeltisch,** das sich in zwei Gruppen gliedert.

Hauptunterschied: Im Gälischen bleibt das idg. *qu, kw* als *qu* erhalten (altgäl. 'Pferd' *equos*), im Britischen wurde es zu *p* (altbrit. 'Pferd' *epos*).

Zum *Q*-Keltischen gehören: Irisch, das schott. Gälisch und Manx (gesprochen auf der Insel Man, ausgestorben). Zum *P*-Keltischen zählen das Kymrische/Walisische in Wales, das Kornische in Cornwall (ausgestorben) und das Bretonische in der Bretagne.

Keltische Inschriften existieren auf Steinen in eigener *Og(h)am-Schrift*, die v. a. ins 6. Jh. n. Chr. datiert werden. Og(h)am-Steine wurden in Irland, Schottland, auf der Insel Man, in Wales und Cornwall gefunden.

Baltisch. Lettisch, Litauisch, Altpreußisch (in Ostpreußen gesprochen, im 17. Jh. ausgestorben); seit dem 15. Jh. überliefert.

Slawisch. Einteilung in **Ostslawisch:** Russisch (seit dem 10./11. Jh. belegt, mit einer Periode des Altrussischen bis zum 17. Jh.), Ukrainisch und Weißrussisch (Verzweigung in diese Sprachen im 13. und 14. Jh.); **Westslawisch:** Polnisch, Tschechisch, Slowakisch und Sorbisch sowie Polabisch am Unterlauf der Elbe (heute ausgestorben, Reste bis 1750 erhalten). Ferner gehören dazu das heute noch als poln. Dialekt gesprochene Kaschubische und das Slowinzische (seit 1900 ausgestorben); **Südslawisch:** Bulgarisch, Serbisch, Kroatisch, Bosnisch, Slowenisch, Makedonisch sowie Alt(kirchen)slawisch (früher Altbulgarisch) als älteste slaw. Schriftsprache (seit der 2. Hälfte des 9. Jhs. belegt).

Nur erschlossene oder wenig überlieferte idg. Sprachen sind: **Pelasgisch**, **Lykisch** (im Südwesten der Türkei, nur in Inschriften erhalten), **Luwisch** und **Palaisch**, die dem Hethitischen sehr nahe stehen, sowie **Illyrisch** auf dem Balkan, das nicht überliefert ist. Ausgestorben sind ferner das **Phrygische** in Nordwestkleinasien und das **Thrakische** im Nordosten der Balkanhalbinsel.

Germanisch (S. 46 f.).

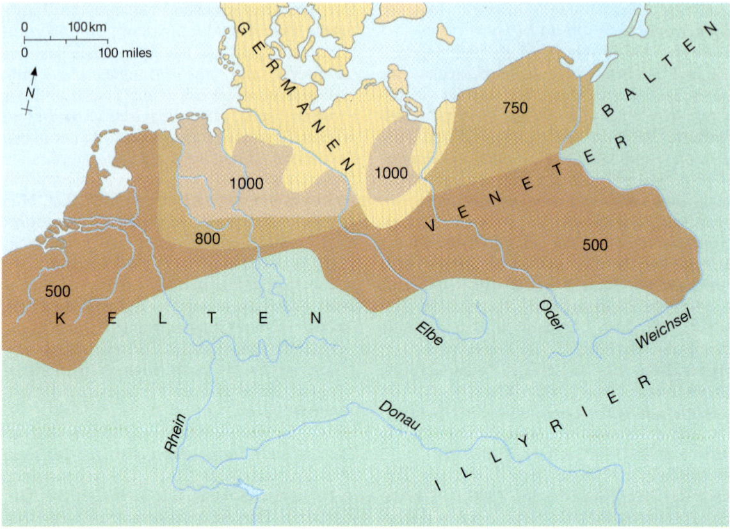

A Die mutmaßliche Ausbreitung der Germanen bis 500 v. Chr.

B Siedlungsgebiete der Germanen im 2. Jh. n. Chr.

Nach der Eroberung Galliens versuchten die Römer, ihr Territorium nach Norden und Nordosten auszudehnen, stießen dort jedoch auf zähen Widerstand von Stämmen, die sie *Germani* oder *Teutoni* nannten. Der Name der Germanen, erstmals 73 v. Chr. für eine kleinere Völkerschaft im Rheingebiet verwendet, wird erst später von den Galliern (Kelten) und Römern auf alle Stämme ausgedehnt.

Was den Ursprung des Wortes angeht, so handelt es sich wohl um ein german. Wort, **erman-/irmin-* ('groß, gewaltig'), das auch in Personennamen wie *Arminius* und *Irminsul* begegnet.

Unsere Kenntnisse über die Germanen stammen v. a. von CAESAR (100–44 v. Chr.), PLINIUS D. Ä. (ca. 23–79 n. Chr.), TACITUS (55 bis ca. 117 n. Chr.) und PLUTARCH (46–120 n. Chr.).

Die Germanen kannten schon die Gewinnung und Bearbeitung des Eisens, eine Fähigkeit, die sie von den Kelten übernahmen und die wichtig für die Herstellung landwirtschaftl. Geräte, von Gebrauchsgegenständen und Waffen war.

Kennzeichnend für die Sachsen war das *saks* genannte kurze Schwert, worauf auch der Stammesname zurückgeht.

Neben Ackerbau, Handwerk, Haus- und Schiffbau war die Viehzucht bei den Germanen bes. wichtig.

Das zeigt sich u. a. daran, dass der erste Buchstabe des gemeingerman. Runenalphabets, *Fuþark*, ae. *feoh* 'Vieh' auch 'Besitz', 'Reichtum' bedeutete.

Das Vieh war anstelle des Geldes das wichtigste Tauschmittel, wodurch sich die abweichende Bedeutung von ne. *fee* 'Geld; Gebühr' erklärt. Auch die Grundbedeutung von dt. *Schatz* war 'Vieh'.

Das Gemeingermanische

Noch im 2. Jtsd. v. Chr. bildete das Germanische einen zusammenhängenden Sprachraum innerhalb der idg. Sprachfamilie, was sich bes. an Gewässernamen nachweisen lässt. Spätestens um die Mitte des 1. Jtsd. v. Chr. hatte sich das Germanische, auch **Gemeingermanisch** genannt, aufgrund großer Veränderungen im Lautsystem und im Formenbau von den anderen idg. Sprachen getrennt.

Die **Urheimat** der Germanen ist das heutige Südschweden, Südnorwegen, Dänemark und die untere Elbe. Von hier aus drangen die germanischen Stämme um 1000 v. Chr. zur unteren Weser und Oder vor, um 500 v. Chr. waren sie bis zur Rheinmündung und den dt. Mittelgebirgen vorgestoßen (Abb. A).

Die Germanen waren aber nicht die ersten Bewohner dieser Gebiete, was sich am Wortschatz zeigen lässt.

So haben z. B. viele german. Ausdrücke aus dem Bereich des Seewesens wie *Hafen* und *Segel* in anderen idg. Sprachen keine Entsprechung. Dieser Wortschatz scheint auf unbekannte nicht-idg. Ureinwohner zurückzugehen.

Auch die idg. Nachbarvölker der Germanen haben die german. Sprachen beeinflusst, bes. die Illyrer, Kelten, Balten, Slawen und später auch die Römer.

Siedlungsgebiet der Germanen

Etwa vom 1. Jh. n. Chr. kann man nicht mehr vom Gemeingermanischen sprechen; es hatte eine Aufspaltung in folgende fünf german. Stammesgruppen und Stammesdialekte stattgefunden (Abb. B):

Die **Nordgermanen** in Skandinavien; von dort aus besiedelten sie später Island und die Färöer-Inseln. Die heutigen nordgerman. Sprachen sind Dänisch, Norwegisch, Schwedisch, Färingisch und Isländisch.

Die **Ostgermanen,** v. a. die Goten, Burgunder und Vandalen, die zunächst an Weichsel und Oder siedelten und während der Völkerwanderung Reiche im ganzen Mittelmeerraum und am Schwarzen Meer gründeten.

Den Goten verdanken wir das einzige erhaltene Sprachdenkmal aus so früher Zeit, nämlich Bischof Wulfilas Bibelübersetzung aus dem 4. Jh. n. Chr.

Alle ostgerman. Stämme und Sprachen existieren schon seit dem frühen MA nicht mehr – abgesehen vom sog. Krimgotischen, das sich bis zum 17. Jh. auf der Krim erhalten hat. Lediglich Flurnamen weisen noch darauf hin, dass dort einmal eine german. Sprache gesprochen wurde.

Die **westgerm. Gruppe,** bestehend aus den **Nordseegermanen** oder **Ingwäonen**, wozu die Jüten, Angeln, Sachsen, Friesen und Cherusker gehören, den

Weser-Rhein-Germanen oder **Istwäonen**, die sich zu beiden Seiten des Mittel- und Niederrheins ausbreiteten (diese Stämme wurden später unter dem Namen **Franken** zusammengefasst) und den

Elbgermanen oder **Irminonen/Herminonen** an Elbe, Saale, Fulda und Werra. Die wichtigsten Stämme dieser Gruppe waren die Sueben (Schwaben), die Markomannen (die späteren Bayern), die Langobarden, die Hermunduren (die späteren Thüringer), die Chatten und die Semnonen (die späteren Alemannen).

Die heutigen westgerman. Sprachen sind Englisch, Friesisch, Niederländisch, Hochdeutsch, Niederdeutsch sowie Afrikaans und Jiddisch, die Sprache der europ. Juden.

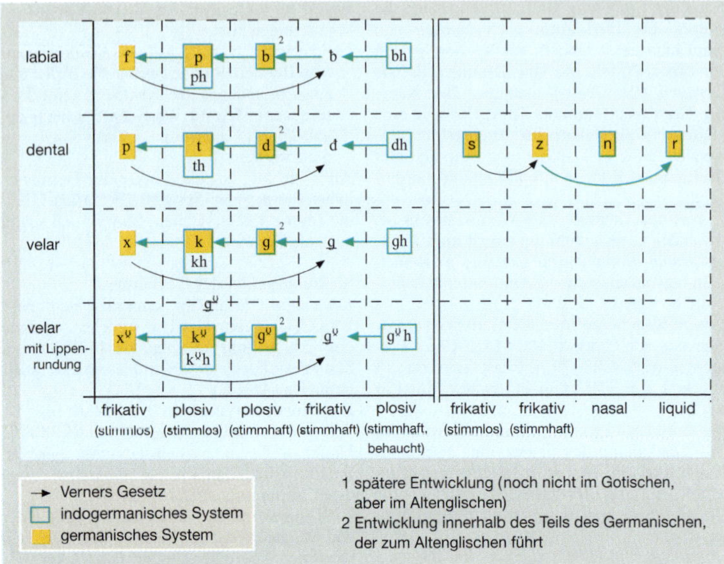

Die Entwicklung des Konsonantensystems vom Indogermanischen zum Germanischen

In der **ersten** oder **germ. Lautverschiebung** (bzw. GRIMMschen Gesetz) wurde das System der idg. Verschlusslaute wie folgt umgewandelt:

1. Die idg. stimmhaften behauchten Verschlusslaute *bh, dh, gh,* $g^{u}h$ werden zu den entsprechenden stimmhaften Reibelauten *ƀ, đ, g,* g^{u}. Diese werden später zu den stimmhaften Verschlusslauten *b, d, g,* g^{u} verschoben:

idg. **bhéro* > got. *baíran*, ahd. *beran*, ae. *beran* (> ne. *bear*) 'tragen'

idg. **ghostis* > got. *gasts*, ahd. *gast* (ae. *giest* > ne. *guest*) 'Gast'

idg. *g^{u}*hn̥t-* > ae. *guđ* 'Kampf'

aind. *vidhává* > got. *widuwó*, ahd. *wituwa*, ae. *widewe* (> ne. *widow*) 'Witwe'

Die Medienverschiebung, hier *d* > *t*, ist eines der Kennzeichen der **zweiten** oder **hochdeutschen Lautverschiebung**, die im Niederdeutschen und Englischen nicht eintritt und daher hier nicht behandelt wird.

Somit erklärt sich ae. *widewe* / ne. *widow* gegenüber ahd. *wituwa* /dt. *Witwe*.

Auf weitere Unterschiede, die sich durch die 2. Lautverschiebung erklären, wird verwiesen.

2. Die idg. stimmlosen Verschlusslaute *p, t, k* werden zur Zeit des Proto-Germanischen zu den entsprechenden stimmlosen behauchten Verschlusslauten *ph, th, kh*, die später zu den stimmlosen Reibelauten *f, þ* (engl. *th*), χ, χ^{u} verschoben werden:

lat. *piscis*: got. *fisks*, ahd. *fisk*, ae. *fisc* (> ne. *fish*) 'Fisch'

idg. **bhrā́ter* > got. *brōþar*, ahd. *bruoder* (2. LV), ae. *brōđor* (> ne. *brother*) 'Bruder'

lat. *pecus*: got. *faihu*, ahd. *fihu*, ae. *feoh* 'Vieh, Reichtum' (> ne. *fee*!)

idg. **seq*^{u} 'folgen': lat. *sequor*: got. *saíhwan* (ae. *sēon* > ne. *see*) 'sehen'

3. Die idg. stimmhaften Verschlusslaute *b, d, g,* g^{u} werden zu den entsprechenden stimmlosen Verschlusslauten *p, t, k,* k^{u}:

griech. *βαίτη* 'Rock': got. *paida*, ahd. *pfeit* (2. LV), ae. *pād* 'Rock, Mantel'

lat. *dens, dentis*: got. *tunþus*, ahd. *zan(d)* (2. LV), ae. *tōþ* (> ne. *tooth*) 'Zahn'

lat. *iugum*: got. *juk*, ahd. *joh* (2. LV), ae. *geoc* (> ne. *yoke*) 'Joch'

idg. *g^{u}*enā* 'Weib' > got. *qino*, ahd. *quëna*, ae. *cwēne* 'Weib' (> ne. *queen!*)

In sog. **gedeckter Stellung** fand die **Verschiebung nicht** statt,

a) wenn schon im Idg. dem zu verschiebenden Laut *s* vorausging, z. B. lat. *spuō* 'ich speie', ae., ahd. *spīwan* 'speien'; lat. *stella* (< **sterla*), ae. *steorra*, ahd. *stërno* 'Stern'; lat. *scabō* 'ich kratze', ahd. *scaban* 'schaben', ae. *scafan* (> ne. *shave*),

b) wenn im Idg. zwei Verschlusslaute zusammentrafen, wurde nur jeweils der erste verschoben, z. B. lat. *captus* 'gefangen', ahd. *haft* 'gefangen'; lat. *noct-* 'Nacht', got. *nahts*, ae. *neaht* (> ne. *night*).

Das Germanische **unterscheidet** sich vom Indogermanischen insbes. durch folgende Erscheinungen:

Ältere Periode, auch Proto-Germanisch genannt (ca. 1500–500 v. Chr.):

a) Verstärkung des dynam. Akzents auf der betonten Silbe. Der Wortakzent ist noch frei (s. unten).

b) Zusammenfall der Kurzvokale *a* und *o*:

idg. *a* und *o* > germ. *a*:
lat. *ager*: got. *akrs*, ahd. *ackar* (ae. *æcer* > ne. *acre*) 'Acker'
lat. *hostis* 'Fremder': got. *gasts*, ahd. *gast* (ae. *giest* > ne. *guest*) 'Gast'
idg. Langvokale *ā* und *ō* > germ. *ō*:
lat. *frāter*: got. *brōþar* (ahd. *bruoder*, 2. LV), ae. *brōðor* (> ne. *brother*) 'Bruder'
griech. πλωτός 'schwimmend': got. *flōdus* (ahd. *fluot*, 2. LV), ae. *flōd* (> ne. *flood*) 'Flut'.

c) Eintritt der ersten Akte der **ersten** oder **germanischen Lautverschiebung** bzw. des GRIMMschen Gesetzes. Hierdurch werden die germ. Sprachen von allen übrigen idg. Sprachen getrennt. Die erste Lautverschiebung fand ihren Abschluss vor dem Kontakt mit den Römern (3.–2. Jh. v. Chr.), da sie kein lat. Lehnwort im Germanischen mitgemacht hat (vgl. z. B. lat. *caesar* – dt. *Kaiser*). Die finn. Sprachen haben ebenfalls unverschobene germ. Lehnwörter, z. B. finn. und estn. *kana* 'Huhn', aber ahd. *henna*, ae. *hana* (> ne. *hen*).

Jüngere Periode, auch Spätgermanisch genannt (ca. 500 v. Chr. bis Christi Geburt):

a) Festlegung des freien Wortakzents auf die erste Silbe (Anfangsbetonung).

Die Festlegung muss erfolgt sein, ehe die sog. Verbalkomposita entstanden, da diese im Gegensatz zu den Nominalkomposita noch die Stammsilbe betonen;

vgl. dt. *Urteil – erteilen, Urlaub – erlauben*. *Urlaub* und *Urteil* sind somit älter als die Verben.

Als Konsequenz dieser Akzentfestlegung zeigen diese Verben bereits eine Abschwächung von *u* > *e* in unbetonter Stellung.

Dass auch auslautende Silben abgeschwächt wurden und ganz schwinden konnten, zeigt z. B. **beranan* > ae. *beran* > fme. *beren* > me. *bere* > spme. *ber* (ne. *to bear* 'tragen').

Auf der Anfangsbetonung beruht auch die germ. Stabreimdichtung;

vgl. z. B. dt. *Mann und Maus* oder engl. *kith and kin* 'Freunde und Verwandte'.

b) Fortführung und Abschluss der germ. Lautverschiebung (Abb.). Die im Germ. neu entstandenen stimmlosen Reibelaute *f*, *þ*, *χ* (*h*) sowie χ^u und das ererbte *s* wurden in- und auslautend in stimmhafter Nachbarschaft (Vokale, Nasale, Liquide) noch im Germ. zu den entsprechenden stimmhaften Frikativen *ƀ*, *đ*, *g*, g^u und *z*, wenn im Idg. der Hauptton nicht auf dem unmittelbar vorhergehenden Vokal lag (**Vernersches Gesetz**; von dem Dänen KARL VERNER 1875 formuliert).

c) System. Aufbau des idg. Ablauts, v. a. in der Stammbildung starker Verben.

Mit **Ablaut** bezeichnet man den regelmäßigen Wechsel bestimmter Vokale in etymolog. zusammengehörigen Wörtern.

Urspr. beruhte der Ablaut auf dem Wechsel von *e* und *o* innerhalb desselben Wortstammes, den heute noch das Lateinische und Griechische zeigen:

lat. *tego* 'ich kleide' und *toga* 'Toga, Friedenskleid', griech. λέγω 'ich lese' und λόγος 'Wort, Sprache'.

Der Ablaut kann in jeder Silbe auftreten; er kann eine offenere bzw. geschlossenere Vokalqualität ausweisen (wie bei den beiden Beispielen; qualitativer Ablaut oder **Abtönung**) oder sich auf Länge und Kürze des Vokals beziehen (quantitativer Ablaut oder **Abstufung**).

d) Bildung von schwachen Verben durch Anhängung eines Dentalsuffixes an das Präteritum und das Participium Praeteriti. Der Stammsilbenvokal bleibt unverändert:

got. *sokja* 'ich suche', *sokida* 'ich suchte'; *haba* 'ich habe', *habaida* 'ich hatte'. Ae. *ic hīere* 'ich höre', *ic hīerde* 'ich hörte'; *ic lufige* 'ich liebe', *ic lufode* 'ich liebte'.

Die Zahl der Klassen schwacher Verben schwankte zwischen den gewöhnlichen drei (wie z. B. im Altenglischen) und vier (im Gotischen und Altisländischen).

e) Ausbau der schwachen oder *n*-Deklination beim Substantiv. Diese Deklination nannte J. GRIMM deshalb so, weil sie zu schwach sei, um für jeden Kasus eine andere Endung zu bilden.

Ae. *nama* 'Name' weist im Gen., Dat., Akk. Sg. sowie im Nom. und Akk. Pl. die Form *naman* auf. Im Gegensatz zum Deutschen *(die Namen)* wurde im Englischen die schwache Pluralform im Laufe der Entwicklung fast immer durch *-s* ersetzt (ne. *the names*). Ausnahme: ne. *ox – oxen*.

f) Ausbildung einer starken und schwachen Deklination beim Adjektiv:

ae. *gōd cyning* – dt. *(ein) guter König* (starke Deklination) gegenüber ae. *sē̆ gōda cyning* – dt. *der gute König* (schwache Deklination).

g) Verlust mehrerer Formenkategorien beim *Substantiv* (Verringerung der Kasus) und bei der Tempusbildung des *Verbs*.

h) Neubildungen des Wortschatzes v. a. auf den Gebieten Ackerbau, Viehzucht, Seefahrt, Kriegswesen.

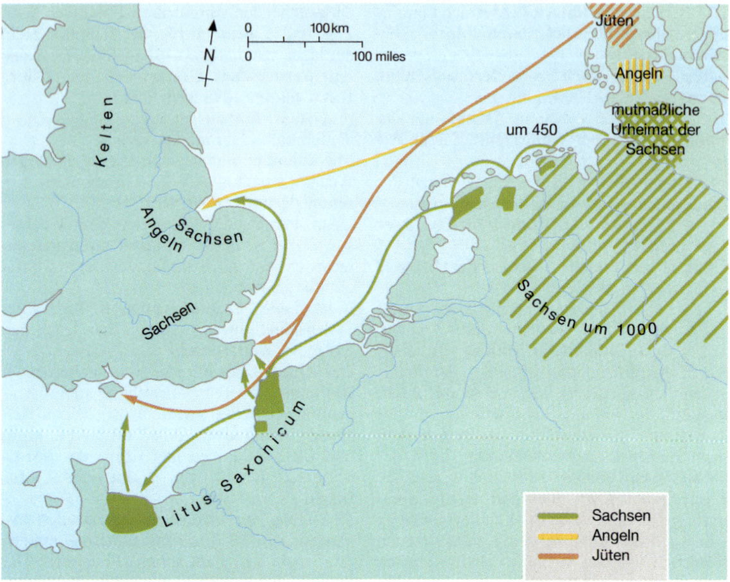

A Herkunftsgebiete der Angelsachsen

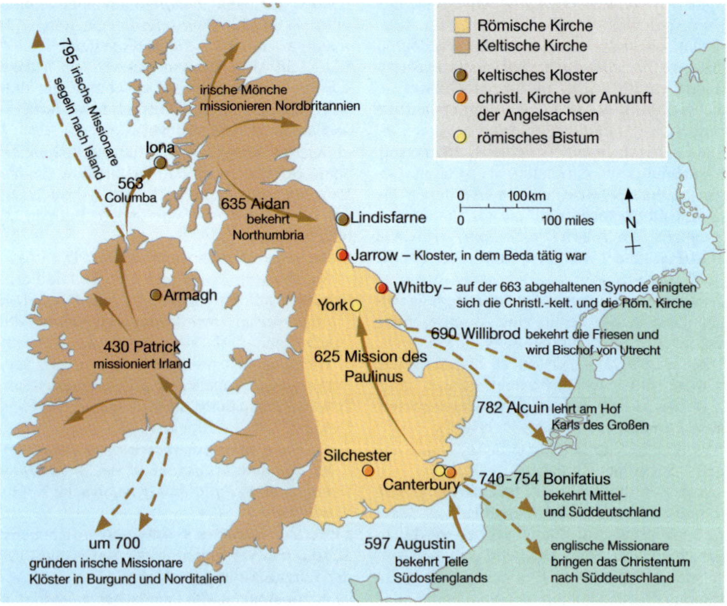

B Die Christianisierung Englands

Die Stämme der Ingwäonen, Istwäonen und Herminonen – Bezeichnungen für alte Kultverbände, deren Existenz im 1. Jh. n. Chr. bezeugt ist – wurden früher unter dem Begriff Westgermanen zusammengefasst. Heute ist man vorsichtiger (vgl. König 1998:53).

Es ist strittig, ob die westgerm. Gruppe seit jeher eine sprachl. Einheit darstellte oder nicht. Gegenüber dem Nord- und Ostgermanischen zeichnen sich die westgerm. Sprachen durch folgende **Gemeinsamkeiten** aus:

a) die westgerm. Konsonantengemination, wodurch Konsonanten insbes. vor *j*, aber auch vor *w, r, l* der Folgesilbe verdoppelt wurden:

got. *bidjan*: ae. *biddan* (> ne. *bid*), ahd. *bitten* (2. LV) 'bitten'; got. *halja*: ae. *hell* (> ne. *hell*), as. *hellia*, ahd. *hella* 'Hölle'; got. *akrs*: as. *akkar*, ahd. *ackar* (ae. *æcer* > ne. *acre*) 'Acker',

b) Wechsel von germ. *þ (ð)* > *d*:

an. *faðir*, got. *fadar* (d = ð): ae. *fæder*, as. *fader*, ahd. *fater* (2. LV) 'Vater';

c) Wegfall von auslautendem *-z* (< *-s*):

got. *dags*: ae. *dæg*, as. *dag*, ahd. *tag* (2. LV) 'Tag'; im Nordgermanischen tritt *-s* als *-r* auf (an. *dagr*);

d) die 2. Pers. Sg. Prät. der starken Verben zeigt die Ablautstufe des Plurals:

got. *gaft*: ahd. *gābi* 'du gabst', ae. *ic band, þu bunde, hē band, we bundon* 'ich band' etc.;

e) germ. *i* und *u* sind in unbetonter Stellung nach langer Silbe ausgefallen, nach kurzer aber erhalten:

got. *sunus*: ahd. *sunu*, ae. *sunu* (> ne. *son*) 'Sohn' gegenüber got. *handus*: ahd. *hant* (2. LV), ae. *hand* (> ne. *hand*) 'Hand' (vgl. auch c).

Westgerm. Gemeinsamkeiten stehen Argumente für einen nordgerm.-ostgerm. Zusammenhang gegenüber, z. B. eine 4. Klasse schwacher Verben auf *-nan-* (got. *fullnan* 'füllen'), die aber im Westgerm. schon vor ihrer Aufzeichnung verloren gegangen sein können.

Auch lassen sich westgerm.-nordgerm. Übereinstimmungen aufführen (z. B. *i*-Umlaut), ferner got.-hochdeutsche (z. B. Erhaltung des Nasals vor stimmlosem Reibelaut: got. *munþs*, ahd. *mund* (2. LV): ae. *mūþ* 'Mund'; got. *is*, ahd. *ēr*: ae. *hē* für Pers. Pron. 'er').

Die Westgermanische Sprachfamilie

Zu Beginn der schriftl. Überlieferungen (7.–8. Jh.) tritt uns das Westgermanische als eine aus versch. Dialekten bestehende Sprachfamilie entgegen, die in drei Hauptgruppen zerfällt:

Im **Norden:** das Altsächsische, Altfriesische und Altenglische (Angelsächsische).

Charakteristisch für sie ist v. a. der Ausfall von Nasalen vor den stimmlosen Reibelauten *f, þ, s* (also nicht nur vor *h*, wo der Ausfall gemeingerm. ist), wobei gleichzeitig ein vorangehender kurzer Vokal gedehnt und *a* zu *ō* wird:

ahd. *fimf*: ae., afries., as. *fīf* 'fünf' (> ne. *five*), ahd. *uns*: ae., afries., as. *ūs* 'uns' (> ne. *us*), ahd. *andar*: ae., afries., as. *ōþer* 'ander' (> ne. *other*).

Im **Süden:** das Althochdeutsche, das einen Teil des Fränkischen und die Dialekte Bairisch, Alemannisch und Langobardisch umfasst.

Das Althochdeutsche ist hauptsächl. durch die 2. oder hochdeutsche Lautverschiebung gekennzeichnet.

Im **Westen:** das Altniederfränkische (Vorstufe des Niederländischen), das weder an den nördl. noch den südl. Eigentümlichkeiten teilnimmt.

Das Altenglische

Als infolge der inneren Wirren des Römerreiches die röm. Truppen fast vollständig Britannien verlassen hatten (um 406), fielen die Germanen ein, wurden zunächst aber zurückgeschlagen. Der engl. Geschichtsschreiber Beda (672–735) gibt in seiner ›Historia ecclesiastica gentis Anglorum‹ das Jahr 449 für den Haupteinfall der Germanen an.

Die Jüten siedelten sich im Südosten Englands an, etwa im heutigen Kent, auf der Insel Wight und an der gegenüberliegenden Küste (Abb. A). Die Sachsen nahmen den übrigen Süden in Anspruch mit Ausnahme von Cornwall, das kelt. blieb, und das Mittelland bis Worcestershire und Norfolk (s. Abb. B, S. 54). In letztgenannte Regionen waren die Sachsen über den Wash gekommen. Die Angeln besiedelten das Land nördl. der Themse, wo sie die Sachsen (mit Ausnahme von Essex < *Eastseaxe* = Ostsachsen) im 8. Jh. unterwarfen, bis ins heutige Schottland hinein (Abb. A).

Die einheim. kelt. Bevölkerung wurde wohl zumeist getötet oder vertrieben, aber archäolog. Funde und Ortsnamenforschung weisen darauf hin, dass selbst zu Beginn der Eroberungsphase Germanen mit Briten zusammenlebten (vgl. Gelling 1988:75).

Christianisierung Englands

Wichtige Auswirkungen, auch auf die Sprache, hatte die Christianisierung Englands. Sie erfolgte vom Westen, nämlich von Irland, durch St. Columba, und vom Süden, von Rom, durch den Benediktinermönch Augustin (Abb. B). Im 7. Jh. wurde die gesamte Bevölkerung aufgrund gemeinsamer Anstrengungen der röm. und der keltischen Kirche friedlich zum Christentum bekehrt.

A Hauptsiedlungsgebiete und Handelswege der Wikinger im 9. - 11. Jahrhundert

B Eroberungen der Wikinger im 8. und 9. Jahrhundert

Seit dem Ende des 8. Jhs. sind Kontakte zwischen Britannien und Skandinavien belegt (Abb. A).
In England traten die Wikinger anfangs v. a. als **Räuber** auf. Auf das von irischen Mönchen gegründete Kloster Lindisfarne an der Ostküste Nordhumbriens wurde **793** der erste überlieferte Wikingerüberfall ausgeführt. Dieses Datum gilt gewöhnlich als **Beginn der Wikingerzeit** in England. 795 wurde auch das Kloster Iona vor der Westküste Schottlands geplündert. Diese frühen Raubzüge waren sporadisch und unkoordiniert.
Die ersten Spuren **dauerhafter** skand. **Besiedlung** sind 841 von Irland (Dublin) überliefert. Zehn Jahre später überwinterte die Wikingerarmee erstmals in England. 876 siedelten Dänen zum ersten Mal in England. Sie eroberten in der Folgezeit größere Teile Nord- und Ostenglands.
Ab 900 ließen sich Norweger aus dem Norden und Westen der Britischen Inseln in Nordwestengland nieder, was Münzfunde beweisen. Ortsnamenstudien belegen, dass hierher auch Dänen kamen (Abb. B).
Als ALFRED D. GR. 871 König wurde, war auch sein Stammland Westsachsen ernstlich bedroht, aber es gelang ihm, die Dänen zu besiegen und durch den 878 mit GUTHRUM geschlossenen Frieden von Wedmore Ruhe im Land zu schaffen (zur Aufteilung des Landes Abb. B). Die Rückeroberung setzte langsam ein, und 954 konnte der letzte Wikingerkönig aus England vertrieben werden.
Nach 980 waren erneut Einfälle aus Skandinavien zu verzeichnen, 1013 wurde die heimische Dynastie entthront, und bis 1042 herrschten dän. Könige über England. Dann regierte der Engländer EDWARD (der Bekenner), der 1066 kinderlos starb, was zur Schlacht bei Hastings führte (vgl. S. 61).

Einfluss des Skandinavischen

Die Bekehrung der Skandinavier zum Christentum trug sehr zur Annäherung beider Völker bei. Das Fehlen skand. Frauennamen in den Quellen könnte auf das Fehlen skand. Frauen überhaupt hindeuten. Es gibt eine Reihe von Hinweisen darauf, dass Wikinger einheim. Frauen heirateten. Dies und die Tatsache, dass Altnordisch und Altenglisch miteinander eng verwandt waren und trotz der unterschiedlichen Entwicklung über einen gemeinsamen Grundwortschatz verfügten, dürften den **Einfluss des Skandinavischen** auf das Altenglische verstärkt haben.
Zum einen haben skand. Lautungen altengl. **verdrängt.**
Der ältere skand. stimmhafte Verschlusslaut ersetzte den jüngeren ae. Reibelaut z. B. in ae. *giefan* [j], daher ne. *give*, ferner in ne. *get, egg* u. a. Ebenso ersetzte der ältere skand. stimmlose Verschlusslaut die jüngere ae. (westsächs.) Affrikate z. B. in ae. *cealf* [tʃ], daher ne. *calf* – dt. *Kalb.*
Gelegentlich kam es zur Bildung von Dubletten, wenn beide Lautungen erhalten blieben, wobei /k/ allerdings auch aus dem Anglischen (s. Abb. B, S. 54) kommen könnte:

> ne. *ditch* und *dike* sind heute in versch. Teilen Englands dialektal ganz unterschiedlich semantisch voneinander differenziert, so in Nordengl. mit *ditch* 'Graben' gegenüber *dike* 'Hecke'. Diese Bedeutung für *dike* ist sonst nirgends in England anzutreffen.

Auch Unterschiede zwischen England und Schottland konnten auf diese Weise entstehen, vgl. ae. *cirice* > ne. *church* gegenüber schott. *kirk*, das auch in nordengl. Dialekten belegt ist und somit deren enge sprachhistor. Verbindung mit dem Scots dokumentiert.
Zum anderen wurden skand. Wörter **entlehnt.** Sie konnten zu altengl. hinzutreten, was dann zu *semant. Differenzierung* führte (z. B. ne. *die* 'sterben' aus an. *deyja* neben ne. *starve* 'verhungern', dial. 'erfrieren' aus ae. *steorfan*), oder altengl. verdrängen (wie ae. *niman* von an. *taka*; vgl. ne. *take* und dt. *nehmen*).
An. *Lehnwörter* im Englischen sind weiterhin: *husband* 'Hausherr', 'Ehemann', *window* 'Fenster' (wörtl. 'Windauge'), *call* 'rufen' u. a.
Die heute mit *sk-* beginnenden Wörter sind meist an. Ursprungs (z. B. *sky* 'Himmel', *score* 'zwanzig', 'Kerbe'). Das gilt auch für Wörter, die auf *-sk* enden, z. B. *bask* 'sich sonnen'. WRIGHTS ›English Dialect Dictionary‹ enthält 1 154 Wörter mit *sk*, was zeigt, dass der skand. Einfluss regional außerordentl. groß war. Auch hier bildeten sich Dubletten, vgl. ne. *skirt* (< an. *skyrta*) 'Rock' und ne. *shirt* (< ae. *sćyrte*) 'Hemd'.
Neben Bezeichnungen für Dinge des tägl. Lebens wurden auch solche aus speziellen Bereichen entlehnt, wie dem Kriegswesen mit ae. *brynige* 'Brünne', dem Rechtswesen mit ae. *fēolaga* 'Teilhaber, Partner' (> ne. *fellow*) sowie dem Seewesen mit ae. *barda* 'Wikingerschiff mit aufstehendem Steven'.
Wie intensiv die Sprachmischung war, zeigt auch die Übernahme von Wörtern aus geschlossenen Klassen: Die Präposition *fro* (in ne. *to and fro* 'hin und her') bildet eine Dublette mit *from*, und die an. Pluralpronomina (> ne. *they, them, their*) haben ihre ae. Entsprechungen völlig verdrängt.
Das Ausmaß der skand. Beeinflussung des Englischen wird erst mit einer Verzögerung von 2–3 Jahrhunderten richtig deutlich. Zu dem tief gehenden Einfluss skand. Namen vgl. S. 59, zur Grammatik vgl. S. 73.

Zeichen	Laut	Name	ags. Bedeutung	Zeichen	Laut	Name	ags. Bedeutung
ᚠ	f	feoh	Vieh, Fahrhabe	ᛒ ᛒ	b	beorc	Birke(nreis)
ᚢ	ū	ūr	Ur, Auerochse*)	ᛖ	e	eh, eoh	Pferd
ᚦ ᚦ	þ	þorn	Dorn	ᛗ	m	man	Mensch
ᚩ	ō	ōs	Mund	ᛚ	l	lagu	Wasser
ᚱ	r	rād	Ritt, Wagen	ᛝ ᛝ	ng	ıng	Fruchtbarkeitsgott
ᚳ	k'	cēn	Kienfackel	ᛞ	d	dæg	Tag
ᚷ	g'	gyfu	Gabe (Großzügigkeit)	ᛟ	œ,ē	ēþel	Heimat
ᚹ ᚹ	w	wynn	Wonne	ᚪ	ā	āc	Eiche
ᚻ ᚺ	h	hægl	Hagel (jähes Verderben)	ᚫ	æ	æsc	Esche
ᚾ	n	nȳd	Not	ᚣ	ȳ	ȳr	Bogen
ᛁ	ī	īs	Eis	ᛠ	ēa	ēar	Erde, Grab?
ᛄ	j	ʒēr	(fruchtbares) Jahr	ᛡ	eo, io	ior, iar	? (Aal?, Meer?)
ᛇ	ē	ēoh, ēow	Eibe	ᛢ	q	cweorð	? (Köder?)
ᛈ	p	peorð	? (Fruchtbaum?)	ᛣ	k	calc	? (Kalk?, Becher?)
ᛉ	x	eolhx	eine Art Ried oder Binse	ᛥ	st	stān	Stein
ᛋ	s	sigel	Sonne	ᚸ ᚸ	g	gār	Ger, Speer
ᛏ	t	tīr	Gott Tīw, Ehre				*)(männliche Kraft?)

A Das angelsächsische Runenalphabet

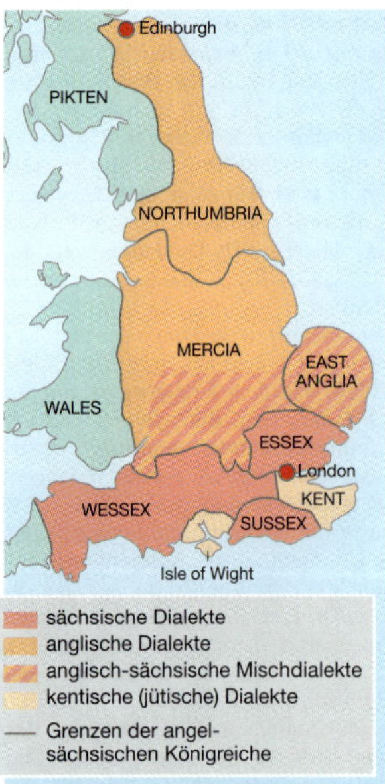

B Übersicht der altenglischen Dialekte

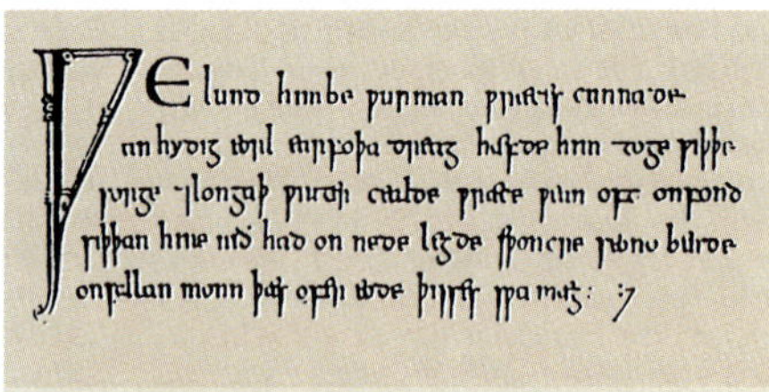

WElund him be wurman wræces cunnade(,)
anhydiʒ eorl earfoþa dreaʒ(,) hæfde him toʒe siþþe
sorʒe ond lonʒaþ winter cealde wræce(;) wean oft onfond
siþþan hine nið had on nede leʒde(,) swoncre seono bende
onsyllan monn(.) Þæs ofer eode þisses swa mæʒ!

Weland had experience of misery . . . . ,
the resolute earl endured hardships,
had sorrow and yearning as companions,
exile in the cold of winter. He met with many a woe
after Nithhad laid oppression upon him,
supple bonds of sinew upon the better man.
That passed over, so can this!

C Beginn der Elegie ›Deors Klage‹. Exeter-Buch, fol. 100r
(Neuenglische Übersetzung von M. Lehnert)

Altenglische oder **angelsächsische Dialekte** sind vom 7.–11. Jh. überliefert, doch liegen ihre Grenzen nicht genau fest, da es bei der Besiedlung auch zu Stammesüberschneidungen und somit zu Mischdialekten kam.

Drei Dialekte werden unterschieden, u. zw.

Kentisch (im Wesentlichen die Sprache der Jüten im Südosten),

Westsächsisch, eine Untergruppe des Sächsischen, das aufgrund der unter ALFRED D. GR., König von Wessex, in der 2. Hälfte des 9. Jhs. erreichten pol. Vormachtstellung der wichtigste Dialekt wurde (auf ihm basieren die Grammatiken des Altenglischen), und

Anglisch, das sprachl. weiter differenziert wird in Ostanglisch, Mercisch und Nordhumbrisch (Abb. B).

Die ersten überlieferten ae. **Texte** stammen aus dem frühen 7. Jh. Es handelt sich dabei um im kent. Dialekt verfasste Gesetzestexte.

Vornehmlich poet. Texte sind in Sammelhandschriften überliefert, die alle in der westsächs. Literatursprache geschrieben sind:

die **Beowulf**-Handschrift (heute im Britischen Museum, London), ein in stabenden Langzeilen verfasstes Heldenepos; die Handschrift enthält ferner **Judith** und Prosatexte;

die **Cædmon**-Handschrift (heute: Bodleian Library, Oxford) mit alttestamentlichen Dichtungen;

das **Exeter**-Buch (heute: Kathedralbibliothek zu Exeter) mit Gedichten zu christlichen und weltlichen Themen, wozu auch zahlreiche, vielfach bis heute ungelöste Rätsel gehören;

das **Vercelli**-Buch (heute Dombibliothek zu Vercelli in Oberitalien, wo die Handschrift erst im 19. Jh. wieder entdeckt wurde) mit fünf religiösen Gedichten und einer Anzahl Prosa-Homilien.

In die westsächs. Schriftsprache wurden im 10. Jh. auch anglische und mercische Texte umgeschrieben.

Die Schrift

Das Faksimile (Abb. C) zeigt einige Besonderheiten der Schrift, in der die literar. Denkmäler überliefert sind. Verwendet wurde die lat. Schrift, die die irischen Missionare weiterentwickelt und an die Angelsachsen weitergegeben hatten. Sie wird **Insulare** genannt. Diese Kleinbuchstabenschrift (Minuskelschrift) erhielt sich bis ins 12. Jh.

Die germ. Eroberer brachten das gemeingerm. **Runenalphabet** vom Kontinent mit, das auf der Insel allerdings nicht weit verbreitet gewesen zu sein scheint (zur angelsächs. Ausprägung der Runen und ihren Namen vgl. Abb. A). Ae. *rūn* bedeutete 'Geheimnis', ae. *runa* 'Zauberer' (vgl. dt. *raunen*). Die Runen kamen nach Bekehrung der Bevölkerung zum Christentum in England im 7. Jh. verständlicherweise außer Gebrauch, was auch auf dt. Boden der Fall war.

Zwei Runen füllten indes Lücken des lat. Alphabets bis weit in die mittelengl. Zeit hinein: Ƿ wurde für /w/ und þ für /θ/ und /ð/ gebraucht. Beide Runen treten wiederholt auf (s. Abb. C), wie auch die folgenden Grapheme: ȝ *(yogh)* = irische Variante des lat. g, ꞃ = r, ꞅ Variante des s; ꝼ = f. Diese gehören zu den wichtigsten Unterschieden zwischen dem insularen und dem kontinentalen Typ der Minuskelschrift des lat. Alphabets.

Frühe Lehnbeziehungen

Im Laufe seiner Entwicklung ist das Altenglische von mehreren Sprachen unterschiedl. beeinflusst worden.

Latein. Bereits auf dem Kontinent gab es Kontakte der späteren Angelsachsen mit den Römern. Die Übernahmen aus dieser gemeingerm. Zeit haben sich vielfach auch im Deutschen erhalten.

Es werden Bezeichnungen entlehnt aus dem *Bauwesen* wie *tigele* < lat. *tegula* (> ne. *tile* – dt. *Ziegel*), aus dem *Handel* wie *mynet* (< lat. *monēta*) (> ne. *mint* – dt. *Münze*), dem *Kriegswesen* wie *camp* (< lat. *campus*) (> ne. *camp* – norddt. *Kamp*) und dem *Haushalt* wie *cīese* (< lat. *cāseus*) (> ne. *cheese* – dt. *Käse*).

Eine zweite Schicht lat. Lehnwörter wurde den Angelsachsen in England durch die dort heimischen Kelten vermittelt. Hier handelt es sich gelegentlich um Wörter der *Gemeinsprache* wie ne. *ass* 'Esel', v. a. aber um *Ortsnamenelemente.*

Bes. bedeutsam war der lat. Einfluss im Gefolge der **Christianisierung** Englands. Mehrere hundert lat. Lehnwörter, Lehnbildungen und Lehnbedeutungen sind in dieser dritten Phase ins Altenglische gekommen.

Skandinavisch. Das Skandinavische war für das Altenglische neben dem Lateinischen die wichtigste Einflussquelle (s. S. 53).

Keltisch. Die Kelten, die im angelsächs. Siedlungsgebiet blieben, bildeten eine pol.-soz. Unterschicht. Es ist daher verständlich, dass der kelt. Einfluss auf das Altenglische – abgesehen von der Toponymie – sehr gering war. Die wenigen inselkelt. Lehnwörter stammen entweder aus dem täglichen Leben (ne. *bin* 'Behälter') oder aus der irischen Mission im nördl. England (ae. *cross* 'Steinkreuz' > ne. *cross*).

Französisch. Verbindungen zu den Franken bestanden v. a. durch die irische und angelsächs. Mission auf dem Kontinent. Der sprachl. Einfluss des Französischen ist jedoch vor der normann. Eroberung 1066 außerordentl. gering. Belegt sind ae. *castel* in der Bedeutung 'Befestigung' und ae. *sott* (> ne. *sot* 'einfältige Person' [veraltet]).

A Vorindogermanische Flussnamen in England, Schottland und Wales

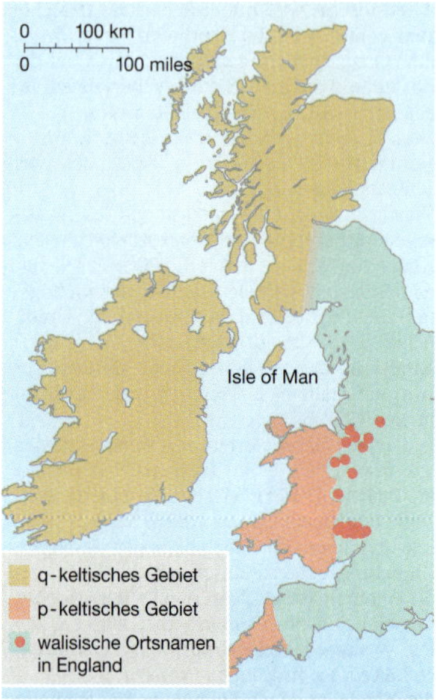

B Ortsnamenelemente des q- und p-Keltischen

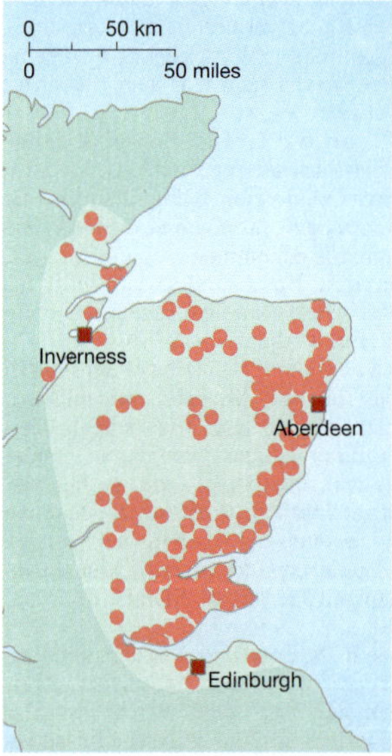

C Verbreitung des piktischen Ortsnamenelements **pit** in Nordostschottland

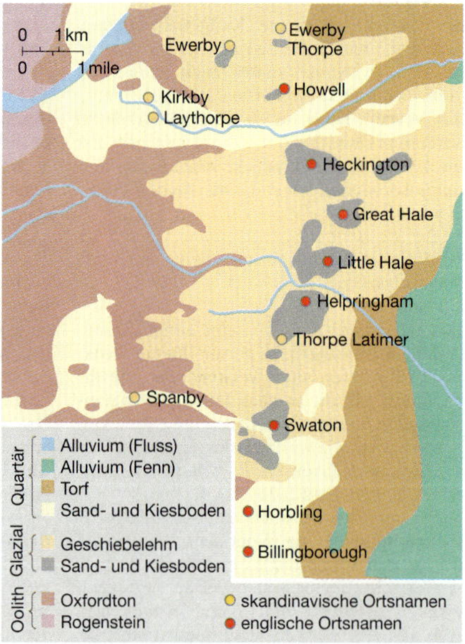

D Ortsnamen in einem kleinen Teil Lincolnshires

Namen liefern bes. wichtige Hinweise für die Siedlungs- und Kulturgeschichte.

Flussnamen

England, Schottland und Wales weisen zahlreiche vorindogerm., nach VENNEMANN paläo-bask. Flussnamen auf, zu denen es ident. oder eng verwandte Namen in West-, Mittel- und Südeuropa gibt (Abb. A). Diese Langlebigkeit erklärt sich aus der großen Bedeutung, die die Flüsse im Leben vorhistor. Siedler hatten.

Zu diesen weit verbreiteten Flussnamen zu beiden Seiten des Kanals gehören:

Yealm (Devon) und *Alma* (Etrurien/Italien); *Ale* (Roxburgh und Berwick), *Alne* (Northumberland) und *Alauna* (Frankreich); *Ayr* (Ayrshire), *Oare* (Somerset) und *Ahr* (Deutschland), *Ara* (Spanien); *Armit* (Berwick) und *Ermetz* (Deutschland), *Armance* (Frankreich); *Shiel* (Inverness und Ross), *Hayle* (Cornwall) und *Seille* (Frankreich), *Salia* (Spanien); *Farrar* (Inverness) und *Vara* (Ligurien), *Vaire, Veyre* (Frankreich) sowie *Ure* (Yorkshire), *Earn* (Perth) und *Yser* (Belgien), *Isar, Isen* (Deutschland), *Isère, Isarn* (Frankreich).

Weitere Beispiele liefern BAHLOW 1985 und VENNEMANN 1993, u. zw. nicht nur für Flussnamen.

Ortsnamen

Die sprachliche Einheit des Q-Keltischen einerseits und des P-Keltischen andererseits zeigt sich auch in Ortsnamenelementen.

Namen mit dem Element *baile* 'Hof, Gehöft' sind sowohl in Irland als auch in Schottland und auf der Isle of Man häufig belegt:

Ballindrait, Ballintober, Ballynabola (Irland), *Balerno, Ballindalloch, Balmaha* (Schottland) und *Ballagawne, Ballaugh* (Isle of Man).

Achadh 'Feld, landwirtschaftliche Aktivität' begegnet häufig in Irland (wie in *Aghatubrid, Achonry, Aghalane*) und Schottland *(Acharache, Auchenbrain).*

Zu den häufigen Ortsnamenelementen in Wales und Cornwall gehören *caer* 'Festung' wie in *Caernarvon, Caerphilly, Cardiff* (Wales) und *Cardinham* (Cornwall) sowie *tre-* 'Hof, Gehöft' wie in *Tredegar, Trefnant, Tremain, Treglemais* (Wales) und *Tremaine, Trenance, Trenwowth, Tregeare* (Cornwall).

Walisische Ortsnamenelemente kommen auch in den an Wales angrenzenden engl. Grafschaften vor (Abb. B).

Auch die Existenz der Pikten lässt sich in Ortsnamen dokumentieren. Die **Pikten**, zu deren Abwehr die Römer im Norden Englands den Hadrianswall 122–128 n. Chr. errichteten, wurden seit Ende des 3. Jhs. n. Chr. von den Römern so genannt (*Picti* 'die Bemalten'). Wie sie sich selbst nannten, ist unbekannt. Sie waren Nachkommen eingeborener Stämme, die nördl. der Mündungen des Clyde und Forth lebten. Von den aus Irland kommenden Skoten wurden sie aus Argyll in den Nordosten Schottlands zurückgedrängt. Seit Mitte des 6. Jhs. gibt es Zeugnisse dieser Kultur, allerdings keine Handschriften, sondern Kunstgegenstände und Symbolsteine (RITCHIE 1989). Zu den wenigen Elementen, die mit Sicherheit auf das Piktische zurückgeführt werden können, gehört *pit* (< *petia* 'Stück Land'). Etwa 300 Ortsnamen sind mit diesem Element belegt, meist im Nordosten Schottlands (Abb. C). Archäolog. Funde stützen die sprachl. Hinweise auf die Siedlungsgeschichte.

Das zweite Element der folgenden ausgewählten Ortsnamen stammt meist aus dem **Gälischen**, was darauf hindeutet, dass diese Namen in der Zeit piktisch-gälischer Zweisprachigkeit entstanden, als sich im 9. Jh. die Pikten mit den Skoten vereinten:

Pitlochry, Pittenweem, Pitcastle, Pitcox, Pitcroy, Pitmain, Pitsligo, Pittentrail.

Das Piktische ist wie das Gälische eine kelt. Sprache. Von dem irischen Mönch ST. COLUMBA (521–597), dem Apostel der Nord-Pikten, wird berichtet, dass er sich im Umgang mit ihnen eines Dolmetschers bedienen musste.

Obwohl die röm. Herrschaft in England ab 43 n. Chr. unter CLAUDIUS einsetzte und fast 400 Jahre dauerte – die Strafexpeditionen JULIUS CAESARS von 55 und 54 v. Chr. waren Einzelunternehmungen – und der röm. kulturelle und allgemeinsprachliche Einfluss beträchtlich war, gibt es sehr wenige Ortsnamen **lateinischer Herkunft.**

Von den über 200 im Index der ›Ordnance Survey Map of Roman Britain‹ aufgeführten Ortsnamen sowie den noch etwa 150 weiteren Toponymen sind nur 21 mit Sicherheit lat. Ursprungs. Für die Annahme, dass die Römer generell lieber die bereits vorhandenen Ortsnamen – in latinisierter Form – weiterverwendeten, spricht, dass auch im übrigen Westteil des Imperium Romanum der Anteil rein oder teilw. lat. Ortsnamen bei nur etwa 10% liegt. Im engeren Umkreis Roms steigt dieser Anteil dann auf 30–50% (GELLING 1979).

Zu den kelt. Ortsnamen, die latinisiert wurden, gehören u. a. *London* (< *Londinium*) und *Lincoln* (< *Lindum Colonia*). Die heutigen Namen gehen jedoch auf das Keltische und nicht oder nur teilweise auf die latinisierten Formen zurück.

So wird für *London* ein kelt. Personenname *Londinos,* für *Lincoln* kelt. *lin* 'Teich' + *coln* (aus lat. *colonia*) angenommen.

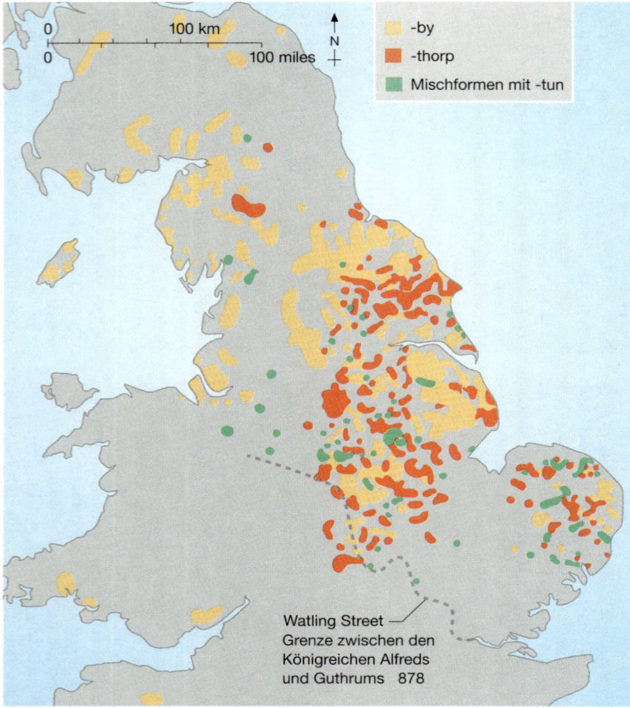

A Skandinavische Ortsnamenelemente

B Keltische und germanische Wortbildungsmuster und die Bezeichnung für *Kirche*

Dass die lat. Namen häufig verloren gegangen sind, zeigt das für die mediterrane Badekultur wichtige *Aquae Sulis*, heute *Bath.* Der engl. Name geht zurück auf den Dat. Pl. des ae. *bæþ* 'die Bäder (des röm. Badeortes)'.
Zu den lat. Ortsnamenelementen im Altenglischen gehören v. a. ae. *camp, ceaster, funta, port, wīc* und *strǣt.* Ob sie direkt oder durch Vermittlung des Keltischen entlehnt wurden, ist schwer zu entscheiden. Die Aussprache der Reflexe von ae. *ceaster* ist heute geograf. grob verteilt: die /-k-/-Lautung v. a. im Norden (z. B. *Lancaster*) und die /-tʃ-/-Lautung v. a. im Süden (z. B. *Colchester*).

Die dritte Aussprachemöglichkeit /-s-/, wie z. B. in *Cirencester, Alcester*, geht sowohl in der Schreibung als auch in der Aussprache auf das Anglonormannische zurück.

Schreib- und Ausspracheunterschiede treten auch bei ae. *wīc* auf (< lat. *vicus* 'Dorf'): *Cheswick* /k/-, *Sandwich* /tʃ/, *Norwich* /tʃ/~ /ʤ/.
Ae. *port* kann auf lat. *portus* 'Hafen' oder *porta* 'Tor, Tür' zurückgehen. In *Portgate* (Northumberland, tautolog. hybride Bildung) ist von *porta* auszugehen, da an dieser Stelle eine Straße den Hadrianswall unterbrach.
Ae. *funta* (< lat. *fontana* 'Quelle') konnte auch mit nicht-lat. Personennamen verbunden werden, z. B. *Hama + funta > Havant* (Hampshire).
Ae. *camp*, urspr. 'freies Feld', später in der Bedeutung 'eingezäuntes Feld oder Grundstück', tritt z. B. auf in *Bulcamp* (ae. *bula* 'Stier' oder *bulluc* 'Stierkalb'). Ae. *strǣt* (< lat. *(via) strata)* bedeutete urspr. 'Römerstraße', später 'Straße in einer Stadt'. Ortsnamen mit diesem Element sind in England häufig, z. B. *Stratton* und *Stretton.*
Die **Wikinger** hatten einen sehr großen Einfluss auf die Ortsnamen in Britannien. Die am häufigsten bei skand. Siedlungsnamen anzutreffenden Elemente sind *-by* 'Gehöft' wie in *Grimsby* (sowohl von Dänen als auch von Norwegern verwendet), *-toft* 'Land, auf dem ein Gehöft errichtet wurde' wie in *Bratoft* (meist dän.), *-thorp(e)* 'außerhalb liegender Hof' wie in *Kettlethorpe* (häufiger von Dänen als von Norwegern gebraucht) und, mit einigem Abstand, *-thwaite* 'Rodung' wie in *Braithwaite* (häufiger norw. als dän.).
Zwar sind bei diesen Zusammensetzungen vielmals beide Elemente skand. Ursprungs (wie z. B. *Grimsby*), aber es gibt auch viele Mischformen wie *Grimston* oder *Claxton*, bei denen ein skand. Personenname (hier *Grimr* bzw. *Klakk*) mit ae. *-tūn* ('Gehöft') zusammengesetzt wurde. Ab der zweiten Hälfte des 9. Jhs. wurde dieses Suffix oft durch das skand. *-by* ersetzt und ae. *-throp* durch skand. *-thorp.*
Was die Chronologie der Ortsnamen angeht, so vertritt M. GELLING (1979) die These, dass die fruchtbarsten Böden zuerst besiedelt gewesen sein müssen. Demzufolge waren Orte auf besten Böden mit engl. Namen bereits vor der dän. Besiedlungsphase gegründet worden (Abb. D, S. 56). Skand. Ortsnamen und engl.-skand. Mischformen treten auch außerhalb des skand. Siedlungsgebietes auf (Abb. A).
Wie in der Gemeinsprache, so kamen auch bei den Ortsnamen **Lautersetzungen** vor: Ae. /tʃ/ wurde im skand. Siedlungsgebiet durch /k/ ersetzt in *Keswick* und *Kildwick* gegenüber *Chiswick* und *Childwick* im Süden Englands; so auch *Skelton* und *Skipton* gegenüber engl. *Shelton* und *Shipton.*
Dass Mischformen vom Typ der *Grimston*-Hybride – Bestimmungswort + Grundwort –, die hier eine engl.-skand. Besiedlung widerspiegeln, auch in anderen Regionen mit z. T. anderen Sprachen auftreten, zeigen Ortsnamen, deren einer Bestandteil das Wort 'Kirche' ist: Im Keltischen folgt das Bestimmungswort dem Grundwort, im Germanischen ist es umgekehrt. In Wales und Cornwall, dem *p*-kelt. Gebiet, gibt es zahlreiche Ortsnamen, die nach dem Muster Kirche + Name z. B. eines Heiligen oder Gründers gebildet sind, wie

Llandudno 'Kirche des Tudno', *Llandwrog* 'Kirche des Twrog' (Wales), *Lanivet* 'Kirche des Nivet' (Cornwall).

Dies gilt ebenso für das Gälische (Q-Kelt.): *Kilbrickan* 'Kirche des Breacán', *Kilcavan* 'Kirche des Caomhán' sind zwei von sehr vielen Beispielen, die überall in Irland auftreten, *Kilbride* 'Kirche der Brigitta', *Kilpatrick* 'Kirche des Patrick' zwei Beispiele von ebenfalls sehr vielen Ortsnamen im Westen Schottlands, die von den nach Schottland eingedrungenen Iren etwa ab der Mitte des 7. Jhs. stammen. Im norweg. Siedlungsgebiet (dem Südwesten Schottlands, der Isle of Man und dem Nordwesten Englands) findet sich häufig das skand. *Kirk-*, wobei *Kirk-* oft anstelle des gäl. *cill (Kil-)* trat. Auch der zweite Bestandteil konnte skand., gelegentlich engl. sein, das Wortbildungsmuster blieb indes unverändert gäl. Nordwestengland weist ein Übergangsgebiet aus, denn hier ist mit *Bridekirk* auch das germ. Wortbildungsmuster belegt, das für den Osten Schottlands und das übrige England gilt. Das skand. (angl.?) *Kirk* tritt in Ortsnamen bis in die Midlands und East Anglia auf und wird dann vom engl. *Church* abgelöst. Ein Übergangsgebiet stellen schließlich neben der ehemaligen »halbwalis.« Grafschaft Monmouth/walis. Mynwy auch die engl. Grafschaften Cheshire und Gloucester sowie Devon dar, in denen kelt. und germ. Wortbildungsmuster miteinander konkurrieren (Abb. B).

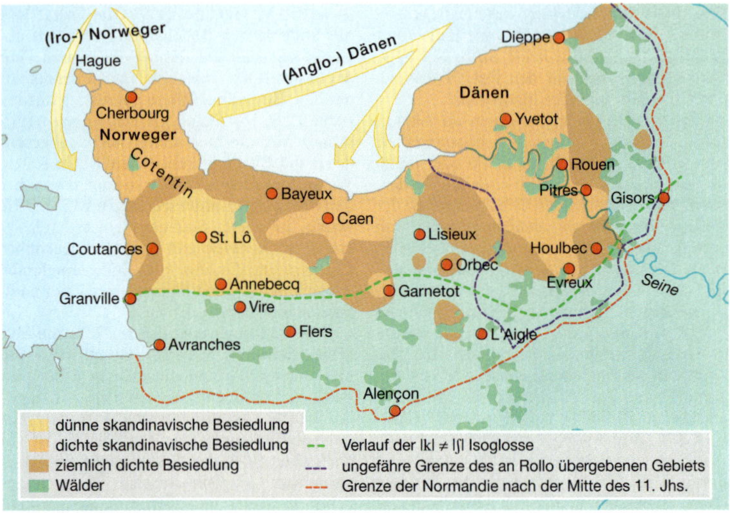

A Die Normandie

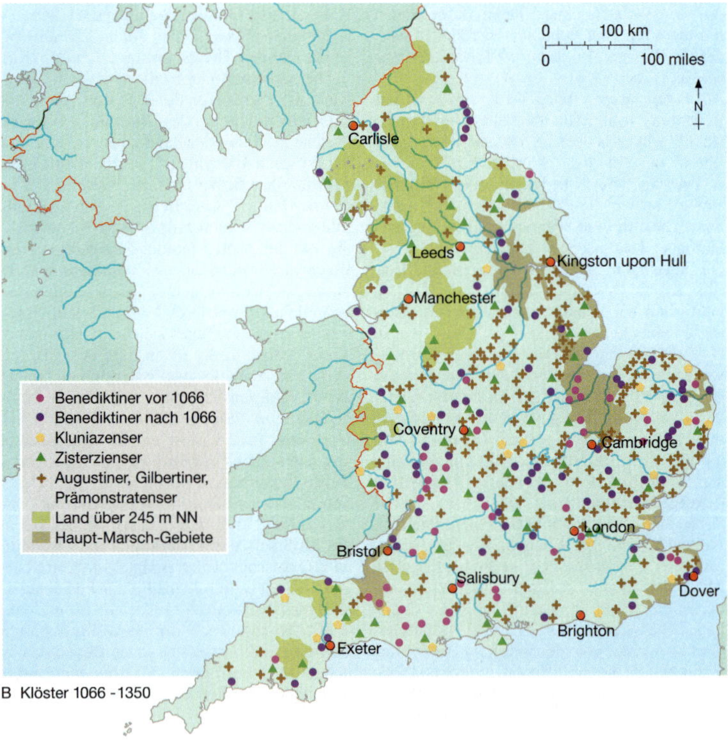

B Klöster 1066 - 1350

Dän. Wikinger ließen sich vor 911 dauerhaft in Nordfrankreich an der Mündung der Seine nieder.

Die Bezeichnung Normannen geht auf fränk. Quellen der Zeit zurück, in denen die Wikinger »Nortmanni« genannt werden.

Ihr Führer ROLLO († ca. 932), der sich nach der Taufe ROBERT nannte, erhielt vom westfränk. König KARL III., DEM EINFÄLTIGEN (879–929) das Hzm. Normandie als Lehen.

Aufgrund geschickter Politik war die Normandie bereits Mitte des 11. Jhs. wesentlich größer als das urspr. skand. Siedlungsgebiet (Abb. A).

WILHELM I., DER EROBERER (ca. 1027–87) erhob Anspruch auf den engl. Thron. Er landete am 28. Sept. 1066 in Sussex, schlug am 14. Okt. König HAROLD II. bei Hastings und bestieg Weihnachten 1066 den engl. Thron.

Wie er stammten auch viele der ihn begleitenden Anführer von den Wikingern ab.

Das Französische

WILHELM DER EROBERER errichtete eine starke Zentralgewalt und erhob das Normannisch-Französische zur offiziellen Landessprache. Mit der Zeit entwickelte sich die Sprache vom Festlandnormannischen fort und zum Anglonormannischen hin. Das Französische spielte über fast dreieinhalb Jahrhunderte eine herausragende, wenngleich ab der zweiten Hälfte des 14. Jhs. rapide abnehmende Rolle, bis es im frühen 15. Jh. den Status einer gewöhnlichen Fremdsprache erreicht hatte.

Obwohl die meist nordfranz. Dialekte sprechenden Eroberer deutlich weniger als 10% der Gesamtbevölkerung ausgemacht haben dürften, war für die **Durchsetzung** des Französischen in England von Bedeutung, dass sie die soz. Oberschicht darstellten.

So war 1072 unter den 12 Lehensträgern des Königs nur mehr ein Engländer, und dieser wurde 1076 hingerichtet.

Der engl. Adel wurde von seinen Besitztümern vertrieben. Normann. Vasallen traten an seine Stelle. In gleicher Weise wurden alle wichtigen kirchl. Positionen mit Normannen besetzt. Die Kirche wurde von meist franz. Bischöfen nach kluniazens. Ideen reformiert; in den zahlreichen neu gegründeten Klöstern (Abb. B) lebten vorwiegend normann.-franz. Mönche.

Wenigen Nur-Französischsprechern stand eine Masse von Nur-Englischsprechern gegenüber. Nicht mehr als 10% der Bevölkerung war **zweisprachig.**

Französisch sprach der Adel, ein Teil der Handelsleute, der Geistlichkeit und der in der Verwaltung Tätigen.

Wie ROBERT VON GLOUCESTER um 1300 bemerkte: »Ac lowe men holdeþ to Engliss, and to her owe speche ȝete (Aber die niederen Menschen halten am Englischen und an ihren Sprachgewohnheiten fest).«

Bei der Thronbesteigung HEINRICHS II. (1133–1189) im Jahr 1154 reichten die Festlandbesitzungen des engl. Königs bis zu den Pyrenäen und umfassten die franz. Kronlehen Normandie und Bretagne von der Mutter MATHILDE, Anjou, Maine, Touraine vom Vater GOTTFRIED VON ANJOU und Aquitanien von seiner Gattin ELEONORA (Abb. S. 62).

Der Verlust der Normandie (mit Ausnahme der Kanalinseln) an PHILIPP II. von Frankreich im Jahre 1204 hatte Folgen für die Feudalaristokratie, die Besitz beiderseits des Kanals hatte: Sie musste sich für oder gegen England entscheiden. Aber erst in der zweiten Hälfte des 13. Jhs. wurden die bis dahin intensiven Kontakte zwischen England und Frankreich abgebrochen, da sich nun auch die Mehrheit der adligen Oberschicht als Engländer fühlte. Zusammen mit anderen Schichten der Bevölkerung vertrieben sie die Franzosen des Landes und beendeten somit die als »zweite franz. Invasion Englands« bezeichnete Periode. Diese Entwicklung blieb natürlich nicht ohne Folgen für die Stellung des Französischen in England.

Namen von Örtlichkeiten

Um Invasionen und Revolten zu verhindern, hatte WILHELM I. zahlreiche strateg. gut platzierte Burgen errichten lassen. Bei seinem Tode 1087 war das Land südlich einer Linie von Chester im Westen nach Lincoln im Osten ziemlich gleichmäßig mit Burgen ausgestattet, deren bes. Konzentration an der unruhigen Grenze zu Wales sowie an der Ost- und Südostküste auffällig ist (Abb. A, S. 64). Befestigungsanlagen waren von zweierlei Art: aus Stein oder – viel häufiger – aus einem aufgeschütteten Erdhügel mit turmhafter Holzkonstruktion und befestigtem Innenhof, umgeben von einem Graben, dem sog. *motte and bailey* (Abb. B, S. 64). Auch diese Anlagen konzentrierten sich im Grenzgebiet zu Wales und im Südwesten von Wales, Zeugnis des normann. Eindringens ins Tiefland um die Cambrian Mountains gegen den Widerstand der Waliser.

WILHELMS Gefolgsleute gaben den **Burgen** vielfach franz. Namen, die die bes. Lage bzw. die bes. Eigenschaften bezeichneten, wie *Montacute* 'spitzer Hügel' (in Somerset) oder *Belvoir* 'schöne Aussicht' und *Beaumont* 'schöner Hügel'. **Klöster** erhielten oft franz. oder französisierte Namen wie Rievaulx in Yorkshire (als Übersetzung von engl. *Ryedale* 'Tal des [Flusses] Rye').

Um Verwechslungen von **Orten** in der gleichen Gegend zu vermeiden, kam es gelegent-

England und Frankreich im Hochmittelalter

lich vor, dass man die engl. Ortsnamen durch Hinzufügung des Namens des örtlichen normann. Feudalherrn voneinander unterschied, so z. B. *Shepton Beauchamp* und *Shepton Mallet* in Somerset.
Manche Ortsnamen wurden auch aus normann. Personennamen und den Suffixen ae. *-tūn* oder skand. *-by* gebildet, wie in *Botcheston* (Leicester) von *Bochard.*

Der Bildungstyp mit *-by* ist bes. um Carlisle (Cumbria) anzutreffen, wobei *Lamonby* (von *Lambin*), *Allonby* und *Ellonby* (von *Alein*) und *Wigonby* (von *Wigan*) auf fläm. bzw. breton. Namen zurückgehen und auf die Präsenz von Flamen und Bretonen im 12. Jh. im Nordwesten Englands hinweisen (CAMERON 1961:93f.).

In der Schreibung zu erkennende anglo-normann. Lautersetzungen zeigen sich z. B. in *-cester* (wie in *Leicester*) für sonstiges *-chester* (vgl. S. 59), in *J-* für ae. *G-* vor *e/i* wie in ne. *Jarrow* (ae. *Gyrwe*) im Norden Englands oder *T-* für das im Normann.-Franz. und Anglo-Normann. unbekannte engl. *Th-* wie in *Torworth* ('Thorðrs Gehöft' in Nottinghamshire).

In den meisten Ortsnamen wurde später allerdings die urspr. Schreibung wieder hergestellt, vgl. *Trokelaw* in Northumberland (heute *Throckley*).

Der **Einfluss** des Normannisch-Französischen auf die Ortsnamennomenklatur Englands war erstaunlich gering, verglichen mit dem Einfluss dieses Kulturkreises insgesamt.

Familien- und Personennamen

Anders stellt sich die Situation bei den **Familien-** und **Personennamen** dar. Die Personennamen der im 5. Jh. nach England gekommenen Angelsachsen wurzelten in einer alten germ. Tradition, nach der jeder bei der Geburt nur einen einzigen Namen erhielt. Dies änderte sich erst nach 1066, als WILHELM DER EROBERER 1085–87 ein Grundbuch zur genauen Besteuerung des Besitzes anlegen ließ, das sog. *Doomsday* oder *Domesday Book.* Ebenso wie für die *Assize Rolls*, die Gerichtsakten, war es dafür erforderlich, jede Person genau zu identifizieren. Daher wurden den Taufnamen – *John, William, Thomas* und *Henry* waren bes. häufig – nähere Angaben zur Person hinzugefügt. V. a. aus folgenden Bereichen wurden **Beinamen** abgeleitet:

1. **Beruf** oder **Amt**,
   z. B. *Bakere* 'Bäcker', *Bishop* 'Bischof',
2. **Wohnstätten, Geburtsorte**,
   z. B. *Churchill* 'Kirche + Hügel',
3. **Verwandtschaft**, v. a. zum Vater, wobei die Namen oft aus dem Vornamen und einem Suffix oder Präfix mit der Bedeutung *Sohn* gebildet wurden,
   z. B. *-son* in *Anderson, Fitz-* (< afrz. *fiz* < lat. *filius*) in *Fitzwilliam(s), Mac-, Mc-* (< gäl. *mac, mic*) in *McDavid, O* in *O'Brien* (in Irland) und *P-* bzw. vor Vokal *B-* in *Pri(t)chard(s)* oder *Bevan* (in Wales),
4. **körperliche** oder **moral. Eigenschaften**,
   z. B. *Armstrong* 'Arm + stark', *Wild.*

Zwar herrschte am Anfang dieser Entwicklung noch eine starke Fluktuation – dieselbe Person wurde bald mit diesem, bald mit jenem Nachnamen benannt –, aber seit 1200 wurde es üblich, den Beinamen in einen **erblichen Familiennamen** umzuwandeln, so dass ein *Robert le Bakere* so heißen konnte, ohne Bäcker zu sein.

Die Normannen, die zum Teil mit erblichen Familiennamen auf die Insel kamen, mögen den Anstoß zu dieser Entwicklung in England gegeben haben.

Es war dies ein allmählicher Prozess, der sich regional und sozial unterschiedlich schnell vollzog: beim Adel und dem städtischen Bürgertum früher als bei den unteren Bevölkerungsschichten und auf dem Land, im Süden früher als im Norden. Am Ende des Mittelalters war das uns vertraute Zweinamensystem mit dem individuellen Taufnamen und dem gleich bleibenden erblichen Familiennamen in England üblich (s. VOITL 1985 u. 1990).

In Schottland hat das Clansystem in den Highlands eine Übernahme erblicher Familiennamen lange verhindert. Erst mit der Zerschlagung der Clans im 18. Jh. setzten sie sich auch hier durch (LASKER 1985).

Namen französischer Herkunft

Zahlreiche engl. Familiennamen gehen urspr. auf franz. Wörter zurück, u. a.: *Butcher* 'Metzger', *Judge* 'Richter', *Joiner* 'Tischler', *Tailor/Taylor* 'Schneider', *Chaplain* 'Kaplan'.

Diese Wörter sind auch in die Gemeinsprache eingegangen – im Gegensatz zu den folgenden, die nur als Familiennamen weiterleben: *Petcher, Peacher* (< afrz. *pecher* < lat. *piscator* 'Fischer') neben engl. *Fisher; Venner, Venour* (< afrz. *veneor, veneur* < lat. *venator* 'Jäger') neben engl. *Hunt(er).*

Die Normannen brachten auch Personennamen mit, die so populär wurden, dass bis etwa 1250 die aus dem Altenglischen ererbten Taufnamen kaum noch vergeben wurden. Verbreitet waren bibl. Namen oder Heiligennamen wie *Adam, Joseph* und *Philip.*

Französische Lehnwörter

Von den zahlreichen Entlehnungen aus dem Französischen sind die meisten – wie zu erwarten war – nicht unmittelbar nach der normann. Eroberung ins Englische übernommen worden. Berücksichtigt man nur solche Galli-

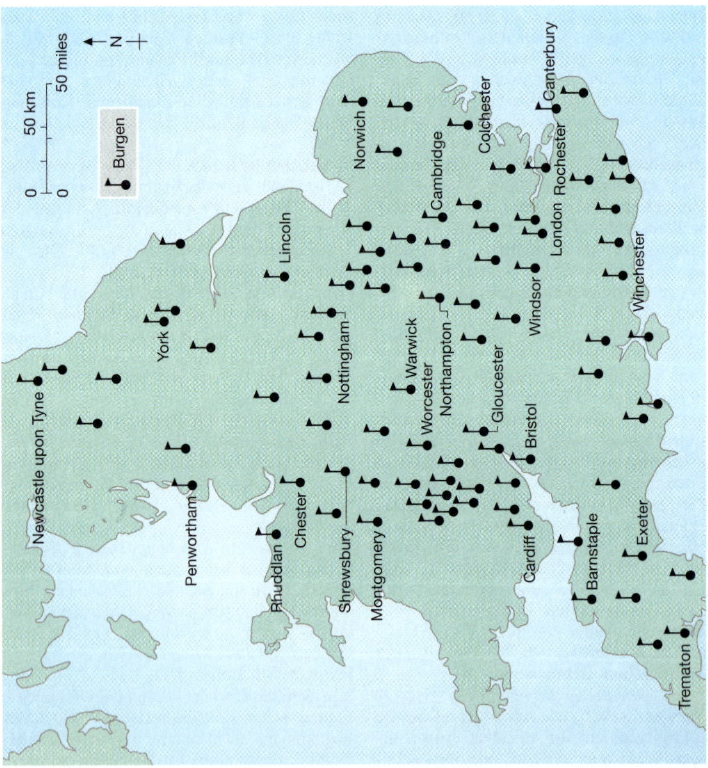

A Bis 1086 errichtete Burgen

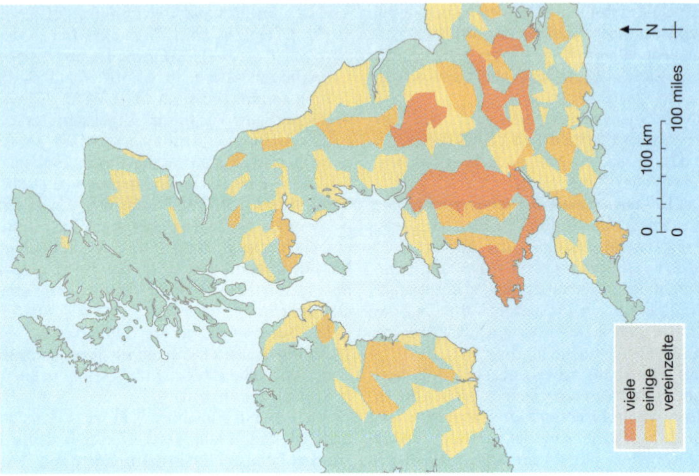

B Mottes

zismen, die im Neuenglischen noch existieren, so ergibt sich folgendes Bild:

	Jespersen (1905)	Baugh (1935)	Kurath u. a. (1952–2001)
1101–1200	16	9	8
1201–1300	191	134	81
1301–1400	300	306	195
1401–1500	146	164	137

Zwar variieren die Zahlen von Studie zu Studie, die Tendenz ist jedoch überall dieselbe: Der franz. Einfluss ist im 14. Jh. am stärksten, zu einer Zeit, als nicht mehr das Nordfranz., sondern die zentralfranz. Kultur am wichtigsten war.

Franz. Entlehnungen treten als Spiegel des intensiven Einflusses normann.-frz. Kultur im hochmittelalterlichen England insbes. auf in den Bereichen **Kirche** (z. B. ne. *confession* 'Bekenntnis', *temptation* 'Versuchung'), **Staats- und Rechtswesen** (z. B. ne. *rule* 'Herrschaft', *judgement* 'Urteil'), **Militärwesen** (z. B. ne. *army* 'Armee', *navy* 'Kriegsflotte'), **Wissenschaft und Kunst** (z. B. ne. *painting* 'Gemälde', *medicine* 'Medizin') sowie **Mode, gesellschaftliches Leben und Speisen** (z. B. ne. *gown* 'Damenkleid, Amtstracht', *beef* 'Rindfleisch', *mutton* 'Hammelfleisch', *veal* 'Kalbfleisch', *pork* 'Schweinefleisch').

Die Tierbezeichnungen hingegen sind german.: *ox* 'Ochse', *cow* 'Kuh', *calf* 'Kalb', *sheep* 'Schaf', *swine/sow/pig* 'Schwein'.

Franz. Entlehnungen wurden häufig schnell **assimiliert** und mit engl. Prä- und Suffixen versehen, vgl.:

faith 'Vertrauen, Glaube', *faith**less***, *faith**ful(ly)***, *faith**fulness***; *gracious* 'gnädig', ***un**gracious* 'ungnädig'.

Vielfach wurden engl. Wörter durch frz. völlig **verdrängt**, z. B. *ieldu* durch *age* 'Alter', *lyft* durch *air* 'Luft' und *earm* durch *poor* 'arm'.

Bedeutungs- und Akzentverschiebungen

Wenn die Entlehnungen **neben** heim. Wörter traten, weisen sie heute eine **semant. Differenzierung** auf, z. B. *demand* 'verlangen' – *ask* '(er)fragen'.

Daneben konnte es auch zu **Akzentverlagerungen** kommen: Bei **Zweisilbern** wurde der Akzent häufig von der zweiten auf die erste Silbe verlagert wie in ne. *honour* 'Ehre' (frz. *honneur*) und in ne. *season* 'Jahreszeit' (frz. *saison*).

Bes. bei präfigierten Wörtern wurde der Akzent jedoch beibehalten, vgl. ne. *devout* 'fromm' – frz. *dévot.*

Dreisilber verhielten sich ähnlich: Afrz. *nature* 'Natur' hatte den Akzent auf der mittleren Silbe, der in ne. *nature* auf die erste verlagert wurde.

Jedoch gibt es auch Fälle, in denen der Akzent auf der zweiten Silbe beibehalten wurde, vgl. me. *returnen* > ne. *return* 'zurückkehren'.

Dies gilt auch für das ne. Verb *record* 'aufzeichnen, berichten' (< me. *recorden* < afrz. *recorder*), während das ne. Substantiv *record* anfangsbetont ist.

Germanische Lehnwörter

Auf dem Umweg über das Normannisch-Frz. wurden auch zahlreiche Wörter und Bedeutungen aus dem Althochdeutschen ins Englische vermittelt.

Ne. *fresh* kam so in der Bedeutung 'frisch, neu' aus ahd. *frisc* über afrz. *freis* ins Mittelenglische, während ae. *fersc* nur 'ungesalzen' bedeutete.

Ahd. *frisc* ist eines der zahlreichen german. Lehnwörter in der Romania: vgl. frz. *frais, fraîche*, ital., span., portug. *fresco*, sard. *friscu.* Ein weiteres ist ahd. *blanc* 'blinkend, glänzend'.

Im Englischen in der Bedeutung 'weiß' nur mehr in bes. Verbindungen wie *blank falcon* 'weißer Falke' gebräuchlich.

Ahd. *werra* 'Streit, Wirrwarr', das in dieser Form und mit dieser Bedeutung ins Englische kam (ne. *war*), wurde im Zentralfrz. aber über /gw/ zu /g/, daher nfrz. *guerre* (ital., span. *guerra*).

Lautliche Merkmale

Der Unterschied zwischen germ. /w/ und zentralfrz. /g/ zeigt sich auch in Doppelentlehnungen im Englischen und gibt damit zugleich Auskunft über den Zeitpunkt der Entlehnung; vgl. ne *ward* (1205 erstbelegt) 'Mündel' – *guard* (1426) 'Wache'.

Dass engl. Entlehnungen nordfrz. Lautungen voraussetzen, zeigt sich ferner bei ne. *catch* 'fangen' – frz. *chasser* (später auch in zentralfrz. Form als ne. *chase* 'jagen' entlehnt); ne. *garden* 'Garten' – frz. *jardin*; ne. *bushel* 'Scheffel' – frz. *boisseau*; ne. *quit* 'verlassen' /kw/ – frz. *quitter* /k/.

Ältere Lautungen als im heut. Franz. werden bisweilen im Engl. bewahrt und erklären ne. *feast* 'Fest' – frz. *fête*, ne. *beast* 'wildes Tier' – frz. *bête* u. a.

Ne. *hotel* 'Hotel' ist im Englischen erst 1644 gebucht – gegenüber ne. *hostel* 'Herberge', das bereits um 1250 erstbelegt ist.

Auch ne. *judge* /ʤ/ bewahrt eine ältere Lautung im Englischen – vgl. nfrz. *juge* /ʒ/. Vokale entwickelten sich gelegentlich ebenfalls unterschiedlich, vgl. ne. (heute schott.) *leal* 'treu' (aus normann.-frz. *leal*) und späteres zentralfrz. und ne. *loyal* in derselben Bedeutung oder die nordfrz. Endungen *-arie, -orie* (< lat. *-arius, -orius*) in ne. *salary, victory* gegenüber nfrz. *salaire, victoire.*

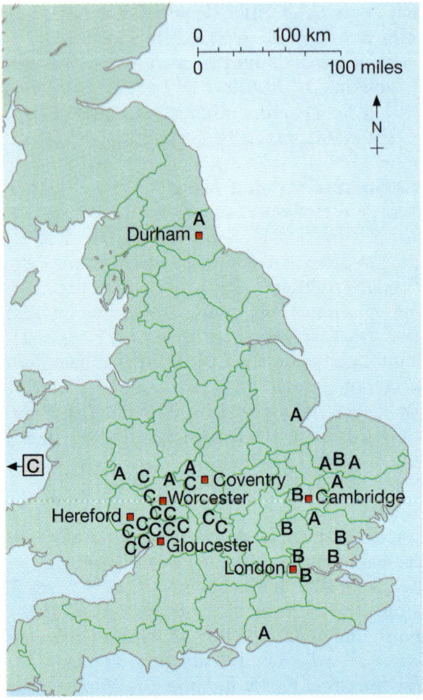

A Verbreitung der 3 Versionen von ›*Piers Plowman*‹

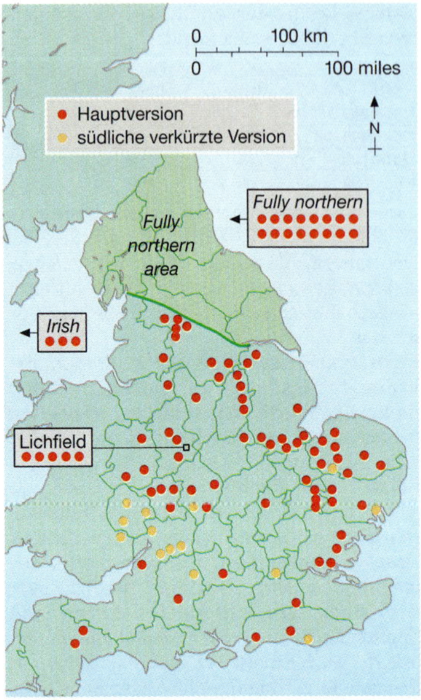

B Verbreitung der Texte von ›*Prick of Conscience*‹

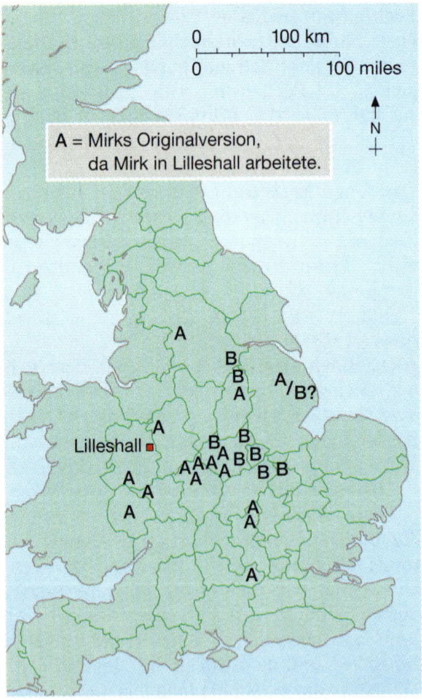

C Verbreitung der Abschriften von Mirks ›*Festival*‹

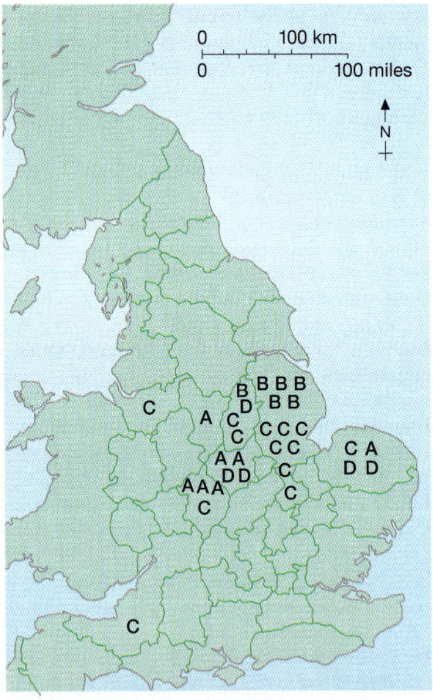

D Verbreitung der Handschriften des ›*Speculum Christiani*‹, in Lincolnshire-Nottinghamshire entstanden

Vom Altenglischen zum Mittelenglischen treten eine Reihe von Veränderungen phonolog. und grammat. Art ein, die die altengl. Flexionstypen der Substantive, Pronomina, Adjektive und Verben stark vereinfachen.
Zu den **phonolog. Veränderungen** gehören die Monophthongierung aller ae. Diphthonge sowie die Phonemisierung der stimmhaften und stimmlosen Spiranten durch Aufnahme frz. Lehnwörter und Entlehnung von Wörtern aus südengl. Dialekten: Ne. *fain* 'glücklich' < ae. *fægen* ‡ ne. *vane* 'Wetterhahn', dt. *Fahne* < ae. *fana* und ne. *(in) vain* 'umsonst' < afrz. *en vain* (s. auch S. 71).

Das Me. ist trotz Vereinfachungen und Beeinflussungen durch andere Sprachen keine Kreolsprache, wie wiederholt behauptet wurde. Dies zeigen folgende Merkmale: Erhalt von Genus und Kasus bei Pronomina, des Numerus bei Substantiven, der Personalendungen und Tempusmarkierungen bei Verben sowie des Passivs.

Dass ae. Traditionen nach 1066 nicht völlig abbrachen, beweisen die von ALFRED D. GROSSEN angeregten und bis 1154 fortgesetzten ›Peterborough Annalen‹, ein wichtiges Geschichtswerk auch der fme. Zeit, in dem sich sprachlicher Wandel beobachten lässt. So heißt es fme. bereits *king* statt ae. *cyning* 'König', und es treten zahlreiche frz. Entlehnungen und syntakt. Neuerungen (z. B. der analyt. Genitiv *in mani of ðe castles* 'in vielen der Schlösser' ohne Dativendung in *mani* und mit Einheitsartikel *ðe*) auf. Auch die ae. Prosa wird in der Legenden- und Homilienliteratur weitergepflegt.
Gegenüber der ae. Literatur ist die mittelenglische durch eine Vielzahl von Gattungen gekennzeichnet, sogar durch eine neue, das Drama. Es entwickelte sich langsam von der Osterliturgie über Weihnachts- und Passionsspiele innerhalb der Kirche zu den Fronleichnamsspielen außerhalb der Kirche unter starker Beteiligung der Zünfte. Diese Spiele dauerten oft mehrere Tage. Auch ist im Me. eine Vielfalt von Versformen zu registrieren. Minnelyrik und Höfisch-Ritterliches erreichen trotz des Wirkens der ELEONORE VON AQUITANIEN, der Gattin HEINRICHS II., des Urenkels WILHELM DES EROBERERS, England – im Gegensatz zu Deutschland, Spanien, Italien – nur in stark abgeschwächter Form. Dies zeigen die ›Harley Lyrics‹ sowie die Romanzen.
Die Kirche hat eine beherrschende Stellung inne, und einen entsprechend breiten Raum nehmen sowohl religiöse Prosa als auch religiöse Versepik ein. In die erste Gruppe gehören neben den Heiligenlegenden die ›Ancrene Riwle‹, die Regel für Anachoretinnen, die alle um 1200 entstanden. Im 14. Jh. kamen bedeutende Werke engl. Mystiker wie RICHARD ROLLE (ca. 1300–1349) und Mystikerinnen wie JULIANA OF NORWICH (um 1340 – nach 1413) und MARGERY KEMPE (um 1373 – ca. 1438) hinzu. Zur relig. Versepik zählen u. a. das ›Ormulum‹, der ›Cursor Mundi‹, das Sündenhandbuch ›Handlyng Synne‹ sowie ›The Pricke of Conscience‹. Marienlyrik und Jesuslyrik sind verbreitet.
Im 14. Jh. begünstigten die Verweltlichung des Klerus und eine Instabilität der Kirche die Häresie und Reformbewegungen. WILLIAM OF OCKHAM (ca. 1285–1349) und JOHN WYCLIF (ca. 1328–1384) sind hier zu nennen. In diese Zeit fallen auch die erste Hälfte des Hundertjährigen Krieges mit Frankreich, die wiederholten Pestkatastrophen, der dadurch entstandene Arbeitskräftemangel und dessen soziale Folgen wie Verstärkung der Klassenunterschiede, was schließlich 1381 zum Bauernaufstand führte.
Diese Ereignisse bildeten den Hintergrund für eine Literatur, die im Gegensatz zu den früheren Jahrhunderten eine Reihe von Dichterpersönlichkeiten hervorbrachte. WILLIAM LANGLAND (ca. 1330–1400) gehört dazu, der mit dem allegor. Versepos ›Piers Plowman‹ eine Dichtung schuf, die in Form von Visionen die Not des Volkes schildert. Auch GEOFFREY CHAUCER (ca. 1340–1400) ist hier zu nennen, der v. a. mit den ›Canterbury Tales‹, die das beste Bild mittelalterl. Lebens vermitteln, nicht nur Weltliteratur geschaffen, sondern sich zusammen mit JOHN GOWER (ca. 1330 – ca. 1408) auch große Verdienste um die Entwicklung der engl. Schriftsprache erworben hat.
Die Karten A–D geben Einblick in die literar. Geografie Englands (vgl. hierzu auch die auf S. 69 beschriebene Technik MCINTOSHS). ›Piers Plowman‹ ist in drei Versionen (A: 1362–1370, B: nach 1377 und C: nach 1387) in 53 Handschriften überliefert. Die meisten der B-Versionen wurden in London und den Grafschaften bis Norfolk abgeschrieben, die meisten C-Versionen um die Malvern Hills in Worcestershire (Karte A). Der A-Text hingegen hatte schon entlegenere Grafschaften erreicht. Das Zentrum, von dem sich die 115 Abschriften von ›The Pricke of Conscience‹ verbreitet haben, dürfte in Yorkshire gelegen haben. Nach Süden hin wird eine verkürzte und revidierte Version bevorzugt. In London war ›The Pricke‹ ebenso wenig verbreitet (Karte B) wie JOHN MIRKS (fl. 1403) Predigtzyklus ›Festival‹ (Karte C), eine orthodoxe Alternative zu WYCLIFS Predigten, und das lat.-engl. Prosawerk ›Speculum Christiani‹ (Karte D), was ebenso wie beim ›Festival‹ auch für das Gebiet nördl. des Humber gilt.

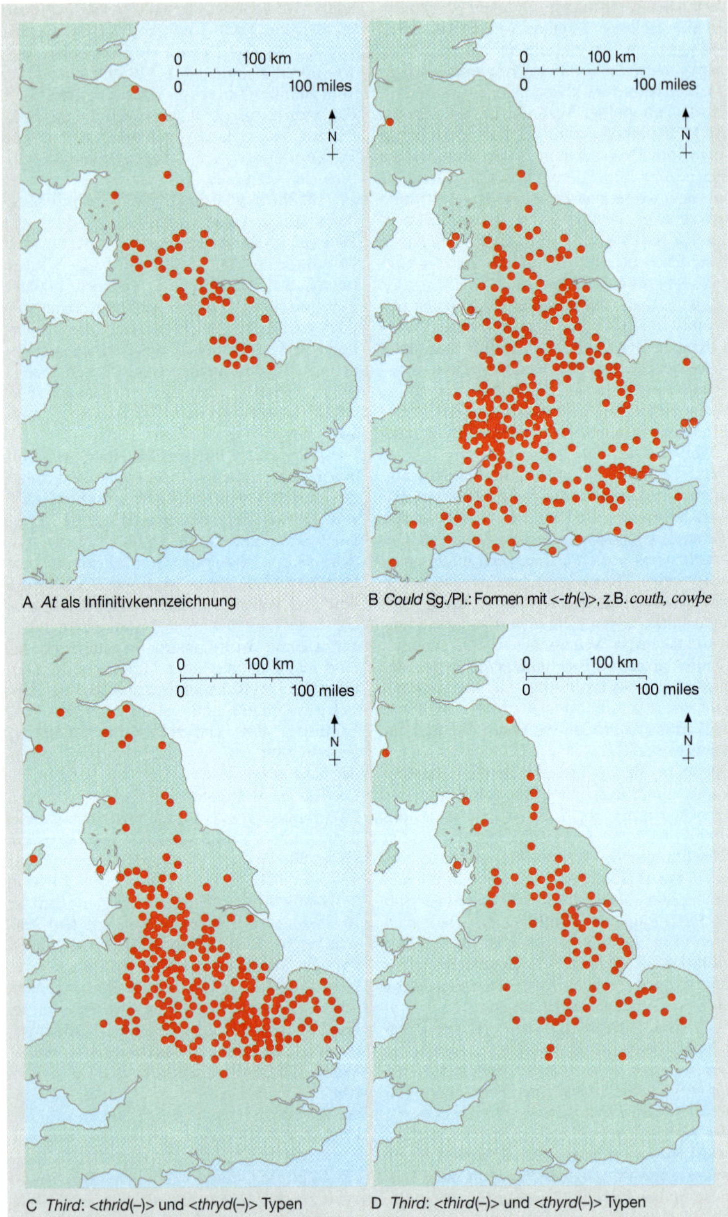

A *At* als Infinitivkennzeichnung

B *Could* Sg./Pl.: Formen mit <-*th*(-)>, z.B. *couth, cowþe*

C *Third*: <*thrid*(–)> und <*thryd*(–)> Typen

D *Third*: <*third*(–)> und <*thyrd*(–)> Typen

Verteilung spätmittelenglischer Dialektmerkmale

Im 10. und 11. Jh. hatte sich, ausgehend von der Schule von Winchester, eine Standardschriftsprache entwickelt, die sich von den gesprochenen altengl. Dialekten unterschied. Diese Standardschriftsprache geriet mit der normannischen Eroberung 1066 außer Gebrauch. Die **neue Standardschriftsprache** des 15. Jhs., der **Chancery Standard** von Westminster, kann sowohl auf die zentralen Gebiete des Mittellandes (Schriften der Wiklifiten) als auch auf die zentralen ostmittelländ. Gebiete (v. a. auf Chaucer und Gower) zurückgeführt werden. Dass die regionalen Formen des Englischen so lange vorherrschten, hängt mit der sozialen Dominanz des Französischen und Lateinischen zusammen.

Die im Englischen, d. h. in engl. Dialekten verfasste Literatur besaß lediglich lokale Bedeutung.

Die Zersplitterung der Dialekte war so groß, dass der Verfasser des im nördl. Dialekt geschriebenen ›Cursor Mundi‹ bemerkt, er habe eine Überlieferung der Heilsgeschichte, die sich im südl. Dialekt erhalten hat, in den nördl. übertragen, weil »die Leute des Nordens keine andere englische Sprache kennen«.

Gleichzeitig enthält dieses Werk die gegen das Französische gerichtete Feststellung, dass Engländer die engl. Sprache gebrauchen sollten.

Bedingt durch die intensive skand. Besiedlung war die damalige Zeit auch durch deutlich markierte Soziolekte des Englischen bestimmt.

Als Beispiel dafür mag das um 1180 im östl. Mittelland von dem Mönch Orm verfasste ›Ormulum‹ gelten, das jahrhundertelang das einzige Werk war, das intensiven Gebrauch von den altnord. 3. Pers. Pl. Pronomina (> ne. *they, them, their*) machte. Dies kann als Zeichen des Entgegenkommens an eine Zuhörerschaft gewertet werden, die einen engl. Dialekt mit starken altnord. Elementen sprach.

Darstellungen mittelenglischer Dialekte

Vier Untersuchungen mittelengl. Dialekte sind bislang vorgelegt worden:

– Oakden (1930) untersuchte die regionale Verteilung von 45 ausgewählten Merkmalen in literar. Texten, die zwischen 1180 und 1486 entstanden, wobei sein Hauptinteresse dem 14. Jh. galt.

– Moore, Meech und Whitehall (1935) analysierten elf Dialektmerkmale in 266 unterschiedl. Dokumenten und 43 literar. Texten, die zwischen 1200 und 1460 entstanden, wobei sie sich auf das 15. Jh. konzentrierten.

– Kristensson hat onomast. Material in Steuerlisten, den *Lay Subsidy Rolls*, herangezogen, die einen Zeitraum von 60 Jahren (von 1290 bis 1350) umfassen, und bisher Ergebnisse für den Norden Englands (1967), das westl. Mittelland (1987) sowie das östl. Mittelland (1995) vorgelegt.

Allein die Steuerlisten von Lincolnshire für das Jahr 1332 enthalten 20 597 Namen. Dieses umfangreiche Quellenmaterial ist bes. von phonolog. Interesse.

– McIntosh begann 1952 die Arbeiten an dem 1986 in 4 Bänden erschienenen ›Linguistic Atlas of Late Mediaeval English‹.

Sie waren durch die Unzulänglichkeiten der in den 1930er Jahren erschienenen Untersuchungen bedingt. Der von McIntosh und seinen Mitarbeitern behandelte Untersuchungszeitraum reicht von 1350 bis 1450, da es zu dieser Zeit eine Fülle literar. Dialektmaterials gab, ab 1450 hingegen Handschriften wegen beträchtlicher Standardisierung für Dialektuntersuchungen wertlos wurden.

Da Dialektkarten ziemlich leer aussähen, würden nur Merkmale verlässlich lokalisierter Texte kartografiert, entwickelte McIntosh eine sog. **Einpass-Technik.** Mit deren Hilfe wird ein sprachl. homogener Text aufgrund seiner dialektalen Eigenheiten in eine Karte bereits lokalisierter Dialektmerkmale eingefügt und kann somit ebenfalls lokalisiert werden.

Auf diese Weise konnte McIntosh z. B. zeigen, dass die im MS Trinity College Cambridge R.3.8 enthaltene Version des ›Cursor Mundi‹ von jemandem aus oder bei Lichfield (in Staffordshire) geschrieben worden war.

Insgesamt wurden über 4 000 Quellen für dieses Projekt ausgewertet. Die regionale Verteilung von 280 phonolog., grammat. und lexikal. Merkmalen wurde in diesem Atlas dokumentiert.

Karte A zeigt die Verbreitung von *at* als Infinitivkennzeichnung im Spätmittelenglischen (wie in *I don't like at see it*), die heute fast ausgestorben ist.

Karte B weist das Auftreten der etymolog. <-th(-)> Form in ne. *could* aus (< ae. *cūþe*). Das *-d* ist seit dem 14. Jh. belegt und wohl in Analogie zu den regulären Präteritalformen schwacher Verben entstanden. Seit ca. 1525 wird *coud(e)* mit *l* geschrieben, wohl in Nachahmung von *should* und *would*, wo das etymolog. *l* stumm geworden war.

Die Karten C und D zeigen spme. Varianten von ne. *third*, wobei die ältere Form (ae.) *þridda* > me. *thrid* (dt. *dritte*) noch deutlich vorherrscht. Erst seit Ende des 16. Jhs. gewann die ne. Form mit r-Metathese, die seit dem Spätaltenglischen belegt ist, die Oberhand.

Periode	Abschnitt	Zeitraum	Beispiel
Altenglische Periode 700 – 1200	Frühaltenglisch	700 – 900	Englisch Alfreds d. Großen
	Spätaltenglisch	900 – 1100	Englisch von Abt Aelfric
	Übergang Altenglisch	1100 – 1200	Englisch der Verschronik Layamons Brut
Mittelenglische Periode 1200 – 1500	Frühmittelenglisch	1200 – 1300	Englisch der Anachoretinnenregel / Ancrene Riwle
	Spätmittelenglisch	1300 – 1400	Englisch Geoffrey Chaucers
	Übergang Mittelenglisch	1400 – 1500	Englisch William Caxtons (Autor u. 1. Buchdrucker)
Neuenglische Periode 1500 – heute	Frühneuenglisch	1500 – 1650	Englisch Shakespeares
	Spätneuenglisch	1650 – zur Gegenwart	

A Periodisierung des Englischen

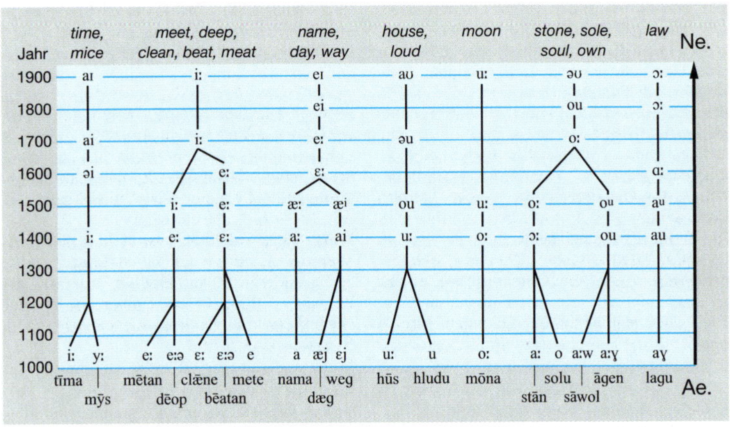

B Spontane und kombinatorische Vokalwandel vom Altenglischen zum Standard-Neuenglischen

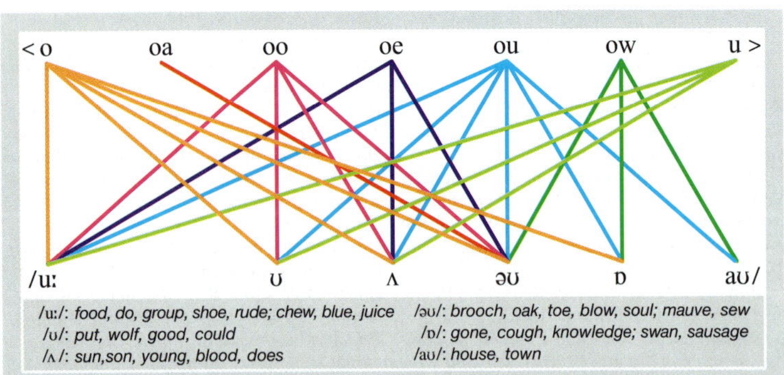

C Graphem-Phonem-Korrespondenzen im heutigen Englisch

Eine lebende Sprache verändert sich ständig. Auch die engl. Sprache hat sich im Laufe ihrer über 1 500 Jahre deutlich gewandelt.
Zur Darstellung dieser Veränderungen bedient sich die Forschung einer **Einteilung in mehrere Perioden,** die einige hundert Jahre umfassen (können). Da sich eine lebende Sprache auch innerhalb von nur 100 Jahren ändert, wird ein vereinfachtes Bild gezeichnet. Die Darstellung ist dabei auch von den einzelnen Perioden und deren (wiederholt unterschiedlicher) Datierung abhängig.
Bis zur Mitte des 19. Jhs. gab es eine Zweiteilung mit fünf Unterperioden:

Angelsächsisch	7. Jh.–1150	Angelsächsisch
	1150–1250	Halbsächsisch
Englisch	1250–1350	Altenglisch
	1350–1500	Mittelenglisch
	1500–heute	Neuenglisch

Diese Einteilung geht auf JACOB GRIMM zurück, der zwar für das Deutsche eine Dreiteilung vorsah, nicht jedoch für das Englische.
Der Pionier der angelsächs. Studien, HENRY SWEET (1845–1912), trug 1891 erstmals eine Dreiteilung mit mehreren Untergruppen und Übergangsperioden vor. SWEET verband die einzelnen Perioden jeweils mit herausragenden histor. Persönlichkeiten, Schriftstellern oder Schriften (Abb. A). Diese Einteilung gilt im Wesentlichen noch heute.
NORMAN BLAKE schlug 1994 eine stärkere *Orientierung am Standardenglischen* vor. Er unterscheidet es vom standardisierten Englisch, einer regularisierten regionalen Variante des Englischen, die außerhalb ihres Verbreitungsgebietes keinen Einfluss ausübte.
Somit begänne Englisch mit der Westsächsischen Standard-Schriftsprache Ende des 9. Jhs. in der Regierungszeit ALFREDS D. GROSSEN. Bis dahin gab es lediglich regionale Dialekte wie kentisch und nordhumbrisch. Die *altengl. Periode* endete im frühen 13. Jh.
Die mittelengl. Epoche wäre nur auf die Zeitspanne beschränkt, zu der sich keine Varietät des Englischen als Schriftstandard im gesamten Land etablieren konnte, d. h. bis Anfang des 15. Jhs. Dann fielen Latein und Französisch als diesbezügliche Konkurrenten aus und machten standardisierten Varietäten des Englischen Platz, die sich dann etwas später zum Standard entwickelten.
Frühneuenglisch begänne bereits um 1450. Es wird je nach pol. oder sprachl. Gründen zwischen 1660 und 1800 terminiert.
1660 erscheint BLAKE am zutreffendsten, da sich zu diesem Zeitpunkt eine standardisierte Orthographie zumindest in den Veröffentlichungen weitgehend durchgesetzt hatte.
Bis 1800 wurde Standardenglisch kodifiziert. Im Zeitalter des Rationalismus sollte auch die Sprache logischer gemacht werden. Der Schwerpunkt dieser Bemühungen lag auf der Syntax und dem Wortschatz. Es gab mehrere Versuche, eine Sprachakademie zu gründen (z. B. von DRYDEN, DEFOE und SWIFT), die jedoch allesamt fehlschlugen. So wurden Grammatiken und Wörterbücher publiziert, die die normativen Funktionen einer Akademie wahrnahmen. Die Haltung vieler Autoren der Sprache gegenüber war präskriptiv. Im 18. Jh. erfolgte die soziale Akzeptanz des Standardenglisch, im 19. Jh. und Anfang des 20. Jhs. wurde versucht, dessen Normen über die Schule durchzusetzen.
Etwa seit Ende des Ersten Weltkrieges hat sich die Haltung der meisten Engländer dem Standard gegenüber geändert: Aus einer Vielzahl von Gründen gilt der soziale Dialekt Standardenglisch heute v. a. auf der Ausspracheebene nicht mehr als sakrosankt.

Sprachwandel
Aus dem diachronen Vergleich lassen sich eine Reihe von Wandlungen ablesen:
– *Phonologie.* Zu den Haupttypen des Phonemwandels zählen spontane und kombinator. Lautwandel. Letztere vollziehen sich nur unter dem Einfluss der Nachbarlaute.
Werden nur Vokalinventare bestimmter Perioden miteinander verglichen, so weisen diese kaum Änderungen auf. Erst die Verteilung der Phoneme in Einzelwörtern macht die erheblichen Veränderungen vom Altenglischen zum Neuenglischen deutlich (Abb. B).
Im Zusammenhang mit der im 15. Jh. beginnenden großen Vokalverschiebung, die alle Langvokale erfasst, ergeben sich zahlreiche *Phonemverschiebungen.* Ferner kommt es zu *Phonemzusammenfällen*, vgl. ne. *meet* und *meat*, die homophon werden.
Die beiden weiteren Typen des Phonemwandels machen Konsonanten deutlich. Ein Beispiel von *Phonemspaltung*, nämlich ae. [f~v, θ~ð, s~z] > me. /f/ ≠ /v/ etc. wurde bereits auf S. 67 erwähnt. Teilweisen *Phonemschwund* zeigt Ausfall von /x/ bzw. Zusammenfall mit /f/ im 14.–17. Jh.: vgl.

ae. *lēoht* > ne. *light* 'Licht' und ae. *rūh* > ne. *rough* 'rau'.

– *Schreibung* und *Lautung* klaffen heute weit auseinander. Dies liegt daran, dass die Orthographie den Lautstand von etwa 1400 widerspiegelt. Danach gab es keine nennenswerten orthograph. Anpassungen mehr an die sich verändernden Lautungen. Wie undurchsichtig die Verhältnisse bei den Vokalen heute sind, zeigen beispielhaft die Graphem-Phonem-Korrespondenzen in Abb. C.

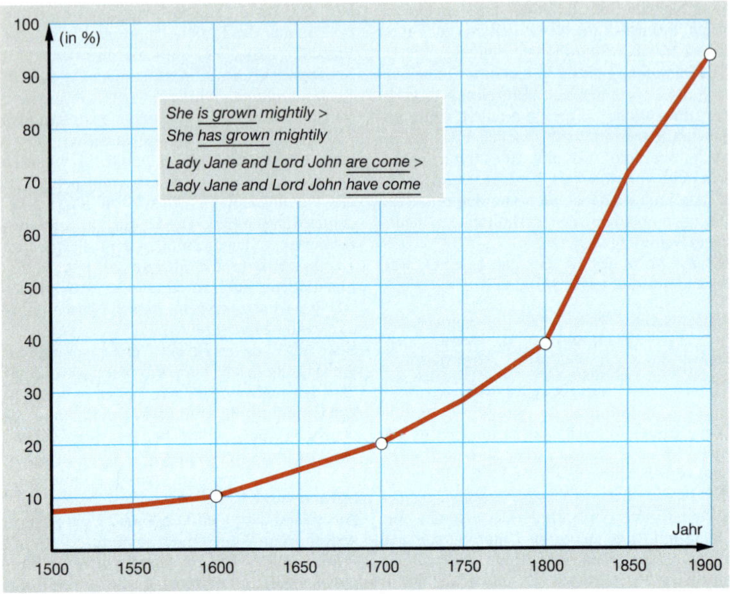

A Zunahme des Gebrauchs von *have* im *be/have*-Paradigma

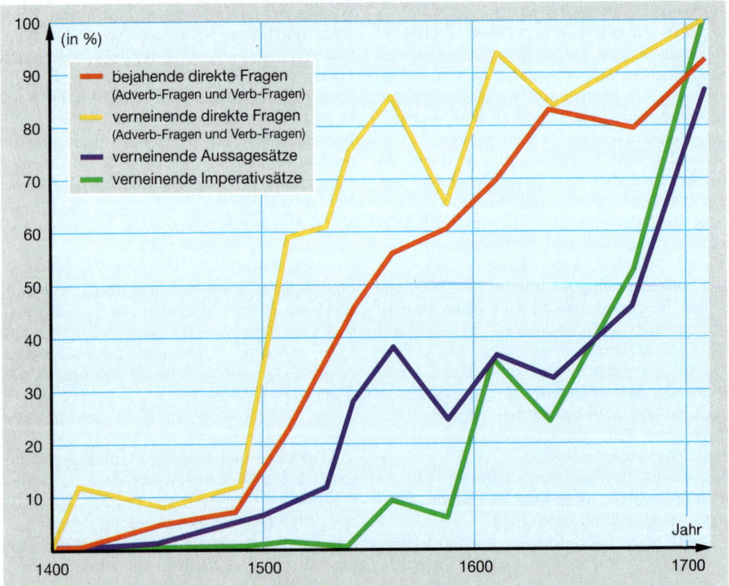

B Zunahme der Verwendung von *do* in verschiedenen Satztypen

– *Morphologie.* Im 11.–12. Jh. fallen alle unbetonten **Flexionsvokale** unter /ə/ zusammen, /-m/ wird zu /-n/, das je nach Umgebung auch wegfallen kann, z. B.

ae. *rīdan* > me. *ride(n)* 'reiten', ae. *stānum* > me. *stone–s* 'Steine'.

Das **grammat. Geschlecht** wird bei Substantiven aufgegeben; genusunterscheidende **Flexionsendungen** des Substantivs, Adjektivs, Artikels sowie der Demonstrativpronomina gehen verloren; die Anzahl der ae. **Deklinationsklassen** verringert sich erheblich; Nom. und Akk. Sg. werden endungslos, die Endung *-s* breitet sich im Gen. Sg. und im gesamten Plural aus.

Endungslose **Plurale** werden weitestgehend beseitigt:

ae. *wīf* 'Frau(en)' > me. *wyues*, ae. *hūs* 'Haus, Häuser' > me. *houses*, es bleiben aber endungslos z. B. ne. *swine* 'Schwein(e)', *sheep* 'Schaf(e)', *deer* 'Wild'.

Andere Pluralendungen werden meist ersetzt bzw. regularisiert: z. B.

ae. *bēć* > me. *bookes* 'Bücher', ae. *sćuldru* > me. *shuldres* 'Schultern', ae. *apan* > me. *apes* 'Affen', aber z. B. ne. *feet* 'Füße', *teeth* 'Zähne', *oxen* 'Ochsen'.

Feste Wortstellung (Subjekt – Prädikat – Objekt) und Präpositionen übernehmen allmählich die Kasusfunktionen.

Die starke **Adjektivflexion** mit Ausnahme der Sg.: Pl.-Opposition (*god* : *gode* 'gut') wird aufgegeben. Die schwachen Formen fallen unter *gode* zusammen.

Es bildet sich der **Einheitsartikel** *þe* (*ðe, the*) 'der, die, das' für Singular und Plural in allen Kasus, Genera und Numeri heraus.

Der **Dual,** z. B. ae. *wit* 'wir zwei', und die Dat.: Akk.-Opposition der Personalpronomina wird aufgegeben. Ne. *she* entsteht im Me., ist aber unklarer Herkunft. Ne. *you*, urspr. Dat., Akk. Pl., übernimmt auch Sg.-Funktion. Daher werden später die neuen Plurale *youse* in (irisch-)engl. Dialekten und *you-all* (im amerikanischen Englisch) gebildet.

Letzterer kann allerdings auch schon für den Singular verwendet werden.

Im Ae. gab es 8 Klassen **starker** (ablautender) **Verben**, 3 Klassen **schwacher Verben**, Präteritopräsentia sowie Reste der idg. Verben auf *-mi*, wozu 'sein', 'tun', 'wollen' und ae. *gān* 'gehen' gehören. Etwa die Hälfte der ae. starken Verben ist ganz aus dem Englischen verschwunden. Vor allem im 12.–14. Jh. treten viele starke Verben zur schwachen Klasse über, wobei die Zeit, während der starke und schwache Formen nebeneinander stehen, unterschiedlich lang sein konnte.

Bei *help* 'helfen' findet sich die starke Form *holp* noch im Frühneuenglischen, bei *dive* 'tauchen' gibt es die starke Form *dove* noch heute im amerik. Englisch.

Neubildungen und Entlehnungen, z. B. aus dem Französischen, folgen fast immer dem häufigeren einfacheren schwachen Muster, z. B.

finish, finished 'beenden' (Ausnahme: ne. *strive, strove, striven* 'streben').

Bei den ae. starken Verben, die überleben, ist ebenfalls eine deutliche Tendenz zur Vereinfachung festzustellen: Von den urspr. zwei Formen für Sg. und Pl. des Präteritums verbleibt nur eine (Ausnahme: ne. *was* und *were*). Bei den **Personalendungen** ist das (redundante) *-s* der 3. Pers. Sg. Präs. Indik. unsicherer Herkunft; es breitet sich von Norden nach Süden aus und könnte durch skandinav. Formen gestützt sein. Die *-s*-Endung tritt nicht bei den Modalverben auf (ne. *she can*), da das heutige Präsens urspr. Präteritum war.

Im Ae. gab es wie in anderen german. Sprachen nur zwei **Tempora**: Präteritum und zeitneutrales Tempus. Nach Änderung der Satzstruktur in *habban* + Part. Prät. begannen sich Perfekt und Plusquamperfekt spae., v. a. fme. zu bilden, blieben aber bis 1400 selten. Im Ae. zeigten *be* und *have* + Part. Prät. einen Zustand an, wurden dann aber als Tempus-Aspekt-Markierer grammatikalisiert. Im Fme. kennzeichnete *be* das Perfekt bei intransitiven (mutativen) Verben, *have* wurde hier jedoch immer häufiger bis hin zu einem fast ausschließlichen Gebrauch im Standardenglisch um 1900 (Abb. A).

She is grown mightily > *She has grown mightily* 'Sie ist sehr gewachsen'.

– *Syntax.* Die **Expanded Form** (ne. *she is singing*) ahmt im Ae. die lat. Quelle nach. Ihr Gebrauch nimmt vom 14. Jh. an zu und ist im 15. Jh. in allen Dialekten verbreitet. Ein Grund dafür ist der Zusammenfall von Part. Präs. (ae. *-ende* z. B. in *bindende* 'bindend') und *on* + Verbalsubstantiv (ae. *on leornung* 'am Lernen') im 13.–15. Jh. *On* wird zu *a-* abgeschwächt, bleibt aber im Dialekt erhalten (z. B. *a-singin'*) und verschwindet in der Standardsprache zu Beginn des 20. Jhs. Im Spme. überwiegt als Endung des Part. Präs., abgesehen von Teilen Nordenglands, bereits *-ing*.

Die **Frage** wurde im Ae. durch die Wortstellung Verb Subjekt gekennzeichnet. An dieser Wortstellung, die nicht auf die Frage beschränkt war, änderte sich bis 1400 nichts. Danach tritt die Umschreibung mit *do* zunehmend auf, auch – wenngleich in geringerem Maße – bei der Verneinung (Abb. B). Die doppelte Verneinung wird zwar bereits spme. zurückgedrängt, endgültig aber erst aus der Standardsprache des 18. Jhs. im Zuge der normativen Grammatik beseitigt.

Quellensprache	*Shorter Oxford English Dictionary* (1964) 80.096 Wörter	%	*Advanced Learner's Dictionary of Current English* (1963) 27.241 Wörter	%	*M. West, A General Service List of English Words* (1953) 3.984 Wörter	%
Romanisch	24.216	30,23	10.213	37,49	1.522	38,20
Lateinisch	22.658	28,29	6.008	22,05	382	9,59
Griechisch	4.262	5,32	433	1,59	10	0,25
Germanisch	21.047	26,28	8.670	31,83	2.028	50,89
Keltisch	274	0,34	58	0,25	–	–

A Etymologische Herkunft des englischen Wortschatzes

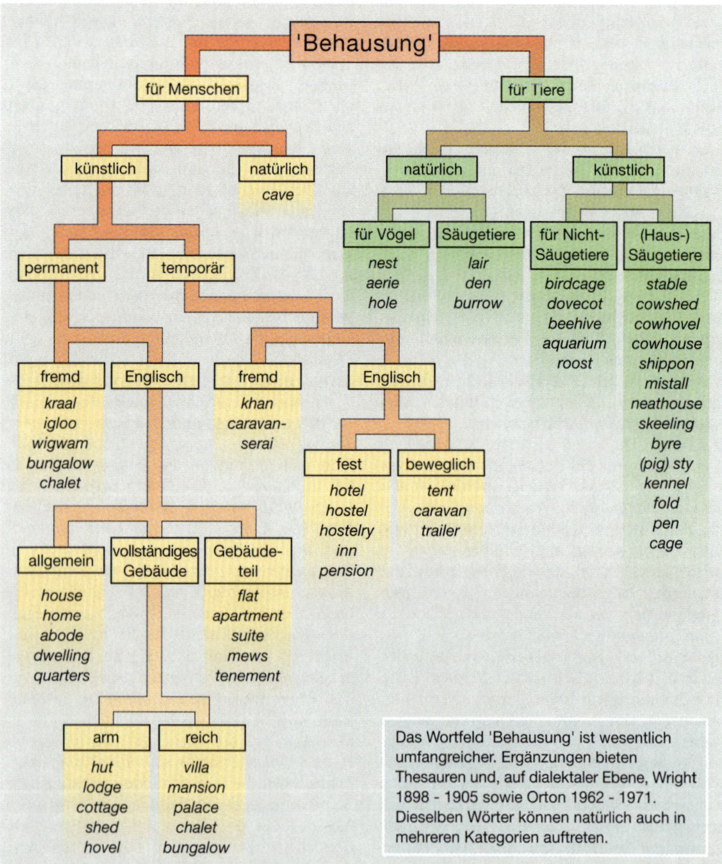

B Die hierarchische Struktur des Wortfeldes 'Behausung'

– *Wortschatz*. Der Wortschatz ist das beweglichste Teilsystem einer Sprache – er verändert sich ständig. Bei seiner Beschreibung können **innere Entwicklungen** von **äußeren Einflüssen** unterschieden werden.

Auf Letztere wurde bereits wiederholt verwiesen, so auf skandinav. Lehngut (S. 53), auf lat., kelt. und frz. Lehngut vor der normannischen Eroberung (S. 55) und auf durch dieses Ereignis vermitteltes Lehngut (S. 65).

Entlehnungen aus anderen Sprachen sind neueren Datums. Aus dem *Italienischen* sind sie vor dem 16. Jh. selten, werden dann jedoch durch den regen Handelsverkehr häufiger.

Beispiele sind u. a. *battalion, picturesque, soprano* und *fresco,* Wörter, die nicht nur ins Englische entlehnt wurden.

Die ersten Entlehnungen aus dem *Spanischen* stammen aus dem 16. Jh. Sie erklären sich aus dem raschen Aufstieg Spaniens zur See- und Weltmacht und seinen Beziehungen zu England. Hierzu gehören z. B.

armada 'Kriegsflotte', *desperado* 'Abenteurer' und *ambush* 'Hinterhalt'.

PFEFFER/CANNON (1994) dokumentieren mehrere tausend engl. Entlehnungen aus dem *Deutschen,* wobei es sich jedoch meist um Fachwörter aus versch. Wissenschaftszweigen handelt, die in Lernwörterbüchern des Englischen nicht verzeichnet sind.

Aufgrund der engen histor., kulturellen und wirtschaftl. Beziehungen zwischen der brit. Insel und den Küstenländern sind die ersten *niederdt.* und *niederländ.* Entlehnungen im Englischen bereits ab dem 12. Jh. zu veranschlagen, die aus dem Hochdeutschen erst ab dem 16. Jh.

Auch aus dem *Portugiesischen, Griechischen, Russischen* und *außereuropäischen* Sprachen hat das Englische entlehnt.

Der engl. Wortschatz hat einen außerordentlich hohen Mischcharakter (Abb. A).

Als Folge dieser Entwicklung ist ein großer **Synonymenreichtum** des Englischen festzustellen; vgl. z. B.

manly – masculine, male, virile 'männlich'.

Die Wahl von Synonymen hängt von stilist. Gesichtspunkten, dem Kontext und Bedeutungsunterschieden ab; vgl.

think (germ.) allg. '(nach)denken' gegenüber *meditate, muse, ponder, reflect, ruminate* (alle rom.) für intensives Nachdenken.

Der **Strukturwandel des engl. Wortschatzes** zeigt sich bes. an den Wortfamilien. Die des Altengl. sind entweder ausgestorben oder durch entlehntes Wortgut dissoziiert worden.

Die Wortfamilie 'Mund' zeigt Ersetzung einiger Mitglieder durch Entlehnungen, während andere bis heute überlebten. So entspricht ae. *mūþa* ne. *estuary* 'Flussmündung' und *mūþhrōf* (wörtl. 'Munddach') ne. *palate* 'Gaumen'.

Dass Neuaufnahmen Bedeutungseinengungen bei den bereits vorhandenen Mitgliedern eines Wortfeldes zur Folge hatten, zeigen bei den Farbwörtern *orange* (1542), das die Bedeutungen von *red* und *yellow* einengte, und *olive* (1634), das Gleiches bei *brown* und *green* zur Folge hatte.

Zu den **innersprachlichen Entwicklungen** des Wortschatzes gehören die **Wortzusammensetzungen.** An motivierten Komposita war das Altenglische bes. reich; vgl. z. B.

hlāfgang 'Brotgang', d. h. Teilnahme am Abendmahl.

Derartige Komposita nahmen z. T. aufgrund des frz. Einflusses nach der Normannischen Eroberung deutlich ab.

Zudem führten lautl. Veränderungen zu zahlreichen »Entmotivierungen« von Wortzusammensetzungen, d. h., transparente Komposita wurden verdunkelt. Beispiele:

ae. *hlāfweard* 'Brotwart' > ne. *lord*; ae. *hlāfdige* 'Brotkneterin' > ne. *lady.*

Ne. *breakfast* 'Frühstück' (< *to break one's fast* 'das Fasten aufgeben') zeigt, dass es unterschiedl. Verdunklungsgrade gibt, denn das Schriftbild weist hier noch die Zusammensetzung aus.

Ferner gehören zu den inneren Entwicklungen die *Ableitungen durch Prä- und Suffixe*, z. B.

ae. *sindrēam* 'andauernder Jubel' bzw. ae. *stǣnig* 'steinig',

die heutzutage sehr produktive *Konversion,*

the pencil, 1612 > *to pencil*, 1760; *to buy*, 1000 > *the buy*, 1879

die *Abkürzung* (Aphärese),

withdrawingroom, 1591 > *drawing-room*, 1642 urspr. 'Zimmer, in das man sich zurückzieht', heute 'Salon'

bzw. *Apokope*,

chapman, um 890 > *chap*, 1577 'Kaufmann',

Initialwörter,

aussprechbare wie *CD ROM = Compact Disc Read-Only Memory* und nicht aussprechbare wie *AI = Amnesty International.*

Schließlich gehört hierher zumeist auch der **Bedeutungswandel,** der von unterschiedl. Art sein kann:

Bedeutungserweiterung liegt z. B. vor bei ne. *bird* 'Vogel' (me. 'Vogeljunges'); *Bedeutungsverengung* bei ae. *hund* 'Hund' allgemein > ne. *hound* 'Jagdhund'; *Bedeutungsverschlechterung* bei *silly* (bis Ende des 15. Jhs. 'glücklich', dann jedoch 'töricht, einfältig'); *Bedeutungsverbesserung* z. B. bei *nice* < lat. *nescius* 'unwissend' (im 13./14. Jh. 'dumm', ab dem 18. Jh. 'angenehm').

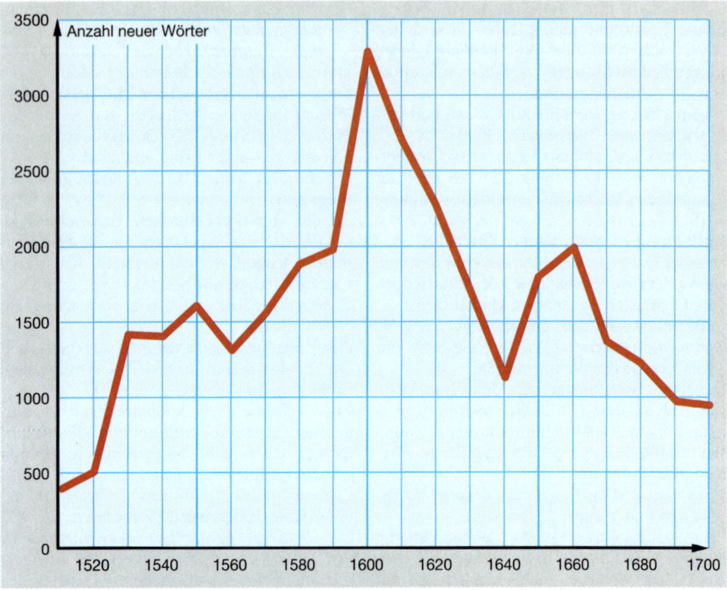

A Zunahme des englischen Wortschatzes 1510 – 1700

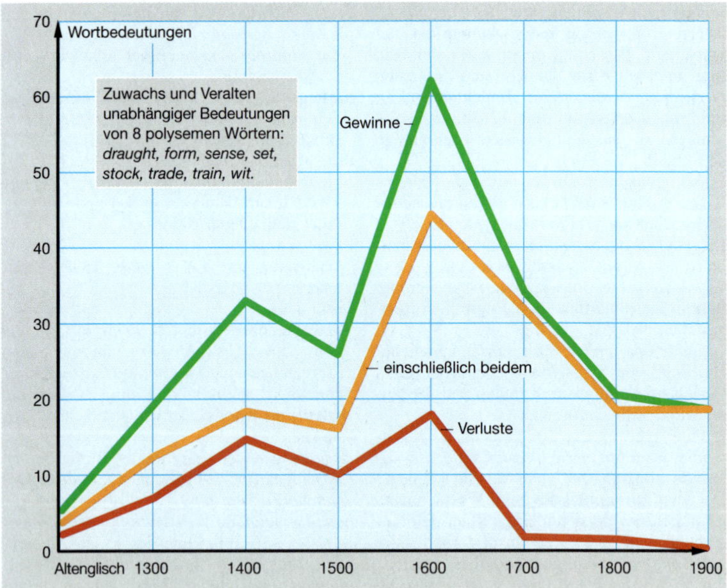

B Zunahme der Zahl der Bedeutungen von Wörtern im Frühneuenglischen

Die standardengl. Schriftsprache des 15. Jhs. lässt sich auf zwei Quellen zurückführen:
– auf die Sprache der zentralen Midlands, so wie sie uns in den Handschriften WYCLIFS und seiner Anhänger begegnet, und
– auf die Ende des 14. Jhs. in London verfassten Werke v. a. CHAUCERS und GOWERS.

Diese standardengl. Schriftsprache wird als *Chancery Standard*, als **Kanzleistandard**, bezeichnet. Von der Kanzlei in Westminster breitete sich dieser geschriebene Standard ab 1430 auf andere Regionen Englands aus.

Ab 1450 lassen sich geschriebene Texte nicht mehr eindeutig lokalisieren und datieren. Durch das Aufkommen des Buchdrucks (ab 1476) wird der *Chancery Standard* als landesweite Norm anerkannt.

GEORGE PUTTENHAMS Äußerungen über die für den Dichter angemessene Sprache, die er in ›The Arte of English Poesie‹ 1589 machte, stellen das ausführlichste Zeugnis zur Wertung von Varietäten des Frühneuenglischen dar. Sie können als Stellungnahme zum Standard gedeutet werden. Er warnt ausdrücklich vor dem Gebrauch der Sprache
1. von Bewohnern von Grenzgebieten und Hafenstädten, weil dort Sprachmischungen auftraten; **2.** der Universitäten, wegen der Latinismen und Gräzismen; **3.** der Landbevölkerung; **4.** der unteren Schichten; **5.** der alten Dichter und **6.** der »Northern-men« jenseits des Trent, d. h. nördl. der Grafschaften Nottingham und Lincoln.

PUTTENHAM vertritt die Ansicht, das beste Englisch sei

> »the vsuall speach of the Court, and that of London and the shires lying about London within lx.myles, and not much above«.

D. h., dass Oxford und Cambridge im Kreis liegen, die anderen größeren Städte im W, O und N Englands jedoch eindeutig außerhalb des Kerngebiets, des Standards.

Zu PUTTENHAMS Zeit setzte die wissenschaftl. Beschäftigung mit der engl. Sprache ein; es erschienen die ersten Orthographien (JOHN HART, 1569), Grammatiken (WILLIAM BULLOKAR, 1585) und einsprachigen Wörterbücher (ROBERT CAWDREY, 1604) des Englischen.

Je mehr der gute Sprachgebrauch geograf. eingeengt wurde, umso geringer wurde die Toleranz gegenüber Dialekten. Dialektgebrauch wird weitgehend als Nicht-Standard stigmatisiert, außer wo ihm Funktionen in bestimmten Formen der Dichtung eingeräumt werden.

Frühe Dialektstudien

Erst in der zweiten Hälfte des 17. Jhs. erwacht das wissenschaftl. Interesse am Dialekt, anfangs auf die Lexikografie beschränkt.

1674 veröffentlichte der Biologe JOHN RAY das erste ausschließl. auf Regionalismen beschränkte Glossar. Es war das einzige Dialektglossar, das im 17. Jh. in England erschien.

Zu der Zeit galt das Augenmerk der Wörterbuchkompilatoren – mit Ausnahme von ELISHA COLES – vornehmlich den »hard words«, d. h. schwierigen Wörtern v. a. aus dem Lateinischen und Griechischen. Schätzungen zufolge nahm der Wortschatz des Englischen zwischen 1500 und 1700 um über 30 000 Neuwörter zu (Abb. A). Auch die Zahl der Bedeutungen von Wörtern erhöhte sich (Abb. B).

Außer in speziellen Dialektglossaren fanden Dialektwörter auch in allgemeinen Wörterbüchern Aufnahme – zuerst in dem nur zwei Jahre nach JOHN RAYS Glossar erschienenen Wörterbuch von ELISHA COLES (1676). Der erste Lexikograf, der die Aufnahme von Dialektwörtern im (äußerst langen) Titel seines Wörterbuchs ›An Universal Etymological English Dictionary‹ erwähnte, war NATHANIEL BAILEY (1721).

Die Schichtung der engl. Bevölkerung für das Jahr 1688, d. h. aus der Zeit, als RAYS Dialektglossar erschien, sah folgendermaßen aus:

	Personen	Prozent
Adel	99 516	1,81
Geistlichkeit	52 000	0,95
Bürgertum	716 000	13,02
Bauern	1 690 000	30,72
Arbeiter	2 943 000	53,50

Erziehung und Schulbildung

Fast ¾ der gesamten Bevölkerung lebte damals auf dem Land. DANIEL DEFOE (1659–1731) vermerkt, die jungen Adligen seien

> »utterly untaught, and so far from understanding the ordinary school languages of Greek and Latin that they are not able to write or spell true English«.

Gleichermaßen schlecht war die Erziehung der mittleren Klassen, von den unteren ganz zu schweigen. Für die Masse der Bevölkerung gab es eine Schulbildung erst ab 1880 mit der Einführung der allgemeinen Schulpflicht. Auch die systemat. Ausbildung der Mädchen erfolgte erst im 19. Jh. Daher ist verständlich, dass Frauen früher häufiger dialektale Formen verwendeten als Männer. Heute ist es umgekehrt.

Als die bewusste Pflege der engl. Standardsprache im 17. Jh. beginnt, schert sich die Oberschicht nicht um die Regeln, was auch noch im 19. und 20. Jh. gilt. Im Gegensatz zur Unterschicht aber nicht nur, weil sie diese nicht kennt. Sprachbewusst war damals (und ist heute) die höher strebende Mittelschicht.

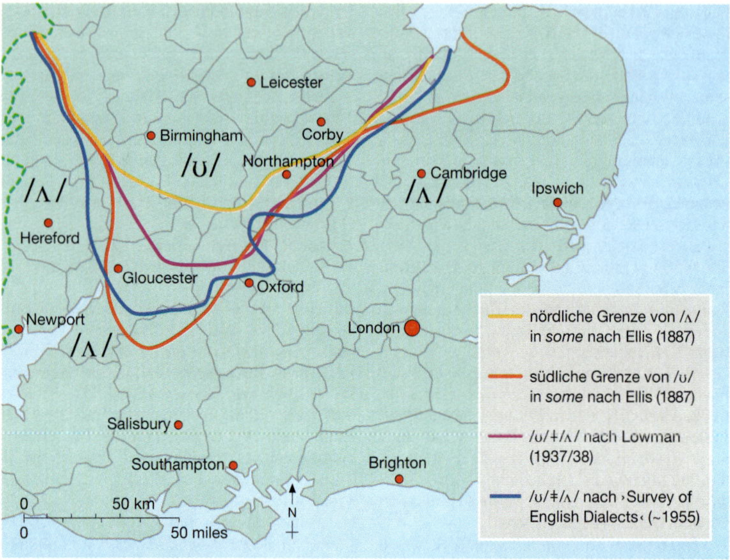

A Sprachgrenzen um London

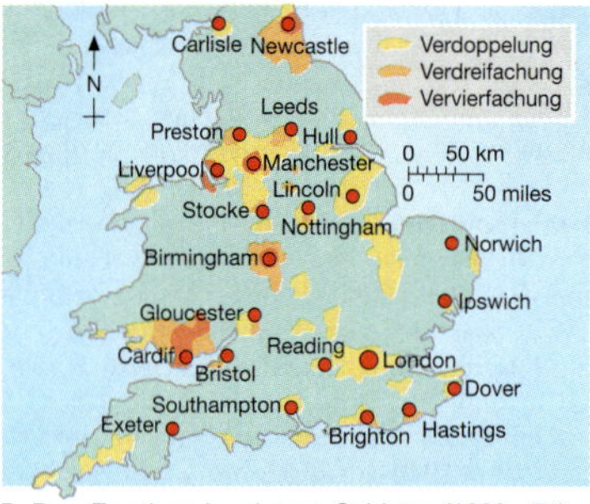

B Bev.-Zunahme in urbanen Gebieten (1800 – 50)

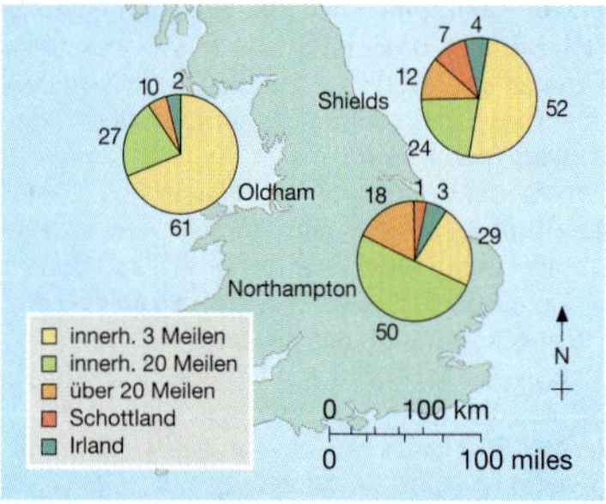

C Geburtsorte der Haushaltsvorstände (1851)

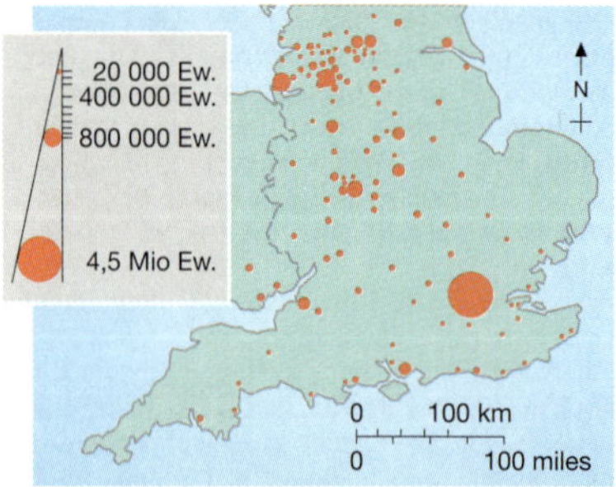

D Wichtigste Städte 1911

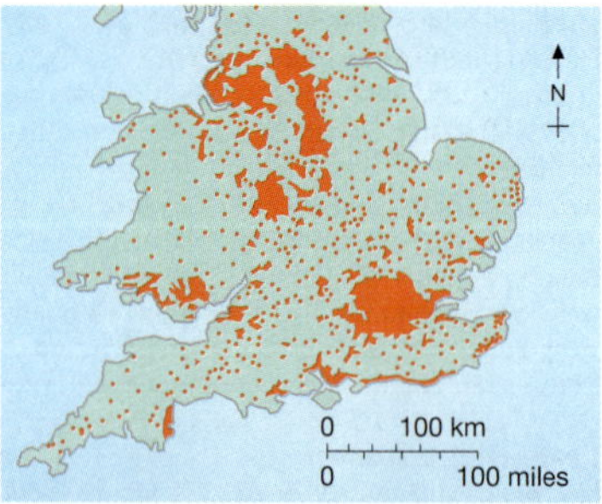

E Urbanisierte Gebiete 1951 (über 400 Pers./Meile²)

Industriellem Wachstum geht meist eine landwirtschaftl. Revolution voraus. Diese ist in England in dem *Enclosure Movement* zu sehen: Aufgrund von Parlamentsbeschlüssen wurden zwischen 1760 und 1815 etwa 2 835 000 ha offene Felder, Wiesen und brachliegendes Land eingezäunt, privatisiert und für landwirtschaftl. Zwecke nutzbar gemacht. Dieser Vorgang ging natürlich nicht ohne Kontroversen ab, doch wurde durch diese Maßnahme die Produkion landwirtschaftl. Erzeugnisse enorm gesteigert. Dies war sowohl für die kontinuierlich wachsende Bevölkerung als auch für die Investitionen z. B. in neue Industrien von Bedeutung.

Um 1750 besaß England bereits eine florierende Wirtschaft. Die Veränderungen ihrer Struktur, die während der Herrschaft GEORGS III. (1760–1820) stattfanden, waren beträchtlich. Die Bedingungen für eine industrielle Revolution waren durch die hoch entwickelte Landwirtschaft und die wertvollen Rohstoffe günstig. Hinzu kamen Vorteile beim Warentransport wie schiffbare Flüsse (Clyde, Thames, Severn, Trent, Ouse, Humber), gute Häfen (London, Bristol, Liverpool, Newcastle-upon-Tyne) und ein Geflecht von Kanälen, denn es war viel preiswerter, Waren auf dem Wasser- als auf dem Landwege zu befördern. Schließlich erhöhte eine Reihe von Erfindungen und Neuerungen in der 2. Hälfte des 18. Jhs. die Warenproduktion beträchtlich. Zu den Erfindungen gehörten u. a. neue Spinnmaschinen, Webstühle und Schmelzöfen. Bes. die Dampfmaschine versorgte die Industrie mit einer neuen Energiequelle. Sie ermöglichte die Verdrängung kleiner Werkstätten durch große Fabriken, die unabhängig von der Wasserkraft und den Flussläufen waren. All dies ging jedoch langsam vor sich; vor 1830 waren Fabriken nicht charakterist. für die industrielle Organisation. Die Bezeichnung *Black Country* für das Industriegebiet der West Midlands mit all den negativen Implikationen ist erst 1834 belegt, als bereits viele Hochöfen der Eisen- und Stahlindustrie in Betrieb waren. Deren Produkte wurden dringend zum Bau der Eisenbahnen benötigt.

Zu Beginn des 18. Jhs. lebte der größte Teil der Bevölkerung im Süden Englands: In Middlesex, Surrey, Kent, Gloucestershire, Somerset, Wiltshire und Devonshire zusammengenommen wohnte etwa 1/3 der Bevölkerung Englands. Nach London waren Norwich und Bristol die größten Städte. Gegen Ende des 18. Jhs. jedoch hatte sich der Norden des Landes als Region großen industriellen Wachstums etabliert. In den West Midlands über Lancashire bis Tyneside machten sich die durch die industrielle Revolution bedingten Veränderungen am deutlichsten bemerkbar.

Von 1801 bis 1851 stieg durch die Industrialisierung bedingt die Bevölkerung in Manchester von 84 000 auf 367 000, in Liverpool von 78 000 auf 376 000, in Birmingham von 74 000 auf 233 000 und in Leeds von 53 000 auf 172 000 (Abb. B). Slums mit all ihren Problemen waren die Folge, so wie sie im Black Country z. B. von DICKENS in ›The Pickwick Papers‹ (1836/37) und ›The Old Curiosity Shop‹ (1840/41) beschrieben wurden.

Trotz des enormen Anwachsens der industriellen Zentren blieb der Dialektgebrauch auch in den großen Städten bis in die 2. Hälfte des 19. Jhs. erstaunlich lebendig – wie sich an der reichen Gebrauchsliteratur im Dialekt ablesen lässt. Der entscheidende Grund dafür scheint zu sein, dass die neue Stadtbevölkerung zum großen Teil aus dem ländl. Einzugsgebiet der Zentren stammte (Liverpool, Glasgow und London stellen Sonderprobleme dar).

Eine wichtige Isoglosse in Mittelengland trennt die /ʊ/-Aussprache von der /ʌ/-Aussprache in Wörtern wie *some, run* und *dust* bei ländlichen Dialektsprechern (Abb. A). Dieses wichtige Aussprachecharakteristikum hat sich seit ELLIS' Untersuchung (1887) bis in die 50er Jahre des 20. Jhs. nicht verschoben. Der Verlauf dieser Isoglosse erklärt sich durch die Bevölkerungsverteilung in England. Die Heteroglossen verlaufen im zentralen Mittelland zwischen den beiden am stärksten urbanisierten Regionen Englands. Die von London ausgehende sprachl. Neuerung hat sich nicht weiter nach Norden durchsetzen können, da die sie stützende Bevölkerung eine größere Distanz nicht erlaubte (Abb. D und E).

Fragen bleiben, z. B. die, warum sich nur in den West Midlands eng um die urbanisierten Gebiete herum eine Region mit Südaussprache gebildet und erhalten hat, nicht aber im Osten in Lincolnshire? Ferner gibt es auch einen /ʊ/≠/ʌ/-Unterschied in Nordengland und in Schottland. Ist dies eine getrennt vom Süden vor sich gegangene Neuerung? Wenn ja, von wo ging sie aus? Viele derartiger Fragen können derzeit noch nicht beantwortet werden.

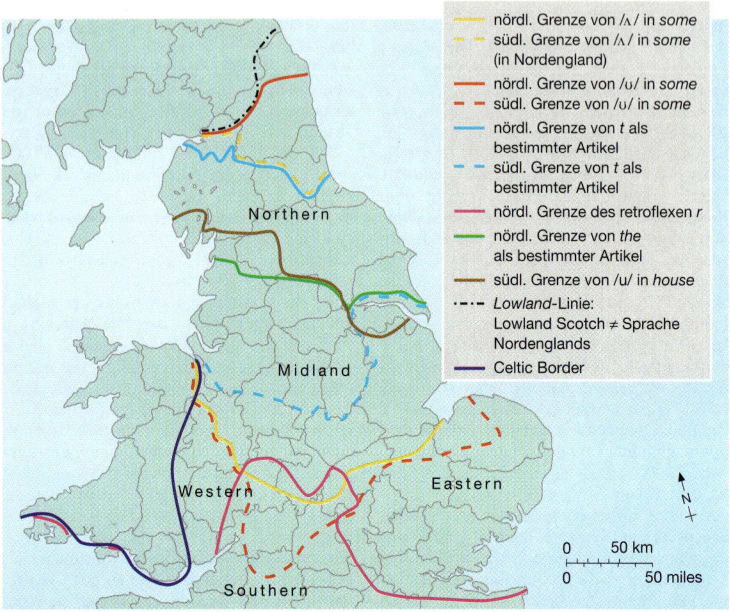

A Die 5 Hauptdialektgebiete und die 10 *Transverse Lines*

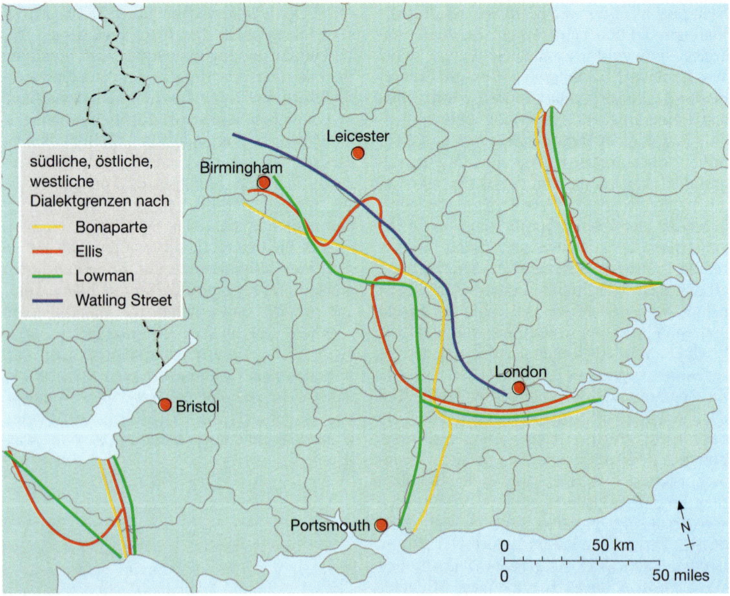

B Dialektgrenzen und der Verlauf der römischen Watling Street

19. Jahrhundert

Die Anfänge der modernen Dialektforschung in England liegen in der 2. Hälfte des 19. Jhs. Sie sind mit drei Namen verbunden:

– PRINCE LOUIS-LUCIEN BONAPARTE war der Erste, der engl. Dialekte aufgrund *grammat. Charakteristika* einzuteilen versuchte (1875/76).

– Aussprachecharakteristika legte dagegen ALEXANDER J. ELLIS 1887 seiner Einteilung zugrunde. Er war der Erste, der die brit.-engl. Regionaldialekte aufgrund umfangreicher Informantenbefragungen in fünf Hauptgebiete einteilte: *Southern, Western, Eastern, Midland, Northern* (und ein schott.: *Lowland*); diese unterteilte er in insgesamt 42 Distrikte (einschl. Schottland). Ferner unterschied er noch *varieties*, ja sogar *subvarieties.*

Dazu kommen sog. *Transverse Lines*, die England von der Nordsee bis zur Irischen See durchschneiden und das Auftreten bestimmter dialektaler Aussprachemerkmale anzeigen (Abb. A). Diese Linien sind weitgehend mit den Grenzen zwischen den angenommenen Hauptgebieten oder Distrikten identisch.

ELLIS' und BONAPARTES Dialekteinteilungen wurden später wiederholt übernommen und zeigen sich auch heute noch vielfach gültig.

– JOSEPH WRIGHT ist das monumentale ›English Dialect Dictionary‹ zu verdanken, das zwischen 1898 und 1905 erschien. Der 6. Band dieses Wörterbuches enthält auch eine Grammatik des dialektalen Englisch, worunter allerdings primär eine histor. orientierte Lautlehre zu verstehen ist.

Darüber hinaus verfasste WRIGHT 1892 die erste Monographie über einen Dialekt, und zwar seines Heimatdialekts von Windhill in Yorkshire; diese Arbeit hatte über viele Jahrzehnte Modellcharakter.

Auch diese war histor. ausgerichtet und versuchte, ein idealisiertes Bild eines »reinen« Dialekts zu zeichnen. Jegliche Dialektmischungen, aufgrund derer mittelengl. Laute sich nicht mehr eindeutig in den jeweiligen neuengl. Dialekt weiterentwickeln ließen, stellten für WRIGHT »Fehler« dar, die in solchen Dialektbeschreibungen – leider – keinen Platz hatten.

20. Jahrhundert

Da das 1935 in Angriff genommene Projekt eines engl. Sprachatlas zuerst nicht verwirklicht werden konnte, führte der Hauptexplorator des ›Linguistic Atlas of New England‹, GUY S. LOWMAN JR., 1937 bis 1938 in Mittel- und Südengland mit einer kürzeren Fassung des im Osten der USA verwandten Fragebuches umfangreiche Informantenbefragungen durch. Sie sollten bes. die Beziehungen zwischen regionalem brit. und amerikan. Englisch belegen.

LOWMANS Belegnetz in den 26 südl. und mittelländ. engl. Grafschaften umfasst 72 Orte, ist also relativ weitmaschig. Sämtliche Orte liegen in ländl. Gegenden und haben max. 500 Einwohner.

Ältere Gewährspersonen (vornehmlich Bauern und Handwerker) wurden für die Interviews herangezogen. Sie mussten in dem jeweiligen Ort (oder in dessen Nähe) geboren und aufgewachsen sein und dort nahezu ihr ganzes Leben verbracht haben. Schulbildung: Volksschule. Die gleichen Bedingungen mussten auch ihre Ehepartner erfüllen. Von den insges. 75 Informanten waren nur drei Frauen. Pro Belegstelle wurde in der Regel ein Informant interviewt.

LOWMANS typ. Frageformen, an die er sich jedoch nicht strikt hielt, lauten etwa:

What do you break the ground with in the spring? *plow.*

What do you call the kind of animal that barks? *dog.*

If the dishes are dirty, you say I must ... *wash* (them).

LOWMANS lexikal. und grammat. Ergebnisse wurden auf Karten übertragen und auch mit Bezug zum amerikan. Englisch interpretiert (VIERECK 1975 b).

Setzt man die Klassifikationen von BONAPARTE und ELLIS in Beziehung zu denen von LOWMAN, so zeigen sich eindeutige Übereinstimmungen in allen Regionen des Südens (Abb. B).

Interessant ist auch der Vergleich mit dem Verlauf der röm. ›Watling Street‹, die als Dialektgrenze fungiert.

Die geringe spätere Verlagerung der Dialektgrenze nach Westen ist in diesem zentralen Gebiet alles andere als überraschend.

Der ›Survey of English Dialects‹, der von EUGEN DIETH und HAROLD ORTON nach dem Zweiten Weltkrieg begonnen wurde, umfasst ganz England. Die Ausrichtung ist die gleiche wie beim LOWMAN-Survey und zielte auf die Erhebung traditioneller Dialekte ab.

Die Befragung der Informanten wurde in den 1950er und frühen 1960er Jahren in 313 Orten Englands mit einem Fragebuch durchgeführt, das über 1 300 Fragen enthielt. Die Antworten wurden in phonet. Umschrift in Tabellenform in 12 regional geordneten Bänden zwischen 1962 und 1971 veröffentlicht.

Seither sind einige Werke erschienen, die eine Auswahl dieser Daten in Kartenform darstellen (ORTON/WRIGHT 1975, ORTON/SANDERSON/WIDDOWSON 1978 und – der erste Computeratlas – VIERECK/RAMISCH 1991, 1997).

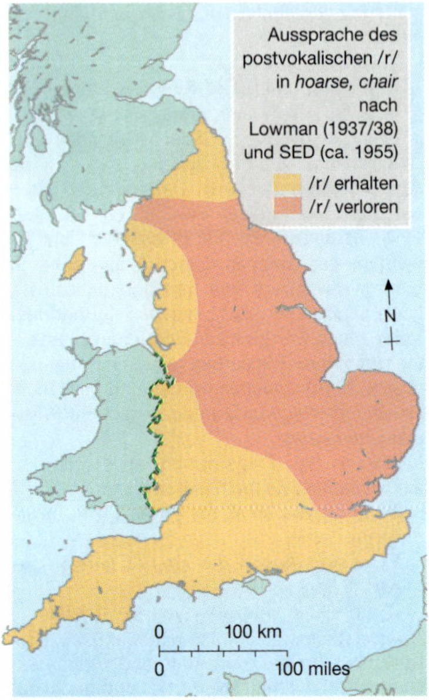

A Postvokalisches /r/

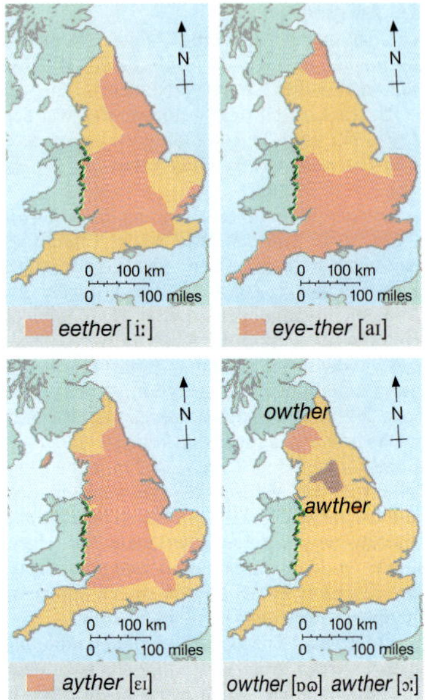

B Aussprachen von *either*

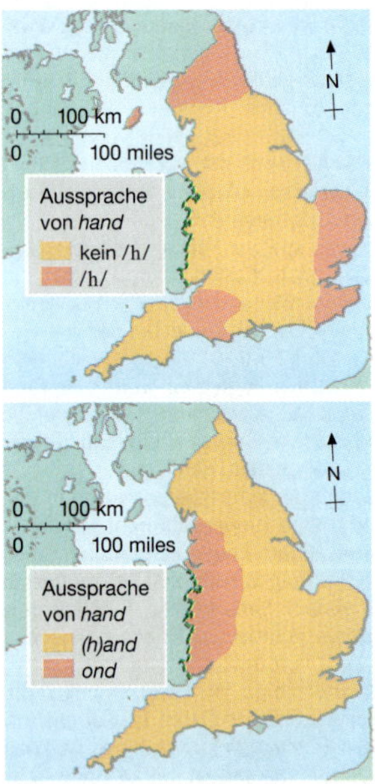

C Ausspr. des /h/ und des /ɒ/~/a/ in *hand*

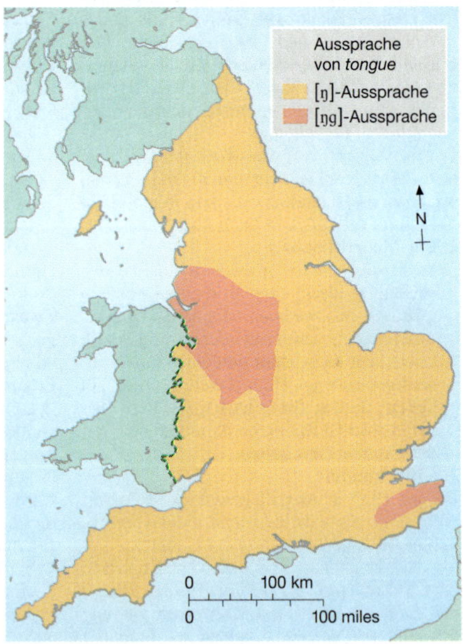

D Aussprache von *tongue*

Trotz der normierenden Einflüsse, die sich v. a. seit der 2. Hälfte des 19. Jhs. durch die Einführung der allgemeinen Schulpflicht, den Ausbau der Verkehrswege und – in neuerer Zeit – durch die Massenmedien bemerkbar gemacht haben, zeigt die engl. Sprache in England heute noch immer eine erstaunliche Vielfalt. Dies gilt für alle sprachl. Ebenen.
Aus der Vielzahl der die Aussprache betreffenden Merkmale werden 5 bes. markante vorgestellt, von denen sich 2 auf Vokale und 3 auf Konsonanten beziehen.

Das postvokalische (genauer: nicht prävokalische) /r/

Zum postvokalischen /r/ bemerkt JOHN WALKER in seinem 1791 erschienenen und sowohl in England als auch in den USA einflussreichen Aussprachewörterbuch, dass es vor allem in und um London nicht mehr ausgesprochen wird (was weit reichende Konsequenzen für die Vokale hatte). Dies gilt allerdings nur für die Standardsprache, in der es im Laufe des 18. Jhs. nicht mehr ausgesprochen wurde.
Die Situation ist in den traditionellen engl. Dialekten eine völlig andere (Abb. A).

Die postvokalische /r/-lose Aussprache des Standardenglisch im Mutterland fasste als Prestigeaussprache in den wichtigsten Häfen der amerikan. Ostküste – Boston, New York, Richmond, Charleston – Fuß und verbreitete sich von dort weiter ins amerikan. Hinterland.

Die Aussprache von *either*

Viele Engländer, die meinen, ihre Sprache sei frei von Regionalismen, verwenden nicht die im Standardenglischen gebräuchliche Aussprache *eye-ther*, sondern eine dialektale (Abb. B). Von diesen ist *eether* am weitesten im Mutterland verbreitet und wird heute mit dem amerikan. Englisch assoziiert.

Die Aussprache von *hand*

Die regionale Verbreitung zweier Aussprachebesonderheiten kann am besten am Beispiel von *hand* gezeigt werden.

Das Weglassen des /h-/ wird gemeinhin mit dem Cockney, dem Stadtdialekt Londons, verbunden. Das Merkmal ist jedoch nicht auf das Cockney beschränkt, sondern regional weit verbreitet (Abb. C).

Berühmt wurde diese Aussprachebesonderheit durch SHAWS ›Pygmalion‹ und das darauf basierende Musical ›My Fair Lady‹.

Verbunden mit dem »dropping of one's aitches« ist das – weniger bekannte – Phänomen, dass *aitches* dort gesprochen werden, wo sie etymolog. nichts zu suchen haben. Dies zeigt sich in folgendem alten Beispiel:

Bei dem Versuch eines Friseurs, mit seinem Kunden Konversation zu betreiben, kommt es zu einem Missverständnis: »I meant the 'air of your 'ead and not the hair of the hatmosphere!«

Im Altenglischen trat /h/ nicht nur, wie heute, am Wortanfang vor Vokal auf, sondern auch vor Konsonant. Ferner kam es am Wortende und in der Mitte eines Wortes (gemeinhin vor einem stimmlosen Konsonanten, aber auch vor Vokal) vor. Im Verlauf der Sprachgeschichte nahm die Isolierung des /h/ immer mehr zu; es entwickelte sich zu einem peripheren Phonem, das im Dialekt – wie das obige Beispiel zeigt – jeglichen Phonemstatus verloren hat und nur noch stilist. Differenzierung dient. Dass es im Standardenglisch noch existiert, kann dem Einfluss der Schulen und Massenmedien zugeschrieben werden, d. h. der Institutionen, die sich primär an der geschriebenen Sprache orientieren.
Die 2. Aussprachebesonderheit betrifft die bereits im Altenglischen eingetretene Verdumpfung des /a/ vor Nasal, wodurch z. B. *hand* > *hond* wird. Beide Schreibungen kommen schon in altengl. Texten vor. Somit ist die Isoglosse, die die Aussprachen /ɒ/ und /a/ in heutigen traditionellen Dialekten voneinander trennt, die älteste, die sich erhalten hat.
Die weitere Entwicklung der Vokale in die neuengl. Standardsprache ist zu kompliziert, um hier kurz dargestellt zu werden. Darüber hinaus verlief sie je nach Folgekonsonant unterschiedlich; vgl.
ne. *hand, land* und *man* gegenüber ne. *long, song* und *strong*.

Nordengl. Dialekte haben auch in den letztgenannten Wörtern /a/ bewahrt.

Die Aussprache von *tongue*

Die Gruppe ne. *long* und *strong* zeigt noch eine Besonderheit hinsichtlich der Aussprache der Konsonantenverbindung *ng*. Tritt sie im Inlaut zwischen Vokalen auf, bleibt /ŋg/ unverändert, wie z. B. in ne. *finger, longer*. In druckschwacher Auslautsilbe wurde /ŋg/ zunächst zu /ŋ/ (wie noch heute im Standardenglisch) und in Dialekten weiter zu /n/, wie z. B. in *morning, mornin'*. In druckstarker Auslautsilbe, also in Wörtern wie ne. *tongue, strong* und *sing* blieb die altengl. Aussprache noch in zwei Reliktgebieten erhalten (Abb. D).
In spätmittelengl. Zeit begann das auslautende /g/ zu verstummen – ein Wandel, der in den unteren sozialen Schichten Londons seinen Ausgang nahm. Er war im 16. Jh. zumindest im Standardenglisch noch nicht akzeptiert, hatte sich dort aber im 17. Jh. vollständig durchgesetzt.
Noch heute ist die /ŋg/-Aussprache in Wörtern wie *tongue* ein sicheres Merkmal, die regionale Herkunft von Sprechern des Englischen festzulegen.

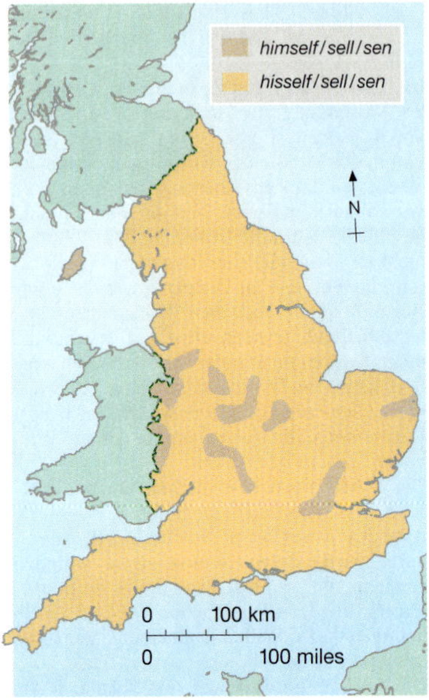

A Ne. *himself* und dialektale Varianten

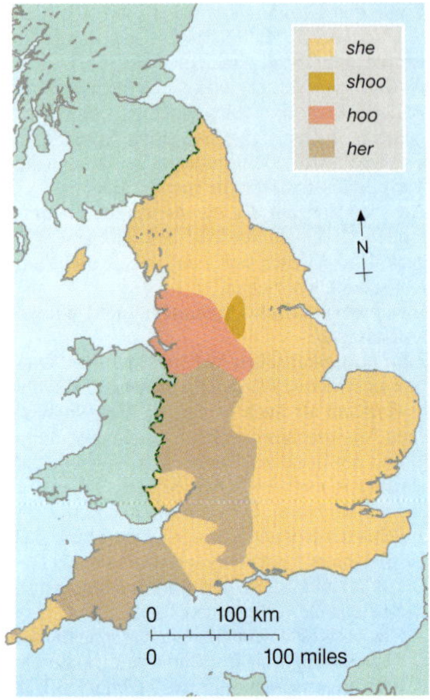

B Ne. *she* und dialektale Varianten

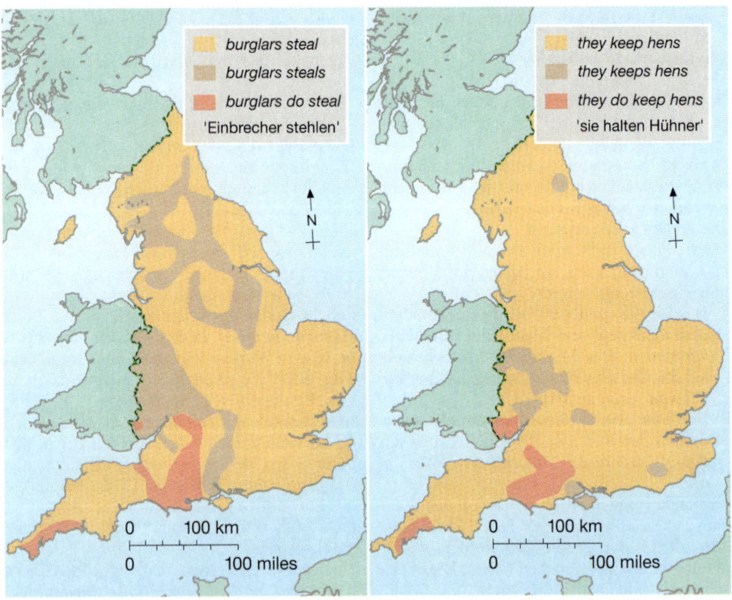

C Auswirkungen der »nördlichen Subjektregel«

Morphologie: Pronomen

Im Bereich der Morphologie sind bestimmte Pronominalformen regional auffällig:

Objekt	Possessiv	Objekt + *-self*	Possessiv + *-self*
me	my	meself	*myself*
him	his	*himself*	hisself
her	her	*herself*	herself
it	its	*itself*	itself
us	our	usselves	*ourselves*
you	your	youselves	*yourselves*
them	their	*themselves*	theirselves

Das Standardenglisch verfährt nicht einheitlich. Dort werden *my/our/your* + *self/selves* gebraucht, nicht jedoch *his/their* + *self/selves*. Eine log. Begründung gibt es hierfür nicht.

Die engl. Dialekte dagegen verwenden fast überall das Possessivpronomen *his* + *self/sell/sen*, um das Reflexivum zu bilden (Abb. A).

Dies ist ein Beispiel für eine Regularisierung, die im Gegensatz zur Standardsprache in Dialekten vielfach zu beobachten ist.

Das ne. standardsprachliche Personalpronomen *she* entstand erst in me. Zeit. Auch dialektal ist *she* am weitesten verbreitet (Abb. B). *Shoo* ist geograf. zwischen den *she*- und *hoo*-Regionen belegt und könnte daher eine Mischung aus beiden Formen sein. *Hoo* hat sich aus ae. *hēo* entwickelt. In weiten Teilen der West Midlands und des Südwestens fungiert die Objektform *her* als Subjektform.

In WRIGHTS Dialektwörterbuch finden sich Beispiele wie *Her said and her went very white* oder *Her is a cousin to we.*

Im letztgenannten Beispiel begegnet ein weiterer Fall dialektalen Pronominalaustausches.

Syntax

Auch die Syntax zeigt regionale Variation, wenngleich nicht in dem Ausmaß wie die anderen sprachl. Ebenen.

Syntakt. Merkmale lassen sich nur in beschränktem Rahmen in kurzen Fragen und Antworten sinnvoll ergründen und spielen daher in traditionellen Sprachatlasprojekten keine große Rolle.

Eine interessante syntakt. Erscheinung ist die *nördliche Subjektregel.* Nach dieser Regel erhalten Verben im Präsens Plural ein *-s*, wenn ihnen nicht unmittelbar ein Personalpronomen als Subjekt vorausgeht, wie z. B. in

They peel them and boils them und *Birds sings.*

Das *burglars-steals*-Gebiet (Abb. C) ist viel größer als das von *they keeps hens*. Der Unterschied erklärt sich daraus, dass im N Englands *they keeps hens* vermieden wird.

Im Südwesten zeigt sich noch eine weitere Eigentümlichkeit: nicht-emphat. *do* /də/ im Präsens plus Infinitiv des Verbs.

Ob es eine histor. Beziehung dieser Konstruktion zum Gebrauch von *do* im Standardenglischen in Fragesätzen und verneinenden Aussagen *(do they keep hens?, they do not keep hens)* gibt, ist ungeklärt.

Dialektgrammatik – eine Umfrage an Schulen

1985/86 wurde mit einer Umfrage an ausgewählten engl. Schulen begonnen, um Einblicke in die Variation dialektaler Grammatik des Englischen zu erhalten. Natürlich ist eine solche Befragung nicht ohne Probleme, denn es muss gewährleistet sein, dass hierbei die Schüler und nicht die Lehrer die Experten sind. Das erarbeitete Fragebuch umfasst 196 Sätze, und die 11–15-jährigen Schüler hatten die in ihrer Stadt verwendeten Dialektformen anzukreuzen. Hier einige Beispiele:

No, no a thousand times no!
Dinna run too fast
Count on me, I *won't* do *nothing* silly
You *shouldna* go in there!
You've *no* to go in there!
Anyone mustn't go in there
My friend broke that, I *never*
No, I *never* broke that
That ain't working
That *in't* working
That *ay* working
Got a sweet tooth?
I *likes* toffees
We *liken* toffees
We *likes* toffees
Thee *likes* toffees
Thee *like* toffees
She *like* toffees
What an idiot!
Billy *be* stupid
Billy *am* stupid
He *in arf* stupid
He's stupid, him
It's stupid he is
There's stupid he is
He's stupid is Billy
It was stupid he was
He *done* that wrong
You *has* to see it to believe it
Wedding Bells
Mary and John *is* getting married
There'*s* cars outside the Church
I'm going to see them now, *isn't it*?
I *done bought* them a wedding present
Happy Birthday!
We always *has* a big cake on our birthday
I *give* her a birthday present yesterday
I *gived* her a birthday present yesterday
What *have* her mother bought her?
We've *gotten* her a present, too – a car!
Is that the car I *see* last night?

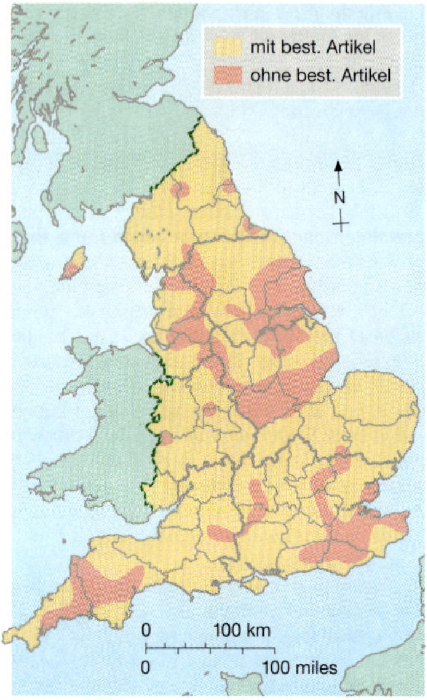

A *Have you got toothache?* 'Haben Sie Zahnschmerzen?'

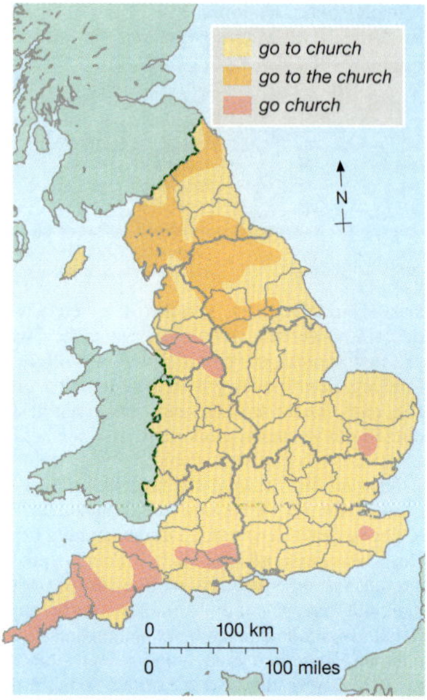

B *They go to church* 'Sie gehen zur Kirche'

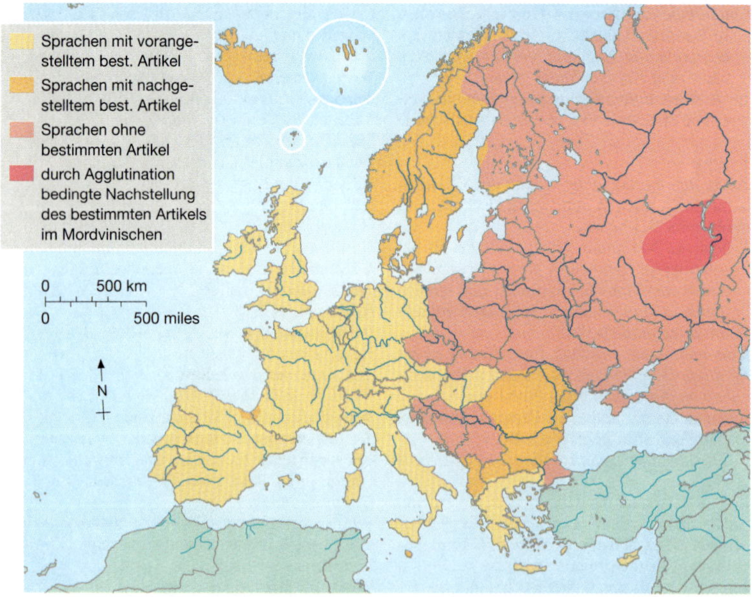

C Der bestimmte Artikel in den Sprachen Europas

Wie andere Sprachen Europas kennt auch das Englische den bestimmten Artikel.

Diese Bezeichnung, die sich allgemein durchgesetzt hat, ist falsch; richtig müsste es *bestimmender Artikel* heißen.

Bereits Altenglisch ist das einfache Demonstrativum unter Abschwächung seiner hinweisenden Bedeutung auch bestimmter Artikel. Im Mittelenglischen wird die Form *þe* für den bestimmten Artikel für Singular und Plural verallgemeinert und dann *the* geschrieben. Der bestimmte Artikel wurde auch als *th'* (wie in *th'angel* oder *th'man*) und als *t'* (wie in *t'man*) realisiert, was heute noch für das dialektale Englisch gilt.

Hier seien zwei Bereiche herausgegriffen, in denen der Gebrauch des bestimmten Artikels im StE von dem in Dialekten – im ersten Fall zumindest graduell – abweicht.

1. **Vor Namen von Krankheiten:** Der Sprachgebrauch schwankt im StE beträchtlich. Während der Artikel normalerweise vor Krankheiten fehlt (*appendicitis, diabetes*), kann er vor wohl bekannten Infektionskrankheiten durchaus verwendet werden, z. B. *(the) flu*. In engl. Dialekten überall in England ist *the toothache* 3½ Mal so häufig belegt wie die im StE verwendete artikellose Form (Abb. A). Darüber hinaus ist der Gebrauch des Artikels auch in Schottland, Wales und Irland typisch und ist bei Krankheitsbezeichnungen auch im amerikan. Englisch belegt.

Die weite Verbreitung in engl. Dialekten und das Vorhandensein in den USA deuten auf Bewahrung einer älteren Verwendung des Artikels hin. Dies wird durch das OED bestätigt, das s. v. 'the' 8a, den Gebrauch des bestimmten Artikels vor Krankheitsbezeichnungen seit etwa 1000 bucht.

2. **Vor öffentlichen Einrichtungen:** Der Gebrauch des bestimmten Artikels vor öffentlichen Einrichtungen, z. B. *the church*, ist deutlich anders verteilt als der vor Krankheiten (Abb. B): Er ist auf den Norden Englands beschränkt. Hier wird ganz allgemein auf den Kirchgang, den Besuch irgendeiner Kirche, nicht einer bestimmten – wo im Standardenglisch der bestimmte Artikel gebraucht wird –, abgestellt. Die Verwendung von *the* in dieser Kollokation ist im schott. Englisch der Lowlands weit verbreitet. *The* tritt in dieser Umgebung aber auch im Kontaktenglischen der Highlands auf, bedingt durch gälisch-engl. Sprachkontakt. Somit weist dieser Befund zum einen auf die enge sprachgeschichtl. Verbindung zwischen dem Englischen Nordenglands und dem der schott. Lowlands hin und zum anderen auf den Einfluss des Gälischen.

Letzterer ist auch deshalb plausibel, weil ein derartiger Artikelgebrauch ebenso in anderen Regionen, in denen Gälisch und Englisch miteinander in Kontakt standen, zu verzeichnen ist, z. B. im irischen Englisch.

Der bestimmte Artikel in europäischen Sprachen

Der Gebrauch des bestimmten Artikels variiert im Englischen und auch zwischen einzelnen Sprachen. So steht er z. B. im Deutschen häufig, wo er im Englischen nicht gebraucht würde. Dies hängt nicht zuletzt damit zusammen, dass der Artikel im Deutschen – im Gegensatz zum Englischen – durch seine Flexion auch ein Ausdruck der Kasusunterschiede ist. Welche Unterschiede immer bestehen mögen, wichtig ist, dass das Deutsche und Englische den bestimmten Artikel kennen. Dies gilt keineswegs für alle in Europa gesprochenen Sprachen (Abb. C).

Europa ist – grob betrachtet – in zwei Gebiete geteilt: eine westliche Region mit Artikel und eine östliche ohne.

Genauer gesagt haben die gesamte Slawia mit Ausnahme des Bulgarischen und Makedonischen, die gesamte Uralia mit Ausnahme des Ungarischen – das Mordvinische stellt einen Sonderfall dar – sowie die altaischen und kaukas. Sprachen *keinen bestimmten Artikel*. Innerhalb des Gebietes *mit bestimmtem Artikel* gibt es einen zusätzlichen Gegensatz zwischen *Voran- und Nachstellung des Artikels*: so unterscheidet sich das Baskische von den es umgebenden roman. Sprachen durch postpositiven Artikel. Aber innerhalb der Indogermania heben sich nicht nur die skandinav. Sprachen Isländisch, Färöisch, Dänisch, Norwegisch und Schwedisch, sondern auch eine zusammenhängende Region im Süden Europas, bestehend aus Albanisch (illyr. Ursprungs), Rumänisch (die einzige Sprache innerhalb der Romania mit postpositivem Artikel), Bulgarisch und Makedonisch (die einzigen slaw. Gebiete mit Artikel) durch postpositiven Artikel ab.

Somit ist das sich ergebende Bild widersprüchlich: Der postpositive Artikel isoliert nicht nur die skand. Sprachen von ihrem gemeinsamen german. Ursprung, sondern eint andererseits – trotz unterschiedl. Ursprünge – die so genannten Balkansprachen. Dies ist eines der Merkmale, aufgrund derer man bei diesen Sprachen von einem Sprachbund spricht.

Die geograf. Verteilung dieses typolog. Merkmals stimmt also nicht mit den genet. Merkmalen überein.

Sie zeigt ferner, dass die Bildung des bestimmten Artikels jünger ist als die genet. Verzweigungen der Sprachen.

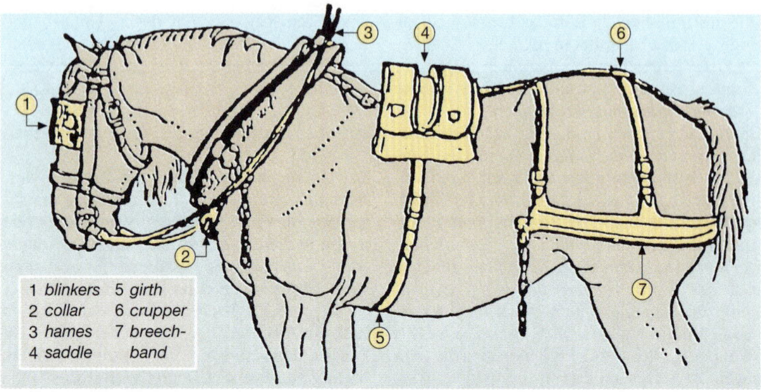

A Wortschatz des Pferdegeschirrs

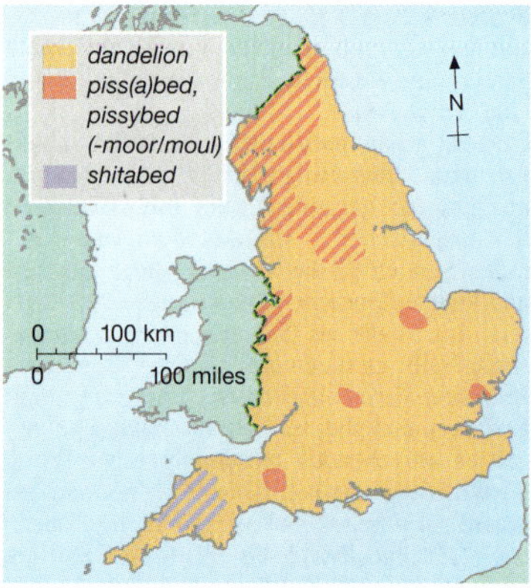

B Bezeichnungen für 'Löwenzahn'

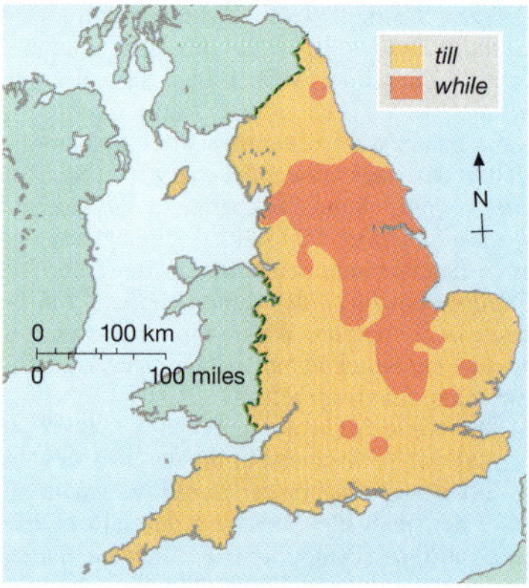

C Regionaler Gebrauch von *while/till* 'bis'

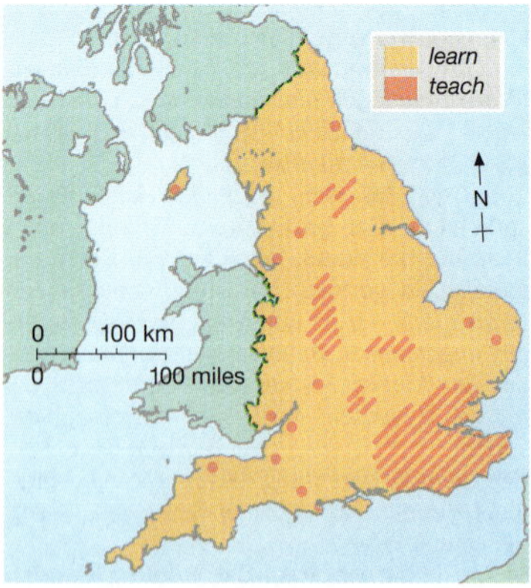

D Regionaler Gebrauch von *learn/teach* 'lehren'

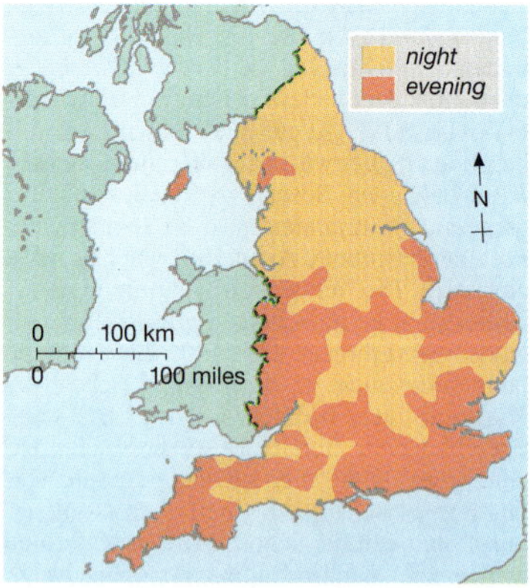

E Regionaler Gebrauch von *evening/night* 'Abend'

Die Erhebungen des ›Survey of English Dialects‹ haben eine erstaunliche Vielfalt im Bereich der Lexik erbracht.

Pferdegeschirr
1: *Blinkers* 'Scheuklappen'
blinder(s), blinker(s), bluffs, blufters, bridle-bluffs, cads, eye-flop, eye-wings, goggles, hoodwinks, mobs, moppers, mops, winkers, winkles;
2: *Collar* 'Kummet'
bargham, (head/neck-)collar;
3: *Hames* 'Kummetbügel'
collar-tree(s), (tug-)hames, hamesticks/woods, jambles, seals, sillhanks, tees, tugs;
4: *Saddle* 'Sattel'
(cart-)pad, (car/cart-)saddle;
5: *Girth* 'Sattelgurt'
saddle/belly/girth/-band, back/belly/saddle/pad/under/-strap, body-belt, girdle, (belly/saddle-)girth, girth (-band/strap), girther, girthing, girths, saddle-garth/girth;
6: *Crupper* 'Schwanzriemen'
back-tie-strap, clipper, cripner, cripper, crippin, croop, croopin, crouper, crupner, crupper, crup (-yard), cruppon, cupper, dock (-strap), hood, tail-band/cripper/crupper/dock/loop/piece/strap/thong;
7: *Breech-band* 'Hinterzeug'
arse-band, breech(-band), breeching(s), breech(ing)-strap, coiler(s), hip-straps, seat, stays, trapping(s) (Abb. A).

Löwenzahn
Es handelt sich hierbei um eine Lehnübersetzung von mlat. *dens leonis*, die im Deutschen wie im Englischen seit dem 16. Jh. belegt ist. Der Erstbeleg des ›OED‹ stammt von 1513 in der Schreibung *dent de lion*.

Der gezahnte Umriss der Blätter dürfte für die Bezeichnung verantwortlich sein.

Dandelion kommt überall in England vor (Abb. B).

Die standardfrz. Bezeichnung, die auch linksrhein. dt. Dialekte beeinflusste, weist auf die medizin. Verwendung des Gemeinen Löwenzahns. In der Heilkunde wird er nämlich u. a. als harntreibendes Mittel verwendet und dürfte der Grund für die Benennung frz. *pissenlit*, dt. *Bettpisser, Seichblume* und engl. *pissabed* sein. *Pissabed*, im Englischen seit 1597 belegt, kommt mit den Varianten *pissbed, pissy-bed/moor/mother/moul* bes. im Norden vor und wird von den Informanten wiederholt als »older« bezeichnet. *Pee-, piddle-* und *pittle-bed* gehören ebenfalls in diese Kategorie.

till/while
Dass die Kenntnis semant. Variation zuweilen geradezu lebenswichtig sein kann, zeigt der unterschiedl. Gebrauch von *till* und *while* (Abb. C). Als Vervollständigung des Satzes »You usually can't see a first-class football match on a Tuesday; you have to wait ... Saturday« wird in Yorkshire und in weiten Teilen der östlichen Midlands *while* anstatt Standardenglisch *until/till* gebraucht. Hinweisschilder an unbeschrankten Bahnübergängen *Wait while red lights flash* können für Dialektsprecher 'Wait until red lights flash' bedeuten und nicht 'Wait when red lights flash' und wurden daher schnell wieder entfernt.

learn/teach 'lehren'
Der richtige Gebrauch der Verben *lehren* und *lernen* ist für viele Deutsche schwierig. Ähnlich verhält es sich im Englischen mit den Verben *learn* und *teach*. Ne. *learn* kommt von ae. *leornian* und bedeutet bis ins 19. Jh. im Standardenglischen sowohl 'to acquire knowledge' als auch 'to impart knowledge'. Das ›OED‹ zitiert noch für 1974 aus der Times folgenden Beleg: *No. He learned it himself and now he's learning me*, in der Bedeutung 'to impart knowledge', allerdings mit dem Zusatz »now *vulgar*«. Ne. *teach* geht ebenfalls aufs Altenglische zurück, auch in der jetzt wichtigsten Bedeutung 'to impart knowledge'. In dieser Bedeutung hat sich *teach* heute in der Standardsprache durchgesetzt, in den Dialekten ist jedoch *learn* überall weiterhin sehr deutlich vorherrschend (Abb. D).

evening/night
Evening ('usually the time from about sunset till bedtime') wird fast überall im Norden Englands nicht gebraucht (Abb. E). In diesen Regionen ist *night* semant. erweitert und umfasst sowohl 'evening' als auch 'night'.
Andererseits hatte *evening* (Wrights Dialektwörterbuch zufolge) in Worcestershire und Shropshire sowie in Suffolk seine höchste semant. Dichte und bedeutete dort nicht nur 'the time after the day's work is over', sondern auch 'the afternoon of the day'.

Die 2. Bedeutung wird von den Informanten des ›Survey of English Dialects‹ nicht mehr bestätigt; im regionalen amerikan. Englisch ist sie indes noch weit verbreitet.

Dass diese Verwendung für zwei voneinander getrennte Gebiete in East Anglia und den West Midlands belegt war, zeigt, dass sie früher wesentlich weiter verbreitet war und allmählich durch den Einfluss des Standardenglischen verdrängt worden ist. Um die Mitte des 20. Jhs. hatte sich diese Bedeutung nicht einmal mehr in Reliktgebieten halten können.

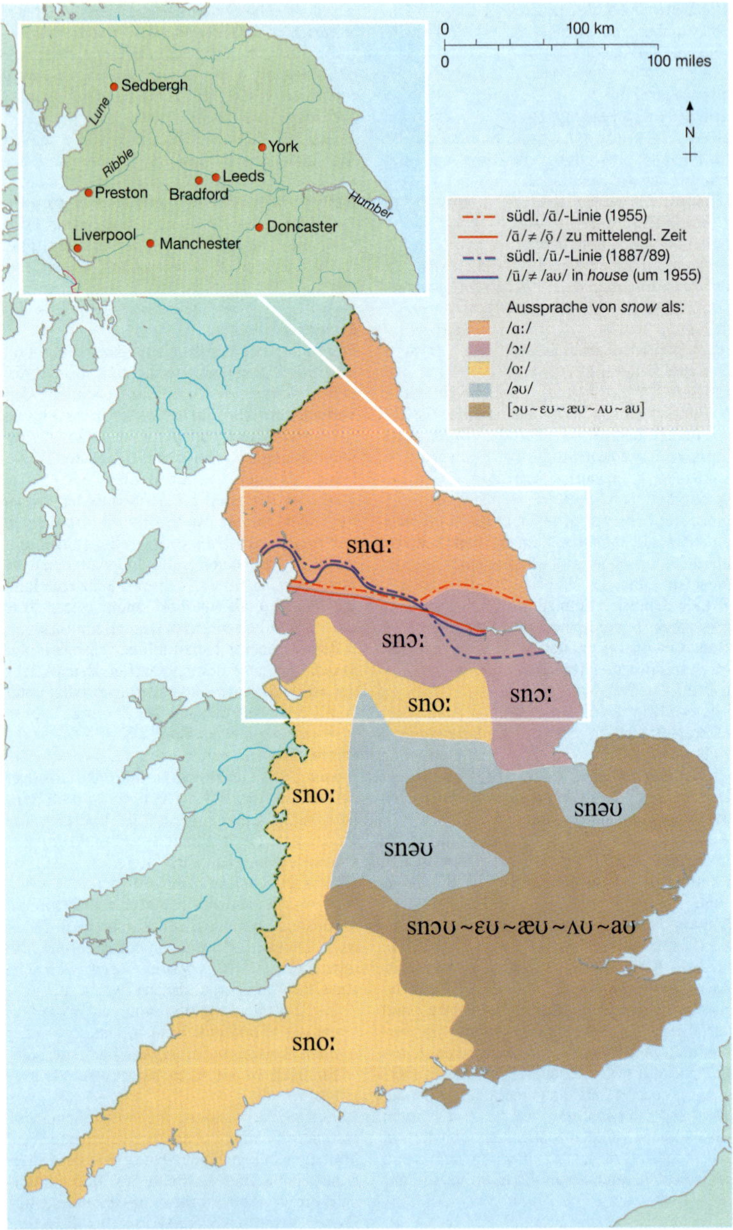

Die Humber-Lune-Ribble-Sprachscheide

Im Norden Englands verläuft eine strukturell relevante Sprachscheide von der Humbermündung im Osten entlang des Ouse und Wharfe bis ins nördl. Lancashire entlang des Lune und Ribble. Diese für die traditionellen Dialekte **wichtigste** und zugleich **älteste Sprachscheide** ist zum Teil identisch mit der Grenze zwischen den angelsächs. Königreichen Nordhumbriens und Merciens.

Lautungen werden in dieser Region voneinander geschieden, die sich zu völlig versch. Zeiten im Laufe der Entwicklung des Engl. gewandelt haben, wie z. B. alt- und mittelengl. /ū/, das im Süden zwischen dem 16. und 18. Jh. zu /aʊ/ diphthongierte (und im Norden /ū/ blieb) oder altengl. /ā/, das bereits zwischen dem 11. und 13. Jh. südl. des Humber zu /ǭ/ (/ɔ:/) gerundet wurde. Der Verlauf der Isoglosse /a/‡/ǫ/ in mittelengl. Zeit ist mit deren Verlauf Mitte des 20. Jhs. nahezu identisch.

Die Ergebnisse, die Alexander J. Ellis beim /ū/ vor über 100 Jahren kartografisch darstellte, stimmen wiederum mit denen des ›SED‹ fast überein.

Nördl. der Sprachscheide ist auch jetzt noch die altengl. Lautung anzutreffen, was auch bei dem altengl. /ā/ der Fall ist.

Die Vorstufen des Lautstandes des heutigen Standardenglisch können wir in Nordengland (und Schottland) noch hören, wie z. B. die Entwicklungsstufen, die vom /e:/ des 18. Jhs. (*name, state*) zu heutigem /eɪ/ führten: [e:, e:[i], e:ɪ; ęɪ, ɛɪ]. Im Londoner Cockney geht die Entwicklung noch eine Stufe weiter zu /aɪ/: /naɪm, staɪt/.

Das geograf. Nebeneinander löst sich so in ein histor. Nacheinander auf.

Diese interessante Hypothese bestätigt sich auch bei der Entwicklung des altengl. /ā/ (s. Abb.). Je größer die Entfernung von London ist, umso älter ist der Lautstand. Die altengl. Lautung wurde zwischen dem 11. und 13. Jh. südlich des Humber zu /ɔ:/ verdumpft. Die Hebung von /ɔ:/ zu /o:/ fand im 16./17. Jh. statt. Die /oʊ/- bzw. (nach Gimson) /əʊ/-Diphthongierung datiert aus dem 19. Jh. Diese Aussprache, die mit der heutigen Lautung des Standardenglisch übereinstimmt, bezeichnet Gimson als *conservative* und *general Received Pronunciation.*

Im gesamten Südosten ist die Entwicklung weitergegangen. Der Öffnungsgrad des ersten Elements des Diphthongs ist hier noch größer geworden: /o/ wurde z. B. zu /ɔ/ und /ʌ/ gesenkt. Einige dieser Aussprachen (z. B. /ɛʊ/) setzt Gimson mit dem 3. Typ, *advanced Received Pronunciation*, gleich, während die offeneren Varianten [æʊ] und [ʌʊ], laut Gimson, in der Londoner Volkssprache zu finden sind. Diese Aussprachen sowie [aʊ] sind dem Standardenglisch möglicherweise voraus.

So wird neben den konservativen Zügen der Dialekte auch deren progressiver Charakter in und um London betont.

Morphologie und Lexik

Die Sprachscheide im Norden Englands lässt sich auch in der Morphologie und Lexik nachweisen. So wurden durch Humber-Lune-Ribble nördl. *I is* und *is I* von südl. *I am* und *am I* getrennt. Ferner zeichnet sich das Gebiet nördl. dieser Sprachscheide durch eine Reihe skand. Lehnwörter aus, wie *lea* gegenüber südl. engl. *scythe* 'Sense' oder *lake* gegenüber *play* 'spielen'.

Dafür, dass die Humber-Lune-Ribble-Linie so lange als Sprachscheide fungieren konnte, gibt es topograf. Gründe. Der Humber fächert sich nämlich in über ein halbes Dutzend kleiner Flüsse auf, die durch gering bevölkertes Gebiet fließen, das bis heute vor allem aus Mooren, Hügeln und engen Tälern besteht.

Die Abnahme der Wichtigkeit dieser Sprachscheide zeigte sich bereits Mitte letzten Jhs. in den traditionellen Dialekten. Informanten des ›SED‹ gaben im Norden Englands wiederholt zwei Aussprachen an, /ɔ:/ und /ɑ:/, bezeichneten /ɑ:/ aber als »older«. Heute spielt diese Sprachscheide überhaupt keine Rolle mehr.

Im Gegensatz hierzu können Sprachscheiden, die in früheren Jahrhunderten kaum von Bed. waren, heute immer prägnanter werden. Als Beispiel sei die engl.-schott. Sprachscheide erwähnt (s. S. 124 f.).

Die *Watling Street* war im MA von großer Wichtigkeit (zu deren Verlauf und früherer sprachlicher Bedeutung vgl. S. 80 f.). Zumindest bis zur Mitte des 20. Jhs. behielt sie ihre Bedeutung als Sprachscheide bei: Westl. der Watling Street fiel /w/ vor /u/ vielfach aus, wie der ›SED‹ in *woman* und *wool* zeigt – auch /j/ (wie in *yeast* und *year*), aber nachvokal. /r/ (wie in *car* und *farmer*) blieb erhalten.

Ebenso trennte die Watling Street *be-* und *bin-*Formen (im W) von *am-, are-* und *is*-Formen (im O): *I be, I bin* gegenüber *I am, I is, I are.*

Wakelin führt als Begründung für die Stabilität dieser Sprachscheide an, dass man sowohl vom Nordwesten als auch vom Südwesten zur Hauptstadt London kommen konnte, ohne die Watling Street überqueren zu müssen.

Bei der Korrelation sprachl. Merkmale mit außersprachl. Faktoren sind neben den genannten topograf. und histor. auch administrative, kirchl., volkskundl. und hämatologische Faktoren sowie die Verteilung der Bevölkerung heranzuziehen bzw. herangezogen worden (vgl. S. 78 f. u. S. 92 f.).

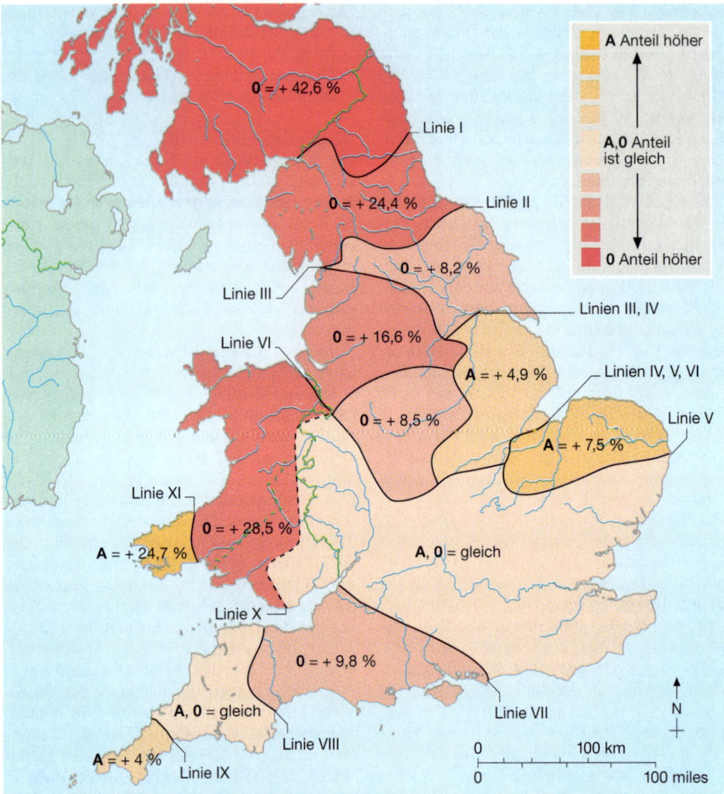

A Relative Häufigkeit der Blutgruppen **A** und **0**

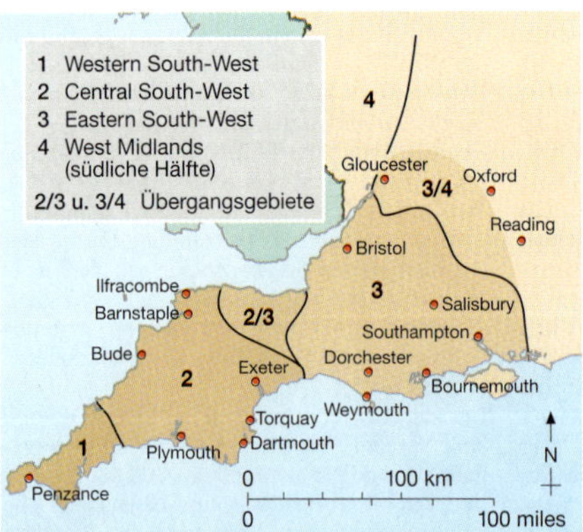

B Dialektgebiete des Südwestens

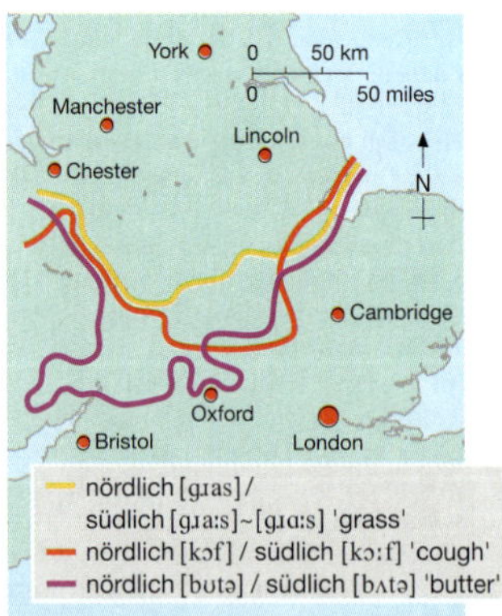

C Dialektgrenzen

Außersprachl. Faktoren, wie z. B. **Blutgruppen**, können mit sprachl. Faktoren verglichen werden und interessante Zusammenhänge zutage fördern.

Bisher haben sich Genetiker allerdings v. a. mit Sprachfamilien und in geringerem Ausmaß mit Einzelsprachen beschäftigt. Die aufgrund der hohen Blutspendefrequenz in Großbritannien, bes. in England, vorhandenen flächendeckenden Daten erlauben hier jedoch auch Aussagen zur dialektalen Struktur des Englischen.

Eines der Ergebnisse geograf. Hämatologie, d. h. der Analyse von Blutgruppen und ihrer regionalen Verbreitung, war die Entdeckung, dass Blutgruppengene ländl. Bevölkerung über eine sehr lange Zeit unverändert bleiben.

Die höchste Konzentration der Blutgruppe 0 ist heute an Europas Rändern zu finden.

auf den Inseln des Mittelmeers (Kreta, Liparische Inseln, Sardinien, Korsika), in einigen Alpentälern und im kelt. Gebiet Europas (Bretagne, Wales, Irland, Schottland).

Die ältere *Blutgruppe 0* wird in der Literatur als die *keltische* bezeichnet, die jüngere, wohl durch Mutationen entstandene *Blutgruppe A* als die *germanische.*

Auf den **Britischen Inseln** fällt der prozentuale Anteil der Blutgruppe 0 deutlich von N nach S und von W nach O. Proportional dazu steigen die Werte der Blutgruppe A. Darin spiegeln sich histor. Bevölkerungsbewegungen.

Aufgrund der Häufigkeit ist es sinnvoll, lediglich die regionale Verteilung der Blutgruppen A und 0 auf einer Karte auszuweisen. Die Unterschiede bei B und AB sind gering und liegen zudem in England unter 12%. Nur in Teilen von Wales und Schottland sind die B-Werte höher. Im äußersten NO Schottlands liegen sie mit 19,41% in Britannien am höchsten. Dies scheint auf einen Zusammenhang mit einer sehr alten Besiedlung, die womöglich bis in das Neolithikum zurückgeht, hinzuweisen.

Brown (1965) nimmt eine Verbindung zwischen einer Bevölkerung mit hohen B-Werten und Megalithgräbern an.

Auf den Orkney und Shetland Inseln sind die Häufigkeiten der Blutgruppen A, B und 0 fast identisch, d. h., die erhöhten Werte für die Blutgruppe A weisen auf einen großen Bevölkerungsanteil skand. Ursprungs hin.

Für diesen Teil der Britischen Inseln wurde noch kürzlich ein ausgeprägtes skand. linguist. Erbe festgestellt.

Die nördlichste Trennlinie (Linie I auf Abb. A) markiert für die Blutgruppe A einen deutl. Häufigkeitssprung (von 35,56% auf 39,65%). An der Grenze, die Wales von England trennt (Linie X), ändern sich die Anteile beider Blutgruppen deutlich: 0 fällt von 48,40 auf 44,64, A steigt von 37,60 auf 43,94.

Allerdings hat die Linie X keinen hohen Aussagewert, da die zugrunde liegenden Werte wegen einer zu geringen Zahl von Blutspendern nicht repräsentativ sind (Kopeć 1970).

Glauser (1974) fand in der schott.-engl. Grenzregion eine deutl. Bündelung lexikal. Isoglossen (S. 124, Abb. C). Eine Überprüfung, ob die durch die Isoglossen getrennten Wörter zum Wortschatz des StE gehören oder nicht, führte zu drei möglichen Isoglossentypen:

1. Dialektwörter kontrastieren mit einem Standardwort,
2. ein Standardwort kontrastiert mit Dialektwörtern und
3. Dialektwörter kontrastieren mit Dialektwörtern.

Der 3. Typ zeigte das ausgedehnteste Netz; es korreliert mit der Grenzlinie I (Abb. A).

Auch die Linie III stimmt mit der Bündelung einiger histor. sehr wichtiger Isoglossen (s. S. 80, Abb. A) überein.

Die Grenze beginnt etwa an der Mündung des Humber, folgt dann den Flüssen Ouse und Wharfe bis nach Lancashire entlang des Lune und des Ribble.

Weitere Übereinstimmungen zwischen der Blutgruppendifferenzierung und der sprachl. Differenzierung zeigen sich nicht nur bei den Reliktgebieten Lincolnshire, East Anglia (S. 94, Abb. A) und dem SW Englands (Abb. B), sondern mit der Linie VI auch in einer Region, die (Wakelin 1983) entscheidend für die Trennung nördl. von südl. traditionellen Dialekten Englands ist (Abb. C).

Die weiteren Grenzlinien sind linguist. weniger prägnant, aber auch sie differenzieren eine Reihe dialektaler Merkmale. So trennte Linie II in den 1960er und 1970er Jahren, wenn nicht auch noch später, z. B. *skinch* von südl. *kings*, zwei Wörter für 'Pause', die Kinder beim Spielen verwenden, *cuddy-handed* von südl. *gally-handed* 'linkshändig' oder *I is* von *I am.*

In Wales wurde ein ausnehmend hoher Blutgruppe-A-Anteil in der ehem. (bis 1974) Grafschaft Pembrokeshire festgestellt (Abb. A, Linie XI). Dieser hohe A-Anteil erklärt sich durch Wikingersiedlungen im SW, traditionell »Little England beyond Wales« genannt.

Sprachl. ist dieses Gebiet durch eine ungleich höhere Zahl von engl. gegenüber walis. Wörtern für die gleichen Begriffe, verglichen mit dem übrigen Wales, charakterisiert.

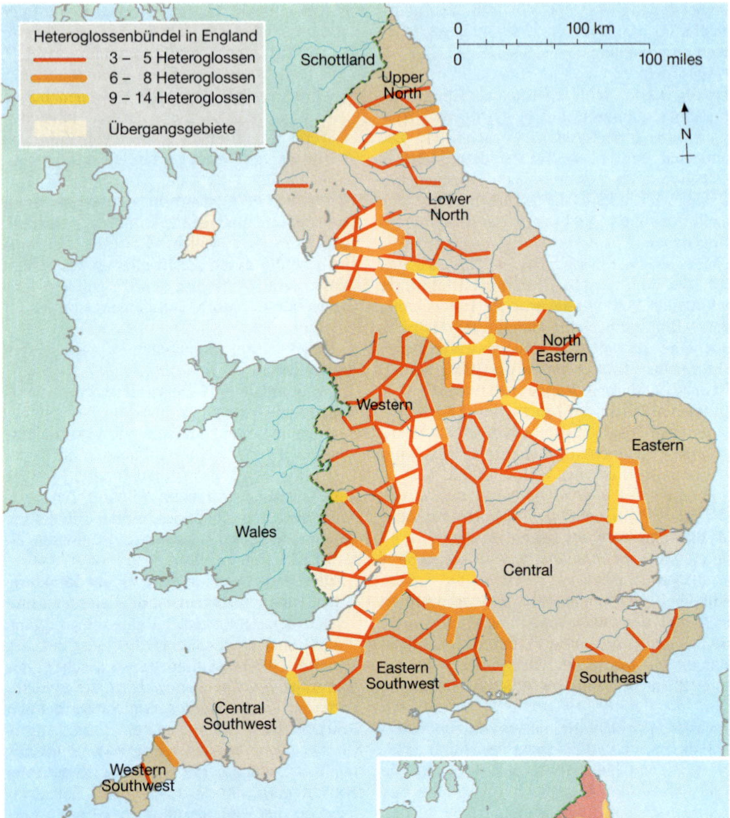

A Die traditionellen Dialekte Englands

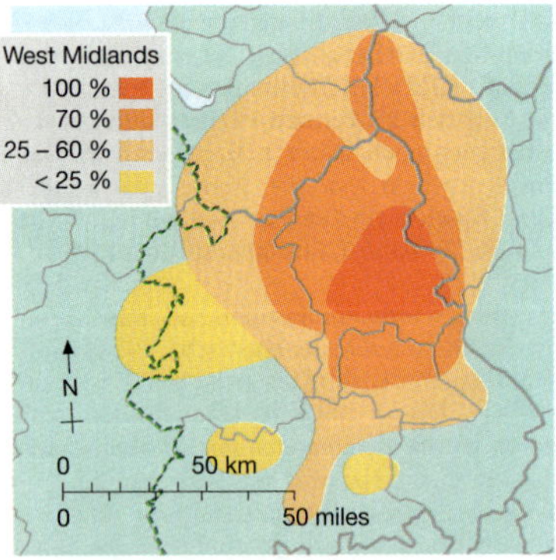

B Auslautende stimmhafte velare Verschlusslaute

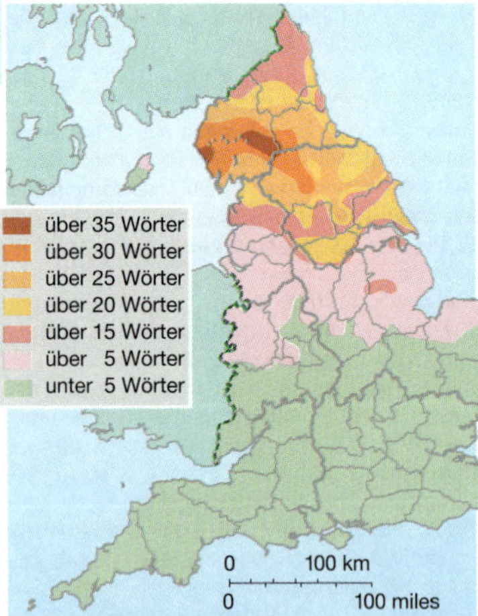

C Skandinavische Lehnwörter im Englischen

Eine wichtige Aufgabe der Dialektologie besteht darin, sprachl. Areale gegeneinander abzugrenzen. Dies kann qualitativ und quantitativ geschehen.

Die **qualitative Darstellung** greift bestimmte sprachl. Merkmale selektiv heraus (s. a. S. 82 ff.). Vielfach ist es auch nur *ein* sprachl. Merkmal, das als Indikator für ein bestimmtes Gebiet herangezogen wird. Eine derartige Einteilung ist umso aussagekräftiger, je wichtiger das sprachl. Merkmal ist, auf dem die Einteilung beruht. Ein strukturell relevantes phonolog. Merkmal ist für eine areale Gliederung natürlich aussagekräftiger als ein einziges lexikalisches.

Bei einer begrenzten **quantitativen Darstellung** (Abb. A) handelt es sich nicht mehr um ein, zwei oder drei Isoglossen, sondern um ein ganzes Bündel von Isoglossen oder Heteroglossen, die jeweils ausgezählt werden und Linien unterschiedl. Gewichtung ergeben.

Immerhin ist die Zahl der – in diesem Falle – lexikal. Merkmale noch so übersichtlich, dass sie in einer Liste zusammengestellt werden können. So weiß man, auf welchen Merkmalen die areale Gliederung beruht.

Mehrere Dialektgebiete sind in England durch Übergangsgebiete (*transition areas*) unterschiedl. Breite voneinander getrennt. Einige Regionen sind lexikal. gesehen recht homogen. So weisen die Home Counties (und darüber hinaus) keine trennenden Heteroglossen auf. Sie sind ein Kern- und Expansionsgebiet (*focal area*), in dem – wie erwartet – Lexeme des Standardenglischen vorherrschen.

Es zeigt sich somit, dass sich die geograf. Basis des Standardenglisch während der letzten 400 Jahre seit Puttenham (vgl. S. 77) nicht geändert hat.

Reliktgebiete

Betrachtet man den Wortschatz des ›SED‹ genauer im Hinblick auf den expansiven, stabilen oder rezessiven Charakter der Wörter, so kann man bestimmte Rückzugs- oder Reliktgebiete (*relic areas*) feststellen. So waren Mitte des 20. Jhs. *unheppen* 'unbeholfen', *ledges* 'Gitter', *boke* 'würgen' und *stowk* 'Getreidegarbe' nur mehr in Lincolnshire und dessen unmittelbarer Umgebung belegt. *Haugh* 'fruchtbares, flaches Land', *burn* 'Bach', *heft* 'Kuh vor dem Verkauf nicht abmelken' und *friends* 'Verwandte' kamen nur mehr im äußersten Norden Englands vor.

Mit Hilfe der Verbreitungsangaben in Joseph Wrights Wörterbuch (1898–1905) kann man zeigen, dass obige und viele weitere Dialektausdrücke früher eine wesentl. größere Verbreitung hatten, im Laufe der Zeit jedoch mehr und mehr zurückgedrängt wurden und sich nur noch in Randgebieten halten konnten.

Insgesamt wurden **sechs** solcher **Reliktgebiete** identifiziert: der N Englands, Lincolnshire, East Anglia, die westl. West Midlands, der Südwesten und Teile des Südostens.

Am instabilsten ist das letztgenannte Gebiet, auf das der Einfluss des StE am stärksten ist. Es ist daher davon auszugehen, dass von allen genannten Reliktgebieten dieses am ehesten verschwinden wird.

Die hier skizzierte Interpretation des Wortschatzes wird von der Phonologie und der Morphologie weitestgehend bestätigt.

Natürlich können auch einzelne Bereiche von einer quantitativ orientierten Darstellungsweise profitieren. Je ein Bereich aus der Lexik und der Phonetik seien hier herausgegriffen.

Heutzutage finden sich mehrere tausend **skandinav. Lehnwörter** in engl. Dialekten des Nordens und des östl. Mittellandes.

So sind u. a. skandinav. Entlehnungen durch das anlautende *sk-* charakterisiert (Wrights Dialektwörterbuch enthält 1 154 Wörter mit *sk-*); das heim. Äquivalent war *sh-*. Nicht wenige dieser Wörter haben Aufnahme ins StE gefunden, z. B. *score* 'zwanzig', *skirt* 'Rock', das mit *shirt* 'Hemd' eine Dublette bildet. Ferner haben Wörter skandinav. Ursprungs ihre altengl. Entsprechungen völlig verdrängt, z. B. die Pronomina *they, them, their* (s. S. 53).

Man kann daher nicht erwarten, dass der Gebrauch skandinav. Lehnwörter mit dem urspr. skandinav. Siedlungsgebiet korreliert. Wörter skandinav. Ursprungs werden überall in England gebraucht.

Quantifiziert man 50 ausgewählte Wörter skandinav. Ursprungs, so ist eine deutliche Zunahme im skandinav. Siedlungsgebiet erkennbar (Abb. C). Diese Korrelation würde bei einer Beschränkung auf solche skandinav. Lehnwörter, die nicht Eingang ins StE gefunden haben, zweifellos noch prägnanter.

Aus der Phonetik wurde der **auslautende stimmhafte velare Verschlusslaut** nach Nasal ausgewählt, der neben einem kleinen Gebiet in Kent auch in den nördl. West Midlands ausgesprochen wird, so dass *tongue* dort / tʌŋg / lautet (s. S. 83).

Macaulay hat eine Quantifizierung relevanter Wörter vorgenommen und festgestellt, dass ein kleines Gebiet im zentralen Staffordshire der Mittelpunkt des Reliktgebietes ist, in dem dieses Merkmal in allen relevanten Wörtern, unabhängig von der lautl. Umgebung, belegt ist. Darüber hinaus tritt es variabel auf (Abb. B).

Insgesamt vermittelt eine quantitative Analyse ein klareres Bild sprachl. Variation, als dies eine isolierte Darstellung eines Merkmals pro Karte vermag.

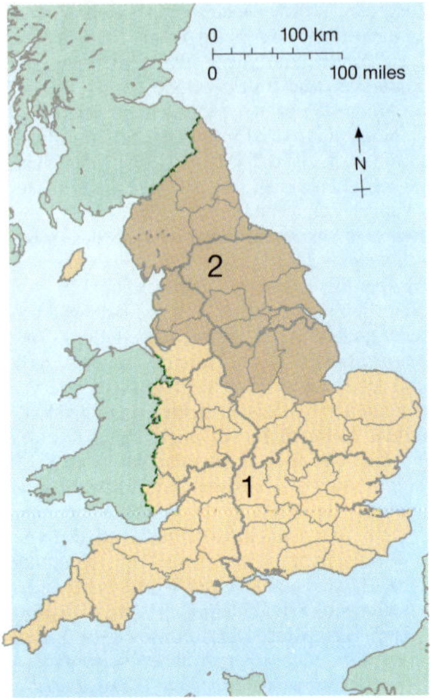

A Lexik: 2 Hauptcluster

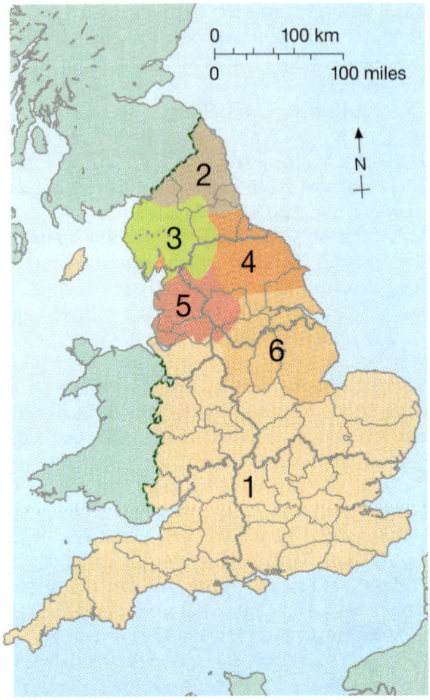

B Lexik: 6 Cluster

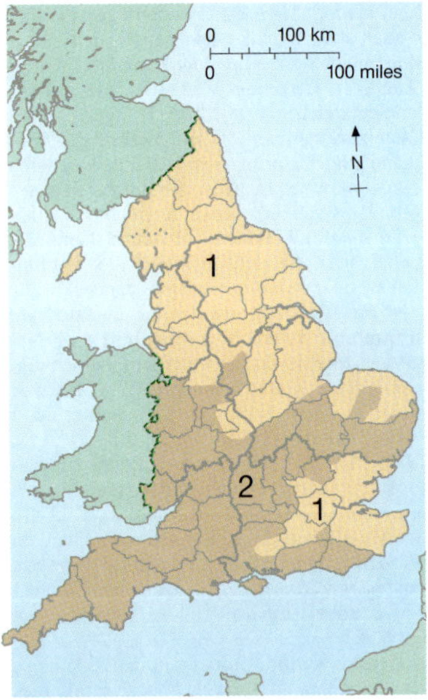

C Morphosyntax: 2 Hauptcluster

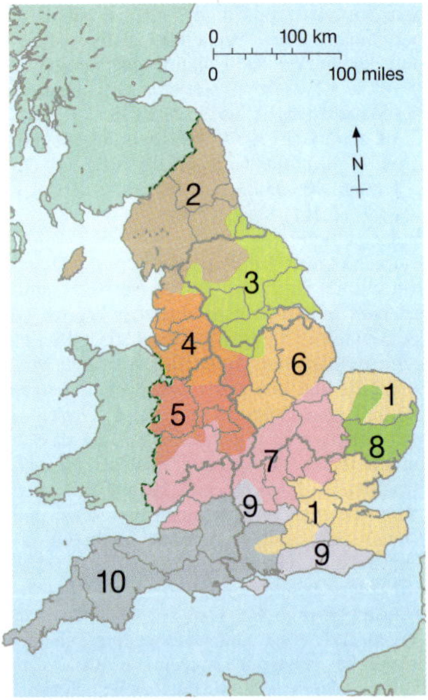

D Morphosyntax: 10 Cluster

Die moderat quantitative Darstellung (s. S. 95) regionalengl. Phänomene ist durch ihre beabsichtigte Beschränkung auf geringe Datenmengen subjektiv. Eine größere Objektivität kann erreicht werden, wenn wesentl. mehr, idealerweise alle Daten eines groß angelegten Projekts bei der Analyse berücksichtigt werden. Weder ein Dialektologe noch ein Dialektologenteam kann das jemals mit manuellen Methoden schaffen. Hierzu bedarf es des Einsatzes von Computern.

Die **Dialektometrie**, die quantitativ vorgehende Dialektologie, hat mehrere Methoden entwickelt, um zu einer arealen Gliederung von Dialekten zu gelangen. Hierzu gehören u. a.:

– **multivariate Analysen:**
a) *Faktorenanalyse*,
b) die *mehrdimensionale Skalierung*.

Beide Methoden werden hier nicht mit engl. Dialektdaten erläutert. Bei einem Verkarten der Ergebnisse zeigt sich in beiden Fällen, dass das Resultat keine geograf. Karte im üblichen Sinne ist. Von bes. Interesse sind vielmehr die Diskrepanzen zwischen der geograf. und der linguistischen Karte.

– **arithmetische Methoden:**
Die Leistungen der folgenden 4 Verfahren werden vorgestellt:
a) *Clusteranalyse*: Aufteilung des Gesamtgebietes in durch bestimmte Merkmale def. Teilgebiete (Cluster),
b) *Kohärenztest*: Ermittlung jedes Atlaspunktes an einem Areal gleicher Formen,
c) *Identitätstest*: Vergleich eines bestimmten Sprachatlaspunktes mit allen anderen Belegorten im Hinblick auf die Identität der Antworten und
d) *Schwerpunktverfahren*: selektiv quantitative Methode zur Feststellung der Verbreitung dialektaler Phänomene, wobei eine gebietsorientierte Auswahl und eine merkmalsorientierte Auswahl unterschieden wird.

Nach der **Clusteranalyse** ist England in Bezug auf die dialektale Lexik in 2 Hauptcluster eingeteilt: ein nördl., das bis zum Wash im O und bis zur Lancashire/Cheshire-Grenze im W reicht, sowie ein Midland/südl. Cluster (Abb. A).

Während Letzteres noch nicht unterteilt ist, weist das nördl. Hauptcluster 5 getrennte Cluster aus (Abb. B).

Dies bedeutet, dass im N Englands der dialektale Wortschatz wesentl. heterogener ist als etwa in der Mitte und im S des Landes.

Bei der Morphosyntax (Morphologie und Syntax) erstreckt sich das nördl. Hauptcluster weiter nach S als beim Wortschatz und schließt sowohl Cheshire als auch Teile Norfolks und der Home Counties mit ein (Abb. C).

Die beiden morphosyntakt. Hauptcluster sind mit einem Ähnlichkeitswert von 28,09% miteinander verbunden. Dieser Wert liegt wesentl. über dem für den Wortschatz (16,6%), d. h., der Wortschatz zeigt eine größere dialektale Vielfalt als die Morphosyntax.

Bei 10 morphosyntakt. Clustern ist der S Englands durch eine größere dialektale Vielfalt gekennzeichnet (Abb. D).

Das Ergebnis ist somit dem der Lexik genau entgegengesetzt.

Kohärenztest: Da jeder Atlaspunkt an einem bestimmten Areal gleicher Formen teilhat, bedeutet dies beim Sprachatlas Englands mit den 302 hier herangezogenen Punkten, dass jeder Punkt eine Kohärenz zwischen minimal 1 (d. h., kein weiterer Punkt ist mit dem zu prüfenden Punkt identisch) und maximal 302 (d. h., alle Punkte weisen denselben Eintrag auf) hat. Dies wird als *Allgemeiner Kohärenzwert* bezeichnet. Daneben erfolgt die Umrechnung auf einen relativen Kohärenzwert (in %). Für diesen Arbeitsgang müssen für alle herangezogenen Karten mit ihren zahlreichen Varianten Identität bzw. Nicht-Identität jedes Atlaspunktes mit den restl. Orten ermittelt werden. Wie bei der Clusteranalyse werden die Ergebnisse auf Karten übertragen, die bestimmte Strukturmuster hervortreten lassen.

Zahlenlisten geben zwar ein genaueres, aber wenig übersichtliches Bild.

Abb. A, S. 98, weist das **relative Kohärenzmittel** für die Lexik aus, und zwar aufgrund sechsfacher Intervalleinteilung. Diese wurde nach dem Algorithmus MEDMW (Median – Mittelwert) errechnet.

Dabei wird von einem Minimalwert und einem Maximalwert der Häufigkeitsverteilung zuerst der arithmet. Mittelwert bestimmt. Dann werden die Bereiche zwischen dem Minimum und dem Mittelwert sowie dem Mittelwert und dem Maximum jeweils in 3 möglichst gleich große Belegortgruppen eingeteilt.

Die höchsten Werte (d. h. den höchsten Identitätsgrad) zeigen die Home Counties um London und in den zentralen Midlands. Dies hat soziolinguist. Implikationen, da hier die hohen Werte eine deutliche Nähe zum Standardenglischen anzeigen.

Ist das sprachl. Zentrum nicht berücksichtigt, weisen hohe Werte lediglich auf eine beträchtl. sprachl. Homogenität der betreffenden Gebiete hin.

Die Ergebnisse lassen darauf schließen, dass sich die geograf. Basis des guten Englisch in den letzten 400 Jahren nicht geändert hat.

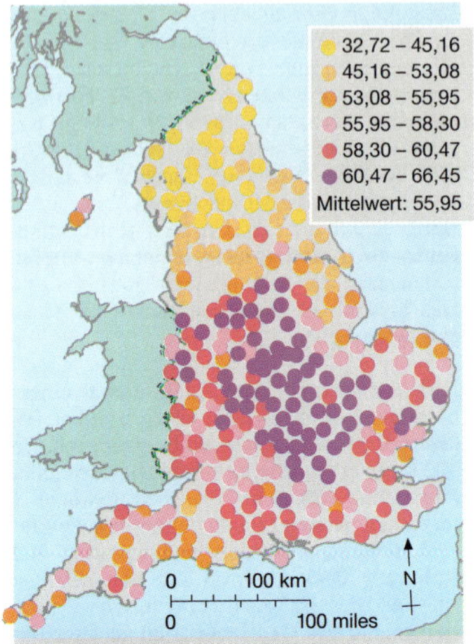

Unterhalb des Mittelwertes bestehen die Gruppen einmal aus 33 und zweimal aus 34 Belegorten, oberhalb zweimal aus 67 und einmal aus 68 Belegorten.

A Lexik: Relatives Kohärenzmittel

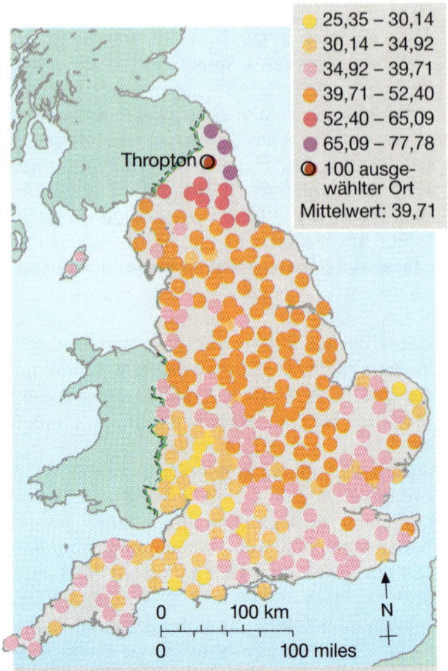

Die Zahl der Belegorte pro Gruppe schwankt hier zwischen 3 und 123.

B Lexik: Relativer Identitätswert

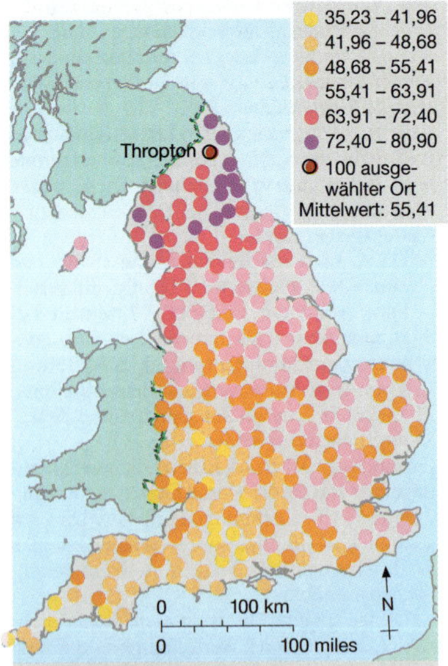

Die Zahl der Belegorte pro Gruppe variiert hier zwischen 12 und 97.

C Morphosyntax: Relativer Identitätswert

D Selektive Dialektometrie

Beim **Identitätstest** lautet die Arbeitsfrage: Vom gewählten Atlaspunkt werden zu allen anderen Atlaspunkten Messpaarungen hergestellt, und es wird festgestellt, wie häufig die Formen der verglichenen Punkte miteinander übereinstimmen. Dadurch kann ein Allgemeiner Identitätswert und ein Relativer Identitätswert (in %) ermittelt werden.

Ist es bei der Ermittlung des Relativen Kohärenzmittels nur möglich, sprachl. Eigenständigkeit quantitativ zu erfassen, so erlaubt die Untersuchung des Relativen Identitätswertes auch eine Analyse in Richtung einer qualitativen Darstellung.

Thropton in Northumberland, der für den Identitätstest ausgewählte Ort (Abb. B), liegt ganz im Norden Englands. Für diesen Test wurden die (wieder 6) Intervalle nach dem Algorithmus MINMWMAX (Minimum – Mittelwert – Maximum) der Übereinstimmungswerte ermittelt. Bei diesem Vorgehen variiert die Zahl der Belegorte von Sektion zu Sektion erheblich. Die höchsten Werte sind im N Northumberlands in unmittelbarer Nähe des ausgewählten Ortes anzutreffen, einer Region, die auch mit trad. Methoden als eigenständig gekennzeichnet werden konnte. Dann folgen die angrenzenden Gebiete. Je weiter wir nach S gehen, umso geringer werden die Werte. Das gilt bes. für East Anglia, Teile des Südostens, die südl. West Midlands und den Südwesten, die durch Minimalwerte gekennzeichnet und somit sprachl. am weitesten vom Bezugspunkt entfernt sind.

Abb. C zeigt die morphosyntakt. Ergebnisse für den gleichen Bezugspunkt: Thropton in Northumberland. Im Unterschied zur Lexik treten die beiden höchsten Kategorien bei der Morphosyntax in einem wesentl. größeren Gebiet auf, nämlich in 55 Belegorten gegenüber 11; darüber hinaus sind die morphosyntakt. Werte zwar höher als die lexikal., die gesamte Variationsbreite bei der Morphosyntax ist jedoch geringer als bei der Lexik.

Dies bedeutet, dass im N Englands die Morphosyntax homogener ist als die Lexik und dass in England insges. der dialektale Wortschatz größere Unterschiede zeigt als die Morphosyntax. Letzteres ist keineswegs überraschend.

Die Ergebnisse der Clusteranalyse werden somit bestätigt. Weitere Bezugspunkte aus dem O, W und S Englands können die Analyse ergänzen.

Während bei den bisher dargestellten Verfahren von Belegorten ausgegangen wird, geht die von HARALD HÄNDLER entwickelte **selektive Dialektometrie** von den Sprachdaten aus. Zur Analyse der Daten dient ein Schwerpunktverfahren, wobei 2 mögliche Vorgehensweisen unterschieden werden können:

Soll ein bestimmtes Gebiet, z. B. East Anglia, im Hinblick auf den Wortschatz oder die Morphosyntax untersucht werden, so wird gefragt, ob dort Schwerpunkte bei der Verteilung solcher Merkmale auftreten. Ist das der Fall, so werden vom Computer Karten mit den jeweiligen Schwerpunkten und den dazugehörigen Formen erzeugt. Bei diesen Karten werden die sprachl. Formen nicht ausgeworfen.

Will man demgegenüber die Verbreitung bestimmter sprachl. Formen feststellen, so werden alle Orte, an denen diese Formen auftreten, auf einer Verbreitungskarte vermerkt. Daneben wird aber auch vom Computer eine Liste mit allen sprachl. Merkmalen erzeugt, die in die Karte Eingang gefunden haben.

Hierbei handelt es sich also um eine wirkliche qualitative Darstellung.

Das Ergebnis sind dann keine echten Schwerpunktkarten. Aufgrund des zugrunde liegenden mathemat. Modells können Schwerpunkte auf solchen Karten verzeichnet sein, müssen es aber nicht, da sie auch dort auftreten können, wo die zu untersuchende Form überhaupt nicht belegt ist.

Das kann z. B. dann der Fall sein, wenn ein Merkmal in mehreren getrennt voneinander liegenden Gebieten erscheint.

Abb. D beruht auf einer merkmalsorientierten Auswahl (allerdings ohne Belegliste). Die Auftretenshäufigkeiten sind in diesem Teilkorpus unterschiedl.; sie betragen 23 bei 'she wear the breeches', 28 bei 'she take', 47 bei 'a tailor make', 56 bei 'he speak', 99 bei 'he have', 125 bei 'he do' und 186 bei 'he don't'. Im N Englands ist der Wegfall des *-s* in der 3. Pers. Sg. Präs. Indik. nicht belegt. Bei 'a tailor make', 'she take' und 'she wear the breeches' liegen die Schwerpunkte jeweils in Orten, in denen diese Formen nicht belegt sind.

Das Schwerpunktverfahren ist eine nützliche Methode, mit der Expansionsgebiete, Reliktgebiete und deren Zentren sowie Übergangsgebiete beschrieben werden können.

A Areale Gliederung moderner Dialekte nach Aussprachekriterien

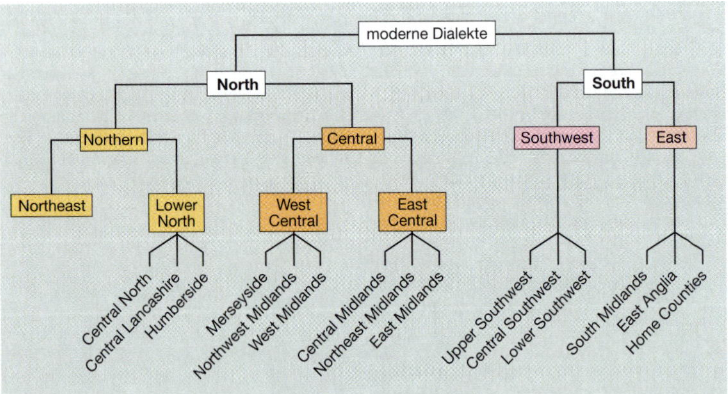

B Schematische Gliederung moderner Dialekte

Für die modernen Dialekte sind andere Merkmale als die charakteristisch, die z. B. die Humber-Lune-Ribble-Sprachscheide (vgl. S. 91) bildeten. Das führt natürlich auch zu einer anderen arealen Gliederung.
Für die traditionellen Dialekte gibt es die Daten des ›SED‹; ein ähnlich fester Boden für die mod. Dialekte existiert nicht, da keine Daten systemat. erhoben wurden.

Sowohl die Einteilung der trad. als auch der mod. Dialekte nimmt TRUDGILL (1990) aufgrund von Aussprachekriterien vor.

Für die **trad. engl. Dialekte** sind dies folgende **8 Merkmale:**

Aussprache von:	ältere Aussprache:	neuere Aussprache:
long	lang	long
night	neet	nite
blind	blinnd	blined
land	land	lond
arm	arrm	ahm
hill	hill	ill
seven	seven	zeven
bat	băt	bæt

Die älteren Aussprachen verteilen sich folgendermaßen auf ausgewählte Regionen Englands (vgl. auch Abb. A, S. 94).

	long	*night*	*blind*	*land*
Northumberland	lang	neet	blinnd	land
Lower North	lang	neet	blinnd	land
Lancashire	long	neet	blined	lond
Lincolnshire (North Eastern)	long	nite	blinnd	land
Central and Eastern Southwest	long	nite	blined	land
Southeast	long	nite	blined	lænd
Eastern	long	nite	blined	lænd

	arm	*hill*	*seven*	*bat*
Northumberland	arrm	hill	seven	bat
Lower North	ahm	ill	seven	bat
Lancashire	arrm	ill	seven	bat
Lincolnshire (North Eastern)	ahm	ill	seven	bat
Central and Eastern Southwest	arrm	ill	zeven	bat
Southeast	arrm	ill	seven	bæt
Eastern	ahm	hill	seven	bæt

Für die **mod. engl. Dialekte** werden die folgenden **7 Aussprachemerkmale** herangezogen:
Der Vokal in *but*, *r* in *arm*,
ng in *singer* ('ng' ≠ 'ngg'),
ew in *few* ('fju' ≠ 'foo'),
ee in *coffee* ('i' ≠ 'ee' im Auslaut),
a in *gate* ('geht' ≠ 'gayt') und
l nach Vokal wie in *milk*, das im Südosten 'mioolk' bzw. 'miook' ausgesprochen wird (Einteilung wie in Abb. A).
Die Isoglossen sind auch hier nicht als klare Trennungslinien zu verstehen. Die sprachl. Wirklichkeit sieht komplexer aus.

Die wichtigste Trennung ist diejenige in Dialekte des N und des S, wobei der Vokal in *but* zugrunde gelegt wird: /ʊ/ im N und /ʌ/ im S. Die Dialekte des S werden weiter unterteilt in die des SW und die des O, die des N in »Northern«, die im Allgemeinen konservativer sind, und »Central« (Abb. B).
Die wichtigsten diagnostischen Aussprachecharakteristika jeder der 16 Regionen sind in den folgenden Versionen des Satzes *Very few cars made it up the long hill* zusammengestellt (nach TRUDGILL 1990, 65f.):

NE	Veree	few cahs mehd it oop the long	hill
CN	Veri	few cahs mehd it oop the long	ill
CL	Veri	few carrs mehd it oop the longg	ill
H	Veree	few cahs mehd it oop the long	ill
M	Veree	few cahs mayd it oop the longg	ill
NWM	Veri	few cahs mayd it oop the longg	ill
WM	Veree	few cahs mayd it oop the longg	ill
CM	Veri	few cahs mayd it oop the long	ill
NEM	Veree	few cahs mayd it oop the long	ill
EM	Veri	foo cahs mayd it oop the long	ill
USW	Veree	few carrs mayd it up the long	ill
CSW	Veree	few carrs mayd it up the long	iooll
LSW	Veree	few carrs mehd it up the long	ill
SM	Veree	foo cahs mayd it up the long	iooll
EA	Veree	foo cahs mayd it up the long	(h)ill
HC	Veree	few cahs mayd it up the long	iooll

In ausgewählten Regionen sind die folgenden zusätzl. Merkmale von Bedeutung:
In der *Northeast-Region* werden Wörter mit *al*-Schreibung mit dem 'ah'-Vokal ausgesprochen, also *all* 'ahl', *walk* 'wahk'.
In Bradford, Leeds und York im *Central North-Gebiet* werden stimmhafte Konsonanten vor stimmlosen ebenfalls stimmlos: *red book, bad writer,* aber *ret pen, bat singer.*
In *Central Lancashire* haben *book* und *cook* den langen Vokal von *cool* und nicht den kurzen von *pull.* Wörter wie *boot* werden mit 'ü' ausgesprochen.
Merseyside-Merkmale sind fehlender Kontrast in Wortpaaren wie *hair* und *her* sowie 'd-' anstelle von 'th-' in Wörtern wie *there.*
In den *West Midlands* wird der 'er'-Vokal in *her, fur* wie der franz. Vokal in *oeuf* 'Ei' mit Lippenrundung gesprochen.
In der *Central-Southwest-Region* liegt Bristol. Dort ist das Bristol-*l* charakteristisch: Wörter wie *America, India* erhalten ein *l* im Auslaut ('Americal', 'Indial'). Wörter wie *idea* und *ideal* werden gleich ausgesprochen.
Zu den Merkmalen der *Home Counties*, die von jungen Sprechern weit über diese Region hinaus verbreitet werden, gehört die Aufhebung des Kontrasts zwischen den beiden 'th'-Lauten und 'f' oder 'v', so dass *mother* 'muvver' und *thing* 'fing' ausgesprochen werden.

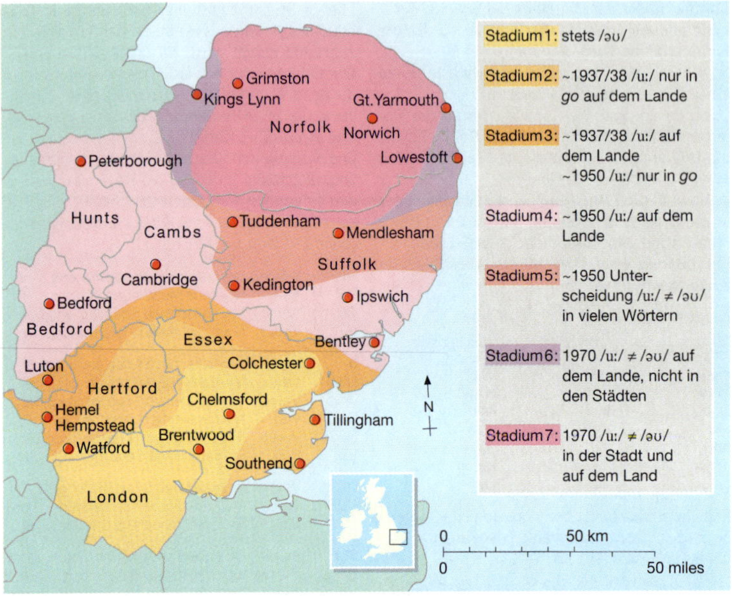

A Stadien eines Vokalzusammenfalls in East Anglia

Lexik:
Dem Standardenglisch *scarecrow* 'Vogelscheuche' stehen auf regionaler Ebene u. a. gegenüber: *bogle, flaycrow, mawpin, moggy, shay, guy, bogeyman*

Grammatik:
Standardenglisch: *He's a man who likes his car* bzw. *He's a man that likes his car*
Regionale Variation:
He's a man who likes his car
He's a man that likes his car
He's a man at likes his car
He's a man as likes his car
He's a man what likes his car
He's a man he likes his car
He's a man likes his car

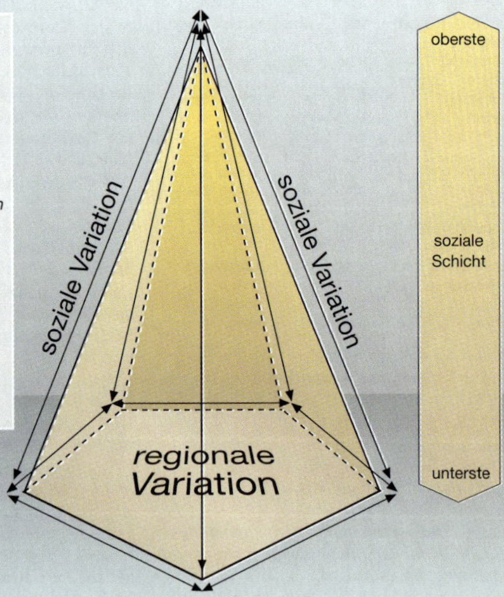

B Soziale und regionale Sprachvariation

Der Zusammenfall zweier früher unterschiedl. Aussprachen kann in East Anglia nachgewiesen werden.
Ein Vergleich der phonet. Transkriptionen LOWMANS (späte 1930er Jahre) mit denen des ›SED‹ (1950er Jahre), beides Untersuchungen ländl. Dialekte, sowie mit TRUDGILLS Untersuchungen städt. Varietäten (1970er Jahre) lässt unterschiedl. Stadien des fortschreitenden Vokalzusammenfalls in Wörtern wie *home, know, moan* usw. erkennen.
Diese Wörter werden heute im Standardenglisch mit demselben Vokal ausgesprochen, leiten sich aber von 2 versch. me. Phonemen ab. Diese Unterscheidung wird noch heute von Sprechern in East Anglia aufrechterhalten. Folgende Minimalpaare sind charakteristisch:

Me./ɔ:/>heute/u:/	Me./ou/>heute/əʊ/
moan	mown
rose	rows
road	rowed
nose	knows
sole	soul

In London und dem gesamten Stadium 1 auf der Karte in Abb. A wird in keiner der Untersuchungen ein Ausspracheunterschied gemacht. In dem sich anschließenden Stadium 2 wurde in den späten 1930ern nur ein Wort (*go*) in der Reliktaussprache /u:/ in ländl. Dialekten transkribiert, im Stadium 3 in den 1930ern in mehreren Wörtern in ländl. Dialekten; /u:/ überlebte in den 1950er Jahren jedoch nur noch in *go*.
Im Stadium 4 erscheint /u:/ in den 1950er Jahren als ländl. dialektale Reliktaussprache in einigen Wörtern zusätzlich zu *go*.
Im Stadium 5 zeigt sich der Unterschied /u:/ ≠ /əʊ/ in den 1950er Jahren in einer Vielzahl von Wörtern, wenngleich nicht in allen.
Im Stadium 6 ist die Unterscheidung in den 1970er Jahren in ländl. Dialekten noch durchgängig, nicht jedoch in den Städten.
Im Stadium 7 hat sich die Unterscheidung auch in den Städten mehr oder weniger durchgängig überall erhalten.
Die sprachl. Neuerung, d. h. der Zusammenfall der Aussprache beider Vokale, hat im Londoner Raum begonnen und sich dann langsam ausgebreitet, und zwar zunächst in andere Städte, wobei sie die dazwischen liegenden ländl. Gebiete übersprang.

Dies zeigt sich ganz deutlich im Stadium 6, in das die Neuerung erst später vordrang.

Dass sich eine Neuerung in der geschilderten Weise ausbreitet, ist in der Dialektologie schon oft angemerkt worden.
Hier handelt es sich nicht nur um einen geograf. allmählich von S nach N vor sich gehenden Wandel, sondern auch um einen sozialen. Der Zusammenfall in den Städten, in denen er noch nicht vollständig vollzogen wurde, wird zunächst von der Mittelschicht übernommen. Von dort breitet sich die Neuerung langsam auf die untere soziale Schicht aus:

	konsequent	variabel	keiner
Lowestoft (1975)			
Mittelschicht	30	40	30
Unterschicht	0	23	77
Great Yarmouth (1975)			
Mittelschicht	33	17	50
Unterschicht	0	40	60
King's Lynn (1975)			
Mittelschicht	33	20	47
Unterschicht	0	0	100
Norwich (1968)			
Mittelschicht	4	46	50
Unterschicht	0	0	100

Grad des Zusammenfalls von /u:/ und əʊ/ (in %)

Sprecher der RP im N und S sprechen gleichermaßen akzentfrei. Regionale Variation tritt am unteren Ende der sozialen Skala auf. Dies zeigt sich auf allen sprachl. Ebenen.

	New-castle	Liver-pool	Brad-ford	Nor-wich	Lon-don
RP	heʊm	heʊm	heʊm	heʊm	heʊm
Zwischen-	ho:m	hoʊm	hoʊm	hu:m	hʌʊm
stufen	huom	ho:m	hɔ:m	hʊm	ʌʊm
lokalisierte	hiem	o:m	ɔ:m	ʊm	æʊm
Aussprache	jem				

Aussprache von *home*

Überträgt man die Ergebnisse auf eine Pyramide, so zeigen deren Verbindungen der Ecken eines Vielecks mit dem außerhalb der Ebene des Vielecks liegenden Punkt die sozial bedingte Sprachvariation an (Abb. B).

Ausfall des /h-/ am Wortanfang

ist nicht nur ein Merkmal des Londoner Cockney, wie auch die Aussprache von *home* in obiger Tabelle ausweist, sondern in England weit verbreitet. In Bradford und Norwich zeigt sich der Ausfall des /h-/ immer öfter, je weiter man auf der sozialen Leiter nach unten geht.
In Bradford ist dieser Anteil stets höher – hier ist das /h-/ bereits seit längerer Zeit ausgefallen:

	Bradford	Norwich
mittlere Mittelschicht	12	6
untere Mittelschicht	28	14
obere Unterschicht	67	40
mittlere Unterschicht	89	60
untere Unterschicht	93	60

(Angaben in % der untersuchten Fälle)

Die statist. Auswertungen machen deutlich, dass sprachl. Varietäten zumindest in Städten in der Regel inhärent variabel sind. Inhärente Variabilität ist wahrscheinlich das sprachl. Gegenstück sozialer Heterogenität.

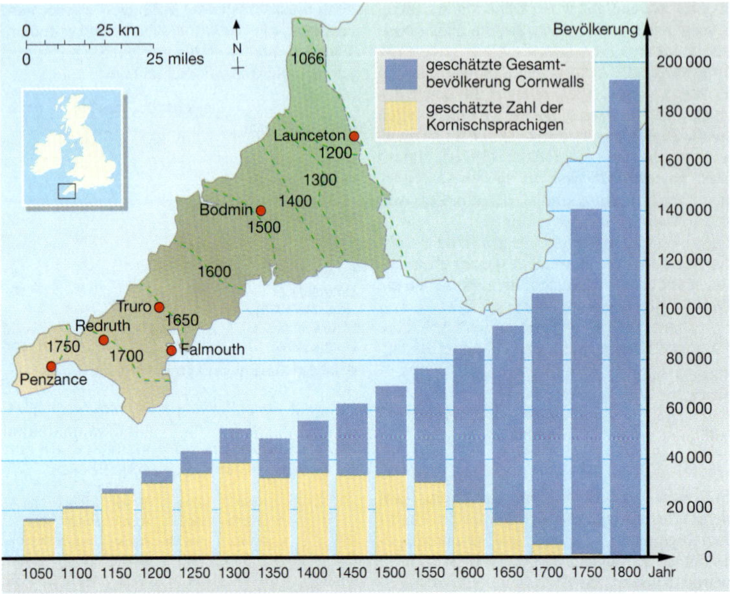

A Der Rückzug des Kornischen und die demographische Geschichte

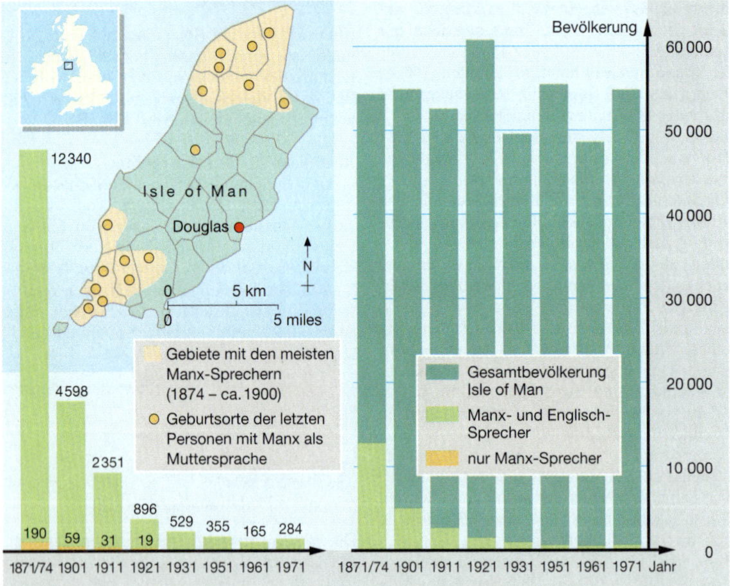

B Isle of Man: Veränderung des Manx und Geburtsorte der letzten Personen mit Manx als Muttersprache

Ab dem 5. Jh. n. Chr. setzte auf der Hauptinsel eine erneute Vertreibung der Kelten – wieder durch german. Stämme – ein (vgl. S. 51). Sie führte dazu, dass die Briten in den W und N des Landes gedrängt wurden, also nach Cornwall, Wales und Schottland. Zur gleichen Zeit drangen kelt. Iren nach Britannien ein und besiedelten die Isle of Man und Teile Schottlands (Argyll), während südwestbrit. Stämme nach Brittany (Britannia minor – Little Britain), die heutige Bretagne, auswanderten. Während in Schottland (Schottisch-Gälisch/Scottish Gaelic bzw. Gaidhlig), Irland (Irisch/Irish bzw. Gaeilge) und Wales (Walisisch/Welsh bzw. Cymraeg) bis heute kelt. Sprachen gesprochen werden, sind die anderen kelt. Sprachen auf den brit. Inseln, nämlich Manx (Gàilck) auf der Isle of Man und Kornisch (Cornish/Kerneweg) in Cornwall und auf den Scilly-Inseln bereits ausgestorben.

Kornisch

ist seit dem Ende des 18. Jhs. als lebende Sprache, die muttersprachlich erlernt wird, nicht mehr existent (Abb. A).

1901 wurde die ›Celtic-Cornish Society (Cowethas Kelto-Kernuak)‹ mit folgenden Zielsetzungen gegründet:

1. Wiederbelebung des Kornisch als gesprochene Sprache;
2. Wiedereinsetzung des *Gorsedd*;
3. Förderung kornischer Sportarten wie Hurling (eine Art Hockey) und Ringkampf.

Gorsedd bedeutet 'high seat' oder Thron und bezeichnet den Platz, an dem kelt. Barden und Druiden zur Zeit der kelt. Hegemonie ihre Versammlungen abhielten.

Ein durchgreifender Erfolg bei der Wiederbelebung der korn. Sprache ist bis heute nicht zu verzeichnen. Zwar gibt es zahlreiche ›Old Cornwall Societies‹ und ein ›Institute of Cornish Studies‹ in Redruth, das eine Zeitschrift ›Cornish Studies‹ herausgibt und ein ›Cornish Dictionary Project‹ fördert, aber die Bemühungen finden kaum Widerhall in der Bevölkerung.

Der Einfluss des Kornischen auf das Englische zeigt sich in Ortsnamen und im allgemeinen **Wortschatz** Cornwalls wie

bucca 'Vogelscheuche', *croust* 'Imbiss', *padgetty-pow* 'Wassermolch', *tidden* 'zart'

sowie in **semantischen Entlehnungen** wie

stiff in der Bedeutung 'steil' oder *white-neck* 'Wiesel'.

Insgesamt gesehen ist in O-Cornwall ein engl. S-Dialekttyp verbreitet, während das regionale Englisch W-Cornwalls deutlich dem StE angenähert ist. Dies ist dadurch zu erklären, dass in W-Cornwall Kornisch viel später außer Gebrauch kam und dann von einer Art StE nicht zuletzt unter dem Einfluss der Schule ersetzt wurde – eine Situation, die wir ähnlich auch auf der Isle of Man antreffen.

Manx

ist aus siedlungsgeschichtl. Gründen eng mit dem Altirischen verwandt. Nach den Iren kamen die Wikinger, deren erster Herrscher ORRY auf der Insel die Tynwald-Versammlung einführte.

1979 wurde die Tausendjahrfeier des Tynwald-Parlaments begangen, der gesetzgebenden Volksversammlung mit der längsten ununterbrochenen Tradition der Welt.

Die Isle of Man hat eine verfassungsrechtliche Sonderstellung und ist nicht Teil des Vereinigten Königreichs.

Mit dem *Education Act* von 1872 war eine Verdrängung des Manx durch das Englische verbunden. Heute wird Manx nicht mehr im Alltag verwendet.

Die letzte Person mit Manx als Muttersprache starb 1974. Die Geburtsorte der letzten Manx-Muttersprachler (Abb. B) liegen fernab von der anglisierten Inselhauptstadt Douglas.

Zwar wurde 1979 das ›Fargher's English – Manx Dictionary‹ sowie (nach 1767–73) eine weitere Bibelübersetzung in Manx herausgebracht, aber selbst LEWIS CRELLIN, der angesehenste Führer der nationalist. Bewegung auf der Insel Man, bemerkt zur Zukunft des Manx:

»I cannot believe that the language has any future, except as a minority hobby. The process of anglicisation has almost completely wiped out our national identity, a process now greatly hastened by immigration.«

Manx hat im Englischen der Insel deutliche Spuren hinterlassen.

Zu den **lexikal. Entlehnungen** gehören u. a.

collagh 'Hengst', *ayr* 'Vater', *graney* 'sich unwohl fühlen', *jeush* 'Schere', *braghtan* 'Brot und Butter', *kyns ta shiu* 'Wie geht es Ihnen?', *ard* 'Windrichtung' und *cregs* 'Käfer' (mit engl. Pluralmorphem).

Syntaktischer Einfluss des Manx zeigt sich z. B. in

They had money at them (gegenüber StE *They possessed plenty of money*) und *Coming back with English at them* (StE *Coming back with a knowledge of English* – hier wird Manx *ec* 'at' als possessives Personalpronomen gebraucht) oder *Them things wasn't in* (StE *Those things didn't exist*) oder *He put a sight on us* (StE *He visited us* – Manx *cur shilley er* 'put a sight on').

Auch die **Intonation** des regionalen Englisch der Insel ist vom Manx beeinflusst.

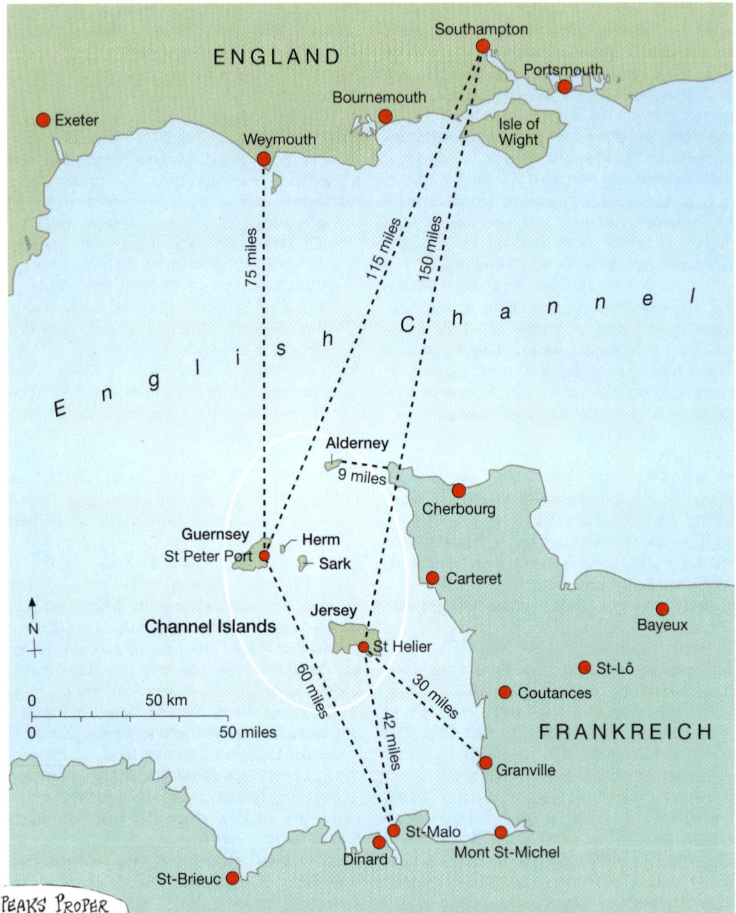

Der Witz besteht darin, daß *Stone de Croze pigmy* als *pig, me* versteht.

»Original Guernseyman« *Stone de Croze*. Natürlich ist er in einen Guernsey gekleidet.

Die britischen Kanalinseln

Der Kontakt mit dem Französischen hat zu bes. Ausformungen des Englischen auf den Kanalinseln Jersey, Guernsey, Alderney, Sark und Herm geführt. Diese Region wird im Allg. zum romanischen Sprachgebiet gerechnet – irrigerweise, denn sowohl das Französische als auch der normann. Dialekt spielen dort heute kaum noch eine Rolle.

Seit Herzog WILHELM der Normandie am 14. Oktober 1066 gegen HAROLD II. die Schlacht bei Hastings gewann und dadurch als WILHELM I. König von England wurde, gehören die Kanalinseln zur engl. Krone.

Als König JOHANN von England 1204 das normann. Festland an PHILIPP II. von Frankreich abtreten musste, blieben die Kanalinseln bei England. Da die Inselbewohner dem engl. König die Treue hielten, gestand er ihnen 1213 ihre eigene Verfassung zu. Den krieger. Auseinandersetzungen des 13. bis 16. Jhs. zwischen England und Frankreich verdanken die Bewohner der brit. Kanalinseln ihre polit. und wirtschaftl. Sonderrechte. Versuche Frankreichs, die Kanalinseln zu erobern, fanden noch während der Napoleonischen Kriege statt. Erst mit der Entente cordiale von 1904 fanden die Auseinandersetzungen zwischen den beiden Ländern ein Ende.

1940–1945 waren die Kanalinseln von der dt. Wehrmacht besetzt. Für den Sprachwandel war diese Zeit aus 2 Gründen bedeutsam: Einmal kam dem normann. Dialekt nun die Funktion einer Geheimsprache zu, und zum anderen erlebte das Englische durch die umfangreichen Umsiedlungen einen großen Aufschwung.

Die gesamte Bevölkerung Alderneys und Sarks, die Hälfte der Einwohner Guernseys und ein Fünftel der Einwohner Jerseys war nach England evakuiert worden.

Die Kanalinseln sind – wie die Insel Man – unmittelbar der Krone unterstellt und gehören nicht dem Vereinigten Königreich an. Dieser Sonderstatus wurde den Inseln zuletzt im ›British Nationality Act‹ von 1984 bestätigt.

Während noch im 18. Jh. die Inseloberschicht Französisch sprach und man im Alltag den normannofrz. Dialekt verwendete, ist heute Französisch eine Fremdsprache geworden und der normann. Dialekt im Aussterben begriffen. Die junge Generation – und nicht nur diese – zieht das Englische vor, das sich v. a. seit der zweiten Hälfte des 19. Jhs. schnell ausbreitete und heute von jedem Inselbewohner gesprochen wird, und zwar – schichtenspezifisch – in seiner Standardform und in Nicht-Standardformen.

Erscheinungen des Inselenglischen, die sich auf frz. bzw. normann. Transferenzen zurückführen lassen, sind:

Kanalinsel-englisch	(Normannisch) Französisch	Standard-englisch
I went and see John.	J'allais voir John.	I went and saw John.
Me, I do.	Mois, je fais.	I do.
He don't like work, him.	Il n'aime pas le travail, lui.	He doesn't like work.
There's a week that we don't see him.	Il y a une semaine qu'on ne le voit pas.	We have not seen him for a week.
You have got it, isn't it? But yes.	Vous l'avez eu, n'est-ce pas? Mais oui.	You have got it, haven't you? Yes, of course.
The news are favourable. eh /ei/	Les nouvelles sont favorables. hein	The news is favourable. [eh]
Is it that there is water in the well?	Eche qué i'y à iaoue dé pisse?	Is there water in the well?
He bought it to Creasey.	Il l'a acheté chez Creasey.	He bought it at Creasey's.
I go in Sark.	Je vais en Sercq.	I go to Sark.
»I have been to Sark.« »Is it?«	»J'ai été à Sercq. »Eche?« ('est-ce?')	»I have been to Sark.« »Have you?«
»He knows my father.« »Is it?«	»Il connaît mon père.« »Eche?« ('est-ce?')	»He knows my father.« »Does he?«

Die engl. Nicht-Standardformen sind allgemeiner Natur und lassen sich nicht auf best. Gebiete des engl. Mutterlandes zurückverfolgen. Dazu gehören u. a.

– der Gebrauch der Objektformen der Personalpronomina, auch in Emphase, z. B. *Us* people have such poor memories,

– *this here, that there,*

– mehrfache Verneinung, z. B. I have*n't* got *no* children,

– Anhängen des *-s* bei Verben im Präsens auch bei anderen Personen als der 3. Sing.,

– Gebrauch von *to* anstelle von *in/at*, z. B. I saw you *to* the market yesterday, He ist *to* town,

– nicht markierter Plural bei Maßangaben, z. B. You get 14 pound a month, I was 10 year old,

– Gebrauch des bestimmten Artikels, z. B. My mother spoke *the* English a little, And we go *the* Saturday evening, It was always by *the* bus we went,

– Adverbbildung ohne *-ly*, z. B. You are going pretty quick.

Eigene kanalinselengl. Dialektmerkmale haben sich bisher noch nicht entwickeln können. Dazu war die Zeitspanne des Englischen auf den Kanalinseln zu kurz.

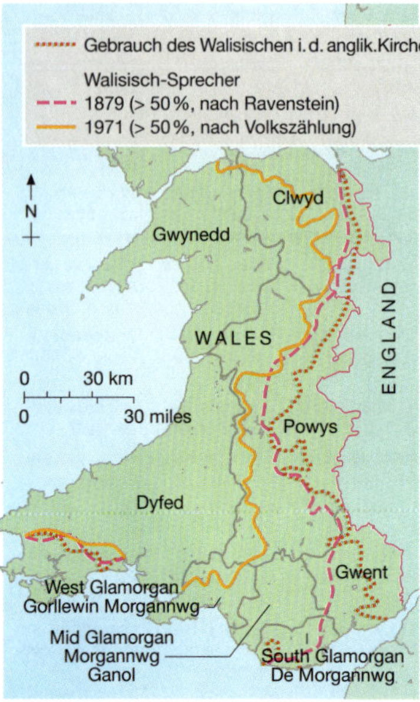

A Rückzug des Walisischen

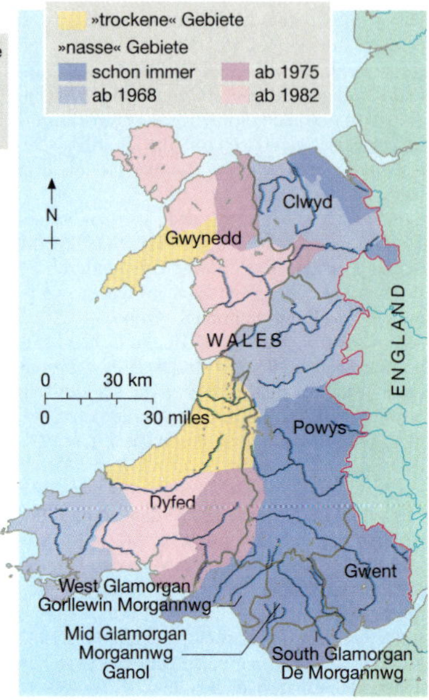

B Sunday Closing Act: Ergebnisse der Referenden

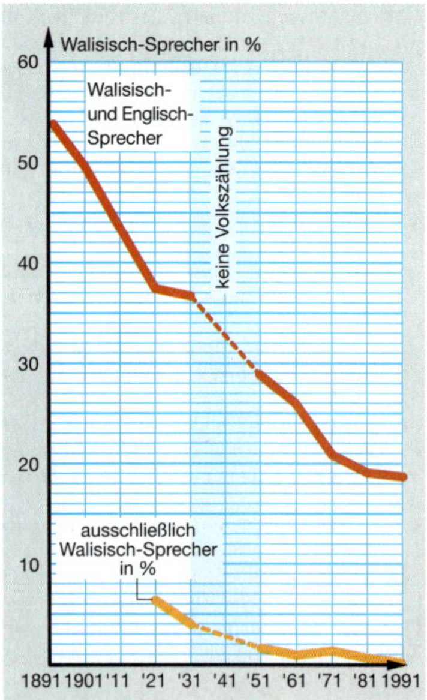

C Sprecher des Walisischen (Volkszählungsergebnisse)

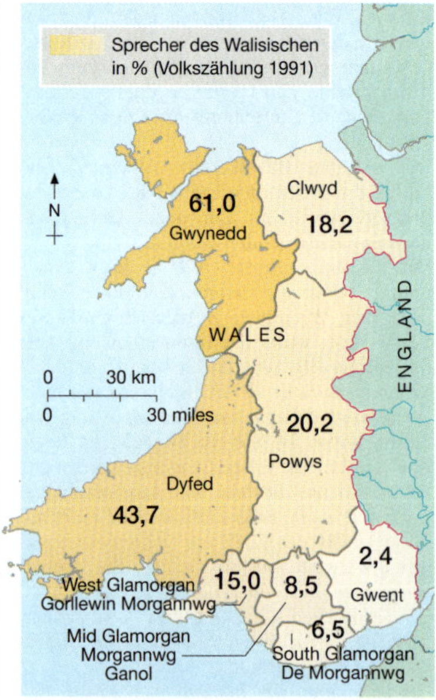

D Verteilung nach Grafschaften

1282 verlor Wales nach langwierigen Kämpfen mit dem Tod von LLYWELYN, dem letzten Prinzen von Wales, endgültig seine Unabhängigkeit. Die polit. Integration von Wales mit England verstärkte sich am Ende der Rosenkriege in der zweiten Hälfte des 15. Jhs. mit der Thronbesteigung HEINRICHS VII., eines mit Wales verbundenen Tudor. Von dieser Zeit an drang das Englische immer weiter vor.
1536 erfolgte im *Act of Union* unter HEINRICH VIII. die Vereinigung von England und Wales. Von da ab war in Wales ausschließlich Englisch offizielle Sprache, was zu einer Anglisierung der führenden Schichten führte. Die Anglisierung der breiten Massen setzte verstärkt mit der Einführung der Schulpflicht 1870 ein.
Sehr aufschlussreich ist hier der autobiograf. Roman ›How Green was my Valley‹ von RICHARD LLEWELLYN (1939), in dem er die brutalen Methoden schildert, mit denen dem Walisischen in der Schule vollends der Garaus gemacht werden sollte, sowie die eifrige Überanpassung einiger Lehrer, die sich des eigenen Volkes und der eigenen Sprache schämten.
Im Zuge der Industrialisierung um die Mitte des 19. Jhs. wurde Zentral-Wales stärker anglisiert als der Norden und Süden.

Walisisch konnte nur überleben, weil bereits 1588 die Bibel in diese Sprache übersetzt wurde, und zwar auf Betreiben des engl. Parlaments, um der Church of England zu größerem Einfluss in Wales zu verhelfen.

Die Sonntagsschulen der Nonkonformisten waren lange die einzigen Orte, an denen Walisisch unterrichtet wurde.

Erst seit 1942 darf Kymrisch/Walisisch wieder vor Gericht verwendet werden. Mit dem *Welsh Language Act*, der 1969 in Kraft trat, wurde es theoret. möglich, eine Ausbildung in der Unterrichtssprache Walisisch zu erhalten, walisische Fernseh- und Rundfunkprogramme zu empfangen und das Walisische im Umgang mit der Kommunalverwaltung, der Polizei und vor Gericht zu verwenden.
Für das Walisische haben sich in den vergangenen Jahrzehnten die äußeren Bedingungen deutlich zum Positiven gewandelt:
In jeder 4. Volksschule und in knapp jeder 5. weiterführenden Schule ist Walisisch seit einigen Jahren Unterrichtssprache. Nach den Wahlen zum Regionalparlament 1999 dürften weitere Verschiebungen zu Gunsten des Walisischen eintreten. Als Erst- oder Zweitsprache wird Walisisch an allen Schulen unterrichtet.
Es gibt nationale und regionale Wochenzeitungen in walis. Sprache.
Der offizielle Status allein, den das Walisische heute erreicht hat, rettet oder verstärkt es nicht, ebenso wenig wie Radio- und Fernsehprogramme oder Publikationen in dieser Sprache. Volkszählungsergebnisse und einige Untersuchungen legen nahe, dass die Zukunft des Walisischen als lebende Sprache mit einem Fragezeichen zu versehen ist. Die Untersuchung von CARTER und WILLIAMS setzte 1978 den ›Sunday Closing Act‹ von 1881 mit kultureller walis. Identität und somit auch mit dem Status des Walisischen in Beziehung.

Sunday Closing bedeutete, dass es Gaststätten untersagt war, an Sonntagen Alkohol auszuschenken.

Für die walis. Nonkonformisten war dies ein wichtiger Aspekt ihrer Eigenständigkeit. Die Waliser identifizierten sich weitestgehend mit der Ablehnung der brit. Staatskirche. Sie waren »nonconformists« bzw. »dissenters«.
Seit Mitte des 20. Jhs. hat jedoch eine ständige Erosion tradit. walis. Werte stattgefunden. 1961, 1968, 1975 und 1982 wurden in Wales Referenden darüber abgehalten, ob Gaststätten sonntags weiterhin geschlossen bleiben sollten oder nicht (Abb. B). Die »trockene« Zone wird immer kleiner, was auch im W von Wales für das walis. Kerngebiet, *Y Fro Cymraeg*, gilt, das einen vornehmlich ländl. Charakter hat und in dem das Walis. noch stärker ist als andernorts in Wales.

»Wetness« ist natürlich nur **ein** Reflex einer sich wandelnden Kultur.

Der Anteil an Walisischsprechern sank ständig, in letzter Zeit allerdings langsamer (Abb. C).

Walisische Einsprachigkeit zeichnete 1981 noch 0,8% der Bevölkerung aus. In den Volkszählungsergebnissen für 1991 wird sie nicht mehr ausgewiesen.

Günstiger gegenüber 1981 ist das Ergebnis bei der jüngsten Altersgruppe geworden, womit sich ein positiver Trend seit 1971 fortsetzt:

1981 gaben 17,7% der 3–15-Jährigen an, Walisisch zu sprechen, 1991 waren es 24,3%.

Bei den 16–44-Jährigen ist die Zahl mit etwas über 15% gleich geblieben, bei den Älteren und den Alten gesunken, und zwar bei den 45–64-Jährigen von 20,7% (1981) auf 17,4% (1991) und bei den 65-Jährigen und Älteren von 27,4% (1981) auf 22,6% (1991).

Die regionale Verteilung zeigt Abb. D.
Aber selbst die Kerngebiete Gwynedd und Dyfed (ohne das ehem. Pembrokeshire) werden langsam ausgehöhlt – nicht zuletzt wegen ihrer Popularität als *costa geriatrica* für engl. Rentner und Pensionäre.
Verglichen mit dem Irisischen und dem Schottisch-Gälischen hat sich das Walisische bislang jedoch am besten behaupten können.

Captain Fluellen, walisischer Offizier in der Armee des Königs:
*I think it is in Macedon where Alexander is **p**orn. I tell you, if you look in the maps of the 'orld, I warrant you **sall** find... that the situation**s**, **look you**, **is** both alike.*
William Shakespeare, ›*Henry V*‹, 1599, IV, 7, 23 – 30

Stimmhafte Verschlusslaute werden als stimmlos empfunden; Wegfall des anlautenden ***w-***: das Walisische kennt keine Verbindungen von Halbvokal und an gleicher Stelle gebildeter Vokal; ***sall*** für ***shall*** ist allgemein nichtstandardsprachlich; ***look you*** zeigt die Wortstellung des Walisischen: Verb steht vor Subjekt, ähnlich walisischem Englisch ***see you*** gegenüber Standardenglisch ***you see***; ***situations*** wird auch auslautend mit /s/ ausgesprochen. Die Generalisierung von ***is*** im Singular und Plural hat zwar eine Parallele im Walisischen, ist aber auch in nichtstandardsprachlichen Varietäten des Englischen allgemein verbreitet.

Sir Hugh Evans, ein walisischer Pfarrer:
*It is **p**etter that friends **is** the sword, and end it; and there is also another device in my **p**rain, which, peradventure, **p**rings goo**t** discretions with it.*
William Shakespeare, ›*The Merry Wives of Windsor*‹, 1600 – 1601, I, 1, 42 – 45

Stimmhafte Verschlusslaute werden als stimmlos empfunden; ***is*** s.o.
Um die Mitte des 17. Jahrhunderts werden auffällige Eigentümlichkeiten des walisischen Englisch in zahlreichen Flugschriften parodiert, z.B. in ›*The Welch-mens **P**rave Resolution, in defence of her King, her **P**ritish Parliament*‹ (1642) oder
›*The Welchmans Protestation ... writ and pu**pp**lished with her own hand fifteen **t**ayes after her own **t**eath*‹ (1641).

*He was **tall tall**.*
Geraint Goodwin, ›*Conversations with George Moore*‹, 1929.
Intensivierung durch Wiederholung der Adjektive entspricht StE '*very tall*'.

***The young lady** I have been telling that no other tunes can we play whatever with the lady smoking at her cigarette **look you**. God bless my soul! Why not? The other tunes are all holy tunes **look you**. **Blasphemy** it would be to play the songs of Sion while the lady at a cigarette smokes whatever.*
Evelyn Waugh, ›*Decline and Fall*‹, 1959.

Look you *s. o.*; ***Blasphemy***: Topikalisierung, eine Umstellung eines Satzgliedes zur besonderen Betonung an die erste Position im Satz.

Verwendung von Merkmalen des Walisischen in der englischsprachigen Literatur

Das von Walisern gesprochene Englisch ist nicht homogen. Am stärksten wirkten und wirken das Walisische und engl. Dialekte benachbarter Regionen Englands auf das walisische Englisch ein. Darüber hinaus hat das Standardenglisch Einfluss auf die Medien und das Bildungssystem. Die versch. sprachl. Einflussfaktoren erlauben eine Klassifizierung in zwei Gruppen (PARRY 1985):
– stark walisisch beeinflusste anglo-walis. Dialekte und
– stark anglisierte anglo-walis. Dialekte.
Bei der erstgenannten Gruppe lassen sich Einflüsse des Walisischen auch bei den Sprechern finden, die selbst nie Walisisch gesprochen haben und auch nie in engem Kontakt (z. B. in der Familie) damit gewesen sind.
Der walis. Einfluss lässt sich auf allen sprachl. Ebenen nachweisen, wie die folgenden Beispiele zeigen.

Phonetik
Im Bereich des Konsonantismus zeigen die **Verschlusslaute** im walis. Englisch eine wesentlich **stärkere Aspiration** als im Standardenglisch. Diese ist so stark, dass stimmhafte Verschlusslaute als stimmlose wahrgenommen werden, wie in *Pring the pottle, Petty* (StE *Bring the bottle, Betty*).

Diese sich aus dem Keltischen/Walisischen erklärende Interferenz zeigt sich auch in Schottland und Irland.

V. a. im nördl. walis. Englisch werden *seal – zeal, sink – zink, fuss – fuzz, bus – buzz, pence – pens* zu Homophonen und mit /s/ ausgesprochen, da es im Walisischen kein /z/ gibt. Ähnlich wird /ʒ/ als /ʃ/ realisiert, wie in *leisure*.
Weil im Walisischen auch keine stimmhaften Affrikate vorhanden ist, werden Wortpaare wie *chin – gin, choke – joke, rich – ridge* zu Homophonen und im nördl. walis. Englisch mit /tʃ/ ausgesprochen.
Im SO wird /h-/ vielfach weggelassen, nicht indes im N. Sprecher, die /h-/ realisieren, was auch von der soz. Schicht abhängig ist, haben ebenfalls /hw/ in ihrem Inventar und differenzieren zwischen *witch* /w/ und *which* /hw/.
Die walis. Frikative /ɬ/ (stimmloser lateraler Reibelaut) und /x/ (stimmloser velarer Reibelaut), die bes. in Namen auftauchen (vgl. *Llywel* und *Brychan*), werden auch ins walis. Englisch übernommen – abgesehen natürlich von solchen Sprechern, die alle walis. Formen bewusst anglisieren.

Morphologie und Syntax
Die folgenden morpholog. und syntakt. Eigentümlichkeiten lassen sich auf walis. Einfluss zurückführen:
– die Pluralbildung der Substantive, die auf einen stimmhaften Laut enden, erfolgt auf /s/, da im Walisischen kein /z/ existiert, so bei *cows, pigs, shoes*,
– die Voranstellung des Elements, das der Sprecher als bes. wichtig erachtet (sog. Topikalisierung bzw. »Fronting«), wie in

Coal they're getting out mostly; Coming home tomorrow he is; Singing they were; Sad she looked (bes. im südl. walis. Englisch),

– die Wortstellung in indirekten Fragesätzen, die der in direkten Fragesätzen (*Is it true or not?*) entspricht, wie z. B. in

I'm not sure is it true or not (gegenüber StE *I'm not sure if it is true or not*).

Wie im Walisischen so wird auch im walis. Englisch die Konjunktion getilgt,
– 'expletive there' wie in

There's tall you are! (gegenüber StE *How tall you are!*); *There's strange it was!* (StE *How strange it was!*). Engl. *there* entspricht walis. *dyna: Dyna dal wyt ti!* (wörtl. 'There's tall are you'); *Dyna od oedd ef!* (wörtl. 'There's strange was it').

Wortschatz
Zu den – wenigen – aus dem Walisischen entlehnten Lexemen gehören u. a.

tallent/tallet/tollent/tollut (< walis. *taflawd, taflod*) 'Heuboden', *adain* 'Radspeiche', *llymru* 'eine Art Porridge', *bach, del* 'Kosewörter', *bwbach* 'Vogelscheuche' oder *winky* (< walis. *gwenci*) 'Wiesel'.

Derartige Übernahmen treten v. a. im südl. walis. Englisch auf. Daneben existieren auch Mischkomposita, wie z. B.

friddland 'Wiese' (< walis. *fridd* und engl. *land*) oder *penbully-heads* 'Elritze' (< walis. *penbwl* und engl. *bull(y)-head)*.

Eine interessante Erscheinung des Sprachkontakts ist das sog. **Welshing**, d. h., engl. Ausdrücke treten in walis. Schreibung und Lautung auf. Beispiele hierfür sind

bwtri (engl. *buttery*) 'Speisekammer', *ladl* (engl. *ladle*) 'Schöpflöffel' und *ffwlbart* (engl. *foumart*) 'Iltis'.

Auch falsche Bedeutungsübernahmen gibt es: Von einem walis. Wort, das mehrere Bedeutungen hat, wird die falsche Bedeutung ins Engl. übernommen. So bedeutet walis. *adenydd* sowohl 'wings' als auch 'spokes'; der Informant gibt dann jedoch *wings* für *spokes* 'Speichen' an. Ähnlich verhält es sich bei walis. *corn*, das 'horn' und 'handle' bedeutet. Der Gewährsmann gibt *horns* an, wenn *handle* 'Griff' gemeint ist. *He's lost the bus* anstelle von *missed* (< walis. *colli* 'verpassen', 'verlieren').
Welshing und falsche Bedeutungsübernahmen sind bes. im nördl. walis. Englisch anzutreffen.

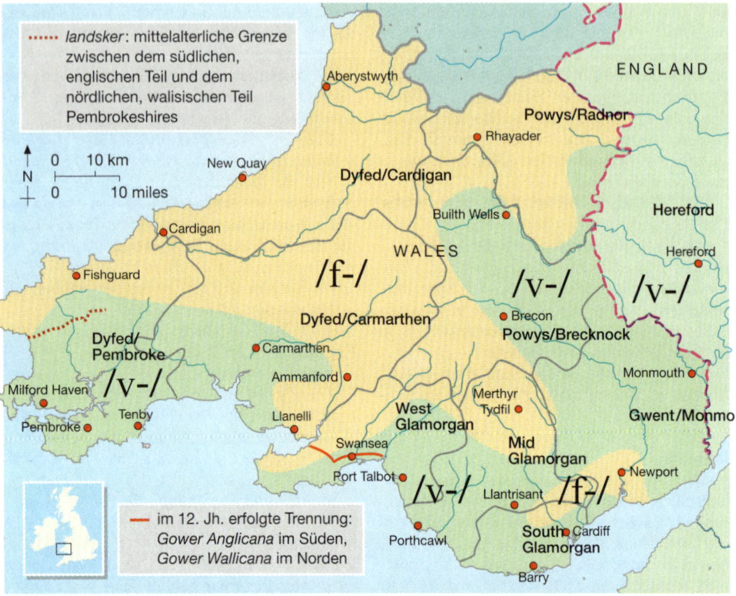

A Realisierungen von /f-/ als /v-/

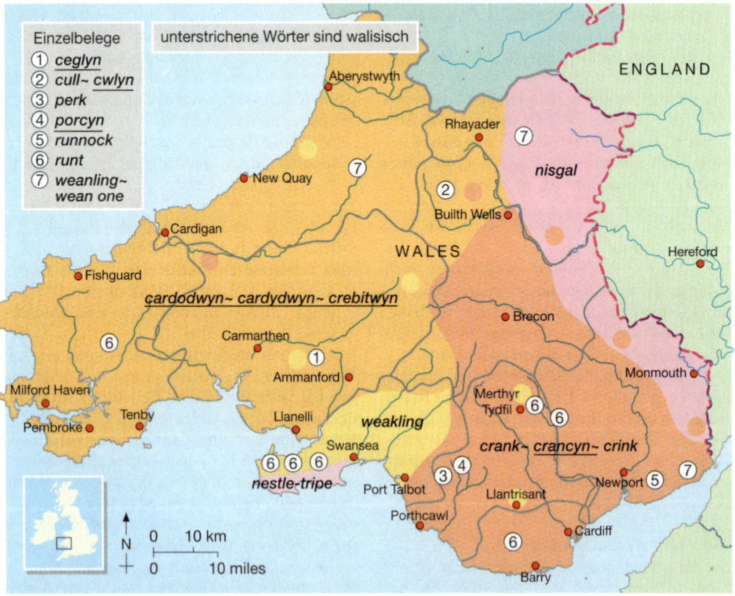

B Bezeichnungen für das kleinste und schwächste Ferkel eines Wurfs

Survey of Anglo-Welsh Dialects (SAWD)
Der SAWD untersucht den Dialekt, der von Englisch sprechenden Waliser(inne)n gebraucht wird, die über 60 Jahre alt sind und auf dem Land leben.

Es geht also nicht um einen repräsentativen Querschnitt des in Wales gesprochenen Englisch, sondern darum, die heute noch vorhandenen Formen ländlicher Dialekte aufzuzeichnen.

Das Belegnetz dieses ›Survey‹ umfasst rund 100 Orte in ganz Wales. Da ländliche Dialekte erforscht werden sollen, bezieht sich ein großer Teil der Fragen auf Begriffe aus dem Bereich der Landwirtschaft.

Die Grundlage der Datenerhebung bildete das Fragebuch des ›Survey of English Dialects‹ (SED, s. S. 81), das jedoch einige Änderungen erfuhr. So wurden 33 Fragen gestrichen und 17 hinzugefügt.

Zwar ist walis. Einsprachigkeit in Wales nicht mehr existent, bei der Zweisprachigkeit muss jedoch bedacht werden, dass Walisisch noch vielfach Erstsprache ist. Daher war es oft schwierig zu entscheiden, ob eine Antwort auf Walisisch und nicht auf Englisch gegeben wurde, weil das engl. Wort dem Informanten nicht bekannt war oder weil das walis. Wort in dem betreffenden Ort Teil der engl. Sprache, also ein Lehnwort, ist.

Im Bereich der **Phonologie** ist ein auffälliges Konsonantenphänomen, das Stimmhaftwerden stimmloser Reibelaute in Anfangsposition, dargestellt an /f > v/ (Abb. A). Dieser Wandel ist im frühen Mittelenglischen eingetreten und erstreckte sich damals auch auf das Gebiet um London. Daher haben einige – wenige – Wörter aus dieser Kategorie Aufnahme ins Standardenglische finden können, z. B.

– *vat* 'Behältnis für Flüssigkeit' (entspricht etym. dt. *Fass*), was durch die Whisky-Marke *Vat 69* bekannt geworden ist,
– *vane* 'Wetterfahne' (entspricht etym. und semant. dt. (Wetter)*fahne*) und
– *vixen* (entspricht etym. und semant. dt. *Füchsin*).

In allen diesen Fällen hat das Deutsche den urspr. stimmlosen Reibelaut /f-/ bewahrt. Im heutigen Englisch ist /v-/ dialektal und tritt nicht nur im SW Englands, sondern auch im südl. walis. Englisch auf in Wörtern wie

farmer, fellies, first, farrow, farmyard, fieldfare, deren /f-/ als /v-/ realisiert wird.

Hier zeigt sich der Einfluss der engl. Grafschaften Herefordshire, Gloucestershire und Monmouthshire (der heutigen walis. Grafschaft Gwent). Zum anderen tritt das genannte Merkmal – verstärkt – in den beiden Regionen auf, die schon früh eine englischsprachige Besiedlung aufweisen: in »Little England beyond Wales«, dem Südwestzipfel des Landes, in dem sich Anfang des 12. Jhs. Anglo-Normannen niederließen, Flamen und Engländer nach sich zogen und die Waliser nach Norden zurückdrängten, sowie auf der Halbinsel Gower, wo die Nachfahren der dort 1108 angesiedelten Flamen sowie der seit etwa 1135 angesiedelten Anglo-Normannen Englisch sprachen.

Sowohl in England als auch in Wales (sowie in Irland, s. S. 145) wurde nach den Bezeichnungen für das **kleinste und schwächste Ferkel** eines Wurfs gefragt (Abb. B).

Es ist wahrscheinlich, dass im MA das kleinste Schwein der Geistlichkeit zugedacht war. Es war nicht angekettet, sondern durfte frei herumlaufen. Oft wurde es dem heiligen Antonius, dem Einsiedler, geweiht.

Auf Bildern hat der Heilige oft ein Schwein als Attribut.

Als Bezeichnung für das schwächste Schwein wird *Anthony* vom SED zwar nur noch in Kent und Suffolk belegt, laut EDD, s. v. 'Anthony-pig', war es früher jedoch wesentlich verbreiteter, auch – durch falsche Abtrennung von *Saint* und *Anthony* – als *Tanthony*.

Religiös motiviert ist sicher *weiß* in dem in Cornwall belegten Ausdruck *(piggy-) whidden* 'weißes Schweinchen' (< Kornisch *gwyn*, später *gwidden*, wobei korn. /gw-/ zu engl. /w-/ wurde).

Überraschenderweise ist keine der in Wales auftretenden Bezeichnungen religiös motiviert. Hier sind v. a. Bildungen mit dem Diminutivsuffix *-ling* wie *weakling, weanling* zu nennen.

Den *-ling*-Bildungen entsprechen im Walisischen und walis. Englisch Bildungen auf *-yn* wie
cardydwyn/cardidwyn, porcyn, ceglyn und *crancyn* (neben *crank*, was bereits 'kleines Schwein' bedeutet).

Nisgal, ein Wort unbekannten Ursprungs, ist im östl. Wales an der Grenze zu England belegt, aber auch in mehreren westl. engl. Grafschaften und somit ein weiteres Beispiel für den sprachl. Einfluss benachbarter engl. Regionen.

Zu den im walis. Englisch verzeichneten grammat. Eigentümlichkeiten, die auch in engl. Dialekten belegt sind, gehören u. a.
– der Gebrauch des bestimmten Artikels bei Krankheitsbezeichnungen wie in *Have you got the toothache?* (im StE ohne Artikel),
– die Bildungsweise der Zahlwörter wie in *five-and-twenty* gegenüber StE *twenty-five* und
– die mehrfache Verneinung wie in *you couldn't put nothing in it* gegenüber StE *you couldn't put anything in it.*

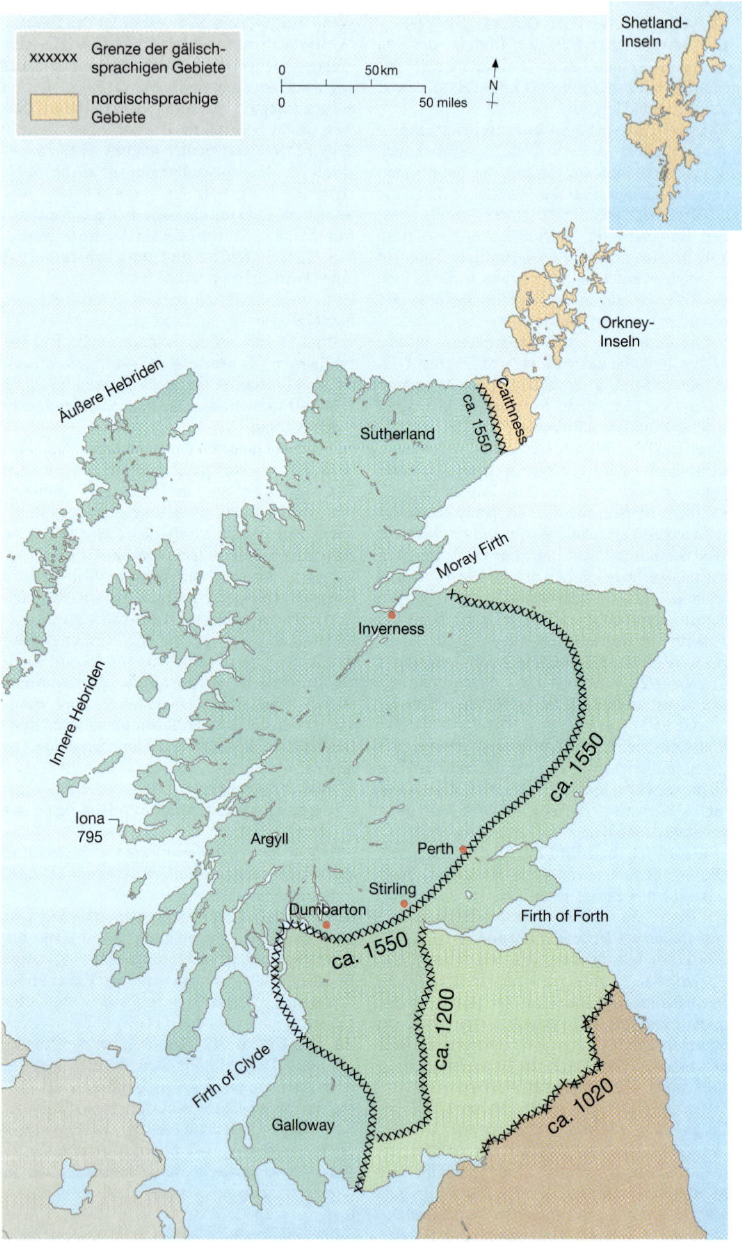

Nordisch- und gälischsprachige Gebiete im Mittelalter und in der frühen Neuzeit

Das Norn

Die Landnahme N-Schottlands durch die Skandinavier um 780 n. Chr. erfolgte auf deren Weg zu den Hebriden und nach Irland bzw. zu den Färoer-Inseln.

Bis ins späte 15. Jh. blieb N-Schottland in norweg. Besitz und damit auch sprachl. Skandinavien verbunden; gesprochen wurde die altnordische Sprache, das **Norn.**

Die Shetland- und die Orkney-Inseln blieben bis 1472 norwegisch. CHRISTIAN I. von Dänemark (und Norwegen) hatte seiner Tochter MARGARETA bei ihrer Heirat mit JAKOB III. von Schottland die Inselgruppen 1469 als Mitgift versprochen. Doch da diese Mitgift nicht eingelöst wurde, annektierte Schottland die Inseln 1472.

Im 16. und 17. Jh. machte die Schottisierung der Inseln Fortschritte, auch weil das Schottische als Sprache der Kirche, der von den Kirchen betriebenen Schulen und der Gerichte höheres Prestige genoss als das heimische Norn.

Im 18. Jh. hielt sich Norn auf den abgelegeneren Inseln noch als Sprache in der Familie, während das Schottische selbst durch das Englische abgelöst wurde, bes. nach der Einführung von Dorfschulen um 1765.

Allerdings konnten 1893–95 noch 10 000 Wörter skandinav. Ursprungs auf den Shetland-Inseln gesammelt werden (JAKOBSEN, 1928–32).

Der größte Teil dieser Wörter starb dann im shetländ. Dialekt des 20. Jhs. aus.

Das skandinav. Erbe spielt aber weiter eine Rolle. Auch neue Straßen und Häuser erhalten norweg. Namen, z. B. noch vor wenigen Jahren in Lerwick:

Sandveien 'Sand Road' für eine Straße und *Kveldro* 'Evening Peace' für ein Haus.

Die Isolation der Inseln, bes. der Shetland-Inseln, ist trotz der geringen Größe der Sprachgemeinschaften (1991 hatte der Distrikt Orkney 19 156 Ew., der Distrikt Shetland – nach dem Ölboom – 21 905 Ew.) dafür verantwortlich, dass sich der Dialekt, der eine Lowland Scots Basis hat, bis heute bewahrt hat.

In neuerer Zeit hat er durch eine blühende Dialektliteratur, z. B. in der Zeitschrift ›Shetland Life‹, und durch Sendungen in Shetländisch über ›Radio Shetland‹ neuen Auftrieb erhalten. Doch sind dem Dialekt bestimmte Bereiche (v. a. Familie, Freundeskreis) vorbehalten.

JOHN J. GRAHAM veröffentlichte 1981 in ›The New Shetlander‹ eine Übersetzung des Gleichnisses vom verlorenen Sohn (Lukas 15, 11 ff.) im Shetlanddialekt:

An he said, »Dey wir a man *at* hed twa sons. An da youngest ane said *til* him: ›Gie me my wack o da *gear at* faas ta me.‹ An da faider pairted his *gear* atween dem. An no lang eftir dis, da youngest ane took his fit in his haand an set aff for a uncan laand.«

[Und er sagte, »Es war ein Mann, der hatte zwei Söhne. Und der Jüngste sagte zu ihm: ›Gib mir meinen Teil der Güter, der mir gehört.‹ Und der Vater teilte seine Güter unter ihnen auf. Und nicht lange danach nahm der jüngste Sohn sein Schicksal in seine Hand und machte sich auf in ein unbekanntes Land.«]

Die *Hervorhebungen* verdeutlichen das starke skandinav. Erbe in diesem Dialekt.

Das Gälische

Gälisch (lat. 'lingua scotica') war die Sprache der **Skoten** (Scotti), eines kelt. Volks aus Irland, das sich ca. 500 n. Chr. in Schottland, zunächst in Argyll, niederließ und dem Land seinen Namen gab.

Es handelte sich damals um **Common Gaelic**, denn vom irischen und schott. Gälisch als zwei versch. Sprachen kann man erst seit dem 13. Jh. sprechen.

Die Skoten trafen in Schottland auf die Pikten, mit denen sie 843 ein gemeinsames Königtum von Alban errichteten (s. auch S. 57).

Ferner siedelten vor den Angelsachsen ausweichende kelt. Briten in Strathclyde.

Um 850 weitet sich das Gälische in Schottland durch den Einfluss der Klöster (bes. auf Iona) aus. Bis zum 11. Jh. war Gälisch die vorherrschende Sprache.

Die **Anglisierung Schottlands** setzte unter MALCOLM III. (1058–93) ein, der der letzte schott. König mit gäl. Muttersprache war. MALCOLM, der selbst 15 Jahre in England im Exil gewesen war, hatte die westsächs. Prinzessin MARGARET (Saint Margaret) geheiratet. So fand die **englische Sprache** und **Kultur** Eingang am schott. Hof; auch die röm.-kath. Kirche gewann mehr und mehr die Oberhand über die kelt. Kirche der irischen Missionare.

Wichtig für die Anglisierung war die Einführung des anglonormann. Feudalsystems unter MARGARETS und MALCOLMS jüngstem Sohn DAVID I. (1124–53). Es etablierte sich eine Verwaltung nach engl. Vorbild.

Auch die Errichtung militär. Standorte, der sog. **Burghs**, im 11. und 12. Jh., die sich alsbald zu örtl. Handelszentren entwickelten, brachte die einheim. Bevölkerung mit Engländern und Normannen in Kontakt.

Die Anglisierung der zentralen schott. Lowlands setzte sich unaufhaltsam fort, ebenso die der tiefer gelegenen Gebiete entlang der Ostküste jenseits des Firth of Forth. Gälisch wurde zunehmend die Sprache der Unterschicht und der Landbevölkerung.

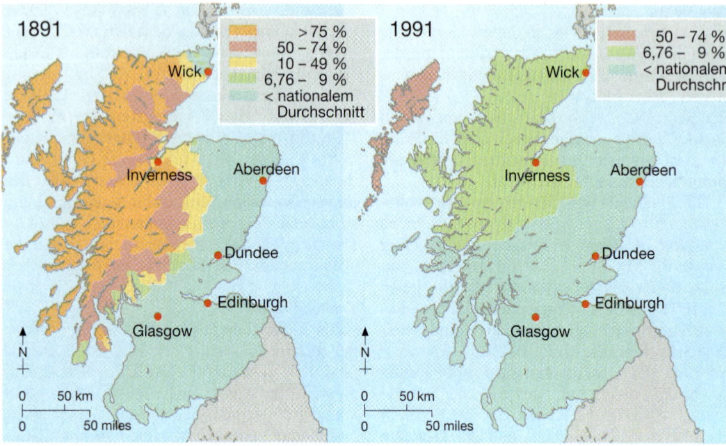

A Anteil der gälischsprachigen Bevölkerung 1891 (links) und 1991 (rechts)

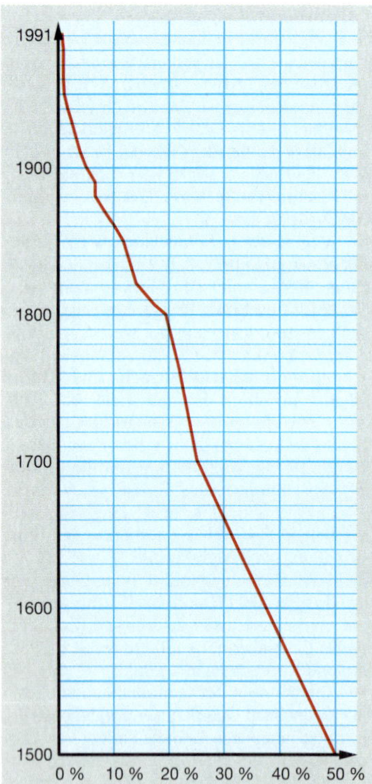

B Gälischsprachiger Bevölkerungsanteil (1500 – 1991)

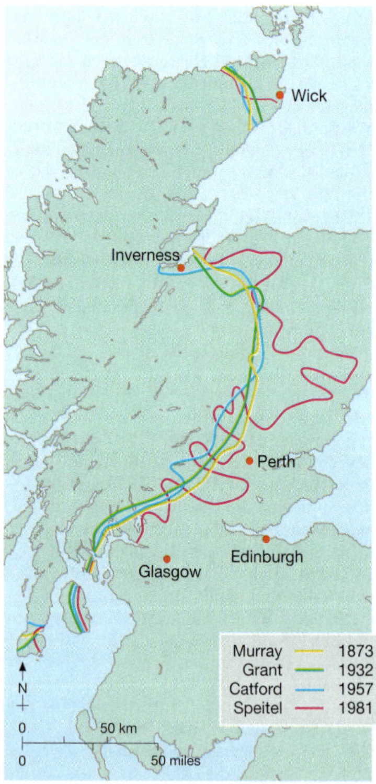

C Möglicher Verlauf der Hochlandlinie im 15. und 16. Jh.

Es erweist sich als schwierig, den genauen Grenzverlauf zwischen dem englisch- und gälischsprachigen Gebiet im 15. und 16. Jh. festzustellen, weil die vorhandenen Belege nicht ausreichen. Daher können die in Abb. C verzeichneten Linien nur den ungefähren Grenzverlauf angeben: Danach gab es ein gälischsprachiges Gebiet in Galloway, im Südwesten Schottlands, in dem sich Gälisch bis ins 17. Jh. halten konnte.

Mit dem Zurückweichen des Gälischen in die Highlands Ende des 16. Jhs. entstand bald ein deutlicher Gegensatz zu den Lowlands, der nicht nur sprachl. Natur war. Im 16. und frühen 17. Jh. wurde das polit. Leben Schottlands von den anglisierten reformierten Lowlands bestimmt, was zu religiösen und sozialen Spannungen mit den Bewohnern der Highlands führte.

> Das Gälisch in den Highlands wurde gleichgesetzt mit Unzivilisiertheit und Papismus.

Nichtsdestoweniger war Gälisch Mitte des 16. Jhs. auch noch außerhalb der Gaidhealtachd, d. h. der Highlands und Western Isles, wie Griechisch, Latein und Hebräisch, aber im Gegensatz zu Englisch eine *Sprache der Gelehrsamkeit.*

Im Hochland spielten die **Clans**, kelt. patriarchal. Stammesverbände, eine große Rolle. CROMWELL versuchte, die Macht der Clans zu brechen, aber nach der Wiederherstellung des Hauses Stuart festigte sich die alte Stammesverfassung wieder. Nach der Vertreibung der Stuarts Anfang des 18. Jhs. und dem endgültigen Scheitern der Rebellion unter PRINCE CHARLES EDWARD (besser bekannt als BONNIE PRINCE CHARLIE) 1746 begann die bewusste Zerschlagung der gäl. Gesellschaftsstruktur.

Während der berüchtigten **Highland Clearances** von 1782–1853 wurden viele Hochländer (*clans*) von engl. Großgrundbesitzern von ihrem angestammten Besitz vertrieben.

Mit beginnender Industrialisierung zogen viele Gälen in die Städte der Lowlands (z. B. nach Glasgow) oder gingen nach Übersee. Die Folge war eine weitgehende Entvölkerung der Highlands und die damit verbundene merkliche Schwächung des Gälischen.

Die Hochlandlinie

Die geograf.-sprachl. Grenze zwischen gälischsprachigen Highlands und englischsprachigen Lowlands, die später als **Celtic Border** oder **Highland Line** (Hochlandlinie) bezeichnet wurde, verläuft vom Firth of Clyde im Südwesten in einem östl. Bogen zum Moray Firth im Nordwesten (Abb. C).

Zuerst 1873 von MURRAY beschrieben, setzten im 20. Jh. mit z. T. unterschiedlichem Verlauf auch GRANT (1931), CATFORD (1957) und SPEITEL (1981) die Hochlandlinie fest; Letztere auf der Grundlage der Erhebungen des ›Linguistic Survey of Scotland‹.

> Allerdings trennt sie seit GRANT das Scots und nicht mehr das Gälische vom Englischen.

In den letzten 500 Jahren ist das Gälische in Schottland dramatisch zurückgegangen (Abb. B). Den Rückgang innerhalb des letzten Jhs. zeigt Abb. A. Seit 1981 ist ein Rückgang um weitere 0,2%-Punkte zu verzeichnen, 1991 sprachen nur noch 1,4% der Gesamtbev. gälisch.

Auch die Altersverteilung ist wenig optimistisch: 1991 sprachen 0,9% der 3–15-Jährigen, 1,2% der 16–44-Jährigen, 1,6% der 45–64-Jährigen, aber 2,2% der Über-65-Jährigen gälisch. Diese ungünstige Altersverteilung gilt auch für die beiden Regionen mit einem höheren bzw. hohen Anteil an Gälischsprechern. Sowohl in der Highland-Region als auch auf den Äußeren Hebriden (den Western Isles) ist Gälisch die Sprache der Älteren und Alten.

Der **rechtliche Status** des Gälischen ist heute eingeschränkt: Es gibt z. B. kein Recht zur Verwendung des Gälischen in schott. Gerichten. Bei Strafprozessen steht Angeklagten, die nicht englisch sprechen oder verstehen, ein Übersetzungsdienst zur Verfügung.

Die Western Isles, seit 1975 ein eigener Verwaltungsbezirk, haben mit 68,4% (1991) den bei weitem höchsten Prozentsatz an Gälischsprechenden. Amtliche Veröffentlichungen erscheinen hier in engl. und gäl. Sprache. Auch ist Gälisch dort und auf der Isle of Skye neben Englisch Unterrichtssprache in den Grundschulen (Bilingual Schools); andernorts in Schottland wird es in einigen Grundschulen (z. B. in Glasgow) als Zweitsprache unterrichtet. Auch an einigen weiterführenden Schulen ist Gälisch seit kurzem Unterrichtssprache; es mangelt indes an qualifizierten Lehrern.

Während Radiosendungen in gäl. Sprache bereits überall in Schottland empfangen werden können, laufen erst seit Ende 1992 gälischsprachige Fernsehprogramme, die von der brit. Regierung finanziell unterstützt werden. Diese Fernsehprogramme haben z. T. englischsprachige Untertitel!

Alle Anzeichen deuten darauf hin, dass, wenn nicht Entscheidendes sowohl im Bewusstsein der Bevölkerung als auch im Handeln des Staates geschieht, Gälisch in Schottland dasselbe Schicksal erleiden wird wie Kornisch und Manx und spätestens Ende dieses Jhs. ausgestorben sein wird.

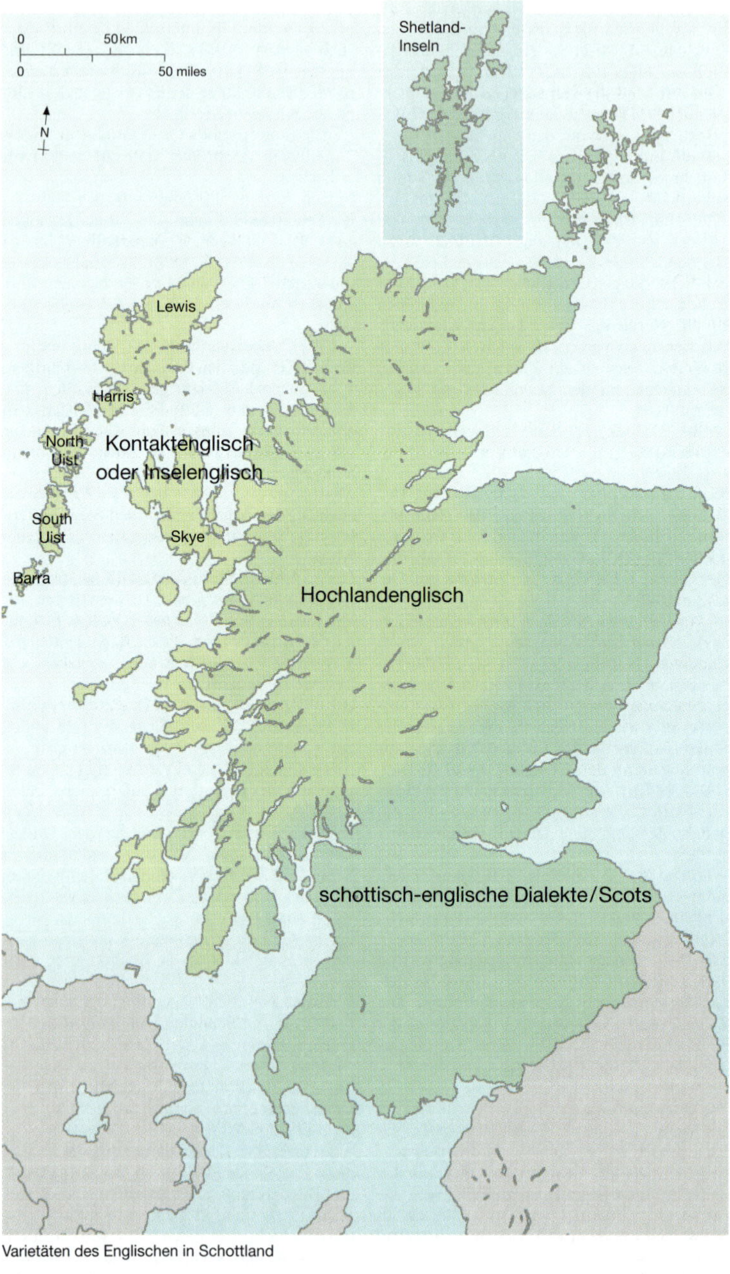

Varietäten des Englischen in Schottland

Varietäten des Englischen in Schottland
Westlich der Hochlandlinie vollzog sich ab der 2. Hälfte des 19. Jhs. ein Wechsel vom Gälischen zum schul. Schriftenglisch.
Als Ergebnis dieses gäl.-engl. Sprachwechsels hat sich das
Hochlandenglisch (Highland English) herausgebildet, das sowohl auf der lautl. und der grammat. als auch auf der lexikal. Ebene deutliche gäl. Einflüsse zeigt.
Auf den der schott. Westküste vorgelagerten Inseln wird
Kontaktenglisch oder **Inselenglisch (Island English)** gesprochen. Es weist noch stärkere Interferenzen des Gälischen als das Hochlandenglisch auf, da hier der Sprachwechsel erst im 20. Jh. erfolgte.
Die Übergänge zwischen Hochland- und Kontaktenglisch sind fließend; beide zeichnen sich durch ausgeprägte Variabilität aus.
In der Literatur wird mit sprachl. Merkmalen dieser Region individuell umgegangen. Die folgenden Passagen aus LILLIAN BECKWITHS ›The Hills is (!) Lonely‹ (1959) – einem Roman, der auf den Hebriden spielt – zeigen auf der grammat. Ebene eine ganze Reihe der auf Interferenzen des Gälischen zurückzuführenden Charakteristika:

> Dear Madam, Its just now I saw your advert when I got the book for the knitting pattern I wanted from my cousin Catriona. I am sorry I did not write sooner if you are fixed up if you are not in any way fixed up I have a good good house stone and tiles and my brother Ruari who will wash down with lime twice every year. Ruari is married and lives just by. She is not damp. I live by myself and you could have the room that is not a kitchen and bedroom reasonable. I was in the kitchen of the lairds house till lately when he was changed God rest his soul the poor old gentleman that he was. You would be very welcomed. I have a cow also for milk and eggs and the minister at the manse will be referee if you wish such.
> Yours affectionately, Morag McDugan.
> P. S. She is not thatched.

– Die Wiederholung eines Adjektivs gilt im Gälischen als Intensivierung, daher *I have a good good house.*
– Im Gälischen steht das Adjektiv hinter dem Substantiv, das es qualifiziert, und nicht, wie im Englischen, davor, daher *bedroom reasonable.*
– Da es im Gälischen keinen unbestimmten Artikel gibt, geht der Artikelgebrauch im Brief durcheinander: *You could have the room that is not a kitchen.*
– Im Gälischen gibt es nur Maskulina und Feminina, daher *She (the house) is not thatched.*
– Schließlich weist das Gälische für alle Personen jeweils nur eine Verbform auf, daher *The hills is lonely.*

Die meisten dieser Merkmale dürften die Phase der Zweisprachigkeit kaum überdauern.

Weitere Interferenzen
Satzkonstruktionen mit vorgezogenem Pronomen sind typ. Merkmale des Kontaktenglischen. Beispiele:
Who is he, the man?
oder
Did you see him, the minister?
In Anlehnung an das Gälische weichen Sprecher des Kontaktenglischen hinsichtlich des Tempusgebrauchs vom Standardenglischen ab. Da das Gälische zudem keine Verbform kennt, die den perfektiven Formen des Englischen in ihrer Bildungsweise entspricht, werden im Kontaktenglischen nicht-perfektive Verbformen zur Beschreibung einer in der Gegenwart fortbestehenden Situation gebraucht. Beispiel:
I am a widower for five years (Standardenglisch: *I have been a widower for five years.*)
Die Konstruktion *be* + *after* + Verb-*ing* ist ein typ. Merkmal des Kontaktenglischen (auch im irischen Gälisch und im Walisischen und sogar in Neufundland belegt).
Das vollständige Paradigma sieht nach SABBAN folgendermaßen aus:

Gälisch	Kontaktenglisch	Standard-englisch
tha e air bualadh	he is after striking	he has struck
bha e air bualadh	he was after striking	he had struck
bithidh e air bualadh	he will be after striking	he will have struck
bhitheadh e air bualadh	he would be after striking	he would have struck

Vgl. SABBAN (1982) zu weiteren grammat. Eigentümlichkeiten des Kontaktenglischen und zur Verwendung dieser Merkmale in der Literatur.

Nicht alle Besonderheiten des Hochlandenglischen lassen sich auf gäl. Substrat zurückführen. So steht wie im Gälischen der bestimmte Artikel bei Sprachen und Abstrakta (*in the English, at the home*), doch ist ein solcher Artikelgebrauch sowohl im schott. Engl. als auch in nordengl. Dialekten weit verbreitet.
Auch kann der bestimmte Artikel im Hochland- und Inselenglischen vor Krankheits-

bezeichnungen stehen (*the headache, the toothache*). Im Gälischen ist es uneinheitlich. Somit kann auch hier englischer Einfluss unterstützend gewirkt haben. Dies ist ein weiteres Zeugnis für die sprachgeschichtliche Gemeinsamkeit dieser Gebiete. Im letztgenannten Bereich ist die Angabe mit bestimmtem Artikel sogar am häufigsten belegt.

Aussprache
Da im Gälischen /b, d, g/ stimmlos sind, werden englische /b, d, g/ vielfach als /p, t, k/ gesprochen bzw. missverstanden, was auch Schreibungen wie *pox* für *box* und *inteet* für *indeed* erklärt.
Das Gälische hat keine stimmhaften Sibilanten. Daher werden engl. /z, ʒ, ʤ/ als /s, ʃ, tʃ/ ausgesprochen, wobei die Oppositionen /s ‡ z/, /ʃ ‡ ʒ/, /tʃ ‡ ʤ/ verloren gehen. Schreibungen wie *chust* für *just* und *pleshure* für *pleasure* weisen darauf hin.
Weitere Aussprachemerkmale des Hochland- und Kontaktenglischen sind Ersetzung von Englisch /θ/, /đ/ und /w/, die es im Gälischen nicht gibt, durch [s], [ts] sowie [u].

Der engl. Personenname *Macwatt* wird daher zu *Macouat* gälisiert.

Die englische Opposition /θ/‡/s/ fällt in /s/ zusammen, wodurch Homophone vom Typ /maus/ für *mouse* und *mouth* entstehen.
Im Gälischen fallen /r/ plus /s/ in einem retroflexen Frikativ [ʂ] zusammen, was im Hochland- und Inselenglischen die Aussprachen [foʂ] *force*, ['meʂe] *mercy* und ['paʂls] *parcels* erklärt.

Wortschatz
Der Wortschatz des Hochlandenglischen stimmt weitgehend mit dem des schott. Englisch überein. Viele Sprecher benutzen dialektale Ausdrücke aus dem Scots wie

bairn (child), *brae* (slope), *greet* (weep), *oot* (out), *no (he is no in)* und *-na (I canna say)* und *ay* (yes).

Im Kontaktenglischen finden sich nur wenige unverändert übernommene gäl. Wörter. Diese hängen insb. mit gäl. Tradition und Lebensweise zusammen, wie *céilidh* 'gesellige Zusammenkunft'. Auf gäl. Substrat geht das Anhängen der Diminutivform *-ag* als Koseform an Jungennamen, wie z. B. *Tomag* und *Johnag,* zurück, die im Gälischen fem. ist und als Endung für Mädchennamen dient.
Die Verwendung von *anymore* in der Bed. 'moreover, anyhow' wie in *The match is finished anymore*, das in anderen Varietäten des Englischen und im Standardenglisch nur in verneinenden und interrogativen Sätzen auftritt, geht zurück auf das gäl. Adverb *tuilleadh,* das 'more, anymore, moreover' bedeutet und auch in bejahenden Sätzen gebraucht werden kann.

Schottisches Englisch und schott.-engl. Dialekte
Östlich der Hochlandlinie bildete sich einerseits ein Regionalstandard, **schottisches Englisch** oder *Standard Scottish English* oder *Educated Scots* genannt, und andererseits *Lowland* und *Insular Scots* heraus, also **schottisch-englische Dialekte.**
Unter letztgenannten ist bis ins 14. Jh. der mit den nordengl. Dialekten auf Grund der angl. Besiedlung im Südosten Schottlands gleichförmige Dialekt zu verstehen – zunächst **Inglis**, seit der pol. Unabhängigkeit Schottlands 1328 **Scottis** genannt –, danach bis ins 17. Jh. die darauf aufbauende Edinburgher Verwaltungssprache.
Im Jahre 1603 erfolgte die **Union of the Crowns**. James VI. von Schottland zog als James I. von England mit seinem Hof nach London, was auch sprachl. Konsequenzen hatte. Die gebildete schott. Bevölkerung war fortan um das Standardenglisch bemüht – aufgrund schott. Besonderheiten Standard Scottish English oder Educated Scots genannt.

Wichtig in diesem Zusammenhang war die Übernahme der englischsprachigen Bibel in Schottland, deren Übersetzung von James I. autorisiert worden war und die daher **Authorised Version** oder **King James Bible** genannt wurde.

Die schott.-engl. Dialekte waren spätestens im 19. Jh. reine Provinzdialekte geworden. Zwischen ihnen, bes. dem broad Scots und dem Standard Scottish English, hat sich ein Dialekt-Standard-Kontinuum herausgebildet.
Zwischen dem 14. und 18. Jh. sprachen und schrieben Schotten **Older Scots**, eine Sprachform mit bes. Charakteristika in der Aussprache, Schreibung, Grammatik und Lexik, wie die folgenden Beispiele zeigen: *soyn* 'soon', *teuch* 'tough', *walter* 'water' und *quha* 'who'. Diese Periode wird seit 1931 im ›Dictionary of the Older Scottish Tongue‹ dokumentiert.
Modern Scots, dem das 10-bändige ›The Scottish National Dictionary‹ (1931–1976) gewidmet ist, ist einem starken Druck durch die Standardsprache ausgesetzt.
Zu den Wörtern altengl. Ursprungs, die sich in Schottland – im Gegensatz zum Standardenglischen – erhalten haben, gehören z. B.

but and ben 'ein Zwei-Zimmer-Landhaus' und *thole* 'erdulden'.

Vom Englischen abweichende Bedeutungen im Scots haben z. B.

want 'benötigen' und *mind* 'sich erinnern'.

Zu den seltenen **gälischen Entlehnungen** im Scots gehören neben topograf. Bezeichnungen *bog* 'Sumpf', *cairn* 'Steinhügel', *caber* 'Balken', *usquebae* 'Whisky', *ingle* 'Feuer, Flamme' und *slogan* urspr. 'Schlachtruf', 'Schlagwort'.

Demgegenüber sind **Wörter skandinav. und frz. Ursprungs** im Scots wesentlich zahlreicher. Skandinav. Beispiele sind

dreich 'trocken' und *gate* 'Straße', z. B. in *Cowgate* (Straßenname in Edinburgh), sowie *kirk* (church), *breek* (breech), *sic* (such), *brig* (bridge), *lowp* (leap), *frae* (from), *hoast* (cough), *neive* (fist), *lug* (ear) und *kist* (chest).

Frz. Wörter kamen in mehreren Wellen nach Schottland, z. B.

houlet 'Eule', *tassie* 'Tasse' und *jalouse* '(jn) verdächtigen',

die im Englischen nicht überlebt haben.

Andere folgten im Scots anderen phonolog. Regeln als im Englischen. Hierzu gehören

failyie (fail), *spulyie* (spoil), *cunye* (coin), *fenyie* (feign), *succar* (sugar) und *creish* (grease).

Die dritte Welle z. Zt. der frz.-schott. Allianz (1296–1560) umging England:

disjune 'Frühstück', *fash* 'belästigen, beunruhigen', *visie* 'besuchen; Ziel', *hogmanay* 'Silvester'.

Das erste große Gedicht in Scots, ›Brus‹, verfasste **John Barbour** im Jahre 1375 und leitete damit eine allmähliche Verdrängung des Lat. ein, die Ende des 15. Jhs. weitestgehend erreicht war. Dann jedoch begann ein langsamer Niedergang des Scots, wobei die Tatsache eine wichtige Rolle spielte, dass es damals keine Übersetzung der Bibel in das Scots gab. **Nisbets** Übertragung der Wyclifbibel von ca. 1520 wurde erst 1902 gedruckt. Das Neue Testament, übertragen vom Griechischprofessor WILLIAM LORIMER, erschien erst 1983 vollständig in Scots.

Seit 1700 lebte die literar. Tradition des Scots wieder auf, so u. a. in den Gedichten des Nationaldichters ROBERT BURNS (1759–96) und in den Dialogpartien einiger Romane SIR WALTER SCOTTS im frühen 19. Jh.

Ab den 1920er Jahren erlebte Scots eine Renaissance, die eng mit dem schott. Nationalismus verbunden ist. Im Gegensatz zu Irland, wo sich die Unabhängigkeitsbewegung mit dem Gälischen als Nationalsprache identifizierte, besannen sich die schott. Nationalisten zumindest der Lowlands auf die regionalen Varianten des Scots und dessen histor. Ursprung. Die literar. Sprache, insbes. der Wortschatz, die auf diese Weise entstand, wurde zuerst **synthetic Scots** genannt; in den 1940er Jahren tauchte die Bezeichnung **Lallans** auf, eine Verballhornung von **Lowlands.**

Zu den wichtigsten Autoren, die in synthetic Scots schrieben, gehören neben HUGH MACDIARMID (Pseudonym von CHRISTOPHER GRIEVE), A. D. MACKIE und MARGARET FERGUSON.

»Ferlies are a fact o life for some folks; maist matter-o-fact folk tae, wha'll tell ye they're naething tae be feart o …« (M. FERGUSON, ›Reid Roses for Serendipity‹)
[Wunder sind eine Tatsache des Lebens für einige Leute; auch für nüchterne Leute, die einem erzählen werden, dass sie nichts sind, wovor man sich fürchten sollte.]

›To a Haggis‹ (1786) und ›Tam o Shanter‹ (1790) sind 2 bekannte Gedichte von BURNS.

Haggis ist das schott. Nationalgericht, bestehend aus Leber, Niere und anderen Innereien, alles klein gehackt, gewürzt und – vermischt mit Hafermehl und Zwiebeln in einen Sack aus der Innenhaut eines Schafmagens eingenäht. Dieses Gericht wird bei dem alljährlich zu BURNS' Geburtstag veranstalteten Burns Supper gereicht.

To A Haggis

1. Fair fa' your honest sonsie face,
Great chieftain o' the puddin'-race!
Aboon them a' ye tak your place.
Painch, tripe or thairm:
Weel are ye wordy o' a grace
As lang's my arm.

2. The groaning trencher there ye fill,
Your hurdies like a distant hill;
Your pin wad help to mend a mill.
In time o' need;
While thro' your pores the dews distil
Like amber bead.

3. His knife see rustic Labour dight,
An' cut you up wi' ready sleight,
Trenching your gushing entrails bright
Like ony ditch;
And then, O what a glorious sight,
Warm-reekin', rich!

4. Then, horn for horn they stretch an' strive,
Deil tak the hindmost! on the drive,
Till a' their weel-swall'd kytes belyve
Are bent like drums;
Then auld guidman, maist like to rive,
Bethankit hums.

5. Is there that o'er his French ragout,
Or olio that wad staw a sow,
Or fricassee wad mak her spew
Wi' perfect sconner,
Looks down wi' sneering scornfu' view
On sic a dinner?

A Geburtsorte bekannter schottischer Dichter

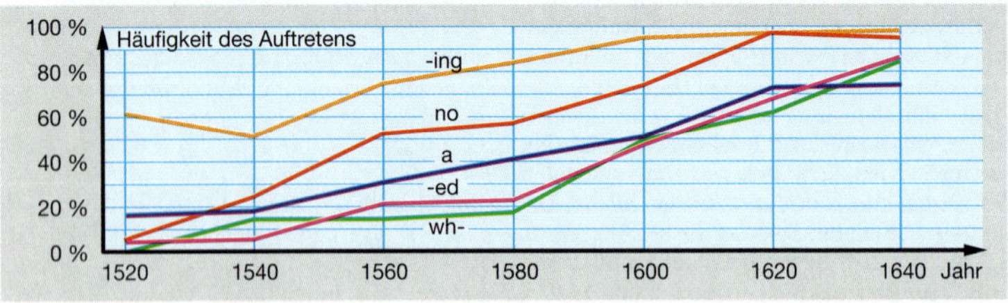

B Anglisierung von 5 Variablen

6. Poor devil! see him owre his trash,
As feckless as a wither'd rash,
His spindle shank a guid whip-lash,
His nieve a nit:
Thro' bloody flood or field to dash.
O how unfit!

7. But mark the Rustic, haggis-fed –
The trembling earth resounds his tread!
Clap in his walie nieve a blade,
He'll mak it whissle;
An' legs, an' arms, an' heads will sned,
Like taps o' thrissle.

8. Ye Pow'rs, wha mak mankind your care,
And dish them out their bill o' fare,
Auld Scotland wants nae skinking ware
That jaups in luggies;
But, if ye wish her gratefu' prayer,
Gie her a Haggis!

1. Gesegnet sei dein redliches, fröhliches Gesicht, großes Oberhaupt des »pudding«-Geschlechts! Über allen anderen nimmst du deinen Platz ein, ob Pansen, Kuddeln oder Eingeweide: wohl bist du einer Huldigung würdig, die so lang ist wie mein Arm.

2. Das ächzende Tranchierbrett dort füllst du, dein hinterer Teil gleicht einem fernen Hügel, der Spieß, an dem du steckst, könnte, wenn es die Not erfordert, die Leistung einer Mühle steigern helfen, während durch deine Poren tauartig das Fett gleich Bernsteinperlen austritt.

3. Schau, wie der wackere Landmann sein Messer wetzt und dich schnell und kunstfertig aufschneidet und dabei deine hervorquellenden Eingeweide furcht wie einen Graben; und dann, oh welch herrlicher Anblick, warm dampfend und üppig!

4. Da streckt man sich dann und drängt herzu, einer nach dem andern mit seinem Hornlöffel. »Den letzten beißen die Hunde« heißt die Devise, man arbeitet sich voran, bis alle Mägen sich wohl gefüllt nach und nach dehnen wie Trommeln, und dann murmelt der Hausvater, selbst schon bald am Platzen, das Dankgebet.

5. Sollte es da tatsächlich manchen geben, der über seinem französischen »ragoût« oder »olio«, das einem Schwein Überdruss schaffen würde, oder »fricassée«, das das arme Tier vor lauter Ekel zum Speien bringen würde, verächtlich und geringschätzig die Miene verzieht, wenn er eine solche Mahlzeit vor sich sieht? …

Die Anglisierung schottischer Schreibungen machte sich nach 1603 (*Union of the Crowns*) bes. stark bemerkbar. Dies lässt sich an 5 sprachl. Variablen gut illustrieren (Abb. B).

Das von DEVITT 1989 untersuchte Corpus besteht aus 121 Texten, die zwischen 1520 und 1659 verfasst wurden. Dabei handelt es sich v. a. um offizielle und private Korrespondenz, religiöse Traktate und nationale Materialien wie Protokolle. Passagen in einer Länge von 1000 Wörtern pro Text liegen der Untersuchung zu Grunde.

– Die **Schreibung des Relativpronomens** änderte sich von *quh-* zu *wh-* (z. B. in *which* und *who*). 1520 schrieben Schotten stets *quh*. Während die *wh*-Schreibungen in den folgenden 80 Jahren selten blieben, stieg deren Häufigkeit bis 1659 auf über 80%.

– Die **Schreibung der Vergangenheitsendung** von Verben änderte sich von *-it* zu *-ed: endit > ended.* Auch hier war die Neuerung anfangs recht selten; sie betrug 1520 nur 5%, nahm nach 1580 allerdings deutlich zu und erreichte 87% im Jahre 1659.

– Der **unbestimmte Artikel ane** wurde zu *a* oder *an.* Die Verteilung entspricht der im heutigen Standardenglisch (*ane bottle > a bottle, ane apron > an apron*). Diese Änderung zeigte sich mit 16% bereits recht deutlich zu Beginn des Untersuchungszeitraumes und wies 1659 lediglich einen Wert von 74% auf.

– Die **Negationspartikel na** und **nocht** wurden zu *no* und *not.* Diese Änderungen wurden nach 1520 sehr schnell vollzogen und setzten sich nach 1600 in einer Weise fort, dass am Ende des Untersuchungszeitraumes die Schreibung *not* 100%ig, die von *no* in 94% der Fälle auftrat.

– Die **Endung des Präsenspartizips** veränderte sich von *-and* zu *-ing* (z. B. *huntand > hunting*). Dies ist das am stärksten anglisierte Merkmal in DEVITTS Untersuchung. Die *-ing*-Form wurde schon 1520 in 60% der Fälle verwendet. Bereits um 1600 hatte sie sich voll durchgesetzt.

Bei allen genannten Variablen handelt es sich um Zusammenfassungen von sehr komplexem Sprachgebrauch. So variiert der Gebrauch bei *-and/-ing* bis 1600 sehr, und oft verwenden Autoren sogar in einem Satz beide Formen. Nach 1603 endet diese Variabilität jedoch innerhalb zweier Generationen.

Sie ist auch *gattungsabhängig*: Im religiösen Schrifttum ist der Prozess um 1600 fast vollständig vollzogen, bei den Protokollen und anderem staatlichen Archivmaterial geht er am langsamsten vonstatten. Diese Gattung zeigt sogar am Ende des Untersuchungszeitraumes konservative Züge.

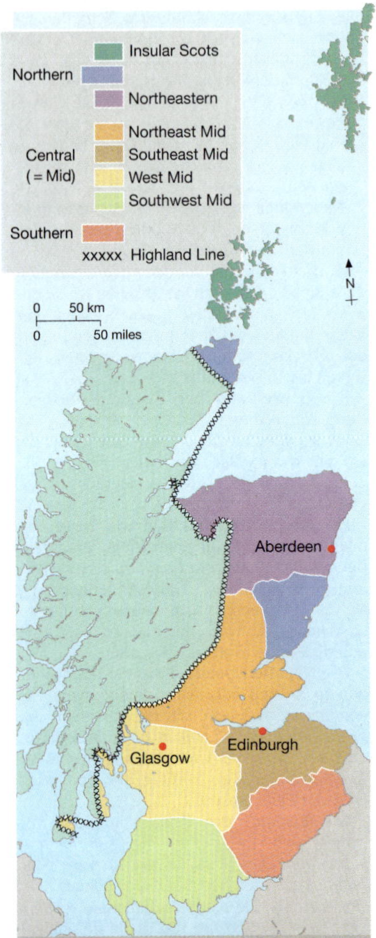

	stone	who	he
Northern Scots	steen	faa	he
Mid Scots	stane	wha, whae (Southeast Mid)	he
Southern Scots	stane stien	whae (obsolete)	hei

	dead	good	cow
Northern Scots	deid	g(w)eed	coo
Mid Scots	deid, dead (Northeast Mid)	guid	coo
Southern Scots	died	guid	cow

A Das Scots

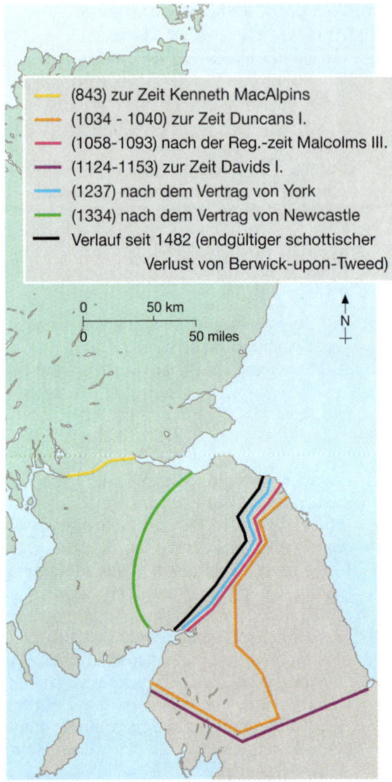

B Verlauf der schottisch-englischen Grenze

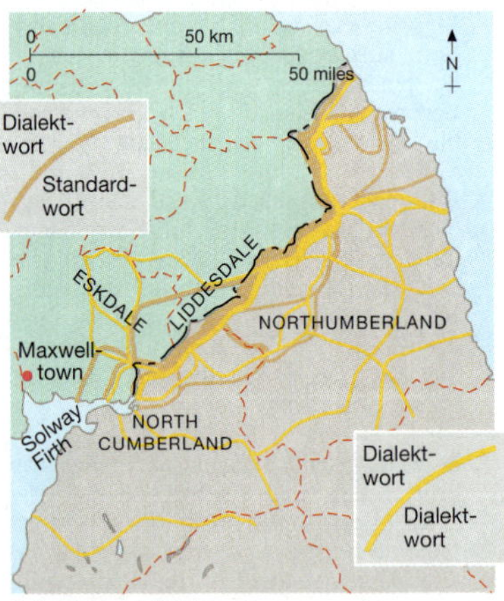

C Isoglossenbündel an der englisch-schottischen Grenze

Die Frage, ob Scots eine Sprache oder ein Dialekt sei, wurde wiederholt diskutiert. Die Tatsache, dass es in dieser Sprache eine Literatur gibt, die jede in engl. Sprache verfasste Dialektliteratur bei weitem überragt, und dass Scots einstmals die Nationalsprache der schott. Nation war, genügt für patriot. Schotten, Scots als Sprache zu bezeichnen.

Der dt. Wissenschaftler HEINZ KLOSS hat Scots eine Halbsprache genannt.

Ob Halbsprache oder Sprache, Scots ist in jedem Fall mehr als ein Dialekt (des Englischen), denn es hat – seit dem 15. Jh. – eigene Dialekte entwickelt.

Abb. A zeigt die räumliche Verteilung dieser schott. Dialekte. Außerdem führt sie die für die Verteilung von ROBINSON (1985) und MURISON (1981) übereinstimmend aufgestellten Ausspracheкriterien an.

Der in Caithness gesprochene Dialekt (Northern) ist mit dem der Region Aberdeen (Northeastern) im Grunde identisch.

Dass die seit 500 Jahren festliegende pol. Grenze zwischen England und Schottland auch eine Sprachgrenze darstellt, ist wohl jedem bewusst geworden, der sie einmal überquert hat. So trifft man nur in Schottland auf den charakterist. **Reibelaut**, z. B. in

loch 'See, Bucht' und *nicht* 'Nacht',

ein Laut, der Engländern viel Schwierigkeiten bereitet. (Im Scots werden beide Wörter so ausgesprochen wie im Deutschen.)

Einen weiteren Ausspracheunterschied zwischen Scots und Standardenglisch macht die schott. **Vokallängenregel** deutlich, die J. A. H. MURRAY 1873 zum ersten Mal beschrieb. Danach werden im Scots die Vokale in Wortpaaren wie

agreed [iː] 'einverstanden' und *greed* [i] 'Gier', *brewed* [uː] 'gebraut' und *brood* [u] 'Brut', *tied* [ae] 'befestigt' und *tide* [ʌi] 'Gezeiten' oder *feline* ['fiːlʌin] 'schleichend' und *feeling* ['filıŋ] 'Gefühl'

unterschiedlich ausgesprochen.

MURRAY war es auch, der die geograf. Grenze zwischen England und Schottland zum ersten Mal linguist. zu interpretieren suchte. Leider gibt er die sprachl. Kriterien nicht genau an, auf denen seine Isoglosse basiert.

Unter **Isoglosse** versteht man eine Linie, die auf Sprachkarten Gebiete mit gleichen sprachl. Erscheinungen umschließt und von anderen Gebieten abgrenzt.

Die erste Korrektur von MURRAYS Konzept wurde von Prinz LOUIS LUCIEN BONAPARTE 1877 vorgetragen.

Eine zweite, wesentlichere, folgte 1889 von ALEXANDER J. ELLIS. Er führt eine *Lowland Line* an, ohne – wie MURRAY – genau anzugeben, welche linguist. Merkmale sie trennt.

Der nächste Hinweis auf die Grenze findet sich im ›Scottish National Dictionary‹ (1931), wo es auf S. XIII heißt, dass die sprachl. Grenze wohl mit der politischen zusammenfällt.

In neuerer Zeit ging dieser Frage neben SPEITEL (1969) BEAT GLAUSER (1974) nach, wobei er sich auf den Wortschatz beschränkte. Insgesamt stützte sich GLAUSER auf Informantenbefragungen in 106 versch. Orten im engl.-schott. Grenzgebiet. 39 lexikal. Isoglossen fanden schließlich Berücksichtigung bei der Gesamtanalyse. WRIGHTS EDD wurde bezüglich der früheren Verbreitung der als Antwort gegebenen Wörter konsultiert.

Die quantitative Auswertung der Isoglossen ergab eine deutliche Konzentration von Isoglossen entlang der politischen Grenze (Abb. C). Das Isoglossenbündel ist eingelagert in ein Übergangsgebiet, das Northumberland, North Cumberland, Eskdale, Liddesdale und einen kleinen Teil von Dumfriesshire entlang des Solway Firth östlich von Maxwelltown umfasst.

Bei der qualitativen Analyse der Daten war ein Einfluss des Standardenglischen auf die Dialekte im untersuchten Gebiet festzustellen, wobei bes. zu erwähnen ist, dass dieser Einfluss im Norden Englands viel wirksamer ist als im Süden Schottlands.

GLAUSER konnte daraus schließen, dass die Bedeutung der geograf. Grenze als sprachl. Grenzlinie relativ neuen Datums ist, da Dialektwörter, die früher auch weiter südlich verbreitet waren, sich innerhalb der letzten 50 Jahre auf die geograf. Grenze zurückgezogen haben. Wenn dieser Trend anhält, ist zu erwarten, dass die Bedeutung der geograf. Grenze als sprachl. Trennungslinie in Zukunft noch verstärkt wird.

Auch Wörter, die offensichtlich als schott. angesehen werden, verschwinden bzw. sind schon aus Nordengland verschwunden und finden sich heute nur noch in Schottland. Beispiele:

steek 'nähen' (StE *stich*), *ay* 'immer' (*always*), *gaed* 'ging' (*went*), die alten Plurale *kye* 'Kühe' (*cows*), *shoon/shuin* 'Schuhe' (*shoes*), *een* 'Augen' (*eyes*); *ingan* 'Zwiebel' (*onion*), *filler* 'Trichter' (*funnel*), *soop* 'kehren' (*sweep*), *pouch* 'Hosentasche' (*pocket*), *thole* 'ertragen' (*bear*), *poke* 'Tüte' (*bag*), *brat* 'Schürze' (*apron*), *is sair* 'wehtun, schmerzen' (*ache*), *redd* 'Kamm' (*comb*), *pirn* 'Garnrolle' (*reel*).

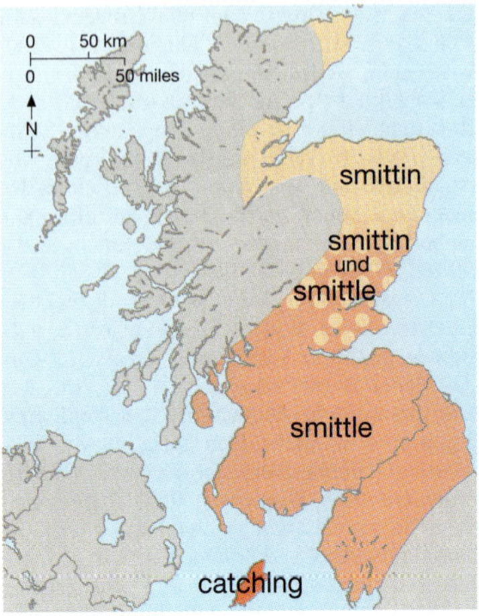

A Dialektale Ausdrücke für *infectious* 'ansteckend'

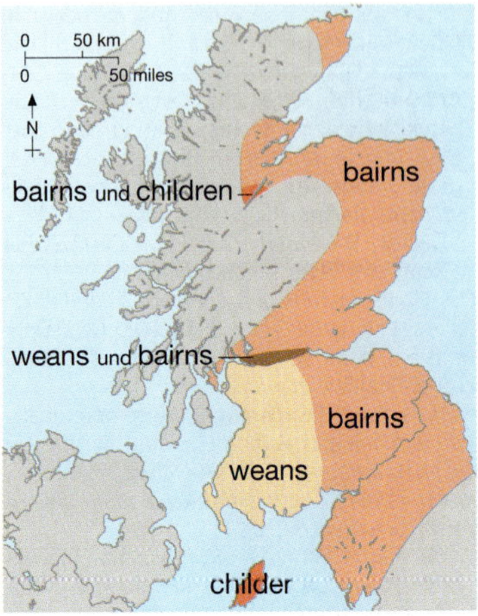

B Dialektale Ausdrücke für *children* 'Kinder'

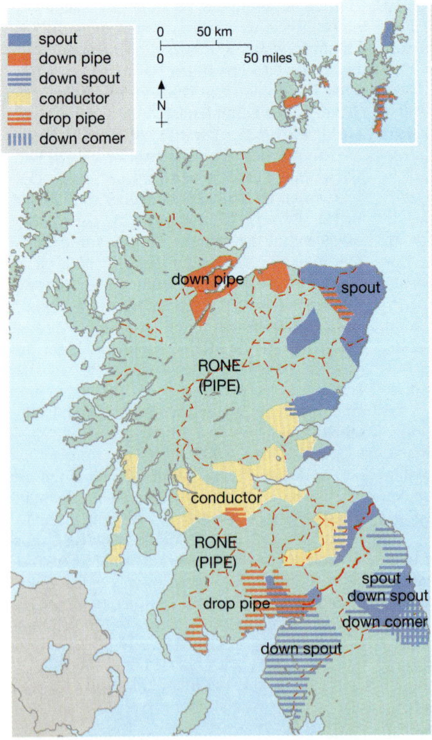

Liste der zusätzlich notierten, selten(er) vorkommenden Ausdrücke für *pipe*	
chop pipe	lead
conduit	ootside spout
conveyor	pipie
cundie	piping
cuttie	rain conductor
descending pipe	rain pipe
down come	rain spout
down drap	rain water pipe
down drop	ren pipe
down dropper	rhond
downer	rhon (pipe)
down fa pipe	rin awa
down gae	ron
down lead	rone conductor
down led	rone drop
down pour	rone pipe conductor
down pourer	roof gutter pipe
down rone	roof pipe
down run	ro pipe
down runner	rowan
down spoot	runner
down stoup	shoot
down water pipe	sile pipe
draa pipe	soil pipe
drain pipe	spout down comer
drop (rone)	spoutie
fa(a) pipe	spout pipe
fall pipe	stack (pipe)
faw pipe	stand pipe
get away	stroop
gitr	tail pipe
gunnie pipe	water pipe
gutter	water spout
gutter pipe	watter spout
gutter spout	witter pipe

C Dialektale Ausdrücke für *pipe* als Bezeichnung für 'Regenabflussrohr'

Der **Survey of English Dialects** begann kurz nach dem Ende des Zweiten Weltkriegs an der Universität Leeds mit der Arbeit und sollte urspr. auch Schottland umfassen.

Dies lässt sich noch an seiner Frage nach *if* nachweisen, die, reduziert auf England, keinerlei Variation enthält und somit sprachgeograf. unergiebig ist. Unter Einschluss von Schottland hätte sie aber zumindest die Varianten *if* und *gin* erbracht.

Wohl auch als Reaktion auf die Aktivitäten im engl. Leeds konstituierte sich 1949 an der Universität Edinburgh der **Linguistic Survey of Scotland (LSS)**.

Zu dem geograf. Wirkungsbereich des schott. Survey gehört nicht nur Schottland, sondern – aus histor. Erwägungen – auch Nordirland, die beiden nördlichsten Grafschaften Englands und die Isle of Man.

Insgesamt wurden drei Fragebücher zusammengestellt, zwei vornehmlich lexikal. und ein phonologisches. Lexikal. Informationen wurden auf indirekte Weise mit Hilfe zweier mit der Post verschickter Fragebücher erhoben:

Das erste im Jahr 1951 enthielt 211 Fragen, das zweite von 1953 hatte 207 Fragen. Beide Fragebücher wurden an fast jede Schule in Schottland, Nordengland und Nordirland geschickt. Nur in Ausnahmefällen wurden sie von den Lehrern selbst ausgefüllt, meistens jedoch an ältere, alteingesessene Personen zur Beantwortung weitergegeben. Insgesamt gingen 2 700 Antworten ein.

Die Methode der Versendung hat Nachteile:
– nur geringe Kontrolle über die Auswahl der Informanten;
– Missverständnisse bei unklar formulierten Fragen können nicht sofort geklärt werden, wodurch Fehler entstehen können.

Andererseits erlauben diese sog. *postal questionnaires* mit rel. geringen Kosten eine recht große Anzahl von Informanten in verhältnismäßig kurzer Zeit zu befragen.

Neben versch. Bez. für dieselbe Sache (z. B. *gellick* und *pinch* für 'Brecheisen') versuchte man auch, unterschiedl. semant. Inhalte für dieselben Wörter zu ergründen.

So bezeichnen in best. Gebieten Schottlands *stirk* und *stot* 'Ochse' nur das männliche Tier, in anderen Teilen des Landes beide Geschlechter. In einigen Gegenden bedeutet *half three* 'halb drei', in anderen 'halb vier'.

Gelegentlich ging es auch um die Aussprache eines Wortes, z. B.

ob *two* als *twa, twaw, tway* oder als *too* ausgesprochen wird.

Oder um grammat. Merkmale: Werden z. B. anstelle von *brocht (brought)* in »He's *brocht* it« *brung* oder *brochten* verwendet oder anstelle von *shoes shin* oder *shen*?

Da es problemat. ist, Ausspracheunterschiede indirekt zu erfragen, taucht dieser Bereich nur selten in den Fragebüchern auf.

1975 und 1977 wurden wichtige Ergebnisse dieser Erhebungen von J. Y. Mather und H. H. Speitel publiziert. Beide Atlas-Bände weisen eine erstaunl. Fülle regionalen Wortguts aus. Der erste Band enthält 100 Wortkarten sowie einige phonet./orthograph. Karten, der zweite nur 80 Wortkarten.

Somit harren noch viele Daten der Veröffentlichung, z. B. die Bezeichnungen für *boy, girl, young man* und *young woman.*

Weitere Bereiche, die sich in dt. Dialekten als sehr ergiebig erwiesen (wie Bez. der Heiratsverwandtschaft, Zeiteinteilungen, Namen der Jahreszeiten und Handwerkernamen) wurden in Schottland fast gar nicht erfragt. Dort lag der Schwerpunkt bei Bez. für Tiere, Pflanzen, Gebäude, Ernteerzeugnisse, Körperteile und Gegenstände des tägl. Bedarfs auf dem Lande. Gelegentlich wurde auch nach Verben und Adjektiven gefragt.

Infectious

Die Vervollständigung des Satzes »Any disease that you can easily get from other people must be very ...« erbrachte eine Reihe von Bez. für 'ansteckend'. In Schottland und Nordengland werden Varianten verwendet, die auf das ae. Verb *smittian* 'beflecken, anstecken' zurückgehen, während auf der Isle of Man (und in anderen Gebieten Englands) *catching* auftritt, d. h. eine Form, die sich auf das normann.-frz. Verb *cachier* zurückführen lässt, das erst in me. Zeit ins Englische kam (Abb. A).

Children

Ne. *children* ist ein doppelter Plural. Im Spätae. lautete der Plural *cildru*, was sich zu *childer* auf der Isle of Man entwickelt hat. An den urspr. Plural wurde die schwache Pluralendung *-en* im 12. Jh. angehängt, eine Form, die sich im Standardenglischen durchgesetzt hat und dialektal südenglisch ist.

In Nordengland und in Schottland wird *bairns* bevorzugt (< ae. *bearn*).

In den südwestl. Lowlands tritt *weans* (in dieser Form seit 1721 belegt) auf, eine Kontraktion von schott. *wee ane*, engl. *little one* 'kleines Kind' (Abb. B).

Pipe

Rone 'Abflussrohr, das Regenwasser vom Dach ableitet' ist überall in Schottland belegt. *Rone* ist ungeklärten Ursprungs und erst 1808 belegt. Das Wort hat in recht kurzer Zeit eine weite Verbreitung gefunden. Die weiteren Ausdrücke sind eindeutige Regionalismen. Zum Bezeichnungsreichtum für diesen Gegenstand vgl. Abb. C.

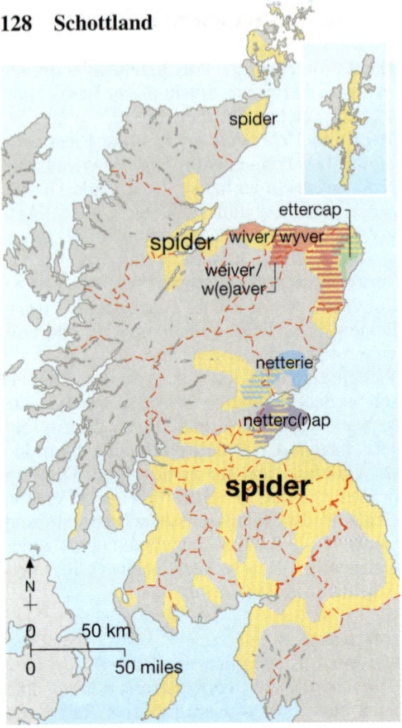

A Bezeichnungen für *spider* 'Spinne'

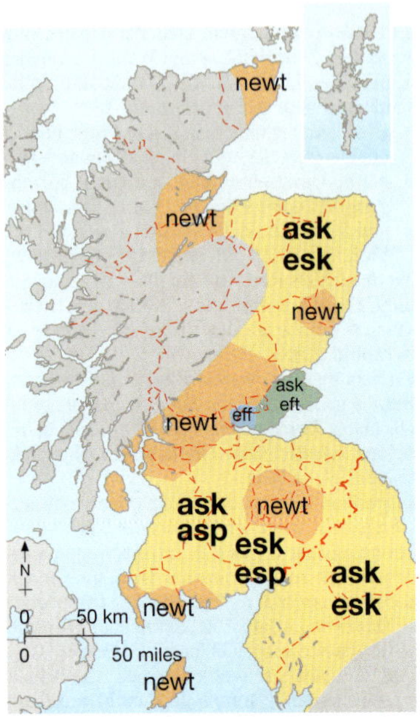

B Bezeichnungen für *newt* 'Wassermolch'

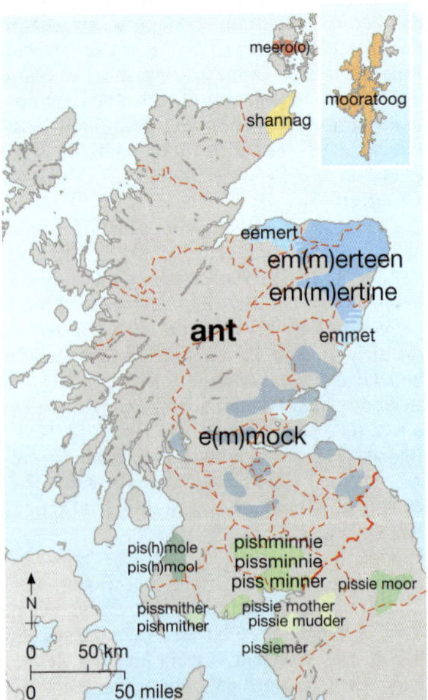

C Bezeichnungen für *ant* 'Ameise'

D Bezeichnungen für *weasel* 'Wiesel'

Von den zahlreich abgefragten **Tiernamen** wurden folgende vier ausgewählt:

Spider

Die standardengl. Bezeichnung ist in Schottland weit verbreitet.

Abb. A weist aber nicht die versch. Varianten von *spider* aus, von denen *spyther* (belegt in Ayr und im Norden Englands) noch den ae. Ursprung *spīþra* zeigt.

Die Schreibung mit *-d-*, die sich dann im StE durchsetzte, kommt vom 15. Jh. an vor.

Aber nicht nur wird urspr. *-th-* durch *-d-* ersetzt, auch das Umgekehrte gilt. So finden sich in der Liste der selten(er) belegten Ausdrücke auch *ethercap* und *nether crap* neben *ettercap/ attercop* und *nettercap/-crap*, die den ae. Verschlusslaut bewahrt haben.

Die *-th*-Schreibungen sind ab 1600 belegt.

Die letzte Beispielgruppe zeigt noch ein weiteres Phänomen, dem wir gelegentlich in der Geschichte der engl. Sprache begegnen:

das ae. Stammwort ist *attor* ('Gift') + *coppa* ('Kopf' bzw. 'Gefäß'); die Formen mit *n-* wie *nettercap* und *nether crap* sind später durch falsche Abtrennung des unbest. Artikels entstanden (vgl. *newt*).

Inhaltlich weisen die Bez. *attercop, nether crap* und *netterie* auf die giftigen Eigenschaften hin, mit denen Spinnen assoziiert werden.

Dass sie demjenigen, über den sie krabbeln, auch Glück bringen können, macht der Ausdruck *money spider* – einmal in Cumberland belegt – deutlich.

Der Gebrauch von Taufnamen zeigt sich in *(spinning) Meggie, Willie weaver* (in Nordirland), *spinning Jennie* bzw. *Jennie spinner* und *Jennie long legs.*

Spinning-jenny wurde die Spinnmaschine genannt, die James Hargreaves 1770 patentieren ließ. Wie die Dialekte zeigen, ist die Belegung dieses Tieres mit Taufnamen viel älter. Sie ist bei Tiernamen häufig anzutreffen. Hier ist der Taufname allerdings dem Tiernamen nur hinzugefügt.

Die enge Verbindung zwischen der menschl. Tätigkeit des Garnspinnens und den Tieren, die Netze spinnen, wird auch deutlich an den Ausdrücken *spinner, wabster/webster* und *weaver/weiver/wiver/wyver.*

Dass beide Bereiche durcheinander gebracht werden können, zeigt das dt. Sprichwort »*Spinne* am Morgen bringt Kummer und Sorgen«, das korrekt »*Spinnen* am Morgen ...« lauten muss, denn wer schon am Morgen zum Broterwerb spinnen musste, war arm.

Newt

Im Ae. gab es zwei Ausdrücke für den Wassermolch: *efete* und *āðexe*, worauf sich die beiden heutigen Hauptgruppen von Varianten – *eft*-Formen und *ask*-Formen – zurückführen lassen (Abb. B).

Auch *newt* gehört zur *eft*-Kategorie. Wie z. B. bei ne. *nickname*, eigtl. *an ekename*, ein 'auch Name', ist *n* bei *newt* im 15. Jh. durch falsche Abtrennung des unbest. Artikels aus *an ewte* entstanden.

Ant

Einen großen Bezeichnungsreichtum weist die Karte für *ant* 'Ameise' auf (Abb. C). Die ae. Form *æmet(t)e* entwickelte sich einmal zu me. *am(e)te*, woraus sich *ampte* (wie noch im Ortsnamen *Ampthill* in der engl. Grafschaft Bedfordshire) und StE *ant* ergaben.

Diese standardengl. Form tritt überall in Schottland auf.

Zum anderen entstanden aus der ae. Form im Me. *emete, emmet*, die heute weit verbreitete Dialektvarianten vom Moray Firth bis nach Berwick im Süden Schottlands darstellen.

Im Südwesten Schottlands sowie in Nordengland treten einige Komposita mit dem ersten Element *piss-*, der Diminutivform *pissie-* und *pish-* auf.

In diesen Bez. zeigen sich deutl. Assoziationen mit dem strengen Geruch der Flüssigkeit, die die Ameise ausscheidet und die für ihren Urin gehalten wird.

In Caithness ist *shannag* (< gael. *seangen*) belegt, auf Teilen der Orkneys *meero(o)* und auf den Shetlands *mooratoog*, was skandinav. Ursprungs ist.

Weasel

Die Familie der Mustelidae, der Marder, ist reich an Arten und Formen, die sprachl. nicht scharf voneinander getrennt werden. Im Englischen bezeichnen die folgenden Ausdrücke sowohl 'Wiesel' als auch 'Iltis':

whitrack, whitrat, stoat, fitchet und *puttis.*

Die drei letztgenannten wurden selten angegeben und daher nicht verkartet. Ebenfalls nicht auf der Karte erscheint *ferret*, das in den Bedeutungen 'Iltis' und 'Frettchen' belegt ist.

Sprachl. zeigt die Karte für das schott. Englisch typ. Varianten. So ist StE *weasel* (< ae. *wes(u)le*) auch in der aspirierten Form *wheasel* belegt, die es seit dem 15. Jh. gibt. *Whitrat* tritt auch in den typ. schott. Varianten mit *f-* und *qu-* im Anlaut und *-ack, -ick* und *-ad* im Auslaut auf.

Auszugehen ist von einem Kompositum *white + rat.*

Manche Bez. weisen auf die Eigenschaften hin, die diese Tiere haben:

Während *bloodsucker* 'blutdürstig' ohne Erläuterung verständlich ist, bedeuten *weasel* 'übel riechendes Tier', *ferret* 'kleiner Dieb' und das erste Element in *foumart* (< ae. fūl > ne. 'foul') 'übel riechend'.

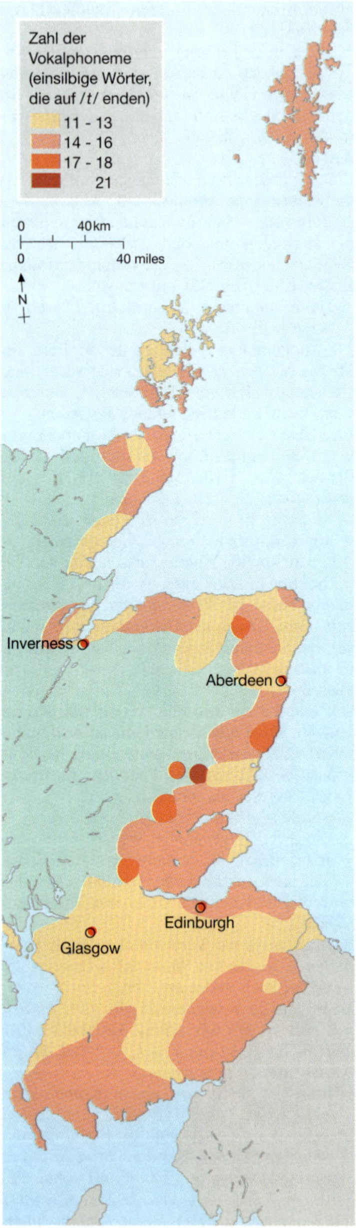

A Verteilung der Vokalsysteme in Sektion 0

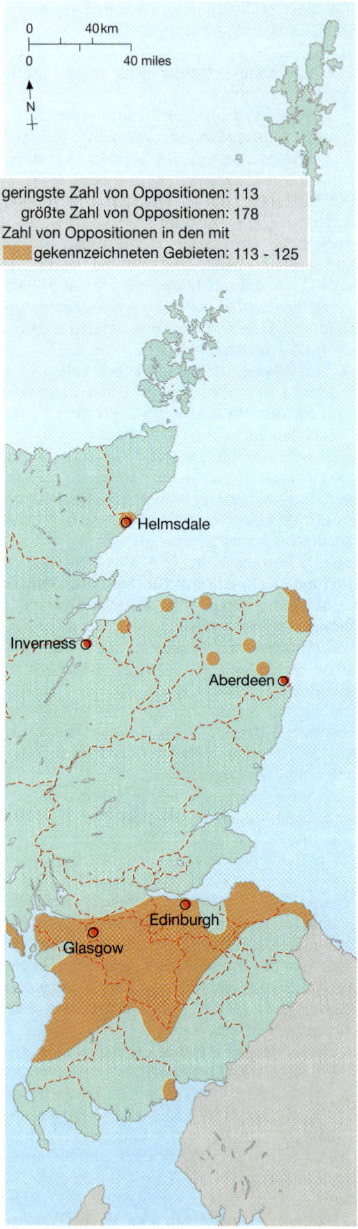

B Vokalsysteme des Scots

Im Rahmen des LSS wurden Daten nicht nur indirekt erhoben, sondern das Scots wurde von bes. geschulten Feldforschern auch durch **direkte Informantenbefragungen** untersucht. Zu diesem Zweck wurden 907 Wörter nach strukturellen Gesichtspunkten geordnet und in einem **Fragebuch** zusammengestellt.

Diese Methode steht im Gegensatz zu sonst üblichen Fragebüchern, in denen die phonet. relevanten Wörter aus histor. Erwägungen ausgewählt werden, d. h., sie dienen als Beispiel für gewisse Laute eines früheren Sprachzustandes. Das Ziel einer solchen Untersuchung ist, die Weiterentwicklung der Laute in die modernen Dialekte zu verfolgen und Dialekte auf einer phonet. Ebene zu vergleichen.

Im Allgemeinen ist es jedoch nicht möglich, vollständige Lautsysteme für die heutigen Dialekte aufzustellen. Gerade darauf kam es aber dem LSS bes. an.

Eine Wortliste, die vollständige Systeme betonter Vokale und Konsonanten umfasst, erfordert viel Vorbereitung, da man schon im Voraus den wahrscheinl. Gesamtbereich der unterschiedl. Systeme kennen muss.

Die meisten Wörter der Liste sind einsilbig und in versch. **Abschnitte** (Sektionen) unterteilt. Jeder dieser Abschnitte zeichnet sich durch einen best. Kontext aus, innerhalb dessen die betonten Vokale verglichen und kontrastiert werden können. Auf diese Weise kann das Vokalsystem erarbeitet werden.

Sektion	Vokal vor
0	/t/
1	/d/
2	im Auslaut
3	/r/
4	/z, v, ð/
5	/p, b, m/
6	/k ,g, ŋ/
7	/l/
8	/n/
9	/s, f, θ/
10	/x/

Innerhalb jeder dieser Gruppen ist auch der am Anfang des Wortes stehende Konsonant variiert. Jede Gruppe enthält eine best. Anzahl von **Minimalpaaren**, d. h. von Wortpaaren, die sich nur durch *ein* Phonem voneinander unterscheiden. Dieses eine Phonem – entweder Vokal oder Konsonant – bewirkt die verschiedene Bedeutung, wie z. B. bei StE *bread* 'Brot' gegenüber StE *breed* 'Zucht, Rasse'.

Als Beispiel sei Sektion 0 (Vokal + /t/) angeführt; sie enthält 64 Wörter wie StE *beet, bait, late, slate, sat, what, wheat, white, bite*, aber auch schott. Wörter wie *cuit* 'Fußknöchel', *doit* 'Narr' und *leet* 'Kandidatenliste'.

Neben diesen 11 Sektionen stehen 4 weitere. Während des Interviews bittet der Feldforscher den Informanten, die Wörter, die ihm isoliert gesagt werden, in dessen eigener Aussprache zu wiederholen. Gelegentlich werden ihm die Wörter auch in einem Zusammenhang gesagt, wobei darauf zu achten ist, dass sie betont am Satzende stehen, z. B.

037 *sat* oder *It was there where you sat*, aber nicht *He sat on a chair.*

Da die Wörter bei der Befragung vorgesprochen werden, besteht die Möglichkeit, dass sich der Informant durch die Aussprache des Interviewers beeinflussen lässt, was wiederholt kritisiert worden ist.

1986 wurden die Ergebnisse der phonolog. Feldforschung als 3. und letzter Band des ›Linguistic Atlas of Scotland‹ von J. Y. MATHER und H. H. SPEITEL veröffentlicht.

Insgesamt wurden 188 Informanten in ebenso vielen Belegorten interviewt, davon 16 in Nordirland. 135 waren männl. und 53 weibl.; die meisten waren zum Zeitpunkt der Befragung über 60 Jahre alt.

Ergebnisse

Abb. A weist die Verteilung der Vokalsysteme in Sektion 0 (Vokal + /t/) im Scots aus. In dieser Sektion gibt es die größte Zahl von Vokalsystemen, nämlich 21, und zwar im Dialekt von Kirriemuir in Angus. Die Zahl der Vokalphoneme variiert von Ort zu Ort, in der Sektion 0 zwischen 11 und 21.

In Abb. B. wurden alle Vokalsysteme aller Sektionen für die Belegorte zusammengefasst dargestellt. Das Gebiet mit der geringsten Zahl von Vokalsystemen liegt im Zentrum und umfasst die stark industrialisierte Zone mit den Großstädten Edinburgh und Glasgow, welche zugleich auch das bevölkerungsreichste Gebiet Schottlands ist.

Für die wenigen Einsprengsel im N dürfte in Helmsdale der durch den Goldrausch bedingte nicht-schott. Bevölkerungszuwachs verantwortlich sein, in anderen Orten Landadel und Adel (auf die bereits DEFOE 1724–27 hinwies).

Rund um diese Region befinden sich im N, O und S Systeme mit wesentlich mehr Vokalphonemen.

Vermutlich sind die Systeme mit einer größeren Zahl an Vokalphonemen Überbleibsel aus früherer Zeit; das 'Standard' Scots des 16. Jhs. könnte solche Systeme gehabt haben.

So gesehen zeigt die Karte ein für den Dialektologen vertrautes Bild: Ein Kern- bzw. Expansionsgebiet, das von der Industriezone mit den Großstädten Edinburgh und Glasgow gebildet wird, ist von dünn besiedelten Reliktgebieten umgeben.

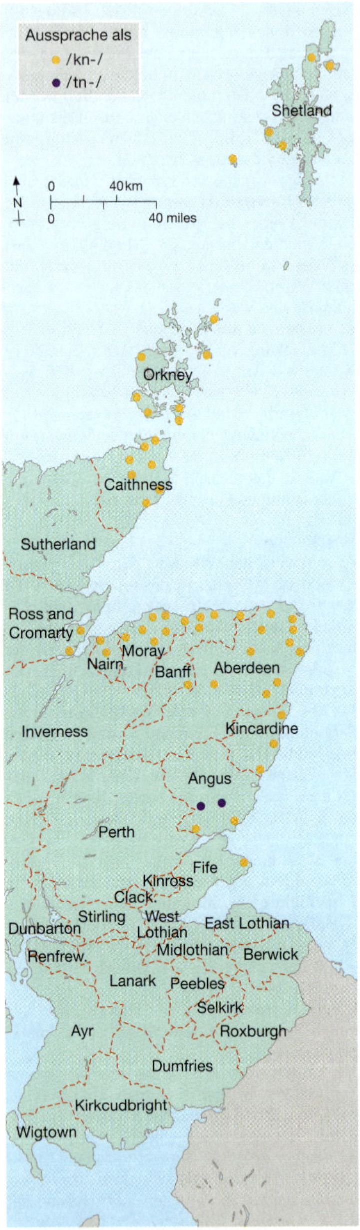

A Aussprache von anlautendem /k-/ vor /-n/

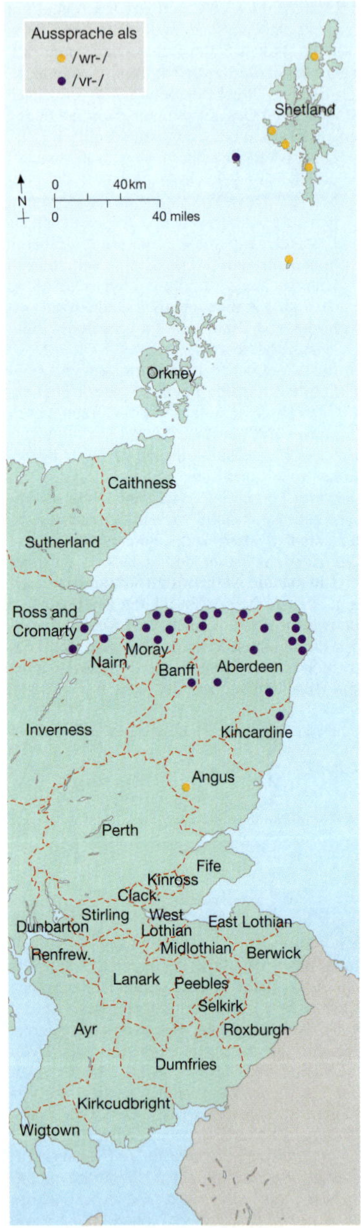

B Aussprache von anlautendem /w-/ vor /-r/

Typische Aussprache von Konsonanten

Die indirekte Methode zur Erfragung der Aussprachemerkmale, wie sie bei dem ›Linguistic Survey of Scotland‹ zum Einsatz kam, vermitteln die beiden folgenden Beispiele aus den Fragebüchern:

who wird ausgesprochen wie:

1. hoo	2. faa	3. aa	4. faw
5. hwaa	6. hweea	7. hwaw	8. hwoe
9. hwee	10. waw	11. hwae	12. wee
13. woe	14. wae	15. hwoo	16. waa

17. Pronounced in this way: ...

knee wird ausgesprochen wie:

1. With *e* as in »bed« followed by short *ee* as in English »feet«	NE-EE
2. Similarly, but starting with *k*	K-NE-EE
3. Starting with *t*	T-NE-EE
4. As in English »knee«	NEE
5. Starting with *k*	K-NEE
6. Starting with *t*	T-NEE
7. Starting with *kr*	KREE
8. Starting with *ch* as in »loch«	CH-NEE

9. Pronounced in this way: ...

Die Aussprache von <wh-> am Wortanfang als */f-/* zeigen die beiden folgenden Standardsätze:

Fa fuppit the fite fulpie? und
The mannie wi the fite fuskers that eest tae play the fite-iron fustle fan he got a sup fuskie,

die jedes Schulkind im NO Schottlands kennt und die im StE lauten:

Who whipped the white (little) whelp? bzw.
The man with the white whiskers that used to play the white-iron whistle when he got a sip of whisky.

Bei anlautendem <kn-> (Abb. A) zeigt sich, dass in weiten Teilen des konservativeren NO *k-* vor *-n-* noch gesprochen wird, also

/kni/ *knee,* /kni:d/ *kneed* etc. anstelle StE /ni:/ bzw. /ni:d/.

Dies gilt auch für ein ähnl. Phänomen, die Aussprache des *g-* vor *-n-*, wie z. B. in *gnash* 'a snap of the teeth'. *K-* und *g-* wurden vor *-n-* im Ae., Me. und Frühne. gesprochen. Die Vereinfachung zu /n-/ erfolgte allmählich vor allem im 17. Jh. und hatte sich, abgesehen vom NO Schottlands, im 18. Jh. durchgesetzt.

Gelegentlich wirkt sich /n-/ für <kn-> im Scots auf die Schreibung aus. So stehen z. B.

knab neben *nab* 'knock, strike' und *knick* neben *nick* 'make a cracking sound'.

Ein weiteres arch. Merkmal im Bereich des Konsonantismus, das sich im NO erhalten hat, ist die Aussprache des *w-* vor *-r-*, und zwar meist als /v-/. Bereits um die Mitte des 15. Jhs. wurde ae. /wr-/ zu /r-/ vereinfacht, also deutlich früher, als die Vereinfachung von /kn-/ zu /n-/ erfolgte. Daher nimmt es auch nicht wunder, dass sich /vr-/ nicht mehr in dem Ausmaß erhalten hat wie /kn-/ (vgl. Abb. B). Auch hier stehen im Scots die Schreibungen

wratch und *vratch* 'wretch', *write* und *vreet, wring* und *vring* u. a.

nebeneinander. Quantifizierende Darstellungen würden es erlauben, den Kern des Reliktgebietes der /kn-/- und /wr-/ bzw. /vr-/-Aussprachen auszumachen.

Leider ermöglicht die Datenpräsentation des schott. Sprachatlas eine solche Vorgehensweise hier nicht, da nur angegeben wird, ob das Aussprachemerkmal überhaupt auftritt, aber nicht wie häufig, d. h., wir erfahren nichts über die Aussprache einzelner in diese Kategorie fallender Wörter, die bekanntlich variieren kann.

Vielfach wird im O Schottlands ein /-w-/ zwischen /g-/ bzw. /k-/ und folgendes /ui/ eingeschoben, so dass z. B.

guid 'good' zu *gweed, cuil* 'cool' zu *queel/kweel, scuill* 'school' zu *squeel/skweel* und *cuit* 'coot' zu *queet/kweet*

werden. /-d-/ ersetzt in dieser Region vielfach /-th-/ vor <-er>, wie z. B. in

fader für *father, midder* für *mother, idder* für *other* und *thegidder* für *together.*

Ein weiteres typ. Merkmal für den NO ist die Aussprache eines /j/ nach Konsonant im Wortanlaut, orthograf. wiedergegeben als <y>:

pyock für *pock* 'bag' und *nyakit* für *naked.*

Die Vereinfachung von anlautendem /tʃ/ > /ʃ/ ist auf den Shetlands, in Caithness, Easter Ross und Berwickshire belegt, z. B. in

chaft > *shaft* 'jaw', *chap* > *shap* 'blow'.

Wortanlautendes /ʤ/, wie in *jealous,* wird auf den Orkneys und in Caithness als stimmlose Affrikate /tʃ/ ausgesprochen.

Grammatikalische Auffälligkeiten

Grammat. sind für den NO Schottlands bemerkenswert einmal der Gebrauch von *this* und *that* als Plurale, wie z. B. in

Fat am I gyaun tae dee wi aa this tatties, aa that bairns? 'What am I going to do with all these (foolish) people, all those children?',

und zum anderen die Verwendung von *on-* mit Präsens- oder Perfektpartizipien im Sinne von Englisch *without*:

I couldna gyang hame onseen ye 'I couldn't go home without seeing you' oder She couldna be ongrutten 'She couldn't refrain from tears (be without tears)'.

Auch der Pluralgebrauch von *this* und *that* setzt alten Sprachgebrauch fort. Dies wird noch bei SHAKESPEARE für Zeitangaben bezeugt (z. B. *this two days, this three years*). Im StE existierten die paarweise gebrauchten Demonstrativpronomen *this/these, that/those* seit Beginn des 16. Jhs.

Scots			Englisch	
1	2	3	4	5
bairn	mair	before	more	child
lass	stane		stone	girl
kirk	hame	name	home	church
chaft	dee	see	die	jaw
gowpen	heid	tie	head	double handful
ken	hoose	tide	house	know
bide	loose (N)	young	louse (N)	remain
kenspeckle	louse (Adj)	winter	loose (Adj)	conspicuous
low	yaize (V)	of	use (V)	flame
cowp	yis (N)	is	use (N)	capsize
shauchle	auld	some	old	shuffle
whae's aucht that?	truith	why	truth	whose is that?
pit the haims on	barra	he	barrow	do in
tummle wulkies		they		turn somersaults
no (Adv)				not (Adv)
-na (Adv)				-n't (Adv)

A Modell schottischer Sprache

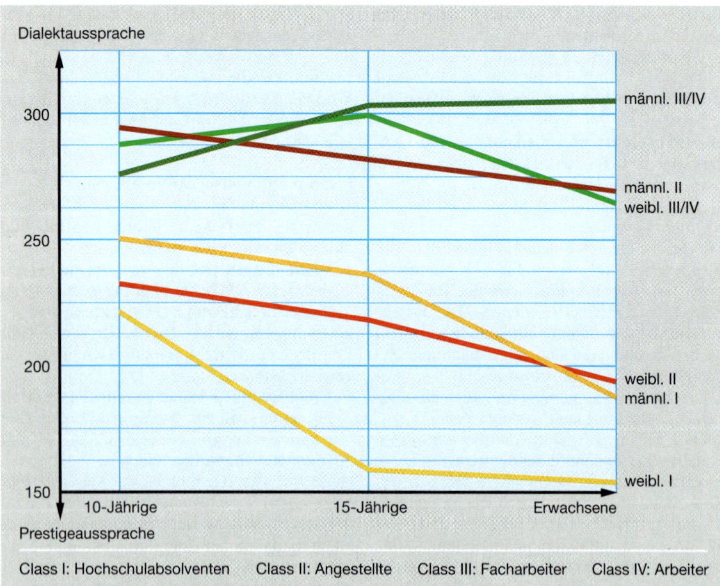

B Die Widerspiegelung sozialer Schichten im Englischen von Glasgow

Es wird nicht nur das regionale Scots erforscht, sondern auch die Bedingungen, unter denen ein Wechsel zwischen Scots und Englisch stattfindet, Einstellungen zum Scots und Englisch sowie Wechselbeziehungen zwischen sozialen Schichten und dem Englischen in Schottland.
Schotten bewegen sich mit ihrer Sprache entweder in den Kolumnen 1–3 der nebenstehenden Tabelle (Abb. A) oder in den Kolumnen 3–5. Im 1. Fall sprechen sie Scots oder »sehr breit« oder »einen ausgeprägten Dialekt«, im 2. Fall sprechen sie Englisch.
Zwischen diesen Extremen gibt es viele Möglichkeiten, z. B. die des Wechsels zwischen Scots und Englisch. Für viele Schotten hängt die Verwendung von Scots und Englisch auch von der unterschiedl. sozialen Situation ab, in der sie sich gerade befinden.
1983 veröffentlichte Karl Inge Sandred Ergebnisse seiner 1977 in 4 Stadtteilen Edinburghs mit jeweils 10 Informanten durchgeführten Umfrage, die deren Einstellungen zu lexikal. und grammat. Merkmalen erhellen sollte. Insgesamt 27 Sätze wurden den Informanten vorgelegt, wie

Do yo *ken* him? (StE *know*), It was a very *dreich* sermon (StE *tedious*), Wait *on* me here (StE *for*), I'll *no* wait (StE *not*) und I *dinna* like him (StE *did not*).

Die kursiv gesetzten Merkmale mussten dann von den Informanten klassifiziert werden. Kategorien waren *good English* oder *bad English, good Scots* oder *bad Scots*, der mögliche Beruf, das Einkommen, das Wohngebiet derjenigen, die diese Wörter bzw. Formen verwenden. Ferner sollte angegeben werden, ob eher Kinder oder Erwachsene, Männer oder Frauen, Angehörige der Ober-, Mittel- oder Unterschicht sie gebrauchen.
Sandred korrelierte seine Ergebnisse dann mit der soz. Schicht, dem Alter und dem Geschlecht der Informanten. Insgesamt gesehen, fühlten sich diese ihrer jeweiligen sozialen Schicht zugehörig. So bewertete die Mehrheit der Informanten aus der Arbeiterschicht die Wörter *ken* 'kennen' und *greet* 'weinen' sowie die grammat. Merkmale »I *dinna* like him« und »He *selled* the car« (StE *sold*) als *good Scots*. Diese Merkmale gebrauchte sie selbst, schätzte deren soz. Akzeptanz aber gering ein. Die Informanten aus der Mittelschicht teilen in diesen Fällen zwar die soz. Einschätzung, verwenden die genannten Merkmale allerdings nicht selbst.
Was die Korrelation mit dem Alter anlangt, so war die Einstellung zu einigen Merkmalen des Scots bei der jüngsten Informantengruppe (20–29 Jahre) wenig positiv, allerdings galt dies keineswegs für alle Merkmale.
Die seit 1768 (!) gängige Behauptung, wonach das Scots langsam, aber sicher ausstirbt, wurde also nicht bestätigt.
Die Korrelation der Ergebnisse mit dem Geschlecht ist eindeutig:
Männer erzielten, von nur wenigen Ausnahmen abgesehen, in allen soz. Schichten höhere Werte als Frauen, d. h., sie hielten die zu bewertenden Nicht-Standard-Merkmale für akzeptabler.
Im Bereich der Aussprache interviewte R. K. S. Macaulay (1978) in Glasgow je 16 Erwachsene, 15- und 10-Jährige, unter gleicher Berücksichtigung des männl. und weibl. Geschlechts. Die Informanten repräsentieren – nach der Beschäftigung des Hauptverdieners in der Familie – 4 soziale Schichten (Abb. B):

Class I – Hochschulabsolventen
Class II Angestellte
Class III – Facharbeiter
Class IV – Arbeiter

Die Schichten III und IV wurden später zusammengefasst. Mit diesen 4 bzw. 3 Schichten korrelierten die folg. 5 phonolog. Variablen:

1 (i) der Vokal in *hit, kill, risk* etc.
2 (u) der Vokal in *school, book, fool* etc.
3 (a) der Vokal in *cap, bag, hand* etc.
4 (au) der Diphthong in *now, down* etc.
5 (gs) die Verwendung eines Knacklauts anstelle eines [t] in *butter, get* etc.

Für die Variable (i) macht die folgende Tabelle diese soz. Stratifikation deutlich. Sie zeigt den mittleren Indexwert für männliche und weibliche Informanten:

Informanten	Schicht I	Schicht II	Schicht III/IV
alle	202	247	289
männliche	224	279	294
weibliche	180	215	284

100 = (i) wird [ɪ] ausgesprochen
300 = (i) wird [ɛ] ausgesprochen

Obwohl es, insgesamt gesehen, eine beträchtliche Variation beim Gebrauch der Variablen (i) gibt, bestehen doch deutl. Ähnlichkeiten innerhalb der soz. Schichten.
Abb. B zeigt, dass der Unterschied zwischen den soz. Schichten mit dem Alter zunimmt und dass weibl. Informanten in weitaus höherem Maße standardorientierte Formen verwenden, was für jede Schicht gilt.

Bemerkenswert ist auch die Tatsache, dass bei Schicht I der Unterschied zwischen den 15-jährigen Mädchen und den Frauen wesentlich geringer ist als der zwischen den 15-jährigen Jungen und den Männern.

Vielleicht sind sich die Mädchen der soz. Bedeutung dieser Variablen bewusster. Es kann aber auch sein, dass die Jungen mit der Sprache der unteren Schichten in Glasgow positive Werte verbinden, wie dies auch für andere urbane Gebiete GBs gilt.

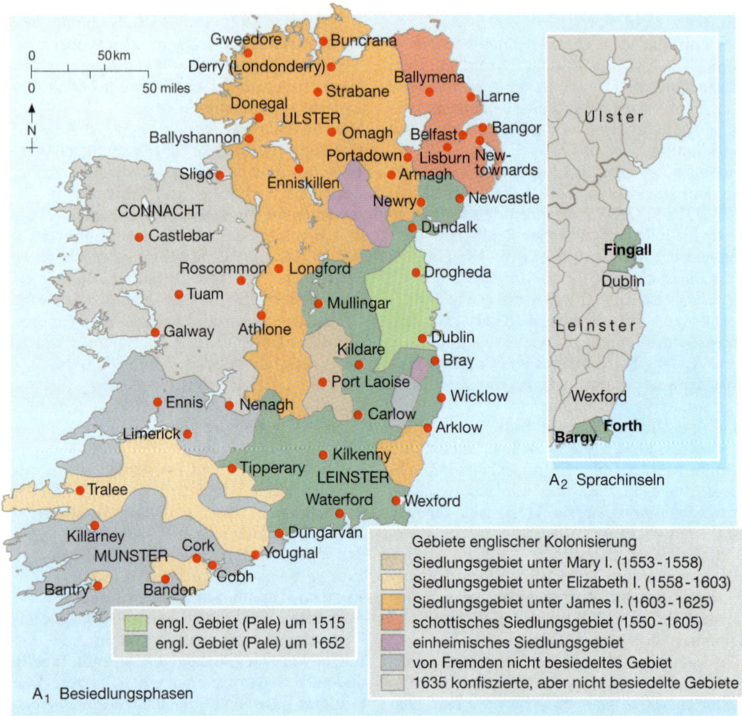

A Besiedlungsphasen und Sprachinseln

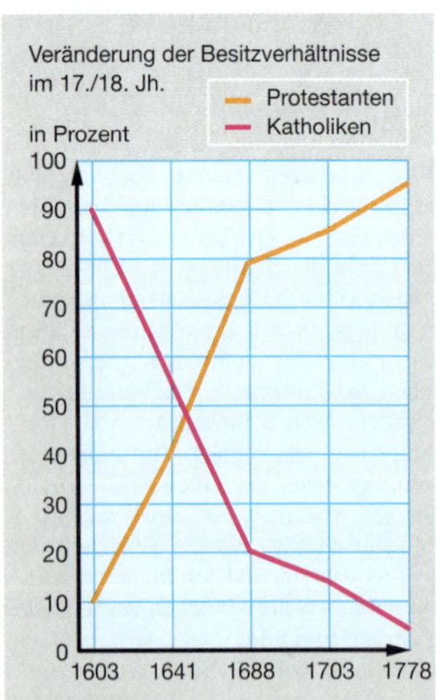

B Landbesitz

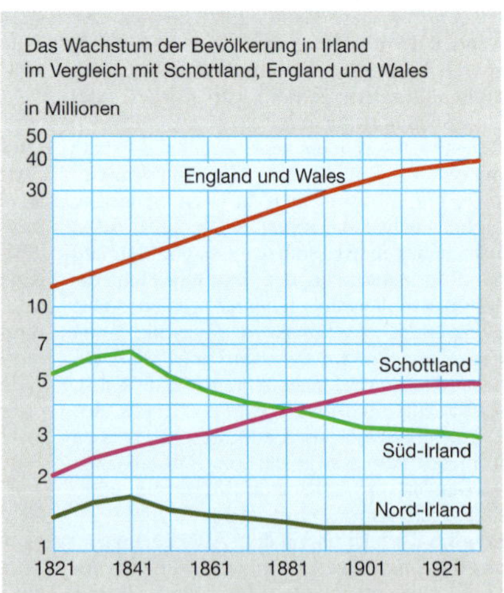

C Bevölkerungsentwicklung

Im Jahre 1169 erfolgte der erste **Einfall der Normannen** in Irland unter STRONGBOW, einem Vasallen HEINRICHS II., zur Unterstützung des Clanchefs DERMOT MCMURROUGH. 1171 übernahm HEINRICH II. offiziell die Herrschaft über Irland. Mit der Ansiedlung ihm treu ergebener Offiziere kommt auch die engl. Sprache nach Irland, kann aber das Irische nicht nennenswert verdrängen, trotz Verordnungen wie dem **Statute of Kilkenny** (1366/67), das die engl. Sprache für alle Belange des Staates verpflichtend machte.

Den Nachfahren der anglo-normann. Siedler war bei Strafe verboten, Iren zu heiraten, irisch (gälisch) zu sprechen oder einen irischen Namen zu tragen.

Ende des 15. Jhs. herrschte das Irische sogar in Gegenden vor, die ehemals englischsprachig waren.

Um 1500 waren nur die Region um Dublin – das sog. English Pale –, die SO-Spitze Irlands (in der Grafschaft Wexford) sowie die Küstenstädte Waterford, Cork und Galway zweisprachig (Abb. A_1).

Viele engl. Wörter drangen ab 1500 in das Irische ein, aber aufgrund der Zweisprachigkeit galt auch das Umgekehrte. Das Englisch in den genannten Reliktgebieten nahm – bedingt durch die lange Isolierung von England – einen zunehmend arch. Charakter an.

Dies galt bes. für die ländl. Gebiete **Fingall** (= 'a little territory') nördl. von Dublin, wo der arch. Dialekt um 1800 ausstarb, sowie für Forth und Bargy im südl. Teil der Grafschaft Wexford, in denen sich der **Yola** (= 'alt') genannte Dialekt noch bis weit ins 19. Jh. hielt (Abb. A_2).

Für die Entwicklung des irischen Englisch sind diese Relikte ohne Bedeutung geblieben. Sie stellen aber einen für das Englische seltenen Fall einer dialektalen Sprachinsel dar.

Die Anglisierung Irlands nahm im 16. und 17. Jh. deutlich zu (Abb. A_1). Ein Plan sah vor, die gesamte irische Bevölkerung durch brit. Siedler zu verdrängen. Die Phase dieser sog. **Plantations** begann mit MARY TUDOR (1553–58) und setzte sich unter ELISABETH I. (1558–1603) verstärkt fort. Sie führte Krieg gegen den Stammesfürst O'NEILL in Ulster, der 1603 kapitulierte. JAMES I. (1603–25) übernahm daraufhin auch dessen Ländereien und organisierte eine Umsiedlungsaktion großen Stils, in deren Verlauf etwa 25 000 engl. Anglikaner und etwa 150 000 protestant. Schotten v. a. in Ulster angesiedelt wurden.

Die Schwächung Englands im Bürgerkrieg nutzten Katholiken in Irland zur Rebellion, die jedoch von CROMWELL 1649–50 brutal niedergeschlagen wurde. Aufgrund von CROMWELLS **Act of Settlement** (1652) wurden kath. Iren in die weniger fruchtbaren Gebiete westl. des Shannon vertrieben (»to hell or to Connaught«, wie es hieß). Der frei gewordene Grundbesitz wurde an Protestanten vergeben (Abb. B). Mit JAMES II. (1633–1701) begann eine Re-Katholisierung Englands, die beträchtliche Auswirkungen auch auf Irland hatte. Sie war indes nicht von Dauer. Am 1. Juli 1690 besiegte der Protestant WILHELM VON ORANIEN das Heer JAMES II. in der histor. Schlacht am Fluss Boyne in der Grafschaft Meath.

Die volle Bedeutung dieses Sieges zeigte sich erst Ende des 17. Jhs. mit der Verabschiedung der **Penal Laws**, die den Irisch sprechenden kath. Iren jeglichen Einfluss auf das öffentl. Leben nahmen. Aufgrund dieser Entwicklungen war Englisch im 18. Jh. die Sprache der Mittel- und Oberschicht sowie der Regierung und der Verwaltung in Irland geworden.

Mit zunehmender soz. Mobilität bedienten sich auch die Irischsprechenden mehr und mehr des Englischen.

Die Verwendung des Englischen konnte aber auch andere Gründe haben: Grundbesitzer gaben Land nur an Personen in Pacht, die des Englischen mächtig waren.

So sahen sich die Bauern in Leinster ab 1750 gezwungen, Englisch zu sprechen.

In Ulster gab es dagegen im 18. Jh. eine blühende Leinenindustrie, somit eine große Nachfrage nach Arbeitskräften, die ohne Bedingungen eingestellt wurden; daher gab es für die Arbeitskräfte keinen Grund, die irische Sprache aufzugeben.

Der **Act of Union** (1801), die Gründung des Vereinigten Königreichs von Großbritannien und Irland, versetzte der irischen Sprache fast den Todesstoß, die zu diesem Zeitpunkt noch ein leichtes Übergewicht hatte.

Mit dem durch den Act of Union eingeleiteten Freihandel zwischen England und Irland verlor die heim. Industrie – abgesehen von der Brauerei-, Leinen- und Schiffbauindustrie in Ulster – immer mehr an Bedeutung.

Ein weiterer Grund für den Niedergang des Irischen war, dass auch auf irischer Seite kein Interesse bestand, Irisch als Unterrichtsfach oder als Unterrichtssprache in die nach 1831 entstehenden **National Schools** aufzunehmen.

Bis 1841 wuchs die Bev. Irlands bei ständig sinkendem Lebensstandard auf über 8 Mio.

Eltern verprügelten ihre Kinder, wenn sie irisch sprachen, denn es gab nur zwei Möglichkeiten: Englisch zu lernen und auszuwandern oder wegen des wiederholten Ausfalls der Kartoffelernte zu verhungern.

Zwischen 1845 und 1849 verhungerten 1,5 Mio. Iren, 1 Mio. wanderte aus, v. a. in die USA (Abb. C).

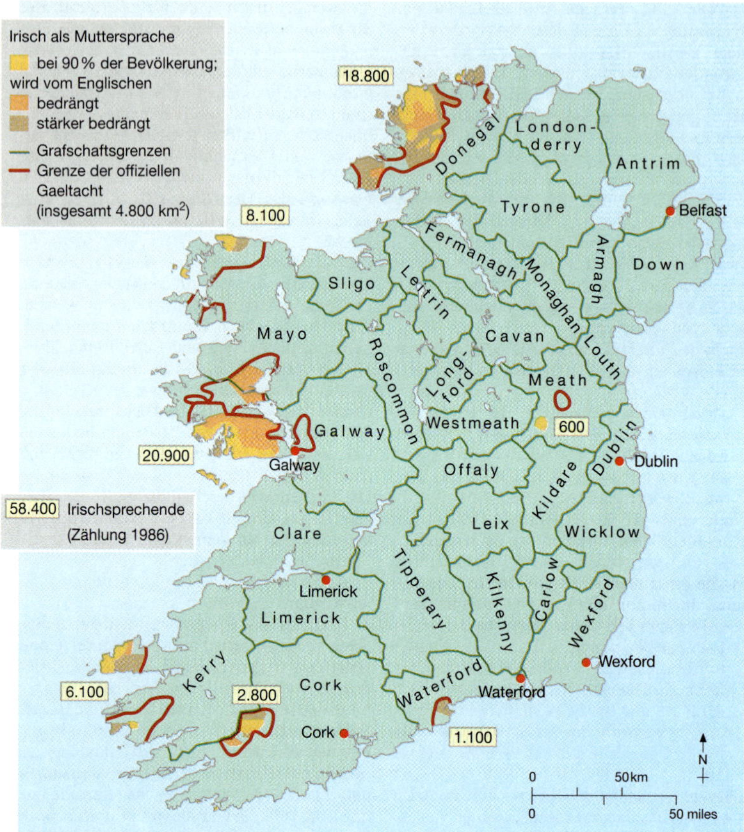

A Die Gaeltacht: Muttersprache Irisch

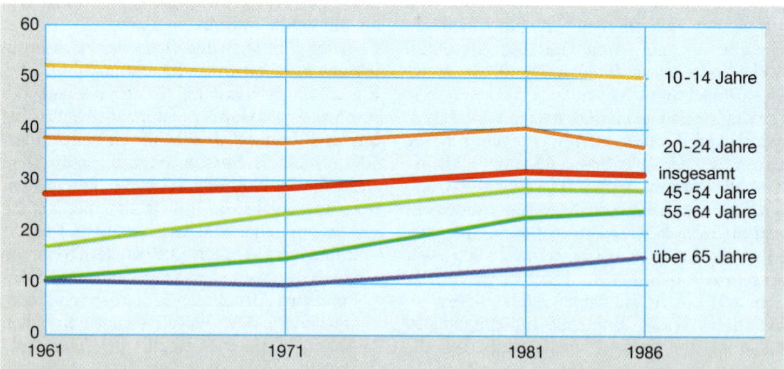

B Sprecher des Irischen (in Prozent der Gesamtbevölkerung)

Im Jahre 1901 war Englisch für 85,1% der irischen Bevölkerung die einzige Sprache. Nur 0,5% der Bev. konnte gar kein Englisch.

Die irische Sprache war ein äußerst wichtiger Faktor der irischen Unabhängigkeitsbewegung. In Artikel 8 der irischen Verfassung wird sie als erste offizielle Sprache Irlands bezeichnet, Englisch als die zweite. Auch wurde Irisch Pflichtfach in den Schulen der Republik Irland.

Zwischen 1956 und 1982 wurden von der irischen Regierung mehrere Verordnungen erlassen, die sog. **Gaeltacht Areas Orders**. Diese legten die irischsprachigen Gebiete fest und erklärten sie zu staatl. Förderregionen. Die offiziellen Gaeltacht-Gebiete machen knapp 6% der Gesamtfläche der Rep. Irland aus (Abb. A).

Bei 3 kleinen Regionen in der Grafschaft Meath nordwestl. des Boyne handelt es sich jedoch um keine echte Gaeltacht. Um 1930 wurden Iren aus dem W der Insel dorthin umgesiedelt, um das Irische im O zu etablieren. Inzwischen ist die Zahl der Irischsprechenden in dieser Region jedoch so geschrumpft, dass der Versuch als gescheitert angesehen werden muss.

Irische Einsprachigkeit gibt es heutzutage nirgends mehr, nur engl.-irische Zweisprachigkeit. Für eine Kleinsprache ist dies ein sehr bedrohliches Zeichen.

Einen Überblick über die Entwicklung der Zahl der Irischsprechenden in der Rep. Irland kann man anhand von Volkszählungsergebnissen gewinnen (Abb. B).

Über die wirkl. Kompetenz im Irischen sagen diese Zahlen indes nichts aus.

Obwohl die Zahlen auf den ersten Blick einen positiven Trend anzuzeigen scheinen, verhält es sich bei näherem Hinsehen anders. Zum einen ist das Altersprofil ungünstig:

Immer weniger junge Leute bezeichnen sich als Irischsprecher – allenfalls stagnieren hier die Angaben, während eine deutliche Zunahme nur bei den Älteren und Alten festzustellen ist.

Zum anderen nahmen innerhalb der offiziellen Gaeltacht die Zahlen der Sprecher des Irischen seit 1971 zwar leicht zu (von insges. 55 440 stieg die Zahl bis 1986 auf 58 451), jedoch verdoppeln sich nahezu die der Englischsprecher im gleichen Zeitraum von 11 400 auf 20 536, so dass deutliche Unterschiede zwischen der offiziellen und der tatsächlichen Gaeltacht bestehen. Prozentzahlen können eine Stärke vorgaukeln, die in Wirklichkeit nicht existiert.

So werden in den 3 kleinen Gaeltacht-Gebieten der Grafschaft Meath 50,1% der Bewohner als Irisch sprechend ausgewiesen. Absolut gesehen sind dies jedoch nur 602 Personen, eine völlig unbedeutende Zahl.

Ó Murchú schätzt die Zahl derer, deren Alltagssprache Irisch ist, für 1985 auf nur noch etwa 25 000 Gaeltacht-Bewohner; Hindleys Zahl lautet für 1986 lediglich 21 278.

Bei einer 1985 durchgeführten Repräsentativumfrage zur Wichtigkeit ausgewählter Fächer für Schulabgänger galt Englisch für 82% der Antwortenden als »sehr wichtig«, Irisch indes nur für 28%. Irisch ist zwar Pflichtfach an den Grundschulen der Rep. Irland, allerdings sind zwei Drittel der befragten Grundschullehrer der Meinung, dass Irisch sprachenschwachen Schülern nicht zur Pflicht gemacht werden sollte. Auch meinte die Hälfte der befragten Lehrer, dass die Schüler, deren Eltern dies nicht wünschten, nicht gezwungen werden sollten, Irisch zu lernen.

Knapp die Hälfte der befragten Eltern wollten entweder nicht, dass ihre Kinder Irisch lernen, oder es war ihnen gleichgültig. Somit wird deutlich, dass der Irischunterricht von vielen Schülern als lästige Pflicht empfunden wird.

Kein Wunder, dass Irisch als obligator. Sprache für alle Beamten 1974 abgeschafft wurde.

Nordirland

In Nordirland hat nur das Englische offiziellen Status. Die wiederholten Versuche der **Conradh na Gaeilge (Gaelic League)**, einen offiziellen Status für Irisch im NO der Insel durchzusetzen, scheiterten bislang. Es wird geschätzt, dass von den 1,6 Mio. Einwohnern etwa 50 000 auch Irisch sprechen.

Seit 1926 gibt es in Nordirland ein getrenntes Schulsystem für Katholiken und Protestanten, nachdem das Parlament verfügt hatte, dass kein Unionist (Protestant) von einem Nationalisten (Katholiken) unterrichtet werden dürfe.

State Schools sind protestant., *Voluntary Schools* stehen unter kath. Leitung.

Nach der polit. Annäherung zwischen der brit. und irischen Regierung existierten Mitte 1994 in ganz Nordirland nur 23 *Integrated Schools* für Protestanten und Katholiken, die von lediglich 2% der nordirischen Schülerinnen und Schüler besucht wurden. Während in der Vergangenheit solche Schulen frühestens 3 Jahre nach ihrer Gründung mit finanzieller Unterstützung des Staates rechnen konnten, werden derartige Zuschüsse jetzt früher gewährt.

Die erste *Integrated School* entstand 1981 am Lagan College.

Etwa 5% der Grundschüler kommen einer Schätzung zufolge derzeit mit Irisch als Zweitsprache in der Schule in Kontakt.

Im Gymnasium kann Irisch als Prüfungsfach gewählt werden.

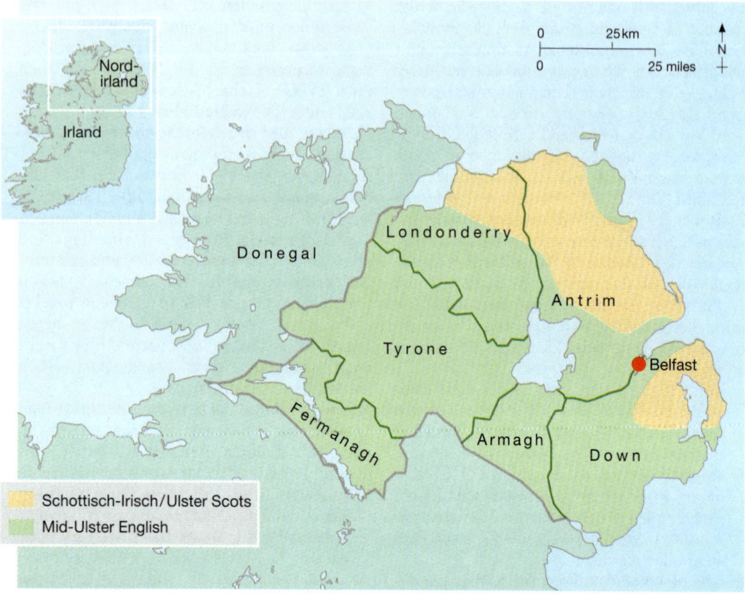

A Die sprachliche Situation in Nordirland

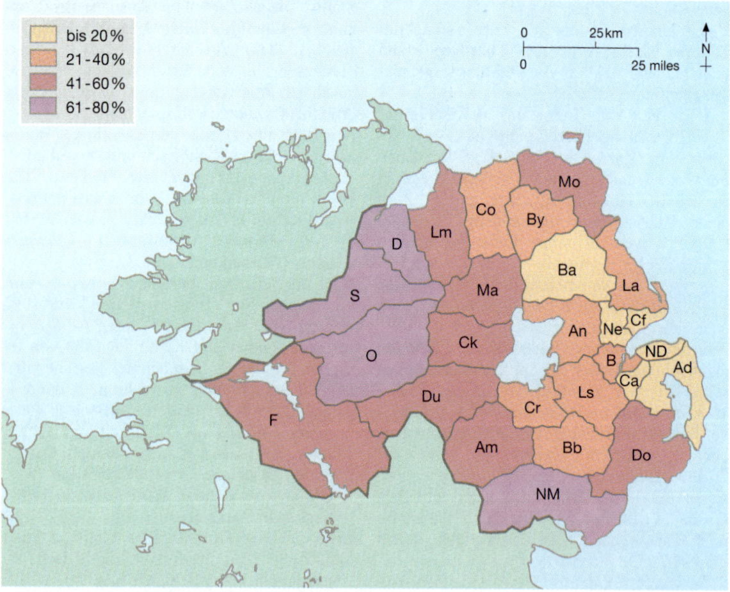

B Verteilung der Katholiken in Nordirland (Volkszählung 1991)

Im Vertrag vom 6. 12. 1921 wurde der **Irische Freistaat** *(Saorstát Éireann)* als selbstständiges Dominion errichtet, wobei die 6 nordöstl. Grafschaften der Provinz Ulster (Antrim, Londonderry, Tyrone, Fermanagh, Armagh und Down) beim Vereinigten Königreich blieben.

In Ulster gab es bis ins 20. Jh. die folgenden 3 Sprachformen:

1. das heimische **Irisch**, das im Laufe der Zeit zunehmend durch Sprachwechsel geschwunden ist, so dass heute keine muttersprachl. Sprecher des Irischen in N(O)-Irland mehr zu finden sind. Wohl aber existiert Irisch hier noch als Zweitsprache.

   Im Englischen finden sich noch durch das Irische bedingte Interferenzerscheinungen in der Intonation, der Aussprache, der Grammatik und im Wortschatz. Die Zahl an Englischsprachigen war in NO Irland stets bes. hoch – im Gegensatz zum S Irlands, wo englischsprachige Kolonisten immer deutl. in der Minderheit waren.

2. **Schottisch-Irisch** oder **Ulster-Schottisch (Ulster Scots)** wurde Anfang des 17. Jhs. durch Siedler vorwiegend aus dem SW Schottlands nach NO-Irland (und Ost-Donegal) gebracht.

   Die Schotten stellten in den von der *Plantation* (Ansiedlung) betroffenen Gebieten von Ulster ein bes. starkes Siedlerkontingent, 6-mal so groß wie das englische.

Als Schriftsprache starb Ulster Scots bereits im 17. Jh. aus, hielt sich jedoch als gesprochene Sprache in einem geschlossenen und einheitlichen Dialektgebiet bis weit ins 19. Jh. Heute hat Ulster Scots wenig Prestige und geht in seiner Verbreitung stetig zurück.

3. **Ulster Anglo-Irish** oder **Mid-Ulster English** verdankt seine Existenz der Besiedlung aus den engl. westl. Midlands.

   Es wird in jüngerer Zeit bevorzugt, da es standardnäher ist, und hat auf das Ulster Scots eingewirkt. Sprecher des Ulster Scots verwenden in formellen Situationen dem Mid-Ulster English angenäherte Formen; viele ihrer Sprecher sind somit bidialektal.

Im frühen 18. Jh. gab es in den Grafschaften Antrim, Down und Londonderry 3–4-mal so viele protestant. Familien wie kath. In Armagh waren es etwa doppelt so viele. In Fermanagh und Donegal waren Protestanten und Katholiken etwa gleich stark. Tyrone, Cavan und Monaghan hatten wohl kath. Mehrheiten.

Mit dem ›Government of Ireland Act‹ vom 23. 12. 1920 wurden die mehrheitl. protestant. Grafschaften der histor. Provinz Ulster vom mehrheitl. kath. Irland abgetrennt und erhielten im Rahmen einer Union mit Großbritannien Autonomie und eine eigene Regierung.

Der kath. Bevölkerungsanteil wird in Nordirl. zunehmend größer. 1981 betrug er noch 28%, der der 3 größten protestant. Kirchen 46%. 1991 war das Verhältnis Kath.–Prot. bereits 38,4% zu 42,8%.

Katholiken und Protestanten identifizieren sich mit unterschiedl. Erbe. Die Katholiken fühlen sich dem Irischen verbunden und kämpfen dagegen an, dass seit der Teilung nur Englisch offizielle Sprache ist.

> Abgesehen von getrenntem Schulbesuch leben Katholiken und Protestanten auch in voneinander getrennten Gebieten, lesen versch. Zeitungen (die Tageszeitungen ›The Irish News‹ [kath.] bzw. ›The Belfast Telegraph‹ [protestant.]) und schalten unterschiedl. Radio- und Fernsehsender ein.

Aufgrund unterschiedl. sozialer Bedingungen ist verständlich, dass es auch sprachl. Unterschiede zwischen Angehörigen beider Konfessionen gibt. Das gilt nicht für die Mittelschicht, die Gebildeten, wohl aber für die Angehörigen der unteren Schichten.

Nach Meinung von Loreto Todd, deren Untersuchung auf Informanten mit Volksschulbildung in Tyrone, Fermanagh und Armagh beschränkt war, gibt es eine Reihe von phonolog., lexikal., syntakt. und semant. Merkmalen, die zumeist durch irischen Einfluss erklärbar und für Katholiken typ. sind. Dazu gehören

- die Aussprache von *h* als [he:tʃ] bei Katholiken gegenüber [e:tʃ] bei Protestanten,
- die Aussprache des [l] als helles [l] in allen Positionen bei Katholiken und als dunkles [ɫ] bei Protestanten, also [lɪli] gegenüber [ɫʌɫi] *(lily).*

Hughie ist einer der wenigen Vornamen, der bei beiden christl. Konfessionen vorkommt, wenngleich

> in unterschiedl. Aussprache, nämlich [çuwi] bei den Katholiken und [huwi], gelegentlich [ʃuwi], bei den Protestanten.

Viele Wörter gälisch-irischen Ursprungs werden von den Katholiken noch gebraucht. Dazu gehören:

> *krig* < irisch *criog* 'hit, stub one's toe' in *Am after kriggin me toe* (StE 'I have just stubbed my toe') oder *mass* < irisch *meas* 'respect, value' in *I've no mass on them things.* Katholiken nennen Stadt und Grafschaft *Derry* (< irisch *Doire*), Protestanten *Londonderry.* Die Grafschaft wurde 1973 aufgelöst und in vier Distrikte, einer davon Derry, aufgeteilt.

Angesichts der pol. und sozial gespannten Situation in Nordirland verwundert es nicht, dass auch ethno-linguist. Charakteristika kontrovers diskutiert werden (vgl. Millars [1987] Ausführungen zu Todd [1984]).

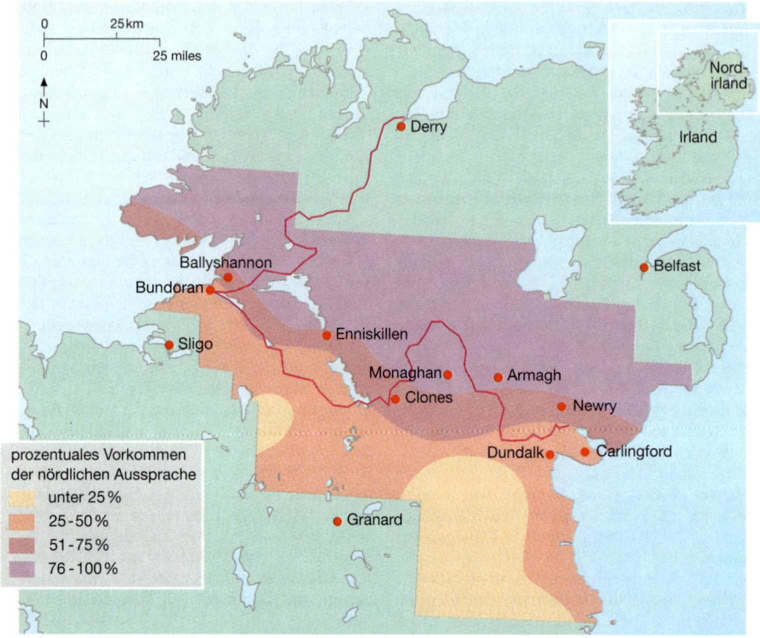

A Sprachliche Grenzregion zwischen Nord- und Süd-Irland

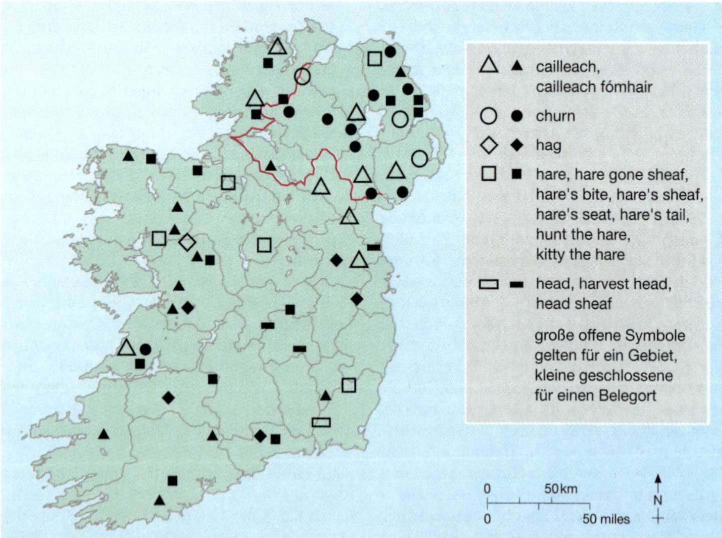

B Bezeichnungen für die letzte Getreidegarbe

Das Irische bildete fast 300 Jahre lang eine Barriere zwischen dem im N und im S Irlands eingeführten Englisch. Das lässt sich noch heute dialektgeograf. verdeutlichen:

> BARRY (1980) korreliert diese N-S-Grenze innerhalb des irischen Englisch mit der Topografie, dem *Black Pig's Dyke* (einem zwischen 100 und 332 n. Chr. errichteten Erdwall) und mit den unterschiedl. Ausprägungen des Irischen, die sich im N und im S der Insel bis zum 17. Jh. ergaben.

Ohne jeden Zweifel dürfte auch die pol. Grenze des 20. Jhs. diese sprachl. Grenze gefestigt haben.

Unterschiede der nördl. u. südl. Aussprache des Irischen Englisch

Im Rahmen des *Tape-recorded Survey of Hiberno-English Speech* wurden Ende der 1970er Jahre Informanten ausschließlich nach der Aussprache bestimmter Merkmale befragt. In der folgenden Tabelle werden einige Merkmale der beiden Aussprachen gegenübergestellt.

Norden	Süden	Standardenglisch
[o:]	[ọ:]	[əʊ] wie in *coat*
[ʉ(:)]	[u:]	[u:] wie in *fool*
[ɔ̈]	[ö]	[ʌ] wie in *cut*
[ʉ(:)]	[ö]	[ʊ] wie in *put*
[au], [ɑu]	[ou]	[aʊ] wie in *county*

Auf eine Karte übertragen, weisen die ermittelten Aussprachevarianten eine *Sprachgrenze* aus. Dieses recht schmale Übergangsgebiet verläuft von Bundoran im W über S-Fermanagh, N- und Z-Monaghan und S-Armagh bis nach Carlingford im O (Abb. A). Südlich davon herrschen Formen des **Southern Irish English** vor.

Dieses wird im Ganzen als homogener angesehen als das in Nordirland gesprochene Englisch,

> »das aus einer erzwungenen Ehe hervorgegangene natürl. Kind, das beiden Eltern verpflichtet ist«.

Das irische Englisch des Südens – hier waren engl. Siedler stets deutlich in der Minderheit – resultiert aus dem irisch-engl. Sprachwechsel bes. des 19. Jhs. Diese Varietät hat sich v. a. auf dem Lande ausgebreitet.

Wortschatz

Lexikal. Erhebungen in Irland dokumentieren einen reichen regionalen Wortschatz, der **irisches, schottisches** und **englisches** Erbe widerspiegelt.

So bezeichnet *haggard* in Irland wie auch in Schottland das kleine Feld eines Bauern.

> Auch nordirisches *slipe* 'Egge' und *scallion* 'junge Zwiebel' kommen in Schottland vor; Letzteres auch in weiten Teilen Englands.
>
> In Nordengland ist irisch-engl. *strand* in der Bedeutung 'Strand' belegt und in Südengland irisch-engl. *sprong* 'Heugabel'.
>
> *Kittagh* 'linkshändig' lässt sich auf irisch *ciotach* zurückführen und findet sich auch auf der Insel Man.

Für den ›Linguistic Atlas of the English of Ireland‹, einen ganz Irland umfassenden traditionellen Dialektatlas, werden in ländl. Gebieten alteingesessene Informanten vornehmlich nach konkreten Dingen ihres bäuerlichen Umfeldes befragt.

Bez. für 'the last corn sheaf cut at harvesting' (die letzte Getreidegarbe) können sowohl mit Unglück als auch mit Glück in Zusammenhang gebracht werden. Drei Merkmale sind wesentlich:

1. die letzte Garbe symbolisiert die zu Ende gehende Ernte;
2. sie kann auch das Gegenteil bedeuten, nämlich einen Talisman zukünftiger Fruchtbarkeit;
3. sie ist eng mit dem Erntedankfest verbunden.

Der Bezeichnungsreichtum für 'die letzte Getreidegarbe' ist außerordentlich groß.

> Auf der Karte (Abb. B) sind lediglich die häufig notierten Antworten vermerkt.

Bezogen auf die 3 Merkmale bezeichnen

> *cailleach* ('old hag'), *hag* und *the cursed sheaf* Vergänglichkeit und Unglück;
> *women's sheaf* hingegen neues Leben;
> *churn*, im S Schottlands als *kirn* weit verbreitet und somit die histor. Verbindung dokumentierend, ist mit dem Erntedankfest eng verbunden. *Churn/kirn* bedeutet sowohl 'die letzte Getreidegarbe' als auch 'a harvest home'.

Die Bez. weisen noch auf einen weiteren Aspekt hin. Da sich in die letzte Garbe der Vegetationsdämon zurückgezogen hat, erhält sie den Namen eines Tieres, unter dessen Gestalt man sich diesen Dämon vorstellt. Die folgenden zoomorphen Bez. beziehen sich auf einen Hasen:

> *Dornán an ghirria* ('the hare's handful'), *girria* ('hare'), *hare's bite/sheaf/seat.*

Neben dem Hasen leihen auch andere Tiere der letzten Getreidegarbe ihre Namen:

> *cow, hog, piardóg* ('crayfish'), *rabbit.*

Schließlich wird die letzte Garbe anthropomorphisiert, z. B. als

> *cailleach* ('old hag'), *cailleach fómhair* ('harvest hag'), *carlin* ('old woman'), *cuid na caillí* ('the hag's share'), *granny, hag.*

In der Grafschaft Kilkenny wurde für die letzte Garbe auch die Antwort *whoshall* notiert, wohl ein Hinweis auf das früher mancherorts gepflegte Ritual, am Ende der Ernte einen Spruch aufzusagen.

Bezeichnungen für das kleinste und schwächste Ferkel eines Wurfs

Die wichtigsten Regionalismen für 'the smallest and weakest piglet of the litter' (das 'kleinste und schwächste Ferkel eines Wurfs') verteilen sich wie folgt: *Crowl(ie)*, unbekannten Ursprungs, herrscht in NO-Irland – mit der Variante *crile* in SW-Ulster – vor; irisch-engl. *jorrie* ist daneben von Londonderry bis Down in O-Ulster belegt. In Donegal kommen irisch-engl. *Drawlyenn* (< irisch *dreoilín*), *droich* und, seltener, *orc* (<* *pork*) vor.

Droich und *crowl* sind auch für Schottland bezeugt. *Orc* dominiert in Connaught und rivalisiert mit *luchán* in N-Leinster/N-Munster. Im größten Teil von Leinster hat sich die engl. Bez. *rut,* die neben *rit* in den nördl. West Midlands bezeugt ist, fest etabliert und war imstande, alle aufs Irische zurückgehenden Formen zu verdrängen.

In S-Munster findet sich *ecktar* (< irisch *íochtar* 'Grund und Boden').

Die Verbindung eines Schwächlings mit dem Boden eines Nests wird auch in den Ausdrücken *neddy, nedlin* deutlich (bei denen irisch *neidín* 'kleines Nest' mit dem Personennamen *Ned* assoziiert wird). Ein analoges Konzept stellt Ulster *shakins of the poke* dar, das auch in Schottland belegt ist – ebenso wie *nestling*, das laut ›English Dialect Dictionary‹ auch in einigen Grafschaften Englands vorkommt.

Verbindungen mit der überird. Welt deuten die anthropomorphen Antworten *luchán*, wohl eine der zahlreichen Varianten von *leipreachán* 'leprechaun-Kobold', *droich*, wohl eher durch Metathese aus schottisch *duerch* 'Zwerg' entstanden, *sióg* 'Fee' und *siabhra* 'Elfe' an, die gewisse Parallelen in England und Wales (s. S. 113) sowie in Schottland haben (s. MATHER/SPEITEL, 1975).

Als nicht-regionale Standardform wurde überall in Irland *runt* angegeben, das auch in England, wenngleich selten, belegt ist.

Regionalismen und **irisch-engl. synakt.** und **morpholog. Eigentümlichkeiten** sind v. a. in der klass. Periode der anglo-irischen Literatur (deren sprachl. Authentizität hier nicht erörtert werden kann) weit verbreitet, wie die folgenden Beispiele zeigen.

Regionalismen:

I stood a while outside wondering would I *have a right* to pass on or to walk in and see you (*have a right* 'should' < irisch *cóir*) oder You'll have no *call* to complain (*call* < irisch *cáll* 'cause, claim').

JOHN M. SYNGE, ›The Playboy of the Western World‹ 1907.

Im Vorwort seines Dramas bemerkt SYNGE, dass er keine Ausdrücke verwende, die er nicht selbst von irischen Bauern gehört habe.

Syntakt. Besonderheiten:

Die **Stellung des Objekts** zwischen Hilfsverb und Vollverb erklärt sich aus irischem Substrat:

I'm sure it's his mother. She *has him ruined.*
FRANK O'CONNOR, ›Fish for Friday‹ 1957.

. . . and he says *Hackett has all the foxes killed.*
EDITH SOMERVILLE/MARTIN ROSS, ›The Irish R. M.‹ 1890/1908.

Eine entsprechende Wortstellung hat das Deutsche.

Im Irischen steht das **Verb vor** dem **Subjekt.** Soll ein anderer Satzteil als das Verb hervorgehoben werden, muss es nach irisch *is* stehen. Der Rest des Satzes tritt dann als Relativsatz auf:

That's a Sunday bacon you owe me.
BRENDAN BEHAN, ›The Quare Fellow‹ 1954.

Vgl. auch That's why *it was upstairs I found the porter* und . . . *and it was on the goose it fell.* (›The Irish R. M.‹) oder
It's to fight our way we must.
DANIEL CORKERY, ›The Stormy Hills‹ 1929.

Fehlendes Perfekt und **Plusquamperfekt** im Irischen wird entsprechend im irischen Englisch durch das Adverb *after + to be* ausgedrückt:

I'm after forgetting the message I was sent on. (StE I have forgotten . . .) ›Fish for Friday‹; oder

He's *after wearin'* out the unemployment dole. (StE He has worn out . . .)
SEAN O'CASEY, ›Juno and the Paycock‹, 1924.

In BEHANS ›Borstal Boy‹ (1958) heißt es:
They *were after finishing* with him, and were carrying him down to the chokey cells (StE They had just finished with him . . .).

Im irischen Englisch wird das **Präteritum** wesentlich häufiger gebraucht als im StE. Vgl.

My name is Brendan Behan. I *came* over here to fight for the Irish Workers' and Small Farmers' Republic (›Borstal Boy‹; StE I have come . . .).

Aus ›Fish for Friday‹: It only *just came* into my mind; You know what I *always thought* of in-laws (StE nur I have always thought); Mind, I don't want you to think I'm complaining of my wife! She *was always* a good woman according to her lights, but there *was never* any understanding between us (StE has always been . . ., has never been).

Finest bloody sermon I *ever heard* in my life. (StE I have ever heard)
O'CONNOR, ›My Father's Son‹ 1968 postum erschienen.

Ah, we *know* one another so long (StE have known, ›My Father's Son‹), oder I'*m* fifteen

Herkunft berühmter irischer Dichter und Schriftsteller englischer Sprache years with you (StE have been, ›Fish for Friday‹) zeigt eine weitere Eigentümlichkeit des irischen Englisch, nämlich den **Gebrauch des Präsens anstatt des Perfekts**.

Dies hat ebenfalls eine Parallele im Deutschen.

Da das Irische **kein Relativpronomen** verwendet, finden sich im irischen Englisch Sätze wie

It was Michael John saw yesterday (BARRY 1982:109) oder Who is this was telling me?

Indirekte Fragesätze haben dieselbe Wortstellung im irischen Englisch wie direkte:

He asked me daughter *would she marry him* oder

I wonder *is it them* that put down all the rabbit-traps I'm after seeing in the coach-house this minute (›The Irish R. M.‹; im StE werden hier *if* und *whether* verwendet: He asked my daughter whether she would marry him).

Beispiele zu einigen dieser Phänomene aus der gegenwärtigen gesprochenen Sprache bieten FILPPULA 1994 und HENRY 1958.

Auch beim Gebrauch der **Präpositionen** begegnen wir irisch-engl. Sprachgebrauch, der vom StE abweicht:

So wird die Vorstellung des Vorhandenseins durch die Präposition *in* ausgedrückt:

It's a hard thing they'll be saying below if the body is washed up and there's no man *in it* to make the coffin (*in it* StE extant, in existence; SYNGE ›Riders to the Sea‹, 1904); there was nine kids of us *in it* (StE we were nine kids in the family); there were no ready-made boots *in it* (StE in being), there's no two ways *in it* (StE there's no doubt about it).

On kann in Verbindung mit einem physischen Zustand verwendet werden:

... he has a liodach [StE lisping, stammering (of speech)] *on him* (StE he is unable to speak clearly), What's *on you?* (StE What's wrong with you?), There's no loss *on him* (StE he's alright).

With kann in Verbindung mit einem Handelnden gebraucht werden:

... killed *with* a horse (StE by);

in ... the heart is bad *with* him (StE he has a weak heart) beschreibt *with* einen Zustand und in ... he's gone *with* five years (StE he's gone these five years) drückt *with* einen Zeitverlauf aus.

Besitz wird analog zum Irischen durch die entsprechende Form von *to be* + eine der Präpositionen *at, near* oder *by* angezeigt:

... there weren't any candles *by* this man (StE this man hadn't any candles); ... 't isn't *by* me (StE it is not in my possession).

(Bsp. nach BARRY 1982:108 und HENRY 1958:134f. und 144f.)

Erwähnenswert sind die **Zeitformen** mit *do* und *be,* die einen iterativen oder durativen Aspekt ausdrücken. Dies zeigt sich in Beispielen wie:

birds that does be a-shooting, that's how the master does be, there bees no partition between the cows oder there do a yellow flower come on that.

Vor den Bezeichnungen für Krankheiten und öffentl. Einrichtungen wird der **bestimmte Artikel** gebraucht (wie in Schottland, Wales und engl. Dialekten, s. S. 87):

the measles, *the* cold, *the* chapel (church).

Morphologische Besonderheiten:

Vor einem Adj. weist das Adv. zumeist die Adjektivform aus:

terrible well, *awful* bad.

Die Verb-Endung im Präsens Plural ist meist *-s*:

all talk*s* about the same; the wee things (children) catche*s*; people reject*s* them; we bake*s* it.

(Beispiele nach HENRY 1958)

Im Bereich der **Personalpronomina** hat das irische Englisch eine neue Form für die 2. Pers. Plur. gebildet (*yous*, unbetont *yez*), die mit den Iren nach England (z. B. nach Liverpool) ausgewandert ist.

Oh, quit that readin', for God's sake! Are *yous* losin' all your feelin's (›Juno and the Paycock‹).

Paycock (StE *peacock*) gibt eine **irisch-engl. Ausspracheeigentümlichkeit** orthograf. wieder. Englisch *tea* wird in Irland wie *tay* ausgesprochen und bewahrt somit eine Aussprache des 16. und 17. Jhs. Der Nachname des berühmten irischen Dichters WILLIAM BUTLER YEATS sowie der des 40. Präsidenten der USA, Ronald REAGAN, dessen Vorfahren aus Irland kamen, verraten zwar nicht in der Schreibung, wohl aber in der Aussprache ihre Herkunft.

Der alte irische Name *Ó hÉalaithe* wurde zu irisch-engl. *Haley*, auch *Hayley* und *Hailey* geschrieben, und lebt in dieser Form nicht nur im ländl. Irland, sondern auch in Großbritannien und in den USA weiter. Daneben bildete sich jedoch noch eine weitere Form in irischen Städten, *Healey*, die sowohl in der Schreibung als auch in der Lautung völlig anglisiert ist.

	44 – 55 Jahre		18 – 25 Jahre	
	Männer	Frauen	Männer	Frauen
spontan	121,3	126,0	133,7	115,7
im Interview	77,7	62,7	74,0	46,7

(aɪ) = [eɪ] = stark dialektale Aussprache = Index 200
(aɪ) = [ɛɪ] = Index 100
(aɪ) = [aɪ] = StE-Aussprache = Index 000

Variationen anhand der Variablen (aɪ) in *pipe, line, drive*

	44 – 55 Jahre		18 – 25 Jahre	
	Männer	Frauen	Männer	Frauen
spontan	104	122	130	124
im Interview	71	78	122	80

Die Aussprachen variierten zwischen StE [ɪ] = Index 000
über [bet], [sence] bis hin zu [but], [sunce] = Index 200

Variationen anhand der Variablen (i) in *bit, since*

A Stilistisch bedingte Aussprachevariationen

Name des Informanten	A	C	B	D	H	E	F	G	I	J
Experiment 1	15	25	49	75	84	91	94	98	100	100
Experiment 2	4	5	5	35	75	42	75	84	97	100

Variable (ng) von StE [-iŋ] = 000 bis [-in] = 100

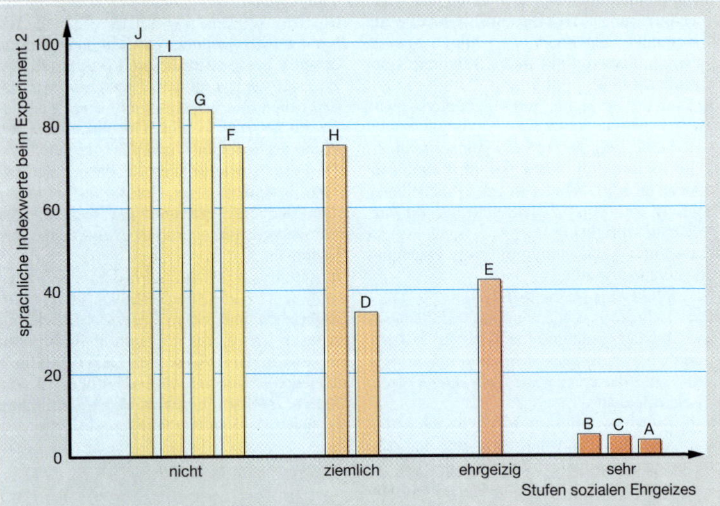

B Sozialsprachliche Unterschiede je nach Gesprächspartner

In den Städten Irlands entwickelte sich die gesprochene Sprache allmählich in Richtung einer standardisierten, anglisierten Norm, wozu bes. die Schulen und die Medien beitrugen. Neuere Untersuchungen haben gezeigt, dass das in irischen Städten gesprochene Englisch von der sozialen Schicht der Sprecher abhängt.
Das in Dublin gesprochene Englisch wurde zuerst von BERTZ (1975) untersucht. Dieser unterscheidet zwischen **Educated Dublin English, General Dublin English** und **Popular Dublin English**. Schulbildung und Religionszugehörigkeit sind für den Soziolekt eines Dubliners entscheidend.
Das protest. **Educated Dublin English** hatte bis vor kurzem im Trinity College seinen Rückhalt.

Dieses protestant. College wurde 1591 von ELISABETH I. gegründet, um die Reformation in Irland zu fördern. Erst seit 1871 gibt es an diesem College keinerlei religiöse Beschränkungen mehr.
Die Protestanten der herrschenden Schicht nannten ihr eigenes Englisch *West British*.

Das kath. **Educated Dublin English** wurde insbes. von Angehörigen des Dubliner University College gepflegt.

Der komplexe Bereich der Sprachvariation ist auch in Nordirland erforscht worden; erwähnenswert sind insbes. die Arbeiten von L. MILROY (1980) und J. MILROY (1981) über Belfast. J. MILROY geht es nicht um die sprachl. Unterschiede versch. sozialer Schichten, sondern nur um **Variationen** innerhalb **der Arbeitersprache.** Insgesamt wurden 46 Informanten, je 23 Männer und Frauen, aus 2 Altersgruppen und 3 versch. Wohngebieten der Innenstadt ausgewählt. Neben den 3 Indikatoren Geschlecht, Alter und Wohngebiet waren die Sozialisationsgewohnheiten des Einzelnen bes. wichtig, das »social network«.
Anhand der Variablen (ai) wie in *pipe* und *line* und (i) wie in *bit* und *since* ließ sich ein deutl. sprechstilbedingter Unterschied bei allen Gruppen aufzeigen (Abb. A).
Die Variable (ʌ) wie in *but* und *cup* diente dem Nachweis geschlechtsbedingter Unterschiede mit dem Ergebnis, dass Männer häufiger mundartl. Aussprachen verwenden als Frauen, obige Wörter also eher mit gerundetem Vokal wie *bot* und *cop* aussprechen.
Unterschiede v. a. auf Grund des Wohngebiets werden am Beispiel der Palatalisierung von [k] und [g] in Anfangsposition verdeutlicht.

Die Palatalisierung (also *car* in der Aussprache [kjar] und *gas* in der Aussprache [gjas]) findet sich nur in W-Belfast und dort auch nur bei der älteren männl. Informantengruppe; sie ist also ein aussterbendes Phänomen.

Weitere altersbedingte Unterschiede zeigen sich am Beispiel der Variablen (th).

Jüngere Männer tilgen [ð] in *mother* und *brother* etc. wesentl. häufiger als ältere Personen.

Die Untersuchung ergab ferner, dass Männer mehr als Frauen lokalisierte, dialektale Formen verwenden. Die Frage nach den Sozialisationsgewohnheiten zeigte dann, dass sie auch stärker in die örtl. Gemeinschaft eingebunden waren.

Dass linguist. Variablen auch mit anderen Faktoren als der soz. Schicht, dem Alter, dem Geschlecht, den Sprechstilen und den Gesprächsthemen korrelieren, zeigte ELLEN DOUGLAS-COWIE (1978), die den sozialen Ehrgeiz des Sprechers sowie der Gesprächspartner untersuchte.
Sie nahm in ihrem Heimatdorf Articlave bei Coleraine in der Grafschaft Londonderry Gespräche mit 10 Erwachsenen unterschiedl. sozialer Schicht auf. Diese unterhielten sich einmal jeweils zu zweit mit ihr (Experiment 1), dann jeweils allein mit einem ihnen fremden Engländer (Experiment 2).
Die Tabelle (Abb. B) zeigt die Variation der Sprecher je nach Gesprächspartner für die Variable (ng), d. h. die Aussprache von *-ing* in Wörtern wie *running* und *coming*. Der Indexwert 000 zeigt an, dass ein Sprecher ausnahmslos die Standardaussprache [-ɪŋ] verwendete, während bei 100 ein Sprecher die Endung stets [-in] aussprach. Abgesehen von dem Informanten J wurden alle Sprecher – wenngleich unterschiedl. intensiv – durch die Anwesenheit des engl., ihnen nicht bekannten Interviewers beeinflusst; sie verwendeten die Standardaussprache häufiger.
Ferner sollte jeder Informant jeden anderen – sie kannten einander alle gut – im Hinblick auf dessen soz. Ehrgeiz beurteilen. Die Einschätzungen der Informanten stimmten in hohem Maß überein. DOUGLAS-COWIE verglich diese dann mit dem Gebrauch einzelner linguist. Variablen bei den Informanten:

Die zunehmende [-ɪŋ]-Aussprache im zweiten Experiment hängt eng mit dem soz. Ehrgeiz der Informanten zusammen. Lediglich Sprecher D scheint eine Ausnahme zu bilden. Dieser hatte eine Universitätsausbildung erfahren, von der anzunehmen war, dass sie sein sprachl. Verhalten trotz fehlenden soz. Ehrgeizes beeinflusste.

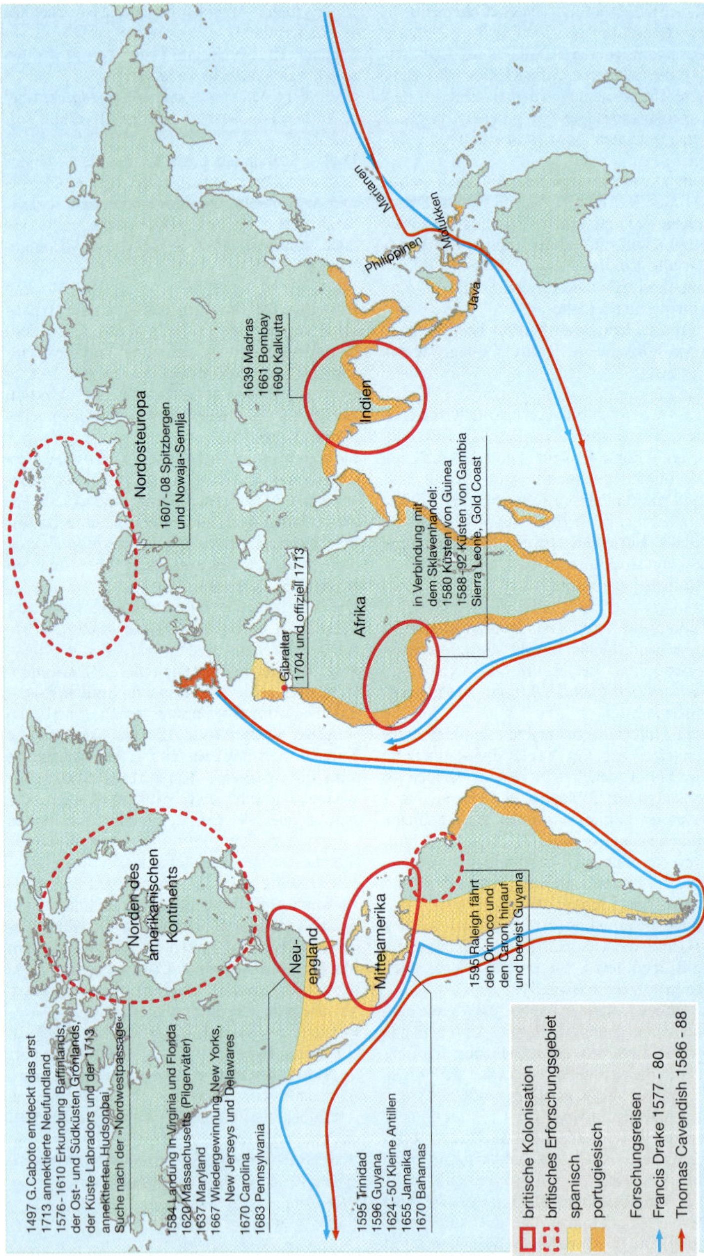

Britische Kolonisation im 16. und 17. Jahrhundert und britische Stützpunkte

Gründungs- und Konsolidierungsphase (1350–1600)
Die heutige Vormachtstellung des Englischen in der Welt, die v. a. auf histor. pol. Gründe zurückgeführt werden kann, war Ende des 16. Jhs. nicht absehbar.
RICHARD MULCASTER schrieb noch 1582 in seinem ›The First Part of the Elementarie‹:

> It [the English tongue] is of small reatch, it stretcheth no further then this Iland of ours, naie not there ouer all ... our state is no Empire to hope to enlarge it by commanding ouer cuntries ...

MULCASTERS Einschätzung stammt vom Ende der Phase, die STREVENS (1982) die Gründungs- und Konsolidierungsphase des Englischen nennt und die er von 1350–1600 ansetzt. Es folgt die
Kolonisierungsphase (1600–1750),
in der das Englische in einem Klima pol. und wirtschaftl. Umbruchs weitere Verbreitung fand. SIR WINSTON CHURCHILL beschreibt die Zustände in England, die zu dieser geolinguist. so wichtigen Phase der Ausbreitung des Englischen in die Neue Welt führten, im 2. Band seiner ›History of the English-speaking Peoples‹ (1956):

> Piecemeal and from many motives the English-speaking communities in North America were founded. For there were troubles in England. People reduced to beggary and vagabondage were many, and new outlets were wanted for the nation's energies and resources.

Obwohl sich der Lebensstandard im 16. Jh. in England besserte, stiegen die Preise für zahlreiche Produkte um das 6fache, die Löhne hingegen nur ums Doppelte. Darüber hinaus machte das noch immer geltende mittelalterl. System der Handwerkergilden jungen Lehrlingen die Aufnahme sehr schwer. Ferner vertrieben die durch die Verbindung mit der Krone polit. einflussreichen Großgrundbesitzer durch die erzwungene Umwandlung von Acker- in Weideland (das sog. »Enclosure Movement«) viele Bauern von ihren Feldern. Schließlich kam es aufgrund des kirchl. Einheitsgesetzes ELISABETHS I. zu relig. Verfolgungen.
Kolonien, so glaubte man, könnten diese drückenden Probleme lösen. Schätzungen zufolge überquerten im 17. Jh. fast eine Viertelmillion Engländer den Atlantik.
Die erste permanente engl. Siedlung in **Nordamerika** war im Mai 1607 Jamestown an der Küste Virginias, im Dezember 1620 gründeten die Pilgerväter Plymouth.
Um 1640 waren zudem große Teile der **Karibik** in engl. Hand,

> wie Barbados (seit 1623), St. Christopher (seit 1623) und Antigua (seit 1632).

Wegen des ausgedehnten Zuckerrohranbaus waren diese Inseln wirtschaftl. gesehen für England lange Zeit viel wertvoller als die nordamerikan. Kolonien.
1648 besetzten die Engländer Honduras (heute Belize) und die Bahamas und
1655 eroberten sie Jamaika.
1763, also fast ein Jh. später, trat Frankreich Dominica, Grenada, St. Vincent und Tobago an England ab.
1797 besetzte England Trinidad,
1814 erhielt es von Frankreich St. Lucia und Guyana.
In **Afrika** gründeten Engländer in Verbindung mit dem Sklavenhandel ab 1550 Forts entlang der Küste von Guinea und zwischen 1588 und 1592 entlang der Küste von Gambia, Sierra Leone und der Goldküste.
In **Indien** kamen 1639 Madras, 1661 Bombay und 1690 Kalkutta unter engl. Kontrolle.
Gibraltar folgte 1704.

Die Phase der unabhängigen Kolonien (1750–1900)
Zum ersten Mal sprechen ganze Bevölkerungen außerhalb Großbritanniens und sozial davon unabhängig Englisch als Muttersprache.

> So zunächst in den unabhängig gewordenen Vereinigten Staaten, dann auch in Kanada, Australien und Neuseeland.

Wesentlich für diese Phase insges. ist, dass mit der neuen sozialen und pol. Identität in Ländern wie den Vereinigten Staaten auch ein Streben nach größerer sprachl. Unabhängigkeit vom Mutterland einherging.
So glaubte z. B. NOAH WEBSTER, das in Nordamerika gesprochene Englisch sei aufgrund vieler Faktoren vom Englischen der Brit. Inseln bereits so verschieden – und könne noch unterschiedlicher gemacht werden, was er ab 1789 nach Kräften selbst versuchte –, dass ein neuer Name, »die amerikanische Sprache«, gerechtfertigt sei.

> Diese Bez. erwies sich übrigens als sehr langlebig. So werden noch heute in Deutschland verlegte Bücher aus dem »Amerikanischen« übersetzt statt aus dem »amerikanischen Englisch«, der einzigen sprachwiss. korrekten Bezeichnung.

Englisch als Zweitsprache in den Kolonien (1900–1950)
Im 20. Jh. setzt die 4. Phase ein, in der Englisch als Zweitsprache in die Bildungs- und Sozialsysteme der Kolonien eingeführt wird und in der die Anfänge intensiven Unterrichts des Englischen als Fremdsprache in Europa und andernorts liegen.
1950 beginnt die **kulturelle Unabhängigkeitsperiode.** Englisch wird nun aus ganz anderen Gründen wichtig, als das zur Kolonialzeit der Fall war.

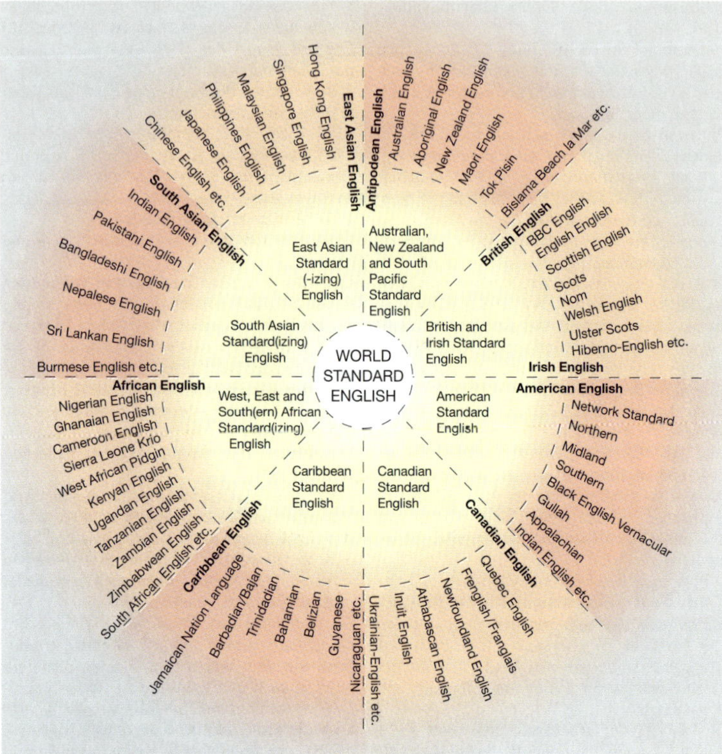

A Varietäten des Englischen weltweit

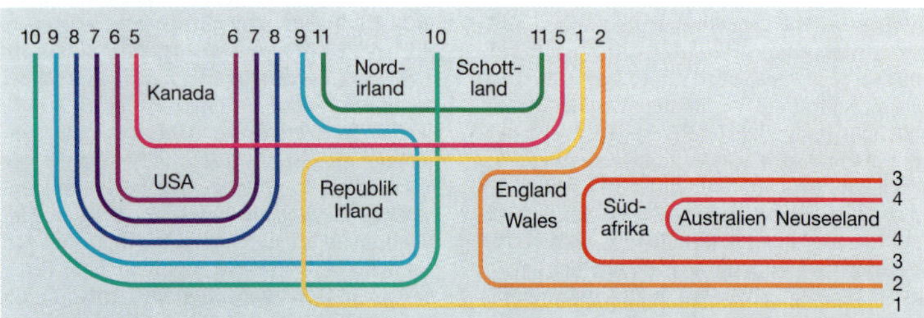

1. /ɑː/ anstelle von /æ/ in *path* etc.
2. Fehlen des postvokalischen /r/
3. geschlossene Vokale für /æ/ und /ɛ/, Monophthongierung von /aɪ/ und /aʊ/
4. vorderes [aː] für /ɑː/ in *part* etc.
5. Fehlen eines Kontrastes von /ɒ/ und /ɔː/ wie in *cot* und *caught*
6. /æ/ anstelle von /ɑː/ in *can't* etc.
7. Fehlen eines Kontrastes von /ɒ/ und /ɑː/ wie in *bother* und *father*
8. konsequente Stimmhaftigkeit des intervokalischen /t/
9. entrundetes [ɑ] in *pot*
10. silbisches /r/ in *bird*
11. Fehlen eines Kontrastes von /ʊ/ und /uː/ wie in *pull* und *pool*

B Einteilung des muttersprachlichen Standardenglisch auf der Ausspracheebene

Varietäten des Englischen und deren Affinitäten zueinander

In einer frühen in Deutschland verfassten Dissertation mit dem Titel ›Is English Destined to become the Universal Language of the World?‹ (Göttingen 1868) meint der Autor W. BRACKEBUSCH

»that the greater development [English] has obtained in the simplification of its grammar is the commencement of its dissolution, the beginning of the end«,

dass die Gefahren aber noch mehr in der weiten Verbreitung des engl. Sprachgebietes lägen, wodurch zunächst regionale Differenzierungen im Gebrauch des Engl. entstünden. Diese würden schließlich ganz neue, vom Engl. unabhängige Sprachen hervorrufen.

Wenngleich die Entwicklung BRACKEBUSCH in letzter Konsequenz (noch?) nicht Recht gegeben hat, so sind natürlich Diversifizierungstendenzen des Englischen festzustellen.

Allerdings haben plurizentr. Modelle für das Englische (dazu LEITNER 1992) gegenwärtig keine Berechtigung.

Aufgrund früherer Machtverhältnisse zeigt das Englisch in den ehem. Kolonialgebieten zunächst größere Affinitäten zu der Sprache des jeweiligen »Mutterlandes«. So ist das auf Puerto Rico, in Liberia und auf den Philippinen gesprochene Englisch dem amerikan. Typ näher, während das in Südafrika und in Malaysia dem engl. Typ näher steht.

Liberia nimmt in Afrika insofern eine Sonderstellung ein, als dessen mod. Geschichte 1821 begann, als freigelassene Sklaven aus den USA nach Afrika zurückgebracht wurden. 1847 erklärten die schwarzen Siedler ihre Unabhängigkeit und verteidigten sie erfolgreich.

In den Gebieten, in denen Englisch nicht als Muttersprache gesprochen wird, haben sich im Laufe der Zeit – nicht zuletzt aufgrund muttersprachl. Interferenzen – eigenständige Formen herausgebildet, die z. B. die Bez. *Indian English* oder *Singapore English* rechtfertigen. Die Entwicklung geht hier manchmal schon so weit, dass sich auf der Ebene des gesprochenen Englisch große Verständigungsschwierigkeiten zwischen denen ergeben, die Englisch als Zweitsprache sprechen.

Als Beispiel dazu sei das in Indien und Afrika gesprochene Englisch angeführt.

Trotz aller Diversifizierungstendenzen hat das Englische ein alle Varietäten einendes Band bewahren können, »a common core of educated variants« – eine Grundvoraussetzung, um zur Weltsprache zu werden.

Versch. **Modelle der Varietäten** des Englischen wurden bislang vorgeschlagen, die hier nicht alle vorgestellt werden können.

STREVENS (1980) z. B. unterteilt das Englische primär in einen Britisch-Englischen und einen Amerikanisch-Englischen Zweig.

TRUDGILL/HANNAH (1994) weisen dem Irischen und Schottischen Englisch eine Zwischenstellung zu (Abb. B).

MCARTHUR (1987) schließlich stellt das Englische in einem Kreismodell mit einem World Standard English als Kern dar, um den sich in einem ersten Ring regionale Standardvarietäten und in einem zweiten Ring nationale Varietäten und Subvarietäten gruppieren.

Auch dieses Modell ist hier wiedergegeben (Abb. A) – allerdings mit einem wesentl. Unterschied: Die Kreise und Linien sind durchbrochen, denn Varietäten wie English English oder Australian English stehen natürlich nicht abgegrenzt am Rande, sondern sind eng sowohl mit den jeweiligen regionalen Standardvarietäten als auch mit dem unmarkierten gemeinsamen Kern verwoben.

Pidgin

Eine wichtige **sprachl. Konsequenz der Kolonialpolitik** stellen die Pidgin- und Kreolsprachen dar. Der Prozess der *Pidginisierung* tritt ein, wenn es zu Kontakten zwischen Sprechergruppen versch. Sprachen kommt. Um einfache Kommunikationssituationen, wie z. B. Handel, bewältigen zu können, entwickeln sie ein Pidgin, das ihnen als Verständigungssprache dient.

Es gehört zu den charakterist. **Merkmalen eines Pidgin**, dass es von keiner Sprechergruppe als Muttersprache gesprochen wird und dass sein Gebrauch auf best. Kommunikationsbereiche wie Handel oder Verwaltung beschränkt ist.

In struktureller Hinsicht stellt ein Pidgin eine **vereinfachte Sprache** dar, die nur über ein begrenztes Vokabular verfügt. Im grammatikal. Bereich ist das Pidgin weniger komplex als die am Sprachkontakt beteiligten Sprachen selbst.

Es verfügt über keine oder nur wenige Flexionsformen, und seine syntakt. Möglichkeiten sind begrenzt.

Des Weiteren kommt es typischerweise zu einer **Vermischung von sprachlichen Merkmalen** aus den versch. Sprachen.

Insbes. erfolgt im Bereich der Aussprache eine Angleichung an die Muttersprache der Sprecher.

Viele der bekannteren Pidginsprachen sind urspr. durch die Handels- und Kolonialbeziehungen europ. Länder entstanden und basieren auf den vor Ort dominierenden Kolonialsprachen wie Portugiesisch, Französisch, Niederländisch oder Englisch.

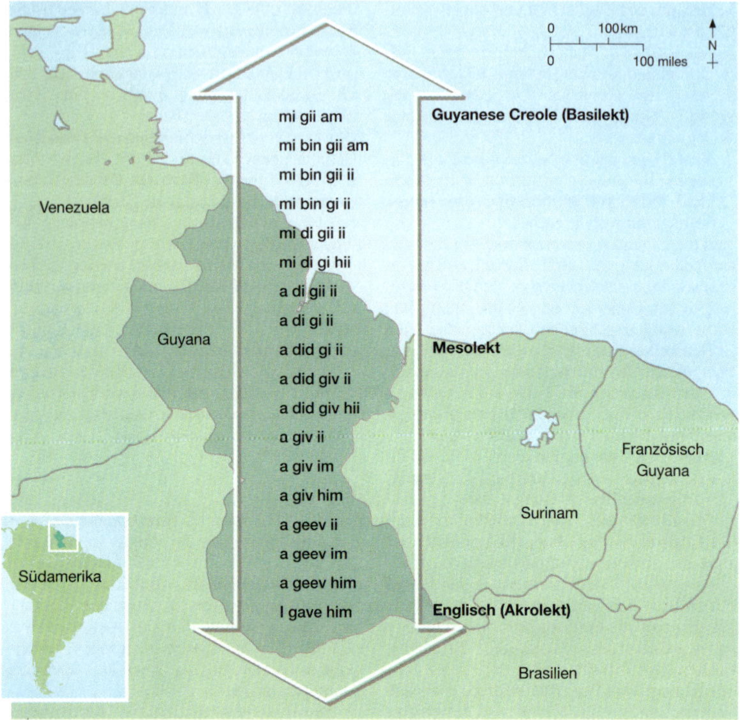

A Das kreolsprachliche Kontinuum in Guyana

Sprecher	B	E	F	A	C	D
5	+	+	+	+	+	+
1	+	+	+	+	+	–
6	+	+	+	+	–	–
2	+	+	+	–	–	–
3	+	+	–	–	–	–
4	–	–	–	–	–	–

Merkmale

basilektale		akrolektale	
– A	pikni	+ A	child
– B	nyam	+ B	eat
– C	/t/	+ C	/θ/
– D	/d/	+ D	/ð/
– E	nana	+ E	granny
– F	no ben	+ F	didn't

B Implikationsskala für sechs Merkmale im Jamaican-Creole-Kontinuum

Aufgrund des Sklavenhandels entstandene Pidgin- und Kreolsprachen werden in der Karibik, den USA, in Westafrika sowie im pazifischen Raum gesprochen.
Pidgin- und Kreolsprachen können unterschiedl. weit entwickelt und ihre Lebensdauer kann unterschiedl. lang sein. So gibt es einerseits sog. **marginale Pidgins**, die entstehen, wenn die Kontakte zwischen den Sprechergruppen eher oberflächl. Natur sind. Ihre Bedeutung als Kommunikationsmittel ist begrenzt, und sie verschwinden, sobald der Kontakt zwischen den Gruppen beendet wird.

Während des Vietnamkriegs entwickelte sich z. B. ein *vietnames. Pidginenglisch,* das nach Beendigung des Krieges bald wieder verschwand.

Bleiben die Kontakte bestehen, stabilisiert sich auch das Pidgin, vertiefen sie sich, führt dies zu sog. **erweiterten Pidgins (expanded pidgins)** mit komplexerer Grammatik und größeren Wortbildungsmöglichkeiten.

Ein Beispiel ist das westafrikan. Pidgin-Englisch.

Kreolsprachen
Der Gebrauch einer Pidginsprache kann sich so weit festigen, dass sie schließlich von Kindern als Muttersprache erlernt wird, wie z. B. das englisch-basierte *Tok Pisin* ('Talk Pidgin') Neuguineas, das dort auch im Rundfunk, in Zeitungen und Schulen verwendet wird. Dieser Vorgang wird als *Kreolisierung* bezeichnet.
Eine **Kreolsprache** ist demnach ein urspr. Pidgin, das zur Muttersprache in einer Sprechergemeinschaft geworden ist.
Die Kreolisierung kann zu versch. Entwicklungsphasen stattfinden und setzt nicht unbedingt ein erweitertes Pidgin voraus, d. h., es können auch mehrere Kreolisierungsvarietäten unterschieden werden.

Eine Kreolsprache verfügt über ein umfassenderes Vokabular, eine größere Vielfalt in den syntakt. Konstruktionen und über ein erweitertes stilist. Repertoire.
Sie kann in ganz unterschiedl. Situationen und für ganz unterschiedl. Zwecke verwendet werden und **erfüllt alle Funktionen einer gewöhnlichen Sprache**.

Nach dem Kreolisierungsprozess kommt es häufig zu einem Nebeneinander von Kreolsprache und dominierender Standardsprache. Letztere genießt mehr Prestige und findet z. B. in Bereichen wie Bildung und Politik Verwendung. Beide Sprachen beeinflussen sich gegenseitig mit dem Ergebnis, dass sich ein *Kontinuum von Varietäten* herausbildet, die sich hinsichtlich ihrer Nähe zur Standardsprache unterscheiden.
Diejenigen Varietäten, die am weitesten von der Standardsprache entfernt sind, werden als **basilektal** bezeichnet, solche, die der Standardsprache nahe stehen, als **akrolektal.** Die **mesolektalen** Varietäten nehmen eine mittlere Position ein.
Die **Kreolistik** beschäftigt sich bes. mit dem **Problem der Entstehung** von Pidgin- und Kreolsprachen und dem **Problem der sprachl. Variation** und ihrer Beschreibung.
Was die *Entstehung* angeht, geht es v. a. darum, ob für mehrere, evtl. sogar alle (europ.-orientierten) Pidgin- und Kreolsprachen ein gemeinsamer histor. Ursprung angenommen werden kann, aus dem sich die einzelnen Sprachen nach bestimmten Gesetzmäßigkeiten entwickelt haben (Monogenese), oder ob von versch. Ursprungssprachen ausgegangen werden muss (Polygenese).
Was die *sprachliche Variation* anlangt, so kann diese als Kontinuum beschrieben werden.

Im kreolsprachl. Kontinuum von Guyana in Südamerika können z. B. versch. Formen vorkommen, wobei das Guyanese Creole und Englisch die beiden sprachl. Pole bilden (Abb. A).

DECAMP (1971) hat versucht, das **kreolsprachl. Kontinuum Jamaikas** mit Hilfe eines Implikationsmodells zu beschreiben. Aus 142 Orten wählte er 7 Sprecher aus, deren Sprachproduktion er nach dem Vorkommen bzw. Nichtvorkommen von 6 Variablen (Abb. B) analysierte.
DECAMP ordnete die Daten danach, welche Variable am häufigsten vorkam und welcher Sprecher die meisten basilektalen Varianten gebrauchte. Dabei ergab sich, dass das Auftreten eines Merkmals jeweils auch das Vorkommen aller Merkmale links davon implizierte.

Abb. B weist aus, dass S_4 das reinste Jamaican Creole spricht, während S_5 überhaupt keine kreolsprachl. Merkmale produziert.

Eine solche Implikationsskala eröffnet Möglichkeiten, ein Kontinuum zu strukturieren.

Eine Vielzahl von Varietäten des Englischen wurde ins Weltreich hinausgetragen und dort neuen Bedingungen angepasst, d. h. umgeformt und weiterentwickelt. In neuer Gestalt kommen die Varietäten des Englischen (z. B. die in Asien gesprochenen) und die Kreolsprachen (die der Karibik seit 1948) ins engl. Mutterland zurück und beeinflussen dort nun ihrerseits die engl. Sprache.

A Ausweitung der USA

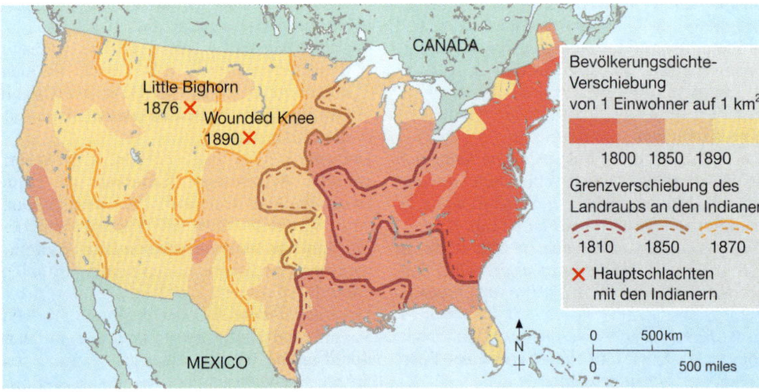

B Das Vorrücken der »Frontier«

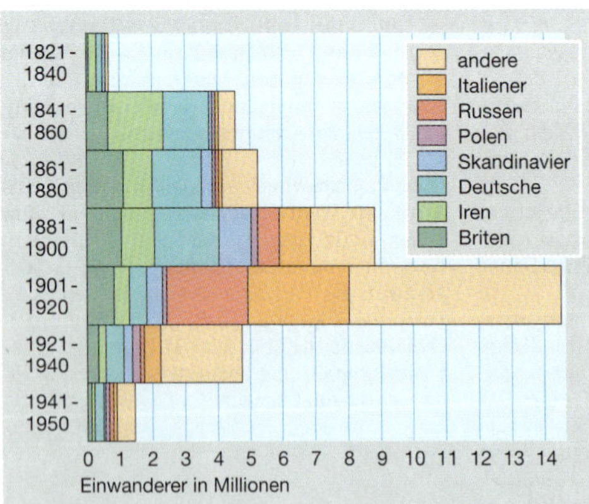

C Einwanderung in die USA

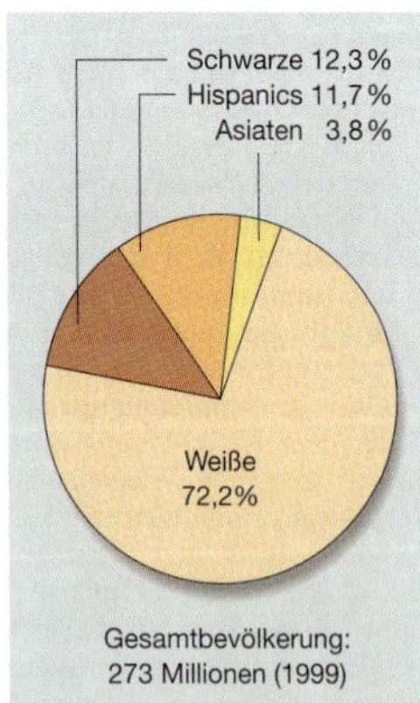

D Bevölkerung in den USA

Die Kolonien (1607–1776)

Die 1. engl. Dauersiedlung war James Towne (1607), Jamestown, im heutigen Virginia.
Die 2. engl. Kolonie entstand 1620: Gründung von Plymouth im heutigen Massachusetts durch die Pilgerväter (Puritaner). Katholiken siedelten in Maryland (1632) und Rhode Island (1636). Bis 1640 war die Zahl der Siedler auf ca. 25 000 angewachsen.
1670 entstand Charles Town, Charleston, in South Carolina durch engl. und irische Kolonisten.
Niederländer gründeten 1624 New Amsterdam. Es wurde von Engländern 1664 erobert und in New York umbenannt.
1681/82 gründete WILLIAM PENN die Quäkerkolonie Pennsylvania. Neben engl. Quäkern und Niederländern, später auch Iro-Schotten, siedelten sich dort viele Deutsche an.

1683 entstand die 1. dt. Ansiedlung, Germantown, durch 13 Familien aus dem Krefelder Raum. Bes. in O-Pennsylvania und W-Maryland wurde Pennsylvaniadeutsch gesprochen, ein Dialekt auf der Grundlage der Sprache der frühen Siedler, der sich bis heute, wenngleich mit deutlicher Beimischung engl. Elemente, erhalten hat.

Die O-Küste Nordamerikas bestand Mitte des 18. Jhs. aus 13 voneinander unabhängigen Kolonien:

Massachusetts, New Jersey, New York, Rhode Island, Connecticut, New Hampshire, Pennsylvania, Delaware, Virginia, Maryland, North Carolina, South Carolina und Georgia.

1666 sandte LUDWIG XIV. den franz. Adeligen LA SALLE nach N-Amerika, um dort Frankreichs Führungsanspruch durchzusetzen. 1682 war er den Mississippi abwärts bis zur Mündung gefahren und hatte dieses große Gebiet für seinen König in Besitz genommen und zu dessen Ehren Louisiana genannt. Nach mehreren verlorenen Kriegen musste Frankreich 1763 seine Besitzungen in Kanada (vgl. S. 175) und das Obere Mississippital an England abtreten.
Ab 1775 siedelten »Cajuns« (eine Verballhornung von »Acadians«, vgl. S. 177) im Süden des heutigen Louisiana. Deren Nachfahren sprechen noch immer ein archaisches Französisch, beeinflusst vom Kontakt mit dem Engl., Span., Deutschen sowie mit indian. und auch schwarzafrikan. Sprachen.

Die Unabhängigkeitsbewegung

Vertreter von 9 Kolonien sprachen 1767 dem engl. Parlament das Recht ab, ohne Mitsprache der Kolonien Steuergesetze für die amerik. Kolonien zu beschließen (»No taxation without representation«). Angesichts der wachsenden Opposition widerrief das engl. Parlament 1770 sämtliche Zölle mit Ausnahme des Teezolls, der der Ost-Indien-Kompanie das Teemonopol sicherte. Hierauf enterten Bostoner Bürger 3 vor Anker liegende Schiffe und warfen die gesamte Teeladung ins Meer (Boston Tea Party). Das engl. Parlament reagierte mit Zwangsmaßnahmen, was 1775 den Unabhängigkeitskrieg N-Amerikas gegen das engl. Mutterland auslöste.
Am 4. Juli 1776 erfolgte die von THOMAS JEFFERSON verfasste Unabhängigkeitserklärung der 13 Kolonien. England erklärte daraufhin den Krieg. Im Frieden von Versailles erkannte das Mutterland 1783 die Unabhängigkeit der Vereinigten Staaten mit dem Mississippi als Westgrenze an (Abb. A).

Die Ausdehnung der »Frontier«

Bis zur Mitte des 19. Jhs. erkauften und erkämpften die USA die Territorien bis zur W-Küste des nordam. Kontinents (Abb. B). Später kamen noch Alaska (1867) und Hawaii (1898) hinzu.

Der amerikanische Bürgerkrieg

Der Konflikt um die Sklaverei führte 1861 zum Sezessionskrieg (1861–65) zwischen den N- und S-Staaten. Der Kongress gab 1868–70 den Schwarzen das volle Wahlrecht. Während im S weite Teile verwüstet waren, entwickelte sich die mod. Industrie im N rasch.
Entscheidend dabei war der Ausbau der Eisenbahn. 1869 gab es die 1. transkontinentale Eisenbahnverbindung von Omaha in Nebraska nach San Francisco (Abb. A).

Die USA ab 1890

1890 war die Bev. N-Amerikas größer als in irgendeinem europ. Land außer Russland. Von 4 Mio. im Jahre 1790 stieg sie auf 31 Mio. 1860 und auf 75 Mio. gegen Ende des Jhs. an. Während in der Zeit zwischen 1820 und den 1890er Jahren hauptsächlich Briten, Iren, Deutsche und Skandinavier in die USA kamen, wanderten in den Jahren danach bis 1920 bes. Italiener, Russen und Polen ein (Abb. C). Letztere wurden nicht so rasch assimiliert und neigten z. T. zur Ghettobildung, was auch für die ca. 2 Mio. osteurop. Juden galt.
Seit dem 2. Weltkrieg haben die USA in großer Zahl Flüchtlinge aus aller Welt aufgenommen. Zu den legalen Einwanderern kommen Schätzungen zufolge jährlich allein 1,5 Mio. illegal eingewanderte Mexikaner. Zum Anteil der Hispanics und anderer Ethnien s. Abb. D.
Angesichts der bis heute meist beibehaltenen kulturellen Besonderheiten im Lebensstil versch. Einwanderergruppen erscheint der früher gern gebrauchte Begriff des »melting pot of nations«, des Schmelztiegels der Nationen, nicht mehr angebracht.

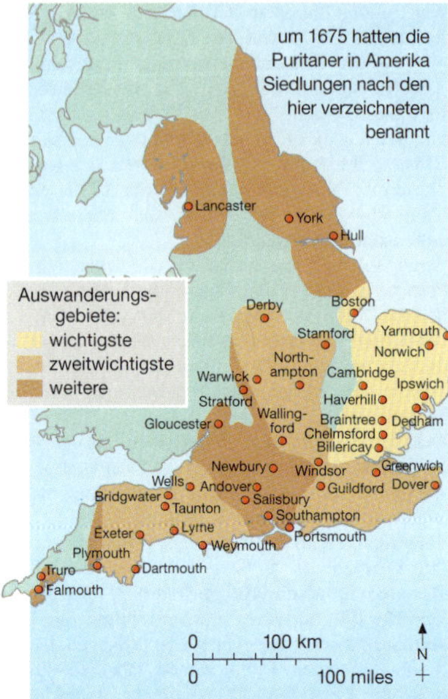

A Die Herkunft der Puritaner

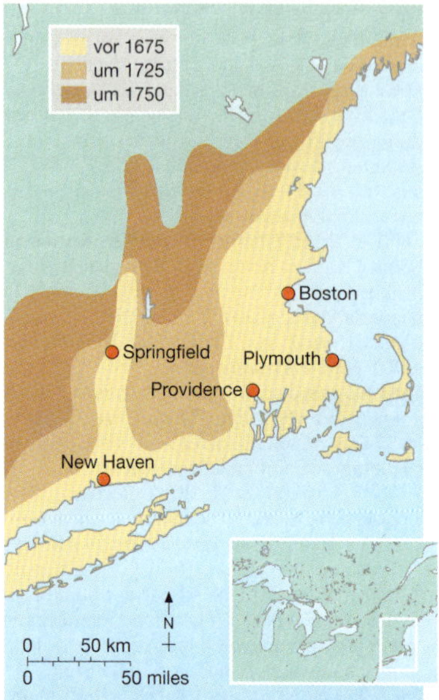

B Besiedlung Neuenglands

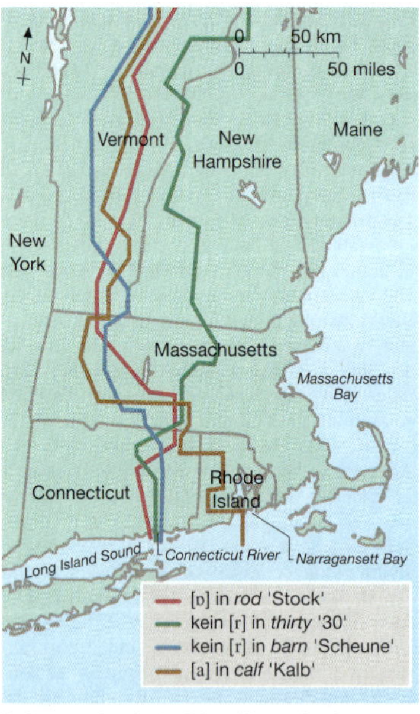

C Aussprachen im östlichen Neuengland

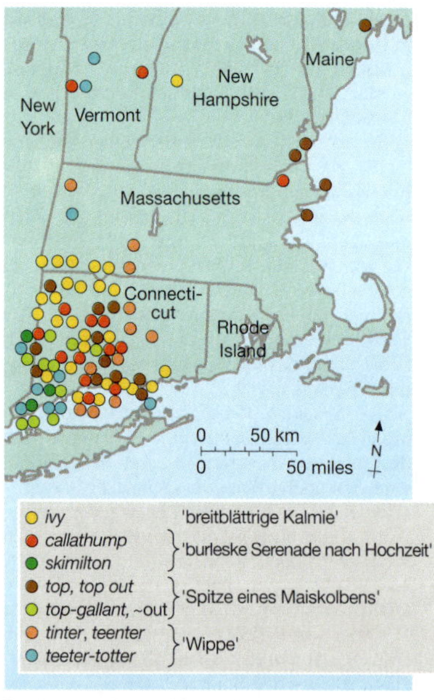

D Wörter im Westen Neuenglands

Frühe englischsprachige Einwanderung und sprachliche Folgen

DILLARD hat in mehreren Publikationen, zuletzt 1992, die These verfochten, dass das frühe amerikan. Englisch v. a. urspr. maritimem Pidginenglisch verpflichtet sei, das durch Kontakt mit anderen Sprachen, z. B. dem Baskischen, entstanden ist. Ausreichende Belege dafür, dass Amerikaner britisch-engl. Dialektmerkmale verwendeten, gäbe es weder für die koloniale Periode noch für das 19. Jh.

Dagegen spricht jedoch die große Zahl früher englischer/britischer Siedler.

Als Folge der Puritanerverfolgung fand zwischen 1628 und 1648 die erste große Aussiedlerwelle aus England den Weg nach Amerika. Die **engl. Sprache** wurde in vielen Regionen der O-Küste Nordamerikas **vorherrschend**.

Die Herkunft der frühen engl. Siedler ist bes. für die amerikan.-engl. Volkssprache von großem Interesse. Bis in die 1950er Jahre hat man den S Englands als Hauptgebiet der Frühauswanderung betrachtet. Das dürfte für die große Mehrheit der frühen Siedler Neuenglands stimmen, nicht jedoch für den Gesamtbereich der ostamerikan. Dialekte.

Die genaue Durchsicht von 2 Auswandererlisten aus Bristol und London aus der 2. Hälfte des 17. Jhs., auf denen mehr als 11 000 Emigranten aufgeführt waren, ergab Folgendes:

1. Unter denen, die das Schiff in Bristol bestiegen, befanden sich viele aus Wales sowie aus jeder anderen engl. Grafschaft außer Rutland. Die überwiegende Mehrheit stammte aus dem Westen.
2. Neben vielen Auswanderern aus London und Umgebung lieferte Yorkshire die größte Anzahl von Emigranten.
3. Virginia war das Ziel von mehr als der Hälfte der von Bristol aus ausgewanderten *indentured servants.* Durch freiwilligen oder unfreiwilligen (Sträflinge, Entführte) Vertrag mit Handelsgesellschaften verdingten diese sich für 4–7 J. und erhielten als Entgelt freie Überfahrt, Lebensunterhalt, eine Ablösesumme und bisweilen Land, gewöhnlich 20 ha. Bis 1776 kamen ca. 60–70% aller Einwanderer als *indentured servants* in die Neue Welt.
4. Zusammen mit East Anglia, Lincolnshire im N, war der W die Heimat Tausender der frühen Siedler (CAMPBELL 1959:78).

Die Londoner Auswandererliste, die auch das Alter der Emigranten angibt, weist eine nicht unbeträchtliche Anzahl von Minderjährigen und Kindern aus. Da deren Sprachgewohnheiten noch nicht gefestigt sind, wird dies den Zug zum kolonialen Ausgleich der dialektalen Verschiedenheiten verstärkt haben.

Auf die zwischen 1620–1675 ausgewanderten Puritaner (Abb. A) folgten Quäker aus dem W und N Englands sowie den schott. Lowlands, die ab 1661 in Pennsylvania eintrafen.

V. a. ab 1717 kamen protestant. schott. Iren und ab 1840 siedelten kath. Süd-Iren in beträchtlicher Anzahl in den USA (vgl. S. 137).

Heute haben 85% der amerikan. Bevölkerung Englisch als Muttersprache.

Das in den USA gesprochene Englisch ist die früheste und am besten dokumentierte Siedlervarietät des Englischen.

Besiedlung und Dialekte Neuenglands

Aufgrund der Siedlungsgeschichte teilt sich Neuengland in ein **östliches** und ein **westliches Hauptdialektgebiet**, das nicht mit Staatsgrenzen übereinstimmt, sondern durch Connecticut, Massachusetts und Vermont verläuft (Abb. C und D).

Die Siedlungen im O an der Atlantikküste (Massachusetts Bay, Plymouth, Narragansett Bay und New London) breiteten sich nach 1640 sehr langsam aus. Abgesehen vom schmalen Verbindungsstück des Long Island Sound unterhielten die östl. Siedlungen über mehrere Generationen hinweg keinen Kontakt zu den Siedlungen am Connecticut River.

In Connecticut wurde dieser Kontakt erst um 1700 hergestellt, im nördl. gelegenen Massachusetts noch später, u. zw. nicht vor ca. 1735.

Zwischen den beiden Hauptsiedlungsgebieten liegt das Bergland von O-Connecticut und Zentral-Massachusetts, das stets nur spärlich besiedelt war. Greater Boston blieb von den Siedlungen des Lower Connecticut Valley und am Long Island Sound durch einen breiten Agrargürtel getrennt. Ihm ist es zu verdanken, dass Dialektunterschiede zwischen dem östl. und westl. Neuengland zum großen Teil bis ins 20. Jh. erhalten blieben.

Einige Aussprachemerkmale des östl. Neuengland sind in Abb. C aufgeführt, einige Wörter des westl. Neuengland in Abb. D. Zu den Ausdrücken, die überall im östl. Neuengland belegt sind, gehören: *pig sty* 'Schweinestall' (gegenüber *pig pen* in W-Neuengland) sowie *doughnuts* 'Krapfen' (gegenüber *crullers* oder *fried-cakes* im W Neuenglands).

Entwicklung des amerikanischen Englisch

In Amerika konnte sich die Sprache der engl. Siedler eigenständig entwickeln: durch den Kontakt mit anderen Sprachen (s. u.) sowie durch die räuml. und polit. Trennung vom Mutterland.

Das **amerikanische Englisch** hat einerseits Merkmale bewahrt, die im britischen Englisch im Laufe der Zeit fast oder ganz verloren gegangen sind.

Diese gelten als *Amerikanismen kraft Bewahrung und Verbreitung* bzw. als *Amerikanismen kraft veränderter Sprachebene.*

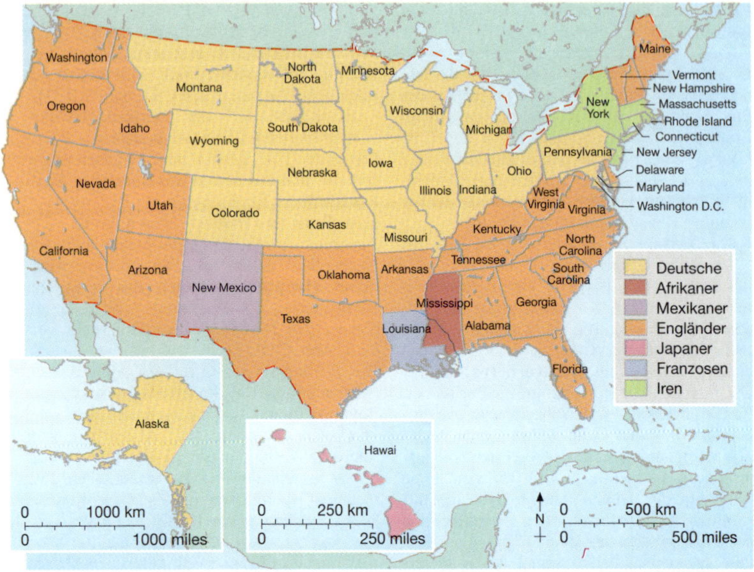

A Herkunft der Vorfahren der Amerikaner (stärkste Gruppen je Staat:1980)

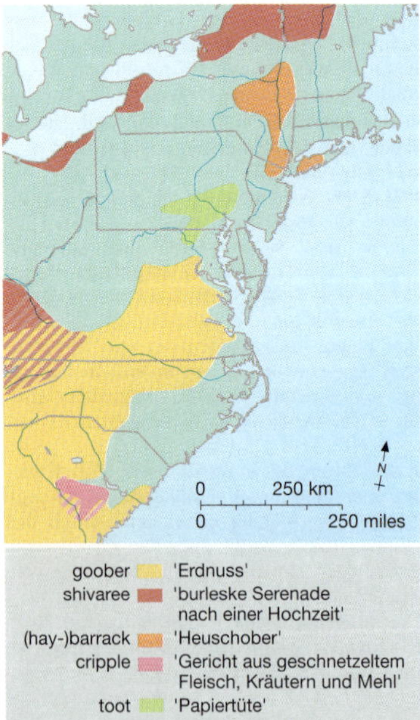

B Lehnwort-Isoglossen im Osten der USA

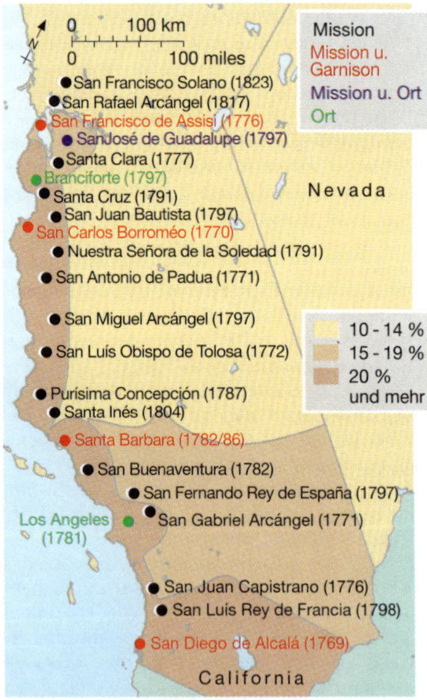

C Verbreitung spanischer Entlehnungen und spanische Missionen

Andererseits hat das amerikan. Englisch im Laufe von gut 3½ Jahrhunderten sprachl. Neuerungen hervorgebracht – abgesehen von den von NOAH WEBSTER (1758–1843) in seinen Arbeiten aus nationalist. Gründen propagierten – und diese auch nach Großbritannien exportiert.

Dies sind die *Amerikanismen kraft Entstehung* in den USA.

Schließlich zeigen die Entwicklungen v. a. des 18. und 19. Jhs., wie stark die Ausgleichskräfte in den USA waren, die das am. Englisch in rel. kurzer Zeit deutlich homogener machten, als es das brit. Englisch je geworden ist.

Entlehnungen aus anderen Sprachen

Den auffallendsten Teil der Amerikanismen kraft Entstehung stellen die **Entlehnungen aus anderen Sprachen** dar, mit denen Englisch in Nordamerika in Kontakt kam. Neben Engländern und Schotten stellten Deutsche und Holländer die wichtigsten ersten Siedlerkontingente an der amerikan. O-Küste. Deutscher und engl. Einfluss rivalisierten lange Zeit miteinander, v. a. in Teilen der Ostküste und des Mittleren Westens.

Allerdings lassen die Einwanderungsquoten an der Vorherrschaft des Englischen keinen Zweifel, so dass der vielfach zu findende Hinweis, Deutsch wäre beinahe Staatssprache der USA geworden, lediglich ein Mythos ist, der nicht aussterben will.

In einer Eingabe deutscher Einwanderer des Bezirks Augusta in Virginia wurde gefordert, dass bestimmte Bundesverordnungen ins Deutsche übersetzt und auch auf Deutsch veröffentlicht werden sollten. Diese Petition wurde an einen Ausschuss verwiesen, der sie am 13. Januar 1795 mit einer Stimme Mehrheit ablehnte.

Dass das Deutsche die stärkste Gruppe in zahlreichen Staaten der USA darstellt, zeigt Abb. A, die die Herkunft der Vorfahren der Amerikaner im Jahre 1980 ausweist.

Lehnwörter aus dem Deutschen, Französischen, Holländischen und aus afrikan. Sprachen im O der USA zeugen von den verschiedensten Einwanderergruppen (Abb. B):

Im Savannah-Teil Georgias und South Carolinas ist *scrapple* als *cripple* bekannt, von Süddeutsch *kriebele* 'Bratenschmalz', das die Salzburger 1733 mitbrachten.

Im Süden Pennsylvanias ist *toot* 'paper sack' (von dt. *Tüte*) gebräuchlich.

Der Ausdruck für die burleske Serenade nach einer Hochzeit lautet, wo dieser Brauch noch gepflegt wird, *shivaree* (vom franko-kanad. Wort *charivari*).

Die Verbreitung von *(hay) barrack* 'Heuschober' v. a. im Hudson Valley deckt sich weitgehend mit dem früheren holländ. Siedlungsgebiet (< niederländ. *hooi-berg*).

Einer der Afrikanismen, den auch Weiße angenommen haben, ist *goober* 'Erdnuss'. Er geht auf das im Kongo in derselben Bedeutung belegte Wort *nguba* zurück.

Im W der USA finden sich einige Lehnwörter indian. Ursprungs, wie z. B.

(salt) chuck 'Salzwasser', *skookum* 'groß', *potlatch* 'feierliche Veranstaltung', *poganip* 'warmer Winterwind', *chinook* 'föhnartiger Winterwind' und *cayuse* 'nicht-reinrassiges Pferd'.

Einen weitaus intensiveren Einfluss übte aber das Spanische in dieser Region aus. BRIGTHS Befragungen 1971 ergaben insgesamt 49 span. Ausdrücke, von denen 11 auf versch. Weise ins amerikan. Englisch integriert waren.

Überall in Kalifornien und Nevada gebräuchlich sind:

patio 'Vorhalle, Veranda', *adobe* 'ungebrannter (Luft-)Ziegel', *corral* 'Kuhpferch', *bronco* 'kleines, halbwildes Pferd', *burro* 'kleiner Esel', *rodeo* 'Zusammentreiben von Vieh', 'Cowboyturnier', *reata/riata* 'Lasso' und *plaza* 'Marktplatz (in Städten), öffentlicher Platz'.

Die Verbreitung der Regionalismen stimmt größtenteils mit dem frühen span. Siedlungsgebiet entlang der Küste überein (Abb. C), wo zwischen 1769 und 1823 mehrere Missionsstationen, *presidios* und *pueblos* (militär. bzw. zivile Niederlassungen) entstanden.

Eine Reihe von Übernahmen ins Engl., die im O der USA vielfach ungebräuchlich sind, treten im folgenden Text auf:

We want you back on our range. We're sure you don't want to be a maverick reader of MONTANA. If you have overlooked renewing your subscription, here's an easy way to get back into our corral. The pickin's have never been better.

Das Spanische spielt heute in den USA die Rolle als führende Nationalitätensprache, die vor gut 100 Jahren das Deutsche innehatte. Als histor. Nebenprodukt dieses ethnischen Kontakts hat das **Chicano English** im Südwesten der USA zu gelten, das wohl aufgrund seines geringen Prestiges (ganz im Gegensatz zum Pennsylvania German) erst seit kurzem wissenschaftl. erforscht wird.

Sorge vor Überfremdung durch das Spanische und vor separatist. Bestrebungen im amerikan. Südwesten wie in der kanad. Provinz Quebec führte 1981 zu dem Vorstoß im Kongress, das Englische zur offiziellen Sprache der USA zu machen, da es 95% der Bevölkerung sprechen. Am 1. August 1996 wurde vom Repräsentantenhaus ein entsprechendes Gesetz mit 259 Ja- und 169 Nein-Stimmen angenommen.

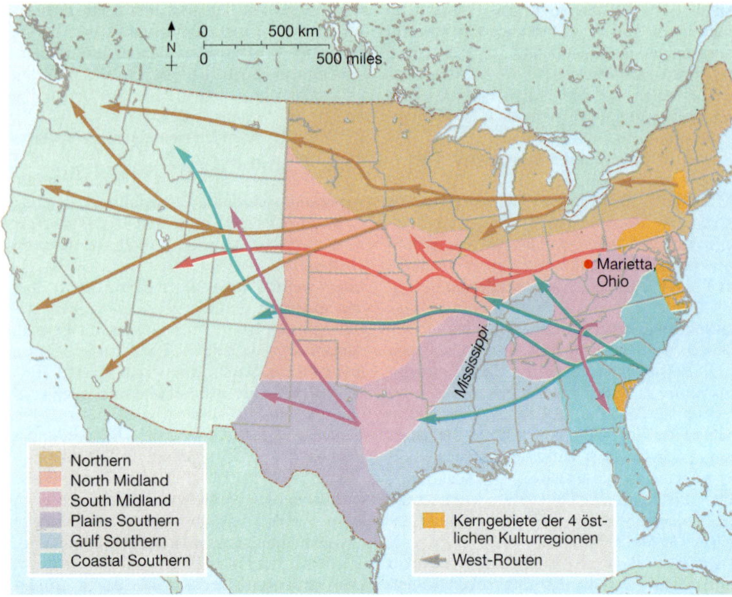

A Hauptdialektgebiete nach Kurath u. a.

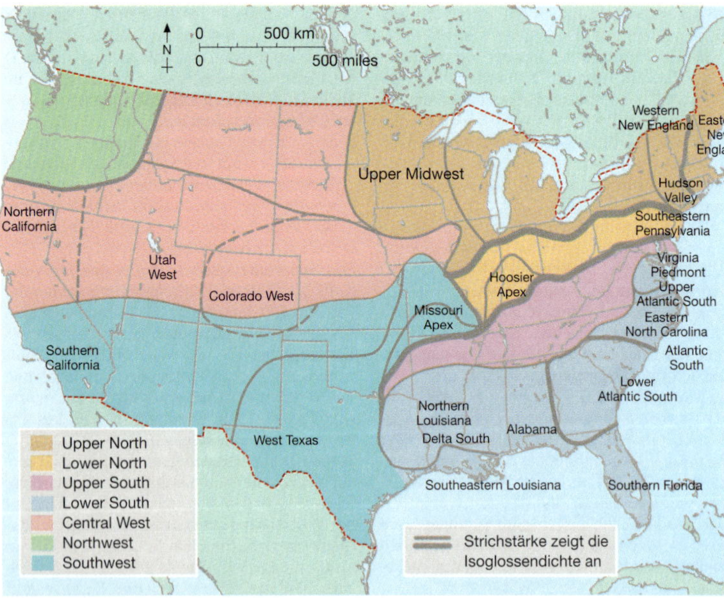

B Hauptdialektgebiete nach Carver

Aufgrund von lexikal. Heteroglossen hat KURATH in den 1930er und 1940er Jahren den O der USA in 3 **Hauptdialektgebiete** unterteilt: **Northern, Midland** und **Southern** (Abb. A).

Wie zu erwarten, gibt es Ausdrücke, die sowohl dem nördlichen und dem mittleren Dialekt als auch dem mittleren und dem südlichen Dialekt gemeinsam sind. Schließlich treten auch für den nördlichen und südlichen Dialekt gemeinsame Ausdrücke auf.

Die Dialekte des O breiteten sich mit den Siedlern in Richtung W aus. So lassen sich noch heute die nördliche Dialektgrenze bis in die Dakotas und die südliche bis nach Neu-Mexiko hin verfolgen.

An der nach W wandernden »Frontier« können dabei anfangs instabile, durch Kontakt mit anderen Sprachen entstandene Varietäten des Englischen existiert haben.

Von längerer Dauer indes waren Dialektinseln, die dann entstanden, wenn Siedler von einem Dialektgebiet in ein anderes zogen, was sich vielfach auch an Ortsnamen ablesen lässt (FRAZER 1985 für Ohio, Indiana und Illinois).

Beispiel: Marietta im SO Ohios am Ohio River, das von Neuengländern besiedelt wurde, die dann später von Siedlern des Midland-Gebietes sprachl. isoliert wurden. CLARK (1972) hat Phonologie und Wortschatz von 6 älteren Einwohnern Mariettas im Hinblick auf die Bewahrung bzw. das Verschwinden nördl. Dialektmerkmale untersucht und vorhergesagt, dass sprachl. Charakteristika Neuenglands in ein oder zwei Generationen in Marietta verschwunden sein werden.

Dass auch der Mississippi siedlungsbedingt Einfluss auf Dialektgebiete hatte, zeigt CARVER (1986) für Illinois und Iowa auf.

Westl. der Rocky Mountains überschnitten sich v. a. die Siedlungsströme aus dem Northern- und dem Midland-Gebiet (Abb. A), so dass die Dialektgrenzen verwischten. Regionaler Wortschatz kann dort nicht mehr klar voneinander getrennt werden.

Sprachl. Merkmale des S sind aufgrund der schwächeren Siedlerbewegung im W kaum verbreitet.

Als Beispiel sei die Verbreitung von Synonymen für *cottage cheese* erwähnt: Im nördl. Dialekt ist *Dutch cheese* gebräuchlich, im mittleren *smearcase*. Diese Verteilung gilt sowohl im O als auch im Mittleren Westen. Im W der USA (abgesehen von Idaho, das nicht nur in diesem Fall die nördl. Variante bevorzugt) ist hingegen eine räumliche Trennung beider Ausdrücke nicht mehr möglich (Abb. B, S. 164). Beide kommen in Washington, Oregon und Kalifornien vor, meist unterschiedl. häufig:

	Washington	Oregon	California
Dutch cheese	17	9	6
smearcase	7	9	12
cottage cheese	71	77	79

(Die Zahlen sind Prozentangaben der gesamten Antworten für den jeweiligen Begriff im genannten Staat.)

Das Beispiel zeigt zum einen, dass Wörter, die im O der USA allgemein verbreitet sind (in diesem Falle *cottage cheese*), auch im W von der Bevölkerungsmehrheit gebraucht werden, und zum anderen, dass Synonyme, die für das Southern-Dialektgebiet charakterist. sind (in diesem Falle *curds, curd cheese, clabber cheese* sowie *home-made cheese*), im (Nord-) Westen der USA außerordentlich selten sind bzw. überhaupt nicht registriert wurden.

Für *curd(s)/curd cheese* zeigt dies deutl. die Computerverteilungskarte (S. 164, Abb. C).

Dialektgebiete nach Carver

Auf einer kleinen Auswahl der Daten (der regionalen Verbreitung von nur 800 Wörtern), die in CASSIDYS Wörterbuch seit 1985 bereits erschienen sind (3 Bände) und noch erscheinen werden (2 Bände), beruht die Einteilung amerikan.-engl. Regionaldialekte, die CARVER (1987) vorlegte (Abb. B). Dies ist die erste sprachgeograf. Arbeit, die die USA als Ganzes beschreibt. CARVERS Ziel ist mit KURATHS identisch: Beide versuchen, Kulturgeschichte mit sprachl. Befunden zu korrelieren.

Da es klar abgrenzbare Dialektgebiete nicht gibt, bedient CARVER sich des Konzepts der ›Schicht‹. Er ermittelte insges. 19 regionale Hauptschichten von Dialektwörtern und zeigt deren hierarch. Teilhabe an der arealen dialektalen Gliederung der USA auf.

Das wichtigste Ergebnis ist seine Nord-Süd-Einteilung, womit er KURATHS These von einem eigenständigen Midlanddialektgebiet entkräftet.

Fairerweise muss allerdings hinzugefügt werden, dass KURATH sein South-Midland-Dialektgebiet selbst in Frage stellte, ohne aber Konsequenzen daraus zu ziehen.

Indes ist auch CARVERS Dialektgebiet in gewissem Sinne dreigeteilt. Im Gegensatz zu den eng verbundenen Hauptregionen des S (Oberer und Unterer S), sind nach CARVER der Obere und Untere N eher lose zusammenhängende Regionen, weshalb der S sowie der Obere und der Untere N hierarch. gesehen auf etwa der gleichen Stufe stehen. Die Karte (Abb. B) zeigt diese Tatsache durch unterschiedl. Stärke der Linien zwischen den einzelnen Regionen.

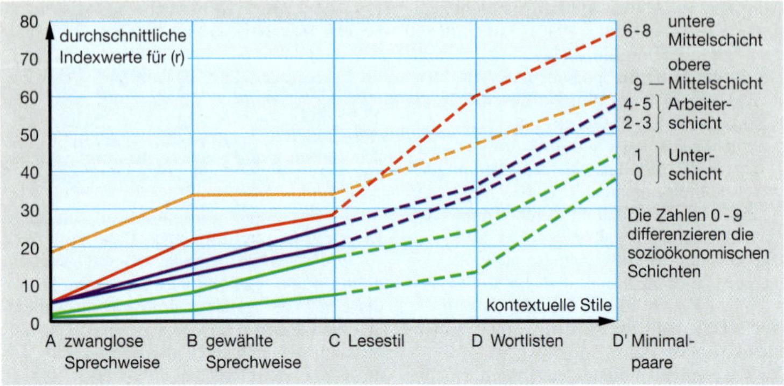

A Schicht-Stratifikation einer sprachl. Variable im Prozess des Wandels: (r) in *guard*, *car*, *beer*, *beard* usw.

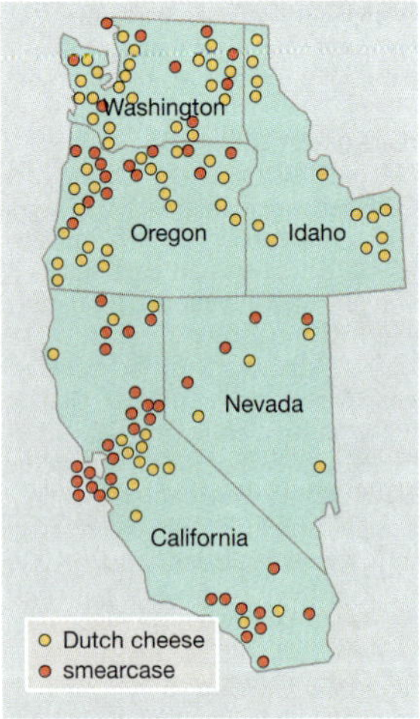

B Synonyme für *cottage cheese*

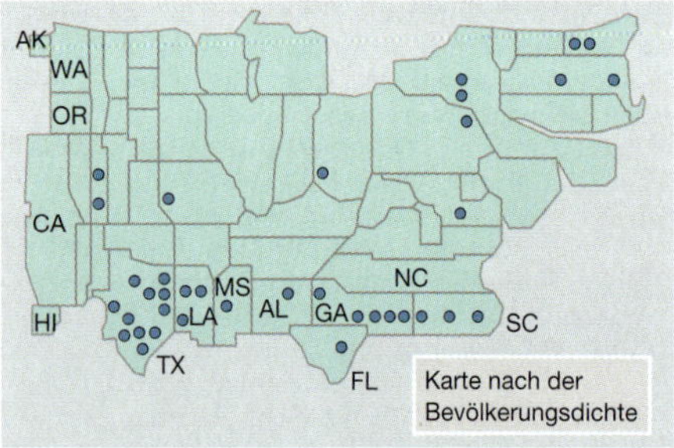

C Verteilung von *curd* und Varianten

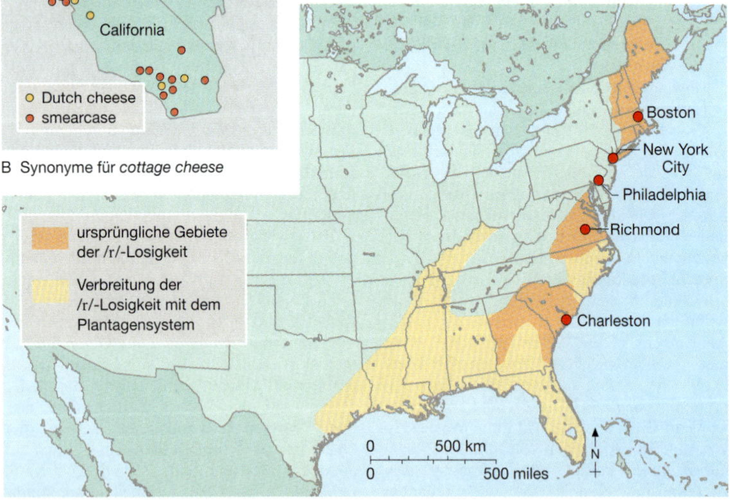

D Gebiete, in denen das postvokalische /r/ nicht gesprochen wird

Von Anfang an hat die Arbeit am amerikan. Sprachatlas die soziale Komponente nicht vernachlässigt.

Eine Beschränkung auf die Erforschung regionalsprachl. Charakteristika wäre bei der Struktur und Mobilität der amerikan. Gesellschaft auch kaum sinnvoll gewesen.

Drei soz. Klassen von Informanten werden unterschieden:

Typ I: altmodische Sprecher mit geringer Bildung, die isoliert auf dem Land wohnen;

Typ II: Sprecher mit höherer Bildung (gewöhnlich high school) und mit sozialen Kontakten;

Typ III: gebildete Sprecher (gewöhnlich mit College-Abschluss) und intensiven soz. Kontakten.

Jeder der 3 Typen ist nach Altersstufen untergliedert. Bei der Mehrzahl der Sprecher sind – unabhängig von den 3 soz. Schichten – die reg. Sprachunterschiede am deutlichsten in der Aussprache, was auf das Fehlen einer überregionalen Norm zurückzuführen ist.

Sprecher der oberen soz. Schicht (*cultivated speech*) weichen hingegen von Informanten der unteren Schicht (*folk speech*) in der Aussprache nur geringfügig voneinander ab, während in der Grammatik die Unterschiede zwischen Sprechern versch. soz. Schichten oft recht groß sind.

Postvokal. (genauer: nicht prävokal.) /r/

Als die Aussprache des /r/ in Wörtern wie *door, beard* – jedoch nicht in solchen wie *carry* – im brit. StE im Laufe des 18. Jhs. wegfiel, erlangte diese Aussprache in den wichtigsten amerikan. Häfen der Atlantikküste – Boston, New York, Richmond und Charleston – Prestige und setzte sich auch im jeweiligen Hinterland – abgesehen von New York – durch (Abb. D).

In der von Quäkern dominierten Hafenstadt Philadelphia hingegen blieb die Aussprache des postvokalischen /r/ erhalten.

In Neuengland tritt die r-Losigkeit im gesamten östlichen Dialektgebiet auf (vgl. S. 158, Abb. C). Im S der USA verbreitete sich die r-Losigkeit mit dem Plantagensystem von Virginia und South Carolina nach North Carolina, Georgia, Alabama, Mississippi, Tennessee, Kentucky, Louisiana und in das östl. Texas.

Die prestigebewussten Plantagenbesitzer sprachen das postvokalische /r/ nicht. Ihre Sprache galt als kultiviert und wurde daher imitiert.

Seit einiger Zeit ist jedoch eine entgegengesetzte Tendenz zu beobachten: In Teilen des S sprechen junge Leute das postvokalische /r/ wieder, und auch in NYC ist diese Aussprache wieder mehr und mehr gebräuchlich.

Dass die Ergebnisse weit angelegter Atlasprojekte lediglich die großen Linien der regional- und sozialsprachl. Unterschiede angeben und dass zur vollständigeren Analyse der gesamten Sprachwirklichkeit diese Ergebnisse der Ergänzung durch tiefer gehende soziolinguist. orientierte punktuelle Studien bedürfen, zeigte LABOV (1966) in seiner Untersuchung der sozialen Stratifikation des Englischen in der Lower East Side von Manhattan.

Die Grafik (Abb. A) macht deutlich, dass die Aussprache eines postvokalischen /r/ häufiger wird, je formaler der Stil ist. Dies gilt für alle soz. Schichten und ist ein Indiz dafür, dass die Aussprache des /r/ nach Vokalen ein Prestigemerkmal darstellt.

Andererseits zeigen lediglich die Angehörigen der oberen Mittelschicht eine nennenswerte Aussprache des /r/ auch in der zwanglosen Sprechweise. Alle anderen Schichten der New Yorker Bevölkerung sind in diesem Stil /r/-los. Bei den formaleren Stilen steigen die Indexwerte für (r) bei allen Schichten schneller als bei der oberen Mittelschicht.

Bes. die untere Mittelschicht zeigt eine extrem starke Zunahme der /r/-Aussprache und überholt sogar die obere Mittelschicht in den formalen Stilen.

Dieser Wandel im Status des postvokalen /r/ tritt erst nach dem Zweiten Weltkrieg auf. Vorher galt der Dialekt von New York City als /r/-los.

Die Veränderung spiegelt die untere Mittelschicht deutlich wider. Sprecher dieser Schicht neigen am stärksten zu sprachlicher Unsicherheit und übernehmen, selbst wenn sie bereits mittleren Alters sind, die Prestigeform der oberen Mittelschicht. Sie bemühen sich bewusst um Korrektheit und schießen dabei häufig über das Ziel hinaus.

Um dieses Phänomen zu beschreiben, ist der Terminus Hyperkorrektheit benutzt worden, wobei es sich um eine Erweiterung des üblichen Gebrauchs dieses Terminus handelt, der eine regelwidrige Verwendung einer mangelhaft gelernten Regel bezeichnet, wie z. B. die hyperkorrekte Kasusmarkierung bei *Whom did you say is calling?*

Die in obigem Sinn verstandene **Hyperkorrektheit** gilt als sicheres **Zeichen eines Sprachwandels**.

Dieser ist in New York auch für andere Variablen nachgewiesen worden. Hierzu gehören die schichtspezifische Verteilung von (eh), d. h. die Höhe des Vokals in *bad, ask, dance* etc. sowie die sozial signifikante Variable (oh), d. h. die Höhe des Vokals in *Paul, awful, office*. In beiden Fällen ergeben sich die typ. Überkreuzungsmuster zwischen unterer u. oberer Mittelschicht.

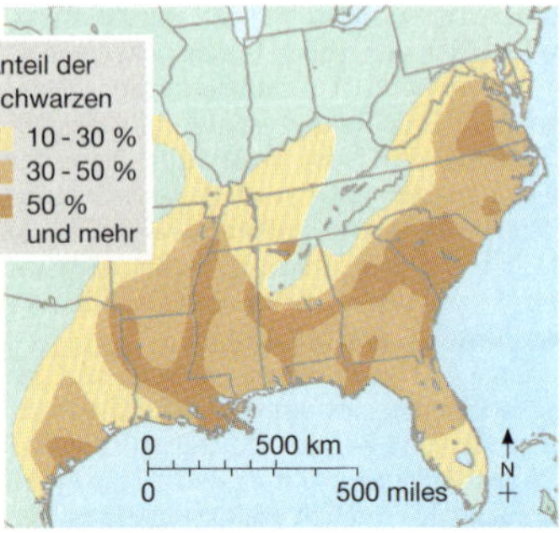

A Schwarze Bevölkerung im Süden (1850)

B Sklavenhandel in den USA

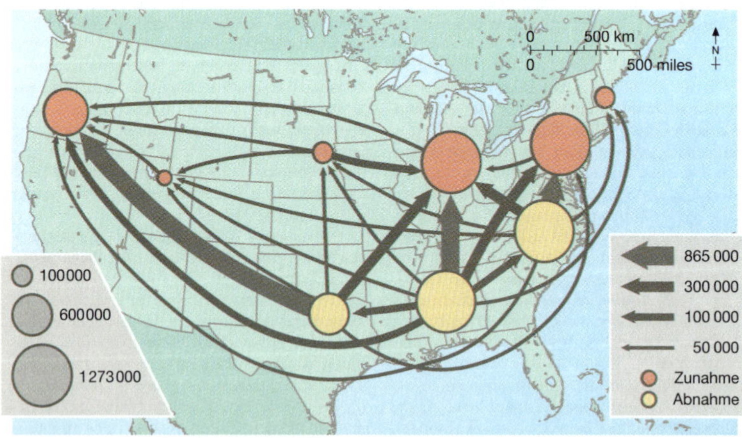

C Schwarze Migration in den Norden und Westen der USA bis 1960

Historische Aspekte

Die Afroamerikaner sind eine bedeutende Minderheit in den USA. Über 90% stammen von Afrikanern ab, die als Sklaven nach Amerika gebracht wurden.

Die ersten 20 Afrikaner landeten 1619 in Jamestown (Virginia); sie wurden gegen Proviant getauscht.

Auf der Route Westafrika → Westindien/ Nordamerika → Westeuropa wurden Gewehre, Pulver und Schnaps in Afrika gegen Sklaven eingehandelt, die in Westindien und Amerika an die Pflanzer verkauft wurden. Von dort brachten die Schiffe Gold, Silber, Zucker, Tabak, Kakao, Kaffee, Baumwolle und Indigo nach Europa.

1776 lebten über 500 000 Sklaven in den Kolonien; sie machten ca. 19% der Gesamtbevölkerung aus.

In Oklahoma waren die ersten Schwarzen Sklaven, die von indian. Sklavenhaltern mitgebracht wurden, als sie aus den Kolonien des SO vertrieben wurden. Schon um 1800 hatten die Cherokee, Creek und andere Indianerstämme Sklavensysteme entwickelt, die denen der weißen Siedler ähnlich waren.

Religiöse (Quäker) und humanitäre (Aufklärung) Gegnerschaft erreichte bis 1804 die Beseitigung der Sklaverei im N und NW der USA, wo sie ohnehin geringe wirtschaftl. Bedeutung hatte. 1808 verbot der Kongress die Einfuhr von Sklaven.

Um 1850 produzierte der amerikan. S sieben Achtel des Weltbedarfs an **Baumwolle**. Für die Mehrheit der Pflanzer in den Südstaaten bedeutete die Sklaverei das Fundament des Wirtschaftssystems. Der Schutz der in den Baumwollplantagen und in der Sklaverei verankerten Interessen und die Ausdehnung des Systems wurden zu innerpol. Hauptzielen der Südstaaten. In erster Linie strebten sie danach, das Baumwollanbaugebiet über die bestehenden Grenzen auszudehnen.

Die Zahl der örtlichen Vereinigungen für die **Sklavenbefreiung** wuchs indes im N rasch an. Ein Teil der Taktik dieser Bewegung bestand darin, flüchtigen Sklaven zu sicherem Obdach im N zu verhelfen oder sie über die Grenze nach Kanada zu schaffen. So entstand in den 1830er Jahren in allen Teilen des N ein ausgeklügeltes Netzwerk geheimer Verbindungswege für die Flüchtlinge. Zu dieser Zeit organisierten sich auch die Abolitionisten in der ›National Anti-Slavery Society‹, die die sofortige, entschädigungslose Abschaffung der Sklaverei verlangte.

Allein in Ohio wurde in den Jahren 1830 bis 1860 schätzungsweise mehr als 40 000 flüchtigen Sklaven zur endgültigen Freiheit verholfen.

1852 erschien der Roman ›Onkel Toms Hütte‹ von Harriet Beecher Stowe. Acht Druckmaschinen liefen Tag und Nacht, um die Nachfrage zu befriedigen. Die Schriftstellerin entfachte mit ihrem Werk überall stürmische Begeisterung für die Sache der Sklavenbefreiung.

1860 lebten über 4 Mio. Schwarze in den Sklaven haltenden Staaten im S Nordamerikas (Abb. B). Mehr als 60% der Sklaven arbeiteten im Baumwollgürtel. Dieser 6-Staaten-Gürtel (Texas, Louisiana, Mississippi, Alabama, Georgia, South Carolina) sowie Florida bildeten den tiefen S, der sich in der Frage der Sklaverei absolut kompromisslos zeigte.

Der obere S dagegen (Missouri, Arkansas, Kentucky, Tennessee, North Carolina, Virginia, Maryland, Delaware) verfolgte eine gemäßigtere Sklavenpolitik. Der Konflikt um die Sklaverei führte 1861 zum Sezessionskrieg, der 1865 mit der Kapitulation des S endete und die Emanzipation der Sklaven zur Folge hatte.

Der **13. Zusatzartikel** zur amerikan. Verfassung **beseitigte 1865 die Sklaverei**, der 14. sicherte den ehemal. Sklaven die Bürgerrechte zu.

Als ab ca. 1880 die durch den Bürgerkrieg weitgehend vernichtete Wirtschaftskraft der S-Staaten sich langsam erholte und der Baumwollhandel den erhofften Aufschwung brachte, erlangten die weißen Südstaatler wieder die Oberhand und begannen, die **Rassentrennung** zwischen Schwarz und Weiß einzuführen, die erst 1954, 1964 und 1965 vom Supreme Court, dem Obersten Gerichtshof, und vom Kongress aufgehoben wurde.

Noch um 1900 lebten etwa 90% der Schwarzen im S der USA, um 1940 waren es nur mehr 77% und 1980 gar nur noch 53%.

Aufgrund besserer Arbeitsmöglichkeiten waren Millionen Schwarze seit dem Ende des 1. Weltkriegs v. a. in die Städte des N und W gezogen (Abb. C).

1999 betrug der Anteil der Schwarzen an der Gesamtbevölkerung 12,3% (s. S. 156, Abb. D).

Allgemeine linguistische Aspekte

Als es in den USA in den 1920er Jahren opportun war, den Schwarzen als Entwurzelten, ohne jegliche Vergangenheit und jegliches kulturelle Erbe zu charakterisieren, versuchte man, diesen Nachweis auch im sprachl. Bereich zu führen. Eigenheiten des von den Schwarzen gesprochenen Englisch waren typisch für *baby talk* bzw. ließen sich auf brit. Dialekte zurückführen.

In den 1950er und frühen 1960er Jahren gab es

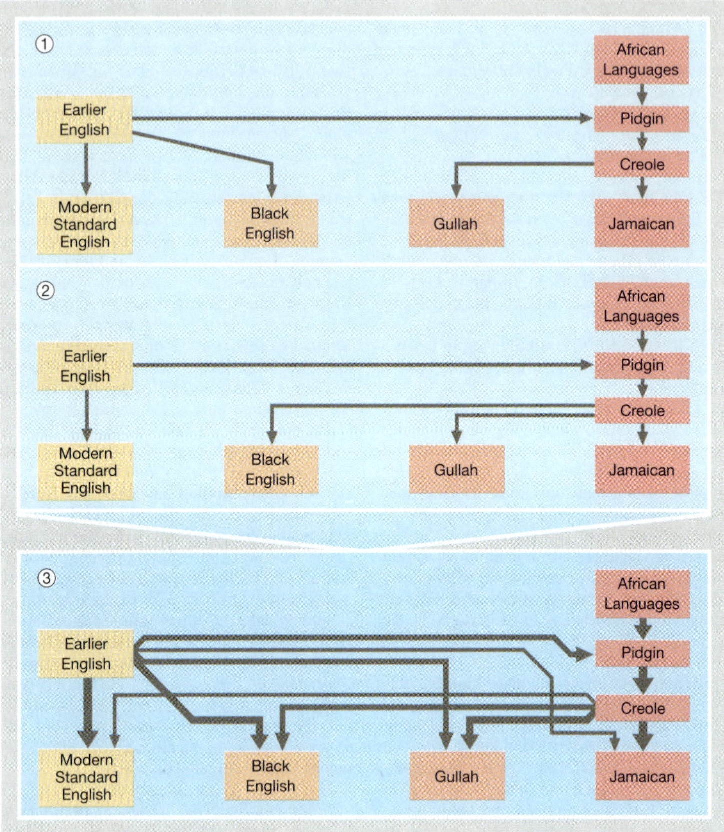

A Dialekthypothese (1), Kreol-Hypothese (2) und Synthese (3) aus den Grafiken (1) und (2)

Die am stärksten kreolisierten Formen sind jeweils links aufgeführt, die Formen des Standardenglisch, so sie in den jeweils analysierten Daten belegt sind, rechts

Nom. Sing. mask.:	ee, -, him, he	ee, it, -, he
fem.:	ee, he, her, she	ee, he, her, she
neut.:	ee, he, hit, it	ee, he, -, it
Obj. Sing. mask.:	em, -, him	em, it, him
fem.:	em, she, her	em, she, her
neut.:	em, -, hit, it	em, ee, -, it
Poss. Sing. mask.:	ee, he, him, his	ee, he, him, his
fem.:	ee, -, she, -, her	ee, he, she, his, her
neut.:	-	ee
	(Viereck 1991)	(Jones-Jackson 1986)

B Pronominalformen der 3. Person Singular im Gullah

in den USA nur wenige Publikationen, die sich mit dem Thema **Black American English** befassten. Seit Mitte der 1960er Jahre jedoch sind die Dispute darüber mit bes. Heftigkeit entbrannt, wobei es 2 extreme Standpunkte gibt.

Auf der einen Seite führen amerikan. Dialektologen an, dass ihre umfangreichen Erhebungen **keine typolog., qualitativen Unterschiede** zwischen dem Amerikanischen Englisch der Schwarzen und der Weißen vergleichbarer sozioökonom. Stufe ergeben hätten.

Vorhandene Unterschiede zwischen der Sprechweise der Schwarzen und der Weißen in den N-Staaten erlaubten allenfalls, von einem **de facto** schwarzen Englisch im amerikan. N zu sprechen; die unterscheidenden Merkmale seien jedoch in gleicher Weise in der Sprechweise weißer Südstaatler vergleichbarer Schicht vorhanden.

Auf der anderen Seite wird die Auffassung vertreten, *Black English*, heute auch *Ebonics* genannt, sei aufgrund eines afrikan.-kreol. Substrats eine **strukturell völlig eigenständige Sprache**, die sich in einem Stadium der Dekreolisierung, d. h. der Annäherung an das Standardenglisch, befinde (Abb. A).

Die **Dialekthypothese** betont den Unterschied zwischen Standardenglisch und *Black English* einerseits und Gullah und westind. Kreolsprachen andererseits.

Die **Kreol-Hypothese** betont demgegenüber den Unterschied zwischen dem weißen Englisch und den von Schwarzen gesprochenen Formen des Englischen.

Gullah

Einig sind sich die Vertreter der beiden genannten Richtungen in der Bewertung des **Gullah.** Das Gullah ist eine kreolisierte Form des Englischen, die von den Nachkommen der schwarzen Sklaven auf den Sea Islands und an der Küste von South Carolina und Georgia noch heute gesprochen wird, einem Gebiet, das sich vom Pee Dee River (Georgetown, South Carolina) etwa 480 km bis zur nördl. Grenze Floridas erstreckt.

Linguistische Untersuchungen im Süden

Ende der 1930er Jahre wurden über 100 Interviews mit alten Schwarzen, die die Zeit der Sklaverei als Kinder noch selbst miterlebt hatten, durchgeführt. Die darauf basierende Analyse von 20 morpholog. und syntakt. Variablen ergab, dass es in den Südstaaten der USA Variablen gibt, die mit größter Wahrscheinlichkeit ausschließlich auf brit. Englisch zurückzuführen sind.

Dazu gehören z. B. die variable Verwendung der Verb-Endung *-s* in allen Personen; endungslose Pluralnomina; die mehrfache Verneinung sowie der Gebrauch von *ain't* für *be* + Verneinung und *have* + Verneinung.

Daneben treten Formen auf, die zwar mit einiger Wahrscheinlichkeit ebenfalls auf brit.-engl. Strukturen zurückgehen, für die es aber auch plausible Vorbilder in afrikan. und kreol. Sprachen gibt. Hier ist die Annahme gegenseitiger Verstärkung identischer Strukturen durchaus denkbar.

Dies trifft zu für das Weglassen des Genitiv-*s* bei den Nomina, die pronominale Apposition (*Master Peter he* makes a speech) sowie für die Bildung der direkten Frage ohne Inversion.

Eine 3. Kategorie umfasst Formen, für die zwar mögliche brit. Quellen vorliegen, die jedoch den Formenbestand des amerikan. *Early Black English* nicht völlig klären können, so dass beschränkte Auswirkungen eines afrikan. Substrats möglich scheinen.

Hierher gehört z. B. der Gebrauch von *ain't* für negiertes *do* (... about something I ain't know about – anstelle von StE *didn't*).

Schließlich besteht eine 4. Kategorie aus kreol. Formen, die keinerlei analoge Strukturen in brit.-engl. Dialekten haben. Untersucht man die 3 folgenden Formen:

- *been* + Infinitiv zur Kennzeichnung einer vergangenen Handlung
  he been have a good mind to his colored people all de time
- Negationsbildung *no* + Infinitiv
  I no work much
- Pronomen der 3. Pers. Sing.,

so lässt sich feststellen, dass sich Teile South Carolinas diesbezüglich deutlich von den Nachbarstaaten unterscheiden. Das in Teilen South Carolinas noch gesprochene Gullah war und ist kasusmarkiert mit *ee* als der am stärksten kreolisierten Form für alle Genera im Nom. und *em* für alle Genera im Objektkasus.

Allerdings erfolgen Genusmarkierungen auch auf vielfältige andere Weise (Abb. B).

Darüber hinaus kann eine völlige Vereinheitlichung der Personalpronomen des Nominativs und der Possessivpronomina in *ee* auftreten.

Dieser Gesamtbefund mag als zusätzliches Indiz dafür gelten, dass in South Carolina, dem Staat der USA mit dem ehemals größten schwarzen Bevölkerungsanteil, bes. sprachl. Verhältnisse herrschten und noch herrschen.

Insgesamt gesehen, ergibt sich somit eine wesentlich komplexere Situation, als die beiden ersten Grafiken in Abb. A anzeigen. Dies macht die 3. Grafik deutlich, wobei die Stärke der Pfeile Rückschlüsse auf die Bedeutung des Einflusses früherer Sprachformen auf spätere erlaubt.

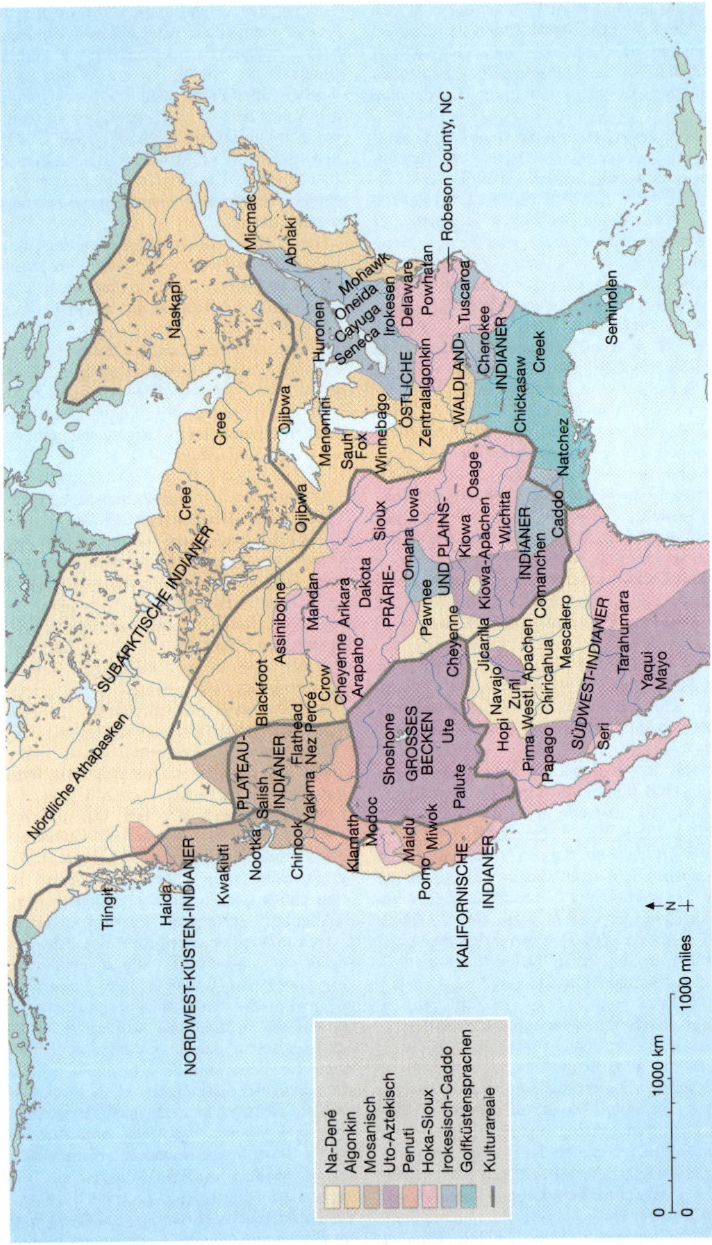

Siedlungsgebiete und Sprachgruppen der Indianer in Nordamerika um 1500

Historische und politische Aspekte

Der Name Indianer geht auf Kolumbus zurück, der annahm, Indien entdeckt zu haben. Abgesehen von den Eskimos ist es die Sammelbez. für die »Ureinwohner« Amerikas, die urspr. aus Sibirien stammen und heute in den USA (und Kanada), polit. korrekt, »first nations people« genannt werden. Jeder Stamm ist eine »first nation«.

Die Zahl der nordamerikan. Indianer bei Ankunft der Europäer wird auf ca. 2 Mio. geschätzt. Sie hatten eine Vielfalt an Sprachen und Kulturen entwickelt (Abb.).

Die in Neuengland lebenden Stämme wurden 1636 und 1675–76 vernichtend geschlagen. In den mittleren Kolonien besiegten und vertrieben Holländer 1660 die Delaware-Indianer. Die im SO lebenden Indianer wurden unter ANDREW JACKSON zwangsumgesiedelt. Viele starben bei anstrengenden Märschen auf den »Wegen der Tränen« nach Westen.

Seit 1786 wurden in den USA Indianerreservate eingerichtet. Staatl. Organe wie das ›Bureau of Indian Affairs‹ (gegr. 1824) verfügten über die Einweisung der Indianer in diese Gebiete. 1837 wurde den aus dem O verdrängten Indianern »für immer« ein Areal zugesichert, das die später aus ihm gebildeten Staaten Oklahoma, Kansas, Nebraska, North und South Dakota umfasste. Auf Druck der weißen Siedler wurde das Territorium bis 1889 wiederholt verkleinert und das verbliebene den Weißen geöffnet, 1907 dem Staat Oklahoma angegliedert und somit aufgelöst.

Alle Indianer sollten ihre eigenen Traditionen, ihre Religion und Sprache(n) aufgeben. »English only« lautete das Programm bis etwa Mitte d. 20. Jhs. Erst 1970 propagierte die Regierung die Selbstbestimmung der Indianer, und erst 1990 und 1992 verabschiedete der Kongress den ›Native American Language Act‹, der den Indianern das Recht auf die eigene Sprache und deren Gebrauch im Schulunterricht garantiert. Vielleicht kam dies bereits zu spät, denn nur wenige Indianersprachen scheinen in ihrem Fortbestand gesichert: z. B.

Navajo (ca. 80 000 Sprecher), Ojebwa (ca. 50 000 Sprecher), Cree (etwa 40 000) und Dakota (ca. 24 000 Sprecher).

Sprachliche Aspekte

Sprachl. interessant sind die Lumbee-Indianer des Robeson County in North Carolina. Weil sie auf unwegsamem Gelände siedelten, entgingen sie der Zwangsumsiedlung nach Oklahoma. 1980 stellten sie die größte Gruppe der Indianer in den O-Staaten dar.

Schon um 1730 sollen sie die engl. Sprache als lingua franca gesprochen und sich engl. Zunamen gegeben haben.

Die Rekonstruktion sprachl. Wirklichkeit ist äußerst schwierig. So behauptet DILLARD 1975, dass die Indianer bei der Arbeit auf den Plantagen von den Schwarzen ein Pidginenglisch gelernt hätten.

Während ein solcher Kontakt im SO nicht geleugnet werden kann – 1708 setzte sich die Bevölkerung South Carolinas aus 4 080 Weißen, 4 100 schwarzen Sklaven und 1 400 Indianersklaven zusammen –, waren die Indianer im NO – vom W und SW ganz zu schweigen – viel früher mit Briten und anderen Europäern als mit Schwarzen in Berührung gekommen.

Zu den Formen und Konstruktionen des indian. Englisch gehören noch heute:

Wegfall der Pluralkennzeichnung bei Substantiven (*four dog, one of that word*),

Wegfall der Flexionsendungen bei Verben (*he think*),

Wegfall des Genitiv-*s* (*the boy [his] book*),

pronominale Apposition wie *my father he took me*,

Zusammenfall von Personal- und Possessivpronomen wie *he name* und

Wegfall der Kopula wie in *you talking about one pine tree.*

Es handelt sich hierbei um Merkmale, die deutlich abgehoben sind von dem einen Extrempol des sprachl. Kontinuums, dem Pidginenglisch. Der andere Pol ist heute sicher wesentl. häufiger besetzt als früher, denn die Schulausbildung hat dazu geführt, dass immer mehr Indianer die Standardvariante des amerikan. Englisch sprechen und schreiben.

Deutliche Spuren haben die Indianersprachen auf der Landkarte der USA und Kanadas hinterlassen mit:

Massachusetts 'nahe dem großen Hügel', *Mississippi* 'großes Wasser', *Lake Huron, Alleghany, Kalamazoo, Saskatchewan, Saskatoon, Wyoming* und vielen weiteren.

Zum indian. Erbe v. a. im amerikan. und kanad. Englisch gehören

squaw 'Frau, Indianerin', *hickory* 'Walnussbaum', *skunk* 'Stinktier', *caucus* 'Wahlveranstaltung', *powwow* mit deutl. Bedeutungswandel vom 'Medizinmann' bis zur 'Besprechung', *totem* 'Totem', *moccasin* 'absatzloser Schuh aus weichem Leder' und *wigwam* 'Indianerhütte, Heim'.

Neben diese Möglichkeiten, die urspr. Substantive in den Wortschatz des Englischen zu integrieren, tritt auch der Übergang von einer Wortart in die andere, die für das Engl. so kennzeichnende Konversion.

So wird z. B. aus dem Substantiv *tomahawk* das Verb *to tomahawk* 'mit dem T. verwunden oder erschlagen'.

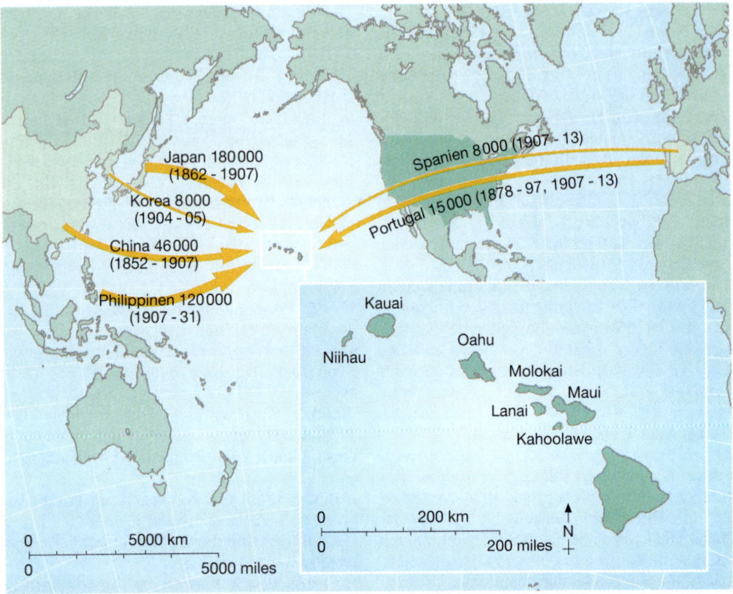

A Herkunft der Plantagenarbeiter 1852 - 1931

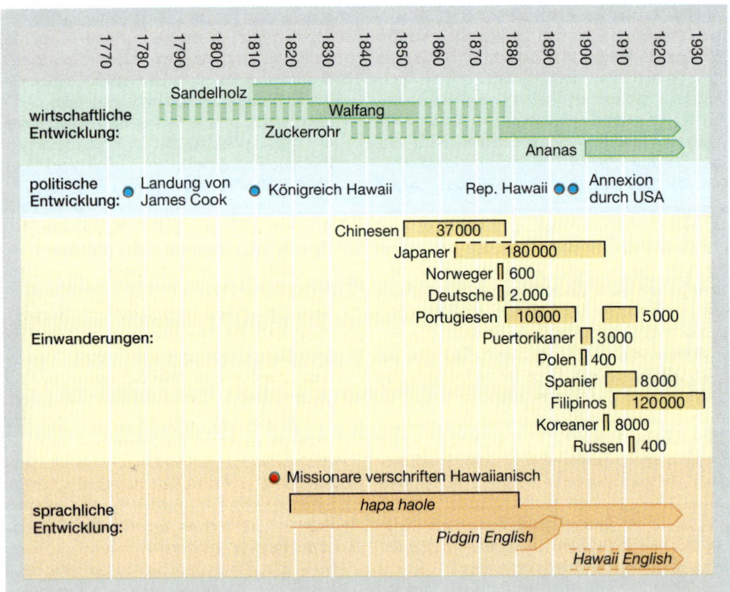

B Politische, wirtschaftliche und sprachliche Entwicklung Hawaiis

Die Hawaii-Inseln, die aus 7 größeren bewohnten Inseln vulkan. Ursprungs (Hawaii, Oahu, Maui, Kauai, Molokai, Lanai, Niihau) und vielen kleinen, meist unbewohnten Koralleninseln bestehen, wurden 1555 von Spaniern angesegelt. 1778 landete dort JAMES COOK (1728–79) und nannte sie Sandwich-Inseln.

Hawaii wurde bedeutsam für den Handel mit China, was frühe Berührungen mit dem Pidgin der chines. Küste mit sich brachte. 1810 vereinte KAMEHAMEHA (1758?–1819) die Inselgruppe zu einem Königreich. Zwischen 1810 und 1825 blühte der Handel mit Sandelholz.

Die Amerikaner begannen 1835, Zuckerrohrplantagen anzulegen. Honolulu (auf Oahu) diente als Anlaufplatz amerikan. Walfänger. Seit 1848 nahm der amerikan. Einfluss schnell zu. Die Inseln wurden von den USA 1898 annektiert und 1900 als Territorium Hawaii organisiert. Am 21. 8. 1959 wurde Hawaii als 50. und letzter Staat in die Union aufgenommen.

Um 1820 kamen die ersten presbyterian. Missionare aus Neuengland nach Hawaii.

Die amerikan. Missionare lernten einerseits Hawaiianisch und verschrifteten diese Sprache auch – 1837 schrieb ADELBERT VON CHAMISSO die erste hawaiian. Grammatik (!) –, lehrten andererseits aber auch Englisch. Englisch wurde mehr und mehr die Sprache des Handels und der Regierung.

Die Plantagenwirtschaft führte zu starker fremder Einwanderung. Allerdings bildete sie auch die Grundlage für eine außergewöhnliche sprachl. Entwicklung.

1852 kamen die ersten Chinesen auf die Zuckerrohrplantagen. Portugiesen folgten in den 1870er Jahren und Anfang des 20. Jhs.

Die zahlenmäßig größte Einwanderungsgruppe stellten die Japaner dar, die v. a. zwischen 1885 und 1907 nach Hawaii kamen.

Die zweitstärkste Gruppe waren die Filipinos. Sie kamen ab 1905 nach Hawaii.

1780 betrug die Zahl der polynes. Ureinwohner etwa 200 000, 1936 aber nur noch 21 600.

Um 1900 wird der Anteil der Englischsprachigen (muttersprachliche Weiße) auf lediglich 5% geschätzt.

Man unterscheidet 3 wichtige sprachl. Entwicklungsstadien:

1. Zwischen 1820 und 1880 entstand **hapa haole** (»half white«), wahrscheinlich ein **hawaiianisch-orientiertes Pidgin**.

Zur selben Zeit wurden Hawaiianisch, Englisch und Chinesisch in Hawaii gesprochen.

Eine Mischung von Hawaiianisch und Englisch soll es somit bereits in den Tagen des Walfischfangs gegeben haben. Aufzeichnungen darüber gibt es allerdings nicht.

2. Ab 1880 entwickelte sich ein **englisch-orientiertes Pidgin** unter den Sprechern der versch. Sprachen.

Heute wird Pidgin von weniger als 5% der Bevölkerung gesprochen.

3. Ab etwa 1910 etablierte sich ein **Hawaii-Englisch** auf den Inseln, das dialektalen Einschlag hatte.

Alte, weniger gebildete Sprecher in abgelegenen Gebieten bewahren frühere Pidginformen bzw. – wenn das Pidgin zur Muttersprache geworden ist – Kreolformen. Bleibt der Kontakt mit der lexikal. Gebersprache (hier Englisch) erhalten, so führen geograf., soziale und altersbedingte Faktoren zu einem steten Verlust älterer Formen.

Innerhalb der gesamten Spannweite sprachl. Ausprägungen unterscheidet CARR (1972) 5 Typen:

1. **Plantagenpidgin** (am Beispiel einer zur Zeit der Aufnahme 70-jährigen Koreanerin, die als junges Mädchen nach Hawaii gekommen war),
2. **frühe Kreolphase** (am Beispiel einer zur Zeit der Aufnahme 69-jährigen Frau hawaiian.-chin. Abstammung mit geringer Volksschulbildung),
3. **Neo-Pidgin**, das von jungen Leuten gesprochen wird und sich aus den Typen 1 und 2 entwickelt hat. Zu den bes. Merkmalen gehören:

   I STAY study – no mess wid me 'I am studying now, don't disturb me', *Las' night I BEEN study hard* 'Last night I studied hard', *Tomorrow I GO study da library all morning* 'Tomorrow I shall study in the library all morning',
4. **hawaiianisches Beinahe-Standardengl.**,
5. **hawaiianisches Standardenglisch**.

Die Varietäten 4 und 5 sind nicht leicht voneinander zu trennen. Ein Beispiel aus der Phonologie:

he said /hi seɪd/ (Typ 4) gegenüber /hi sɛd/ (Typ 5).

Das Englisch dieser Region ist somit in mehrfacher Hinsicht bemerkenswert:

– Es ist zum einen durch eine ungewöhnliche Kombination europ., polynes., asiat. und Pidginsprachen beeinflusst.

– Zum anderen stellt es ein Kontinuum von mehr Varietäten dar, die von versch. Stufen des Pidgin/Kreol-Zyklus stammen, als man in den meisten anderen Sprachgemeinschaften antreffen kann.

Die von CARR unterschiedenen nebeneinander existierenden Typen machen dies deutl.

– Und schließlich haben sich diese Varietäten in einem bes. soziolinguist. Rahmen so rasch entwickeln können, wie es dies andernorts nicht gegeben hat.

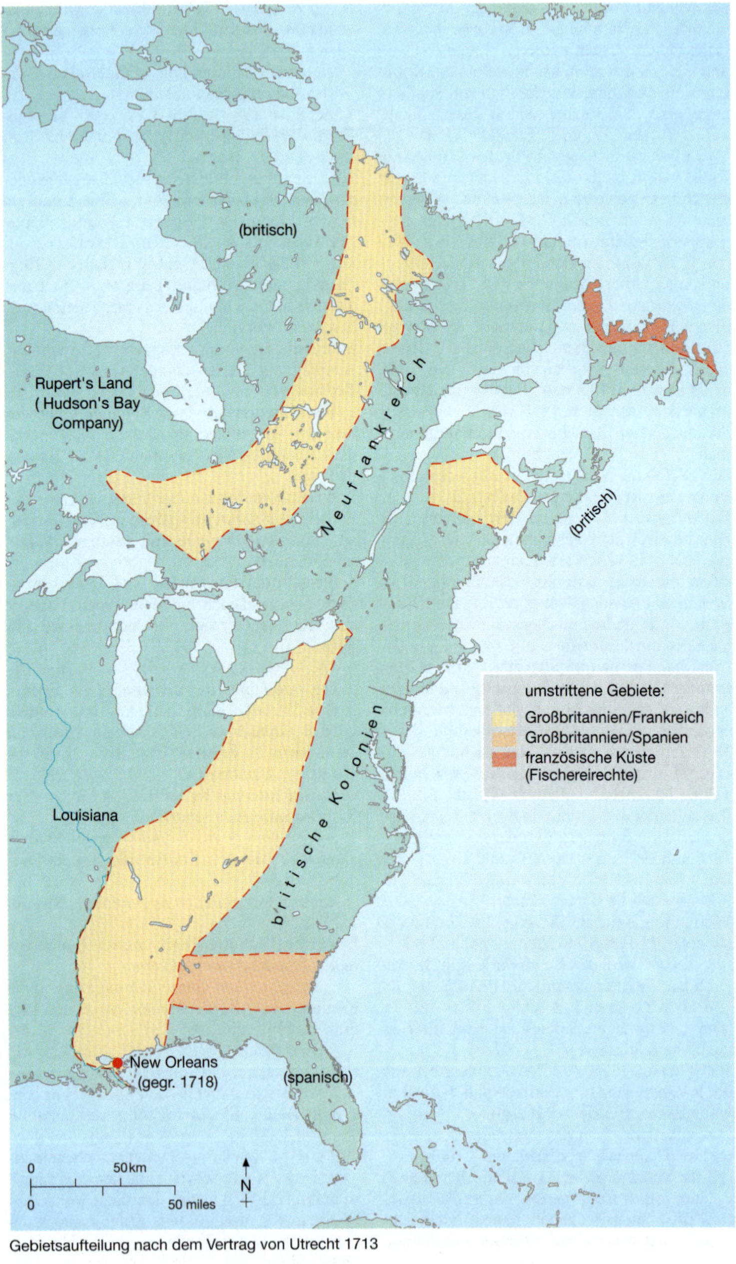

Gebietsaufteilung nach dem Vertrag von Utrecht 1713

Kanada ist mit fast 10 Mio. km^2 nach Russland das zweitgrößte Land der Erde.

Eine Wikingersiedlung in Neufundland

Bereits 1002 unternahm LEIF ERICSON mit 35 norweg. Wikingern eine Expedition von Grönland nach N-Amerika. Sie landeten an der O-Küste, die sie **Vinland** (auch: Wineland) nannten, weil sie dort Weinreben vorfanden und Wein kelterten. Die Wikinger wurden jedoch bald wieder von den Indianern vertrieben.

Ob es sich bei Vinland um Teile des heutigen Massachusetts oder um Teile des heutigen kanad. Neufundlands handelte, ist umstritten.

Überreste einer nord. Siedlung fand man bei Ausgrabungen in Neufundland in der Gegend von L'Anse aux Meadows.

Englische und französische Erkundungsfahrten

Nach der Wikingerexpedition vergingen fast 500 Jahre, bis der Venezianer GIOVANNI CABOTO (JOHN CABOT) 1497 im Auftrag des engl. Königs HEINRICH VII. eine Entdeckungsreise unternahm. Er landete an der Kap-Breton-Insel und befuhr die Küste Neuschottlands und W-Neufundlands.

1524 erkundete der Florentiner GIOVANNI DA VERRAZZANO im Auftrag des franz. Königs FRANZ I. die nordamerikan. O-Küste.

Der Bretone JACQUES CARTIER unternahm 1535–41 3 Erkundungsfahrten und verkartete den St.-Lorenz-Strom. Er stieß bis zum heutigen Quebec und Montreal vor. Im Namen FRANZ I. erhob CARTIER Anspruch auf dieses Land und nannte es **Neufrankreich.**

Französische und englische Kolonisierung

Franz. Kolonisation erfolgte mit SAMUEL DE CHAMPLAIN als 1. Gouverneur. 1608 gründete er die Stadt Quebec, von wo die Franzosen ihre Herrschaft bis zum Mississippi ausdehnten.

1583 fassten **Engländer** Fuß im heutigen Kanada. HUMPHREY GILBERT nahm den O-Teil Neufundlands für ELISABETH I. in Besitz.

1610 wurde dort die erste engl. Siedlung gegründet. Sie hatte nur kurzen Bestand.

Durch franz. Siedler entstand 1605 Port Royal, das heutige Annapolis in Neuschottland. 1623 wurde es wieder aufgegeben.

Vier Jahre später ließ sich eine schott. Expedition in Port Royal nieder. Die **Schotten** errichteten eine Festung und beanspruchten die Herrschaft über die gesamte Region Acadia, das heutige Neuschottland.

Träger der kolonialen Ausdehnung waren in Frankr. wie in Engl. zunächst staatl. privilegierte Aktiengesellschaften, die Handelskompanien, wie z. B. die 1627 gegründete **Compagnie de la Nouvelle France.**

Ein Jahr später brach Krieg mit England aus, und Quebec wurde 1629 von den Engländern besetzt.

1632 erhielt die Compagnie ihre Besitzungen zurück, aber erst ab 1674 erfolgte die Übernahme der Verwaltung durch die frz. Krone.

Das vordringlichste Problem der Kolonie war die ständige Bedrohung durch Irokesen, die von Engländern und Holländern unterstützt wurden. 1640–60 mussten die Franzosen durch Indianerangriffe große Verluste in Neufrankreich hinnehmen. Durch die Übermacht franz. Truppen kam es 1667 jedoch zum Waffenstillstand mit den Irokesen.

Danach siedelten sich vermehrt Franzosen an, v. a. in Montreal, das von den Franzosen 1642 gegr. worden war, in Quebec und Trois-Rivières.

1660 befuhr MÉDARD CHOUART die obere Hudsonbai. Zur Erschließung dieses Gebietes bat er die Engländer um finanzielle Unterstützung, was 1670 zur Gründung der *›Hudson's Bay Company‹* durch engl. Händler führte.

Der Grundstein für weitere frz.-engl. Auseinandersetzungen war damit gelegt.

1673 entdeckten die Franzosen LOUIS JOLIET und JACQUES MARQUETTE den Huron- und Eriesee. Die Expansion in den W wurde vorangetrieben. Noch vor Ende des 17. Jhs. waren Handelsposten und Missionsstationen der Jesuiten im Gebiet der Großen Seen, weiter westl. bis zum Lake Winnipeg und auch Mississippi abwärts zu finden, wo 1699 die neue Kolonie Louisiana und 1718 New Orleans gegr. wurden.

Zunehmende Spannungen zwischen England und Frankreich

1689 kam es zw. Engl. und Frankr. zum Krieg. Im **Frieden von Utrecht** 1713 trat Frankreich an England Acadia (Neuschottland) sowie Neufundland ab, an dessen S-Küste frz. Fischer 1663 Placentia gegr. hatten. Frankreich erkannte die Rechte Englands in der Hudsonbai-Region an und erhielt Fischereirechte an der unbesied. Küste Neufundlands, der »franz. Küste«, wie sie später genannt wurde.

Es blieben aber auch Gebiete, über die keine Einigung erzielt werden konnte, z. B. die Küste von N-Acadia, dem heutigen Neubraunschweig (Abb.).

Ab 1744 spitzte sich zwischen den beiden Ländern der Kampf um die Vorherrschaft über das Ohio-Tal und die Mississippi-Ebene zu und führte 1756 erneut zum Krieg, in dessen Verlauf die Engländer 1759 Quebec eroberten. Im **Frieden von Paris** 1763 musste Frankreich Kanada und den O-Teil von Louisiana an England abtreten. Lediglich 2 kleine Inseln, Saint-Pierre und Miquelon südl. Neufundlands, blieben (bis heute) in frz. Besitz.

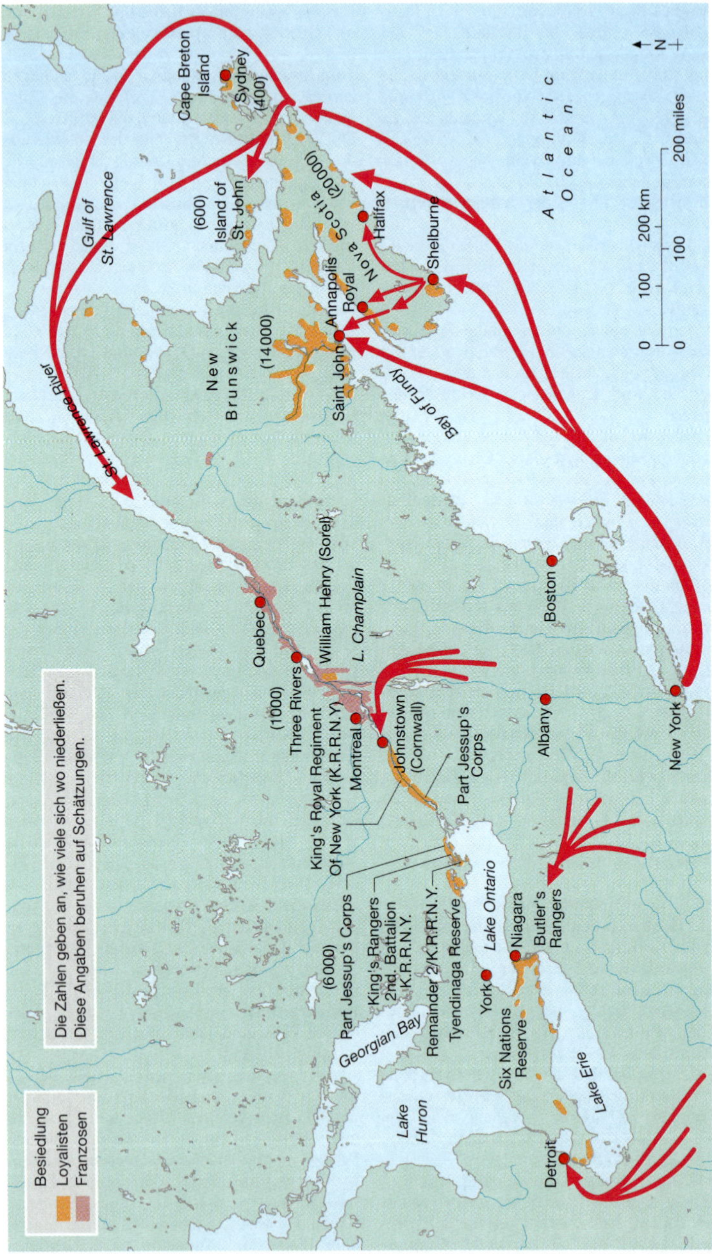

Hauptrouten der Loyalisten

Vertreibung der Akadier

Bei Beginn des amerikan. Unabhängigkeitskrieges 1775 hatte der engl. Gouverneur kategorisch den Loyalitätseid der Akadier verlangt. Als diese dazu nicht bereit waren, wurden innerhalb von 10 Jahren über 10 000 Akadier von Neuschottland, der Kap-Breton-Insel und der Prinz-Eduard-Insel vertrieben. Viele gingen nach Louisiana, wo um 1790 ca. 4 000 Akadier siedelten, deren Nachkommen dort Cajuns oder Cadjins (< Acadiens) genannt werden. Sie konnten ihre ethn. und sprachl. Eigenständigkeit bis heute weitgehend bewahren.

Zuzug der Loyalisten

Nach dem Ende des amerikan. Unabhängigkeitskrieges (1775–83) kamen Tausende von königstreuen angelsächs. Siedlern, sog. Loyalisten oder Royalisten, aus den USA in das Gebiet nördl. der Großen Seen (Abb.). Dieser Flüchtlingsstrom führte zu einer deutl. **englischsprach. Mehrheit** in manchen Gegenden der Seeprovinzen. Der Anteil der **französischsprach.** Bev. dagegen ging von 75% auf 30% zurück.

Die **Quebec-Akte** von 1774, die den Frankokanadiern Sonderrechte wie die freie Religionsausübung eingeräumt hatte, wurde 1791 durch eine neue Verfassung, die sog. **Konstitutionsakte**, abgelöst und das Gebiet der Kolonie in 2 Provinzen, Oberkanada und das frz. besiedelte Unterkanada, aufgeteilt.

Kanada im 19. Jahrhundert

Bis 1812 ließen sich 10 000 Siedler östl. von Montreal nieder und bildeten eine Halbinsel englischspr. Bev. im sonst frz. Gebiet.

Die meisten amerikan. Zuwanderer strömten nach Oberkanada, wo die Bevölkerung bis 1832 auf 108 000 anwuchs.

Ganz Britisch-Nordamerika zählte um 1820 ca. 750 000 Einw.; 1851 waren es bereits 2,5 Mio. Die Mehrheit der Siedler sprach somit amerikan. Englisch.

Als 1846 das an der Pazifikküste gelegene Oregon Territory zwischen Großbritannien und den USA geteilt wurde, wohnten im nördl., späteren kanad. Teil 4 000 Amerikaner. Sie übertrafen die Zahl der »Kanadier« in diesem Gebiet im Verhältnis 5:1.

Eine Ausnahme bildeten in Manitoba am Red River die Métis (Mischlinge zw. Indianern und meist frz. Pelzhändlern), die dort in der Mehrheit waren und sich unter Louis Riel wiederholt (zuerst 1869–70) gegen die europäischen Einwanderer zur Wehr setzten. Deren Sprache, **Michif**, ist eine Mischung aus Cree und Franz. und linguist. deshalb bes. interessant, weil alle verbalen Komponenten der Grammatik aus dem Cree und die nominalen Komponenten aus dem Franz. kommen.

Noch heute spielt die frz. Sprache in Manitoba eine wichtigere Rolle als in den westl. Nachbarprovinzen.

In den 1870er Jahren begannen die Prärieprovinzen, einen kanad. Charakter anzunehmen, und erst 1885, als eine Eisenbahnlinie Winnipeg und Ottawa verband, hatten die Kanadier aus dem W besseren Zugang zu den Zentren von Toronto und Montreal.

Als 1856 im Fraserfluss Gold gefunden wurde, strömten v. a. aus den USA viele Tausende herbei. Die brit. Regierung entschloss sich daher 1858 zur Errichtung der neuen Kolonie Britisch-Kolumbien.

Das Verlangen nach interkolonialer Union wuchs. Am 1. Juli 1867 trat die **Britische Nord-Amerika-Akte** in Kraft, die die Vereinigung der beiden Provinzen Ontario und Quebec (ehemals Ober- und Unterkanada) mit Neuschottland und Neubraunschweig zum selbstverwalteten **Dominion of Canada** vorsah, dem später weitere Gebiete beitraten. 1869 erfolgte die Angliederung des Gebietes der Hudsonbai-Kompanie, aus dem die Prov. Manitoba (1870), Alberta und Saskatchewan (1905) entstanden. 1871 schloss sich Britisch-Kolumbien, 1873 die kleine Prinz-Eduard-Insel und (erst) 1949 Neufundland an, so dass seither ganz Britisch-Nordamerika zu Kanada gehört.

Kanada im 20. Jahrhundert

Kanada besteht heute aus 10 Provinzen und 3 Territorien, nachdem am 1. 4. 1999 die Provinz der Eskimos, Nunavut ›unser Land‹, durch Abtrennung von den Nordwestterritorien hinzugekommen ist.

Am 17. April 1982 wurde die seit 1867 gültige Britische Nord-Amerika-Akte durch eine eigene kanad. Verfassung abgelöst.

Um die Wende vom 19. zum 20 Jh. war Kanada ein gefragtes Land für viele europ. Auswanderer. Die Regierung tat ihr Bestes, um neue Siedler zu gewinnen.

Der Erfolg dieser Maßnahmen übertraf sämtliche Erwartungen. Zwischen 1897 und 1912 strömten fast 800 000 Menschen aus den USA nach Kanada, fast 1 Mio. kamen von den brit. Inseln, 600 000 vom europ. Festland, darunter bes. viele Deutsche, Ukrainer, Polen und Skandinavier. Die Neusiedler schlossen sich fast ausnahmslos der engl. Sprachgruppe an, so dass die französischsprechende Bev. noch stärker zur Minderheit wurde.

Von der Gesamtbevölkerung waren 1991 16% Einwanderer. Davon stammten 54% aus Europa, 25% kamen aus Asien, 6% aus den USA, je 5% waren lateinamerikan. oder karib. Herkunft und 4% Afrikaner.

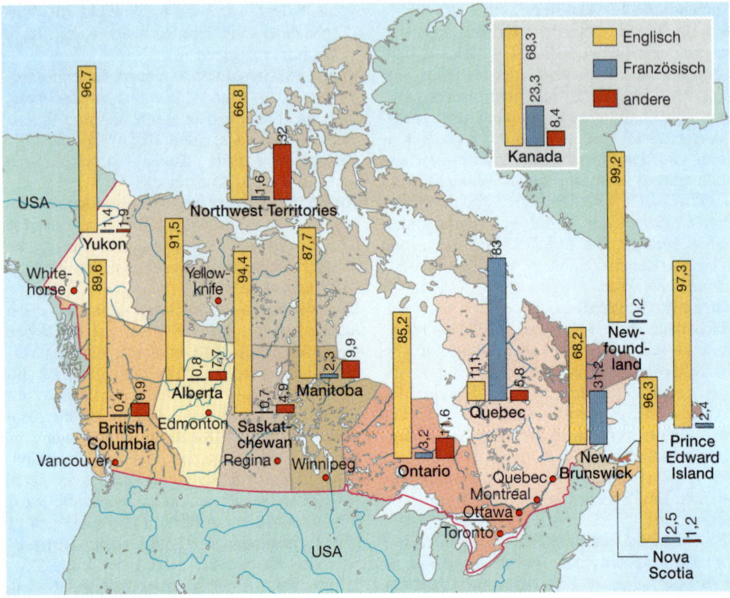

A Umgangssprachen 1991 (in %)

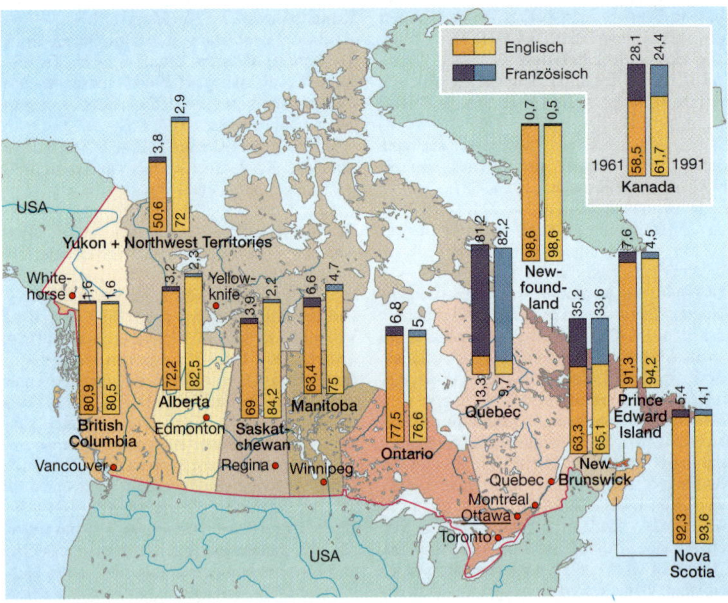

B Muttersprachen: Vergleich zwischen 1961 und 1991 (in %)

Die beiden offiziellen Landessprachen Kanadas sind Englisch und Französisch. Nur in der Provinz Quebec ist Französisch alleinige Amtssprache.

Quebec hat etwa die Größe Westeuropas ohne Skandinavien. Bevölkerungsmäßig liegt es, bei einer Gesamtbevölkerung Kanadas 1995 von 28,54 Mio., mit 7 Mio. Ew. hinter Ontario an 2. Stelle unter den 10 Provinzen.

Die französischsprach. Bevölkerung Kanadas stammt von weniger als 10 000 Kolonisten ab, die sich in Neufrankreich zwischen 1608 und 1790 niederließen. Die gebräuchlichste Sprache Neufrankreichs zu dieser Zeit war ein volkstümliches Französisch der Ile-de-France mit starken dialektalen Zügen des NW und des W. Dialektale Spuren lassen sich heute noch im Französischen Kanadas nachweisen, z. B.

achaler 'importuner' ('belästigen, zur Last fallen'), *mouillasser* 'tomber une pluie fine' ('nieseln') und Formen wie *icitte* 'ici' ('hier'), in Dialekten des W belegt oder *t'à l'heure* 'tout à l'heure' ('gleich, bald'), wie im Pikard. und Normann. belegt.

Mitte des 18. Jhs. gab es etwa 85 000 Frankokanadier und ca. 1,5 Mio. Angloamerikaner. Dieses demografische Ungleichgewicht führte 1759/60 zur Eroberung Neufrankreichs durch die Engländer. Im Frieden von Paris musste Frankreich 1763 alle Gebiete des heutigen östl. Kanada an England abtreten (vgl. auch S. 175). Die **Quebec-Akte** von 1774 garantierte den Frankokanadiern indes die Bewahrung ihrer kulturellen sowie sprachl. Identität. Durch die Abtrennung vom Mutterland versiegte der Zustrom französischsprachiger Siedler. Daher machte das Französische Kanadas bestimmte Entwicklungen der frz. Sprache des Mutterlandes nicht mit. So erklärt sich v. a. in der gesprochenen Sprache der ältere frz. Lautstand.

Der starke Zustrom von Loyalisten bzw. Royalisten, die im amerikan. Unabhängigkeitskrieg nach Kanada flohen, beendete die »nur-französische«-Epoche mit dem **Verfassungsgesetz** (›Constitutional Act‹) von 1791. Das Land wurde in 2 Provinzen geteilt: **Oberkanada**, zum größten Teil mit engl. Muttersprache, und **Unterkanada,** mit frz. Muttersprache (s. S. 177). 1840 erließ Großbritannien ein Gesetz (›Canada Union Act‹), das Oberkanada und Unterkanada zur Provinz Kanada vereinte und Englisch zur alleinigen Amtssprache erklärte. Mit Inkrafttreten des ›British North American Act‹ 1867 galten Französisch und Englisch als gleichberechtigte Amtssprachen.

Von den 1 404 974 Frankokanadiern, die 1891 in Kanada lebten, wohnten allein über 84% in der Provinz Quebec und 4,3% in Neubraunschweig; der Rest war v. a. auf Ontario und Manitoba verteilt. Daran hat sich bis heute nichts geändert (Abb. A, B).

Mit dem **Bundesamtssprachengesetz** von 1969 wurden Französisch und Englisch zu gleichberechtigten Amtssprachen. Das Erlernen des Französischen in Schulen mit engl. Unterrichtssprache wurde obligatorisch.

Die Tendenz zur Anglisierung der frankophonen Minderheiten sollte mit diesem Gesetz durchbrochen werden. In Quebec führte das zu einem legalist. Sonderweg, bes. als 1976 die **Parti Québécois** an die Macht kam.

Am 26. August 1977 verabschiedete das Provinzparlament die **Loi 101** bzw. die **Charte de la langue française**, deren erster Artikel lapidar lautet:

»Le français est la langue officielle du Québec.«

Quebecs Sprachengesetz führte auch zu wirtschaftl. Schwierigkeiten, denn bis dahin beruhte die berufl. Karriere wesentlich auf der Kenntnis der engl. Sprache. Inzwischen haben anglophone Geschäftsleute Quebec vielfach verlassen, so dass bereits 1992 zwei Drittel der Bevölkerung in Firmen tätig waren, die von Französischsprachigen geleitet wurden.

Die bislang letzte Sprachgesetzgebung, die **Loi 86** vom 22. 12. 1993, erklärt das Französische weiterhin zur einzigen offiziellen Sprache in Quebec. Bei Wahlen am 12. 9. 1994 in der Prov. Quebec errang die **Parti Québécois** die absolute Mehrheit. Damit gewann der ungeklärte Verfassungskonflikt wieder an Bedeutung. Dies führte am 30. 10. 1995 zu einer (nach 1980) zweiten Volksabstimmung über die Abspaltung Quebecs von Kanada, die mit der knappen Mehrheit von 50,6% für den Verbleib bei Kanada endete.

Aufgrund der Kontaktsituation ist es nur natürlich, dass sich das Englische und Französische der Region gegenseitig beeinflusst haben. Zu den Gallizismen, auch den semantischen, die im Englischen Quebecs auftreten, gehören u. a.

collectivity für *community, professor* für *school teacher* und *souvenir* für *memory.*

Umgekehrt gibt es im Französischen Quebecs zahlreiche Anglizismen, wie z. B.

binne 'Bohne', *shop* 'Fabrik', *knocker* 'verhauen (Kinder)', *boss* 'Chef', *ploguer* (< *to plug*) 'einstecken' und *une job steadée* 'eine feste Stellung'.

Bemerkenswert ist, dass in Quebec manche Anglizismen vermieden werden, die in Frankreich gebräuchlich sind, z. B.

chewing gum, shopping, week-end, hot dog, wofür *gomme, magasinage, fin de semaine* und *chien chaud* gebraucht werden.

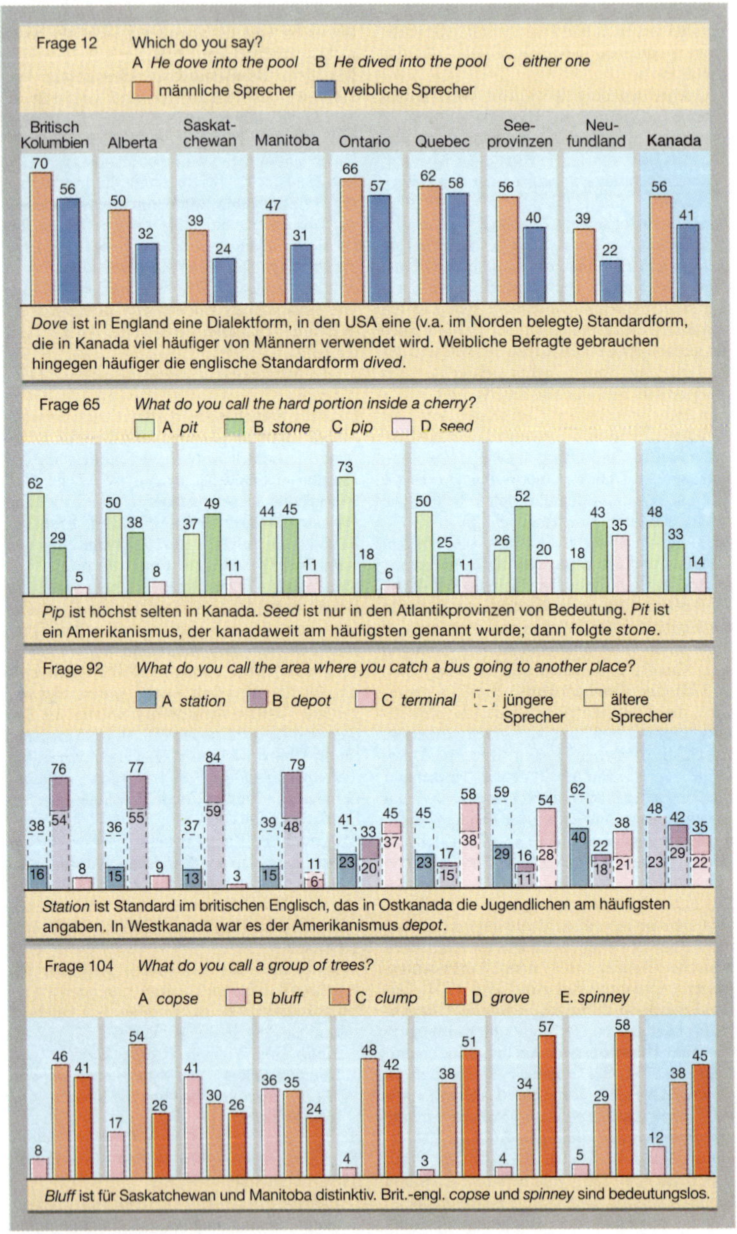

Ausgewählte Ergebnisse zu vier Fragen des ›Survey of Canadian English‹

Regional- und sozialsprachliche Unterschiede des Englischen

Den bislang einzigen Einblick in gesamtkanad. Tendenzen des Englischen bietet der – leider von method. Schwächen nicht freie – ›Survey of Canadian English‹, der im Laufe des Jahres 1972 durchgeführt wurde.

Ein 104 Fragen umfassendes Fragebuch war von nach dem Zufallsprinzip ermittelten 14–15-jährigen Jugendlichen und deren Eltern zu beantworten.

15 575 Antwortbogen wurden insgesamt ausgewertet.

Die Fragen betrafen die Aussprache (42), die Schreibung (5), die Grammatik (27) sowie den Wortschatz (30) (Abb.).

Fragen zur Aussprache und zur Schreibung:

Frage 14: How do you pronounce *new*? A. to rhyme with *do*, B. to rhyme with *few*, C. either way; Frage 20: How do you pronounce the *sch-* in *schedule*? A. like *sch-* in *school*, B. like *sh* in *shoe*, C. either way; Frage 18: Which spelling do you use? A. *travelled*, B. *traveled*, C. either one. Ähnliche Fragen gab es für *color/colour, center/ centre* und *defense/defence*.

Fragen zur Grammatik waren etwa:

Nr. 24: Do you use the expression *So that's what he thinks, eh?* A. yes, B. no, C. sometimes, und Nr. 89: Which do you say? A. He snuck by when my back was turned, B. He sneaked by ..., C. either one.

Als Fragen zum Wortschatz seien erwähnt:

Nr. 9. What do you call the period of the year between summer and winter? A. *fall*, B. *autumn*, C. either one, sowie Nr. 79: What do you call a man who delivers letters? A. *mailman*, B. *postman*, C. either one.

Die Ergebnisse dieses ›Survey‹ zeigen einmal eine deutl. Generationenkluft. In den Fällen, in denen eine Wahlmöglichkeit zwischen Merkmalen des brit. und des amerikan. Englisch besteht, favorisieren die Jugendlichen zumeist die amerikan.-engl. Form.

Auch verwenden die Jugendlichen häufiger als die Erwachsenen Ausdrücke des Slang, wie *bread* in der Bedeutung 'Geld' oder *wheels* in der Bedeutung 'Auto'.

Die Eltern der Informanten wurden auch nach dem **Bildungsgrad unterschieden**. Die stärkste Bevorzugung von Amerikanismen besteht bei den Erwachsenen mit dem geringsten Bildungsgrad, die größte Bevorzugung von Britizismen bei den Eltern mit College- bzw. Universitätsausbildung.

Diese Tendenz zeigen z. B. 3 der 5 Fragen zur Schreibung.

Wie in diesem Bereich die Konventionen beider Sprachzweige in Kanada nebeneinander bestehen, zeigt die **Presse**. In der zufällig ausgewählten Wochenendausgabe von ›The Globe and Mail‹ (Toronto) vom 23. 10. 1982 finden sich die amerikan.-engl. Schreibungen *plow* (für *plough*), *in favor of* und *honor* neben brit.-engl. *centre*. In der Homepage der ›Sun Media Corporation‹ vom 16. 8. 1997 stehen *defence* (brit.-engl.) und *defense* (amerikan.-engl.) nebeneinander.

Bailey (1991) erwähnt die Schreibung *tire centre* als »an assertion of independence from the British *tyre* and the American *center*«.

Regionale Abteilungen des Erziehungsministeriums legen unterschiedl. orthograph. Konventionen für Schulbücher fest, mit dem Ergebnis, dass z. B.

über 80% der Oberschüler in Ontario *neighbour, honour* und *colour* mit *-our* schreiben, während mehr als 60% der Oberschüler in Alberta diese Wörter mit *-or* schreiben.

Im Hinblick auf die regionale Variation legen die Ergebnisse des ›Survey of Canadian English‹ eine **Dreiteilung Kanadas** nahe:

- Neufundland,
- Ostkanada (ohne Neufundland), wobei das südl. Ontario und das Ottawa Valley nahe der Hauptstadt eine Sonderstellung innehaben, und
- Westkanada, was allerdings bereits westlich von Toronto beginnt und bis zum Pazifik reicht.

Es ist dies das Gebiet, das als »General Canadian« bezeichnet wird.

Neufundland weist die meisten sprachl. Besonderheiten auf. Im W des Landes wird das kanad. Englisch immer homogener. Allerdings sind hier auch eine ganze Reihe von Entlehnungen aus Indianer-, Inuit- und Siedlungssprachen erfolgt, durch die sich einzelne Gebiete voneinander unterscheiden, z. B. der arkt. Norden und die Prärieprovinzen, so dass die Bezeichnung »General Canadian« genauso fragwürdig ist wie »General American«.

Bailey (1991) führt eine ganze Reihe solcher regionalen Unterschiede auf. Der Wortschatz zu Fischerei, Pelzhandel, Pioniersiedlung und Landnahme ist davon ebenso betroffen wie der zu Flora, Fauna und Topographie.

So ist *bluff* als Bezeichnung für eine Baumgruppe ein für Saskatchewan und Manitoba distinktives Beispiel (vgl. Abb., Frage 104).

Das südliche **Ontario** ist die am dichtesten bevölkerte und reichste Region Kanadas. Daher stellt das Englisch dieser Region eine Art Norm für das gesamte kanad. Englisch dar. Dies zeigt sich z. B. in der Behandlung von Regionalismen in dem in Toronto erschienenen ›Gage Canadian Dictionary‹ (Avis 1984).

	Eltern männlich			Eltern weiblich			Jugendliche männl.			Jugendliche weibl.		
	A	B	C	A	B	C	A	B	C	A	B	C
Neufundland	75	20	5	74	20	4	74	16	9	77	17	6
Prinz-Eduard-Insel	78	15	7	77	18	4	81	11	8	86	10	3
Neuschottland	79	15	5	81	15	3	82	9	8	87	7	5
Neubraunschweig	84	14	2	80	16	4	75	14	9	85	8	7
Quebec	75	18	4	74	22	4	77	13	9	77	14	7
Ontario	88	8	3	85	10	5	77	10	9	86	8	6
Manitoba	85	12	2	79	16	4	81	10	7	87	7	6
Saskatchewan	76	15	7	75	19	5	76	13	9	78	13	9
Alberta	84	13	3	80	16	4	77	11	11	81	13	6
Brit. Kolumbien	75	20	5	83	13	4	80	9	10	85	9	5
Kanada	80	15	4	80	16	4	78	12	9	83	10	6

Frage 81
How do you pronounce *missile*?

A to rhyme with ***thistle***
B to rhyme with ***miss file***
C either way

(Angaben in %)

A Aussprache von *missile*

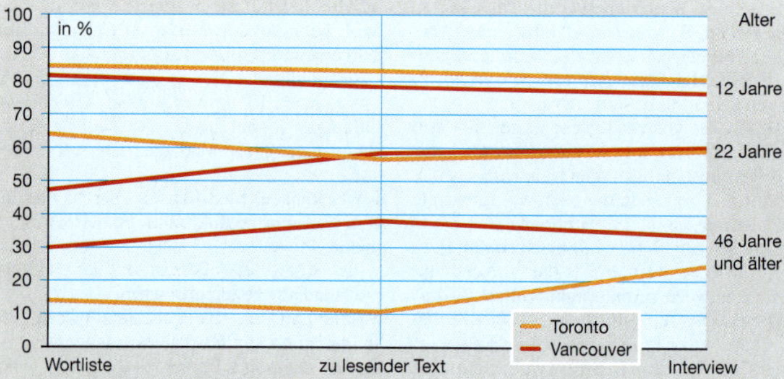

»Fronting« nach Alter und Stil

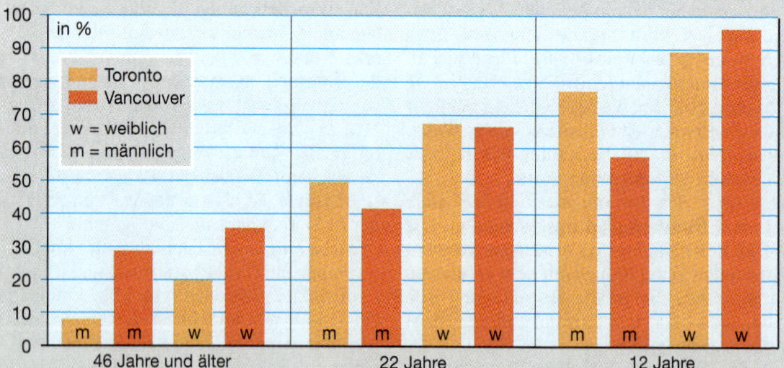

»Fronting« nach Alter und Geschlecht, alle Stile

B »Fronting« in Toronto und Vancouver

Wörter, die in S-Ontario häufig gebraucht werden, haben im ›Gage Canadian Dictionary‹ entweder die Kennzeichnung Canadian, wie *dew-worm* 'Regenwurm', oder überhaupt keine, wie *serviette* 'Serviette', obwohl der ›Survey of Canadian English‹ *napkin* als das in den Atlantikprovinzen und auch von jungen Kanadiern in anderen Landesteilen häufiger verwendete Synonym angibt.

Im ›Gage‹ fehlt *napkin* sogar als Synonymangabe bei *serviette*.

Das Englisch **Quebecs** ist i. Allg. mit dem des südl. Ontario identisch, weist aber Besonderheiten durch frz. Einfluss auf.

Was die **Atlantikprovinzen** angeht, so sei auf das ›Dictionary of Prince Edward Island English‹ (PRATT 1988) sowie auf S. 185 ff. verwiesen.

Die unterschiedl. Aussprache von *-ile* in Wörtern wie *docile, facile, fertile, missile, sterile* trennt amerikan. [-il] von brit. Englisch [-aɪl].

Der ›Survey of Canadian English‹ berücksichtigt nur das (v. a. in den Medien) am häufigsten vorkommende *missile*, bei dem 80% der Befragten der amerikan.-engl. Aussprache folgen, und zwar unabhängig von Bildungsgrad, Alter und Geschlecht (Abb. A).

Dem ›Vancouver Survey‹ zufolge sprachen um 1980 85% *futile* und 72% *sterile* mit [-aɪl] aus. Die ältesten Sprecher folgten hier jedoch der amerikan.-engl. Aussprache.

Die [-aɪl]-Aussprache nennt FOWLER (1926, 1965) eine »modern tendency«, die sich zu seiner Zeit noch nicht völlig durchgesetzt hatte. Es zeigt sich hier – wieder einmal –, dass die amerikan.-engl. Aussprache die traditionellere brit. als die heutige brit.-engl. ist.

CHAMBERS/HARDWICK (1986) haben in Toronto (Ontario) und Vancouver (Britisch-Kolumbien) – beide Metropolen sind 3 500 km Luftlinie voneinander entfernt – Interviews mit insges. 30 Mittelschicht-Angehörigen (15 männlichen und 15 weiblichen) durchgeführt, die 12, 22 bzw. 46 Jahre und älter waren.

Es ging dabei um die Aussprache des Diphthongs in Wörtern wie *bough, bound* und *bout*, die von der älteren Generation vor stimmlosen Konsonanten – typ. kanadisch – als /ʌʊ/ und in anderen Umgebungen als /ɑʊ/ realisiert wird, also /hʌʊs/ *house* gegenüber /hɑʊzəz/ *houses*.

Die erste Erscheinung wird *Canadian Raising* genannt und stellt das einzige ausschließl. kanad. Aussprachemerkmal dar.

Für jüngere Kanadier gilt diese einfache Verteilung jedoch vielfach nicht mehr. Sowohl in Toronto als auch in Vancouver sind die Aussprachen [hɑʊzəz], [haʊzəz] für *houses* und [hʌʊs], [hɐʊs], [hɛʊs], [haʊs] und [hæʊs] für den Singular zu hören.

Die neue Variabilität ändert die »Canadian-Raising«-Regel in zweifacher Weise:

Der frühere velare Beginn des Diphthongs wird häufig durch einen zentralen oder palatalen ersetzt, was »Fronting« genannt wird, und wo früher vor stimmlosen Konsonanten ein halb offener Vokal zu Anfang des Diphthongs artikuliert wurde ([ʌ]), ist dieser heute manchmal offen ([a]), was als »Non-Raising« bezeichnet wird.

Trotz der enormen Entfernungen sind in beiden Städten dieselben Palatalisierungstendenzen zu verzeichnen, die mit dem Alter der Informanten korrelieren (Abb. B).

Bei den 12-Jährigen sind sie am häufigsten. Auch besteht eine deutliche Korrelation mit dem Geschlecht, wiederum in beiden Städten.

Diese Tendenz in der Aussprache findet sich insbes. bei Frauen und Mädchen.

Bezogen auf die phonolog. Umgebung des folg. Segments zeigt sich, dass Fronting weniger häufig in stimmlosen Umgebungen ist:

	Toronto		Vancouver	
46 Jahre u. älter	8	19	3	56
22 Jahre	45	69	13	88
12 Jahre	51	106	64	101

(Die Zahlen in den beiden linken Spalten beziehen sich auf die stimmlosen Umgebungen, die rechten auf alle anderen.)

Da dieses sog. Fronting der Aussprache des amerikan. Englisch entspricht, wird das Ergebnis des ›Survey of Canadian English‹ bestätigt, dass bes. Jugendliche für amerikan.-engl. Einfluss empfänglich sind.

Auf der anderen Seite gibt es auch Anzeichen für eine eigenständige Entwicklung des kanad. Englisch, und zwar in der gelegentlich in Vancouver v. a. von männl. Informanten der beiden jüngsten Altersgruppen in Wörtern (obigen Typs) mit geringer Betonung vor stimmlosen Konsonanten gebrauchten Variante [əʊ], also [həʊs].

Allerdings bestanden die Untergruppen der Informanten in Vancouver nur aus je 2 und in Toronto nur aus je 3 Informanten, so dass diese Untersuchung nicht repräsentativ ist.

Ottawa-Valley-Sprecher haben [ʌʊ] übrigens nicht nur in *shout*, sondern auch in *loud* und analogen Wörtern.

»Canadian Raising« betrifft auch [əɪ] wie in *nice* gegenüber [aɪ] wie in *prize*.

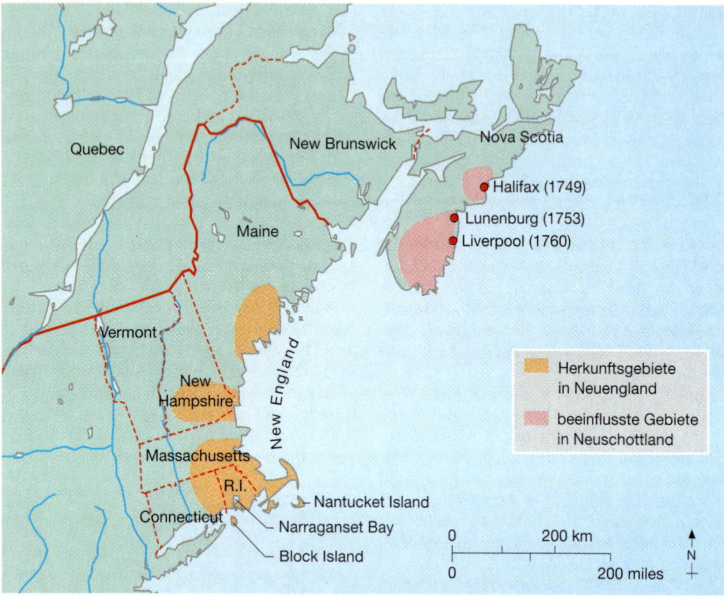

A Gebiete in Neuengland und Neuschottland, die starke lexikalische Parallelen aufweisen

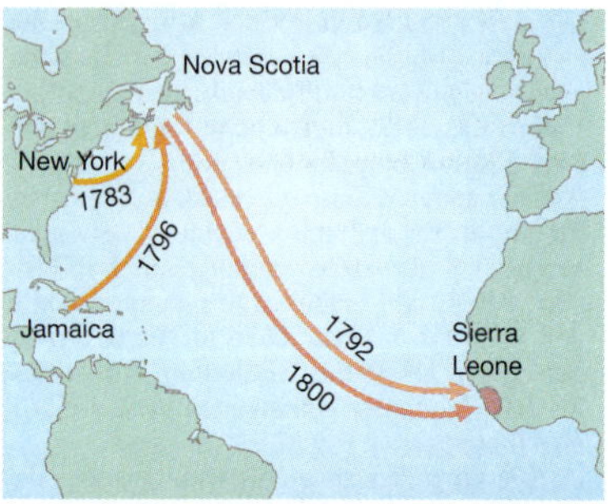

B Rücktransporte von Afroamerikanern /-kanadiern

C Regionen Neuschottlands, in denen Hochland-Schotten siedelten

Nova Scotia/Neuschottland

Von 1755–1765 ging die französischsprachige Bevölkerung in **Neuschottland** (einschl. der Kap-Breton-Insel) von 12 000 auf 3 300 zurück. Schon vor der Vertreibung der Akadier trachteten die Engländer danach, eine der Krone gegenüber loyale Bevölkerung hier sesshaft zu machen.

Dazu gehörten auch 1 615 Pfälzer und Hannoveraner, die 1753 Lüneburg, das spätere Lunenburg, gründeten.

Einige Jahre zuvor (1749) war Halifax von den Engländern gegründet worden.

Ab 1760 begann ein starker Zustrom von Siedlern aus Neuengland, deren erste Niederlassungen Chester (zwischen Halifax und Lunenburg) und Liverpool (südwestl. von Lunenburg) waren.

Um 1765 betrug die englischsprachige Bevölkerung Neuschottlands etwa 8 000.

Sie dominierte somit bereits eindeutig vor der amerikan. Revolution.

Nach dem Ende des amerikan. Unabhängigkeitskrieges kamen Loyalisten, auch schwarze, ins Land (vgl. S. 177).

WILSON (1958) hat fast 200 Jahre nach dem Beginn der Besiedlung aus Neuengland im SW Neuschottlands einen starken **Yankee-Einfluss** im Bereich des Vokabulars feststellen können. Durch Quantifizierung von Regionalismen wie *tempest* 'Sturm', *lean-to* 'schuppenartiger Anbau an eine Scheune' und *rainworm* 'Regenwurm' lassen sich 3 Gebiete eingrenzen, von denen aus der Zustrom von Siedlern in den SW Neuschottlands bes. stark gewesen sein muss (Abb. A):

1. Der SO von Massachusetts, Narrangansett Bay, Block Island und Nantucket Island;
2. der S New Hampshires und das nördl. Essex County in Massachusetts und
3. Cumberland und Kennebec Counties in Maine.

Auf der **Ausspracheebene** weist WILSON nur im Lunenburg County einen überdurchschnittl. Schwund des postvokalen /r/ nach in Wörtern wie *four, thirteen, year, cork.* Dies ist zweifelsohne auf die deutschsprachigen Siedler dieses Gebietes zurückzuführen. Die /r/-lose Aussprache in den östl. Neuenglandstaaten (vgl. S. 158, Abb. C) und die Aussprache des nachvokal. /r/ in den angrenzenden kanad. Atlantikprovinzen ist der wahrnehmbarste Unterschied zwischen beiden Staaten in dieser Region.

Für die kanad. Atlantikprovinzen allgemein kann man das Verschwinden der ostneuengl. /r/-losen Aussprache auf zwei Faktoren zurückführen:

1. auf die Einwanderung von Nordengländern, Schotten und Iren in dieses Gebiet, die das postvokal. /r/ artikulierten.
2. Wichtiger war das stärker werdende Gefühl für nationale Identität unter den Neu-Kanadiern.

Ihre Institutionen mögen amerikan. Ursprungs gewesen sein, aber als Bewahrer der wahren loyalist. Werte verachteten sie die Rebellen und wehrten sich kräftig gegen Versuche der USA, Kanada im Krieg von 1812 zu annektieren. Dadurch, dass sie loyalist. Traditionen hochhielten, glaubten sie, auch die loyalist. Sprache zu bewahren. Tatsächlich aber kehrten sie den Sprachwandel um, der sich zur Zeit ihres Exodus nach N bereits fest etabliert hatte.

Neuschottland wurde zu Ehren der Heimat von JAMES VI. von Schottland so genannt, der als JAMES I. von England 1621 dieses Gebiet an SIR WILLIAM ALEXANDER übertrug.

150 Jahre später siedelten dort **freiwillig** viele Schotten aus dem schott. Hochland.

Die Schotten, die sich nach 1800 in Neuschottland ansiedelten, waren meist während der »Highland clearances« aus Schottland vertrieben worden.

Sie alle brachten die **gälische Sprache** nach Neuschottland, bes. auf die Kap-Breton-Insel (Abb. C). Schätzungen zufolge sprachen 1880 allein auf der Kap-Breton-Insel so viele gälisch wie 1980 in Schottland.

Das Gälische hat sich bis heute v. a. im County Inverness erhalten, doch wird es nur mehr von älteren und alten Leuten in ländlichen Gebieten gesprochen.

Das Englisch der **Micmac-Indianer** und der **afrikastämmigen Kanadier** – Letztere kamen 1783–85 als Loyalisten und nach dem Krieg von 1812 als Flüchtlinge aus den USA sowie 1796 von Jamaika (Jamaican Maroons) – zeigte (nach Ausweis von HALIBURTON, 1840) auch in Neuschottland Merkmale, die für derartige Kontaktvarietäten des Englischen andernorts zweifelsfrei belegt sind; z. B.:

Negation mit *no* + Infinitiv des Verbs (*he no give 'em river*);

Fehlen der Kopula (*that yours*) und

pronominale Apposition (*God, he plant 'em dat*).

Zu keiner Zeit machten Schwarze mehr als 5% der Bevölkerung einer kanad. Provinz aus. Sie konzentrierten sich in SW-Ontario und in Neuschottland.

Noch heute gibt es hier isolierte Orte, in denen Nachkommen der schwarzen Siedler leben.

Zweimal wurden Schwarze von den Briten nach Afrika zurücktransportiert, beide Male gingen diese Transporte von Neuschottland nach Sierra Leone:

1792 etwa 1 100 freie Schwarze, 1800 Jamaican Maroons (Abb. B).

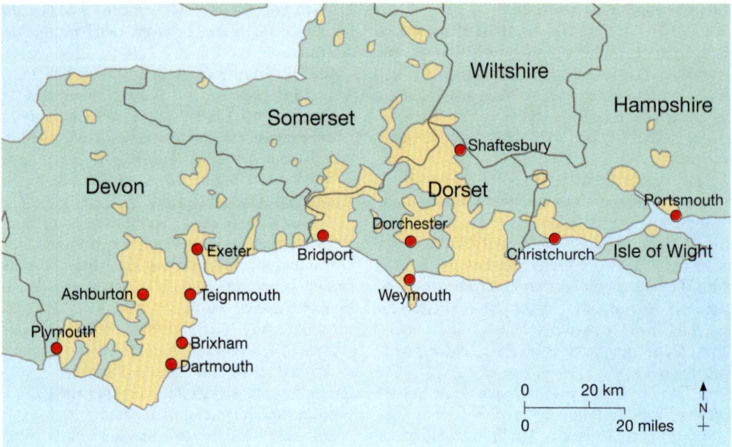

A Kirchensprengel Südwest-Englands, aus denen viele Siedler Neufundlands bis 1820 kamen

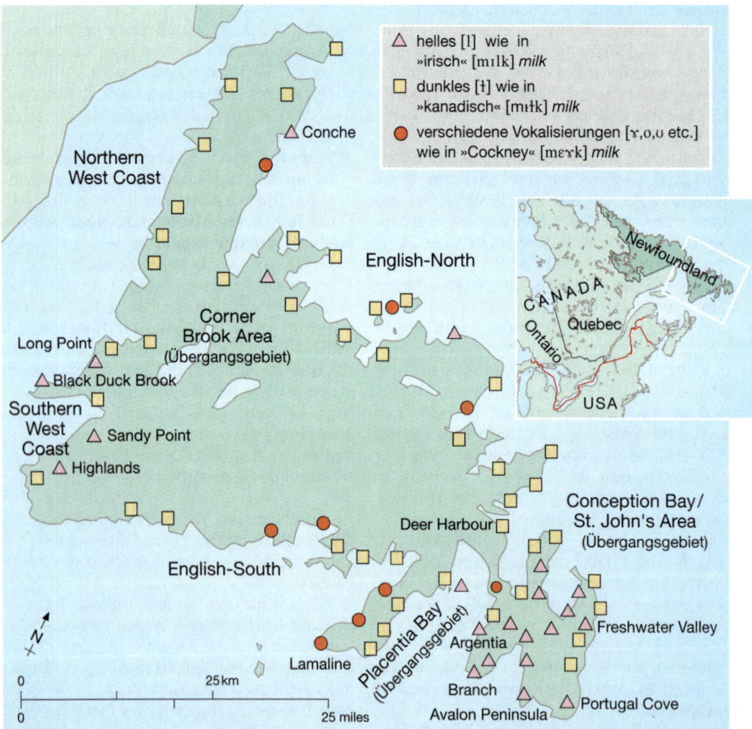

B Aussprache des /l/ nach Vokalen

Neufundland

Neufundland spielt in mehrfacher Hinsicht eine bes. Rolle in Kanada. Erst 1927 wurde die Labrador-Quebec-Grenze auf dem Festland endgültig festgelegt, und erst am 31. März 1949 wurde Neufundland als 10. Provinz Teil Kanadas.

Es ist somit Kanadas jüngste Provinz, und die Insel war bis 1949 Großbritanniens älteste Kolonie.

1583 wurde sie von SIR HUMPHREY GILBERT für die engl. Krone reklamiert. Die ersten Siedler kamen aus SW-England (Abb. A). Anfang des 19. Jhs. wanderten Iren, bes. aus S-Irland ein, gleichzeitig auch Schotten und Bewohner der Kanalinseln.

Im **Labrador** genannten Teil Neufundlands nahm durch den seit Mitte der 1950er Jahre betriebenen Eisenerzabbau die Bevölkerung deutlich zu.

Es entstanden **Boom Towns** wie Labrador City, Happy Valley und Wabush.

Die Indianer lebten im Landesinneren, die weißen Siedler und die Eskimos v. a. an der Küste.

Die Eskimos wurden zuerst von dt. Missionaren, den Herrnhutern, betreut, die die Orthographie des Eskimoischen im 18. Jh. einführten. Auch dt. Ausdrücke für die Zahlen übernahmen die Eskimos.

Seit den 40er Jahren des 20. Jhs. jedoch hat das Englische das Deutsche verdrängt.

Die Insel Neufundland ist eines der wenigen Gebiete außerhalb Europas, in denen Dialekt in traditionellem Sinne überlebt bzw. sich entwickelt hat.

1982, kurz vor dem 400. Jahrestag der Inbesitznahme Neufundlands durch den Engländer GILBERT, erschien das ›Dictionary of Newfoundland English‹ (STORY). Es zeigt, dass sich viele Wörter und Wortbedeutungen erhalten haben, die weder das StE noch engl. Dialekte mehr kennen, wie z. B.

landwash/lamwash 'Küste';

I find kinkhorn/keecorn and I cannot glutch bedeutet 'Ich habe Halsschmerzen und kann nicht schlucken'.

Find in der Bed. 'leiden an', *keecorn* 'Kehle, Rachen' und *glutch* 'schlucken', sind allerdings noch in engl. Dialekten belegt.

Auch Charakteristika der Aussprache und der Grammatik des Neufundland Engl. weisen vielfach in den SW Englands und nach Irland:

– *vir* 'fir' ('Tanne'), *ven* 'fin' ('Flosse, Finne'), wo der urspr. stimmlose Frikativ im Anlaut stimmhaft ausgesprochen wird, oder

– *Am, is* und *are* werden zur Bezeichnung eines gegenwärtig sich ereignenden Geschehens gebraucht, während *be's*, für alle Personen verwandt, eine(n) länger andauernde(n) oder wiederholte(n) Zustand bzw. Handlung bezeichnet: You know when the water's high, that it [the rock] be's under water.

– Eine Tatsache wie *to have (already) done (something)* wird vielfach ausgedrückt durch *to be after doing (something)*: How many times am I after tellin' you? (gälische Interferenz).

– Die betonten Formen der Personalpron. nach Verben (einschl. Formen von *be*) und Präpositionen sind *I, he, she, we, they:* ... they used to tell we; Never mind they.

In PADDOCK (1982) werden einige Ergebnisse seiner Sprachaufnahmen (12 Aussprache- und 9 Grammatikmerkmale wurden in 72 Küstenorten Neufundlands bei älteren Informanten abgefragt) kartografisch dargestellt.

Abb. B zeigt die versch. Aussprachen des /l/ nach Vokalen in Wörtern wie *bill, belt, full.*

So ändert sich die Aussprache des /l/ von ausschl. »dunklen« engl. Typen (einschließl. der Vokalisierungen des /l/) von Deer Harbour, Random Island, allmählich zu den ausschl. »hellen« irischen Varianten in Freshwater Valley of St. John's.

Der umgekehrte Wandel vom ausschl. »hellen« /l/ von Branch zu ausschl. »dunklen« Typen in Lamaline auf der Halbinsel Burin zeigt sich im Übergangsgebiet Placentia Bay.

Dass die »helle« Aussprache des /l/ von Portugal Cove bis Argentia dominiert, stimmt mit der Tatsache überein, dass die Besiedlung des südl. Teiles der Halbinsel Avalon fast ausschließl. von SO-Irland erfolgte.

Daneben gibt es irische Enklaven, z. B. Conche im N. Die »helle« /l/-Aussprache im Gebiet der »Southern West Coast« lässt sich ebenfalls mit der Siedlungsgeschichte korrelieren: Informanten in Highlands und Sandy Point sind Nachkommen von Hochlandschotten und solche in Black Duck Brook und Long Point Nachfahren frz. Siedler.

Die »dunklen« /l/-Aussprachen wurden dagegen fast nur von Siedlern aus dem SW Englands nach Neufundland gebracht.

Vokalisierungen des /l/ verbreiteten sich vom SO Englands und waren im SW zunächst ein stadtsprachl. Merkmal.

Das recht hohe Auftreten derartiger /l/-Vokalisierungen in Neufundland bestätigt die histor. Forschung, derzufolge viele engl. Siedler aus Städten kamen.

Im Vergleich zu dem Gebiet »English-North« treten die /l/-Vokalisierungen im »English-South« wesentl. häufiger auf:

Die Südküste Neufundlands wurde nämlich später besiedelt als die Ostküste, zu einer Zeit, als die /l/-Vokalisierungen im SW Englands schon deutlicher Fuß gefasst hatten.

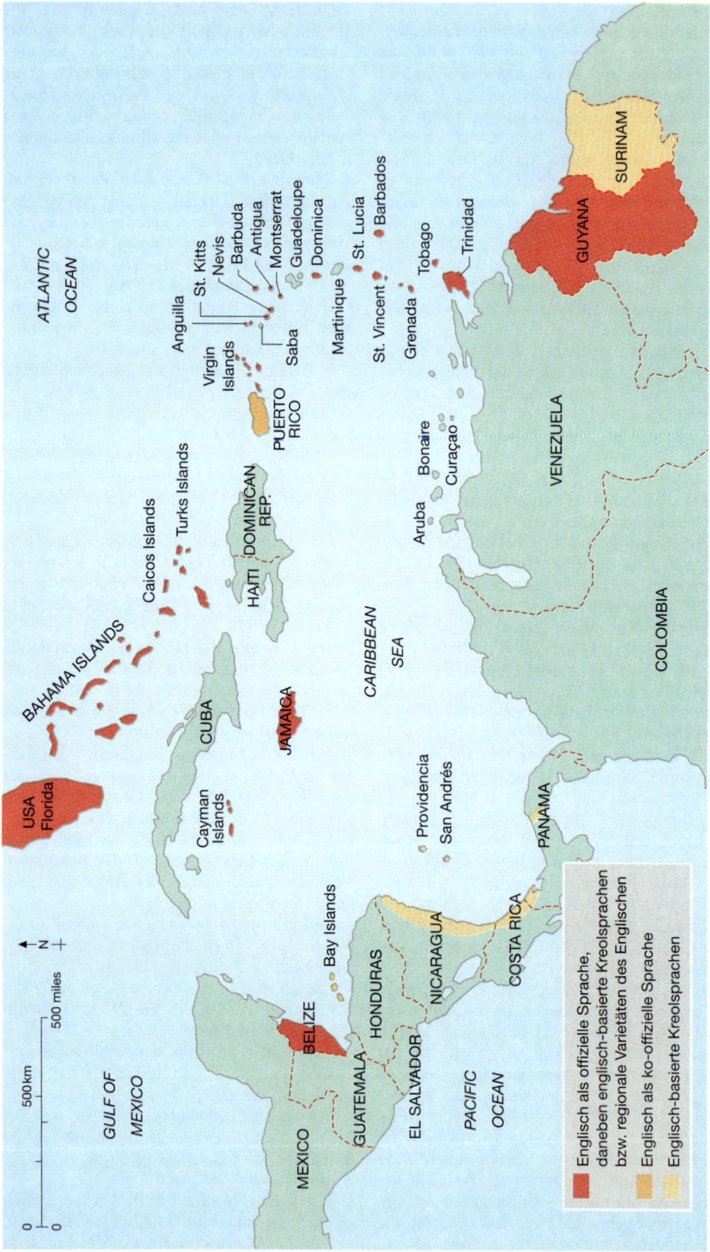

Englisch in der Karibik

Der **karibische Raum** erstreckt sich von der Südspitze Floridas in einem weiten Bogen bis zu den Küsten Mittel- und Südamerikas. In sprachl. Hinsicht handelt es sich um ein sehr heterogenes Gebiet.
Die Inseln der Karibik wurden seit Ende des 15. Jhs. von versch. europ. Ländern kolonisiert. Sie lassen sich klassifizieren aufgrund ihrer kolonialen Bindungen und auch aufgrund der offiziellen Sprachen. Beide Kriterien stimmen in den allermeisten Fällen miteinander überein.

Offizielle Sprachen in der Karibik sind
- Spanisch (Kuba, Dominikanische Republik, Puerto Rico [neben Englisch]),
- Französisch (Guadeloupe, Haiti, Martinique),
- Niederländisch (Aruba, Bonaire, Curaçao, Surinam) und
- Englisch (Abb.).

Auch zwei Länder auf dem Festland verwenden Englisch als Amtssprache, nämlich Belize (das frühere Britisch-Honduras) in Mittelamerika und Guyana in Südamerika.

Die Bevölkerungszahl in den Gebieten mit Englisch als Amtssprache beträgt insgesamt etwa 5,7 Millionen.

Bei den heutigen Bewohnern der englischsprachigen Karibik handelt es sich in erster Linie um die Nachfahren von Schwarzafrikanern, die man als Sklaven in die Neue Welt brachte.
Die heutige Bevölkerung besteht in sehr großer Mehrheit aus Schwarzen bzw. Mischlingen: auf Jamaika 87%, auf Barbados 96%, auf den Bahamas 90%, auf Trinidad/Tobago 59% (36% indischer Abstammung).
Die **Sprachen der indianischen Urbevölkerung** der Karibik wurden verdrängt. Indianische Sprachen werden nur noch in einigen Regionen Zentral- und Südamerikas gesprochen.

English Creole
Das Englische ist zwar offizielle Sprache in den aufgeführten Gebieten, aber die eigentl. Umgangssprache der Bev. ist eine **englischbasierte Kreolsprache (English Creole)**.
Diese orientiert sich v. a. im Bereich des Wortschatzes am Englischen. In der Phonologie, der Semantik und der Morphosyntax gibt es jedoch zahlreiche Unterschiede zum Englischen, so dass es gute Gründe gibt, die Kreolsprache als ein **eigenständiges sprachl. System** aufzufassen.
In einigen Gebieten existieren daneben noch weitere Umgangssprachen:

auf Dominica und St. Lucia auch eine Kreolsprache auf französischer Basis, in Belize ist Spanisch verbreitet.

Englisch-basierte Kreolsprachen werden zudem in Regionen gesprochen, in denen Englisch keine offizielle Sprache ist:

auf den Bay-Inseln vor der Küste von Honduras, entlang der Mosquito-Küste in Nicaragua, auf den zu Kolumbien gehörenden Inseln Providencia und San Andrés, in der Gegend von Limón in Costa Rica und in Panama.

Versch. Formen englisch-basierter Kreolsprachen existieren ferner in Surinam (früher Niederländisch-Guyana).

Land	Fläche (km^2)	Bevölkerung (ca.)	Hauptumgangssprache	weitere Umgangssprachen
Anguilla (GB)	96	11 500	English Creole	–
Antigua u. Barbuda	442	67 000	English Creole	–
Bahamas	13 878	284 000	English Creole	–
Barbados	430	259 000	English Creole	–
Belize	22 966	236 000	English Creole Spanisch	Garifuna (Carib), Mopan, Kekchi
Brit. Jungfern-Inseln (GB)	153	19 000	English Creole	–
Dominica	751	65 000	English Creole French Creole	–
Grenada	344	97 000	English Creole	–
Guyana	214 969	855 000	English Creole	Bhojpuri (Hindi), indianische Sprachen
Jamaika	10 991	2 500 000	English Creole	–
Kaiman-Inseln (GB)	259	25 000	English Creole	–
Montserrat (GB)	102	11 000	English Creole	–
St. Kitts u. Nevis	267	41 000	English Creole	–
St. Lucia	616	144 000	English Creole French Creole	–
St. Vincent u. die Grenadinen	389	109 000	English Creole	–
Trinidad u. Tobago	5 123	1 265 000	English Creole	Bhojpuri (Hindi), French Creole
Turks- und Caicos-Inseln (GB)	430	13 800	English Creole	–
US-Jungfern-Inseln (USA)	344	104 000	English Creole	Spanisch, French Creole

Bevölkerung und Sprachen in der anglophonen Karibik

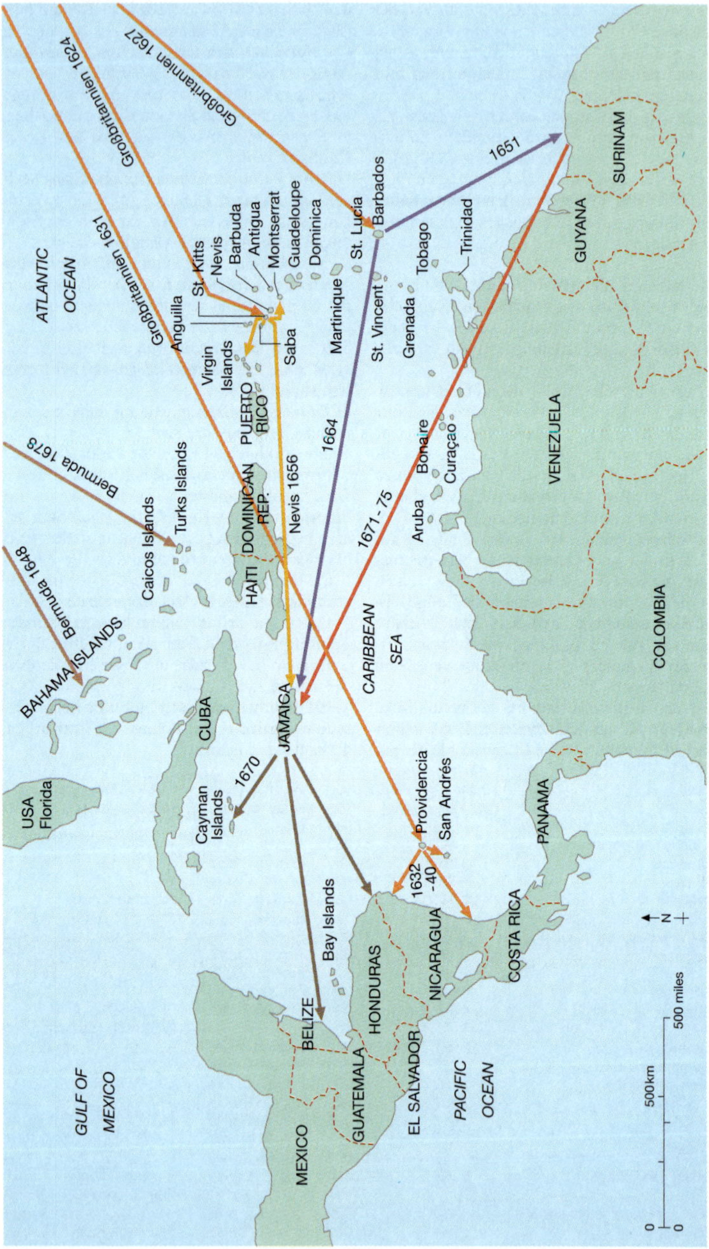

Wanderungsbewegungen von Sprechern des Englischen/English Creole vor 1700

Verbreitung des Englischen und des English Creole

Die geschichtliche Entwicklung im karibischen Raum ist insgesamt sehr uneinheitlich verlaufen, und die Geschichte des Englischen ist die Geschichte des Englischen auf bestimmten Inseln bzw. in bestimmten Territorien.

Die Vorgänge sind häufig komplex aufgrund von unterschiedl. Besiedlungen, Kriegen, wirtschaftl. Veränderungen und Wanderungsbewegungen seit Beginn des 17. Jhs.

Darüber hinaus ist die Geschichte des Englischen in der Karibik grundsätzlich verschieden von den sprachl. Entwicklungen in anderen Kolonien Großbritanniens, wie z. B. Australien, Kanada oder Südafrika.

Hier wurde Englisch von britischen (oder irischen) Siedlern gesprochen, die ihre Sprache an die folgenden Generationen weitergaben. Kinder lernten Englisch von ihren Eltern, und auch Sprecher anderer Sprachen lernten Englisch durch den tägl. Kontakt mit Muttersprachlern des Englischen.

Diese Art der Weitergabe des Englischen war in der Karibik nur in der frühen Phase der Besiedlung zu Beginn des 17. Jhs. weiter verbreitet und fand auch nur auf einigen Inseln, wie z. B. Barbados, statt.

Ab der Mitte des 17. Jhs. wurde eine sehr große Zahl von Schwarzen aus Afrika in den karibischen Raum gebracht, wo sie als Sklaven auf den Plantagen arbeiteten. Diese gehörten unterschiedl. Stämmen mit unterschiedl. Sprachen an. Um miteinander kommunizieren zu können, entwickelten sie eine einfache Verständigungssprache, ein **Pidgin English**.

Dieses Pidgin English war wohl Mitte des 17. Jhs. am weitesten verbreitet und wurde bald zur allgemeinen Sprache der schwarzen Bevölkerung, d. h., es bildete sich eine englisch-basierte Kreolsprache (vgl. S. 153 ff.) heraus, die anschließend wie jede andere Muttersprache an die nachfolgenden Generationen weitergegeben wurde.

Auch Sklaven, die später in die Karibik gebracht wurden, erlernten die Kreolsprache als ihre zweite Sprache und wurden so zu Mitgliedern dieser Sprachgemeinschaft.

Ein bes. Aspekt sind die *zahlreichen Wanderungsbewegungen* (vgl. Abb. u. S. 192). In den meisten Fällen nahmen die weißen Siedler ihre Sklaven in die neuen Siedlungsgebiete mit.

So wurde nicht nur das Englische, sondern auch die Kreolsprache weiter verbreitet.

Man kann ferner davon ausgehen, dass das Englisch der weißen Bevölkerung zunehmend durch die Kreolsprache beeinflusst wurde und dass nur eine sehr kleine Gruppe von Angehörigen einer höheren sozialen Schicht standardnahes Englisch sprach.

Umgekehrt wurde sicherlich auch die Kreolsprache durch die vor Ort gesprochenen Sprachvarietäten des Englischen beeinflusst.

Weitere wichtige hist. Zusammenhänge, die für die Ausbreitung des Englischen bzw. des *English Creole* in der Karibik relevant sind: Um 1600 unterhielt nur Spanien Kolonien in der Karibik, die sich auf den großen Antillen (Kuba, Jamaika, Hispaniola [Haiti und Dominikanische Republik], Puerto Rico) und auf dem Festland befanden.

Aber auch Großbritannien, Frankreich und die Niederlande bemühten sich bald um die Gründung von Kolonien.

Die erste permanente engl. Siedlung auf dem amerikan. Kontinent wurde 1607 in Jamestown (Virginia) gegründet. 1609 entstand eine Siedlung auf Bermuda.

Die **ersten englischen Siedler im karibischen Raum** ließen sich 1624 auf **St. Kitts** nieder, nachdem ihr Versuch, an der Küste von Guyana (Südamerika) zu siedeln, gescheitert war.

Im darauf folgenden Jahr kamen auch Franzosen auf die Insel, die zu Verbündeten wurden im Kampf gegen die einheim. Karib-Indianer und gegen die Spanier, die ebenfalls die Insel für sich beanspruchten. Engländer und Franzosen teilten die Insel unter sich auf. 1713 wurden jedoch die Franzosen gezwungen, St. Kitts zu verlassen.

In der ersten Zeit produzierte die Kolonie Tabak für den europ. Markt. Für den Anbau wurden engl. Kontraktarbeiter beschäftigt. Von St. Kitts aus wurden die nahe gelegenen Inseln Nevis und Barbuda (1628), Antigua (1632), Montserrat (1633) und Anguilla (1650) von den Engländern besiedelt.

Von bes. Bedeutung für die Verbreitung des Englischen und des *English Creole* in der Karibik war **Barbados**, wo sich britische/irische Siedler ab 1627 niederließen. Die Kolonie wuchs sehr schnell.

1642 lebten bereits 37 000 Siedler auf Barbados. Während des engl. Bürgerkriegs (1642–51) brachte man zudem Kriegsgefangene, Zigeuner, irische Freiheitskämpfer und Kriminelle auf die Insel.

Die Zahl der Bewohner wurde jedoch bald durch eine Pestepidemie (1647–49) deutlich reduziert.

Zunächst wurde auch hier Tabak angebaut. Aber ab 1640 setzte sich allmählich der Anbau von Zuckerrohr durch, der größere Gewinne einbrachte.

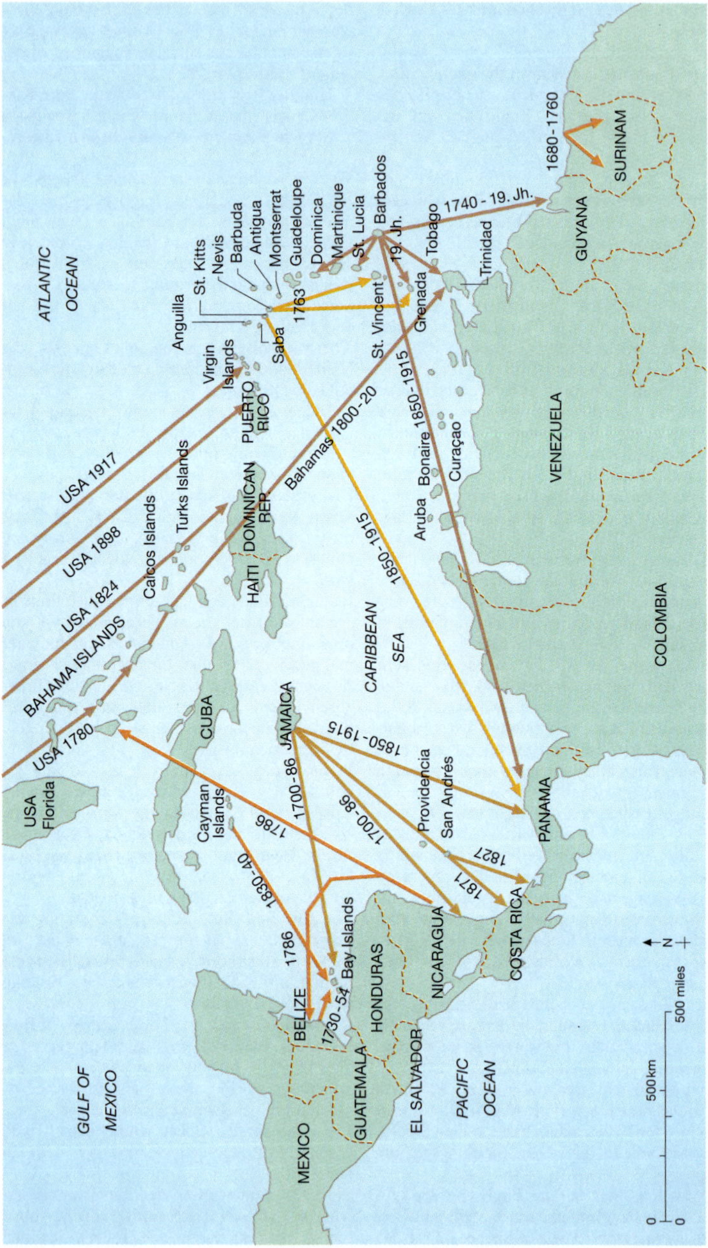

Wanderungsbewegungen von Sprechern des Englischen / English Creole nach 1700

Da die britischen/irischen Arbeitskräfte nicht mehr bereit waren, die schwere Arbeit auf den Plantagen zu verrichten, wurden sie mehr und mehr durch Sklaven aus Afrika ersetzt.

1685 gab es bereits 46 000 schwarze Sklaven auf Barbados, während die Zahl der Weißen auf 20 000 zurückgegangen war.

Die britischen/irischen Arbeiter wurden gezwungen, ihren kleinen Landbesitz an die Besitzer großer Zuckerrohrplantagen abzutreten. In der 2. Hälfte des 17. Jhs. entschlossen sich viele von ihnen auszuwandern:

Sie ließen sich als Siedler in den neueren brit. Kolonien in Surinam, Jamaika und Carolina nieder.

Jamaika war zunächst eine span. Kolonie, die 1655 von den Briten erobert wurde. Im darauf folgenden Jahr kamen die ersten engl. Siedler aus Nevis mit ihren Sklaven auf die Insel. Durch weitere Einwanderungen stieg die Bevölkerung stetig an:

1664 kamen etwa 1 000 Siedler aus Barbados,
1671 ca. 500 aus Surinam,
1675 weitere 1 200 aus Surinam, davon mindestens 980 Sklaven.

Zu diesem Zeitpunkt gab es 9 500 schwarze Sklaven auf Jamaika, die damit den 7 700 Weißen zahlenmäßig überlegen waren.

Da auch auf Jamaika der Anbau von Zuckerrohr weit verbreitet war, stieg der Sklavenanteil bis zum Jahr 1734 auf 92% der Bevölkerung.

Nach der Eroberung Jamaikas kamen auch Engländer an die **Ostküste Mittelamerikas**. Ihr wirtschaftl. Interesse galt hier Tropenhölzern, die auf der Halbinsel Yucatán wuchsen. 1705 wurde das heutige Belize City als Haupthafen für den Holzhandel genutzt.

Weiter südl. an der Küste von Honduras und Nicaragua hielten sich in dieser Zeit **engl. Freibeuter** auf, um die span. Gold- und Silberflotte anzugreifen. Im Kampf gegen die Spanier verbündeten sie sich mit den einheim. Mosquito-Indianern.

Im 18. Jh. gelangte mit brit. Siedlern auch eine größere Zahl von schwarzen Sklaven, bes. aus Jamaika, an die Mosquito-Küste. Es kam hier wiederholt zu Kämpfen zwischen Spaniern und Briten. 1786 ging die Herrschaft über die Küstenregion wieder an die Spanier über.

Die Sprache der Bevölkerung blieb jedoch die englisch-basierte Kreolsprache.

Die brit. Siedler mussten das Land verlassen. Die meisten von ihnen, etwa 2 000 Siedler und deren Sklaven, ließen sich in Belize nieder, das weiterhin unter brit. Verwaltung stand.

Im Verlauf des 19. Jhs. kamen weitere Einwanderer aus der Karibik nach Mittelamerika. Für den Bau der Eisenbahnlinie zwischen San José und Limón kamen ab 1871 Arbeiter aus Jamaika und der östl. Karibik nach Costa Rica.

Viele von ihnen siedelten sich an, und so wurde Limón zu einem Zentrum für Sprecher des *English Creole.*

Ferner kamen ab 1850 Arbeiter aus der Karibik nach Panama, zunächst für den Bau von Eisenbahnen, später für den Bau des Panamakanals (1904–14).

Heute gibt es größere Sprechergemeinschaften des *English Creole* in Panama City, Colón und in Bocas del Toro.

Trinidad war bis Ende des 18. Jhs. span. Kolonie. Nachdem die Briten 1763 das nahe gelegene Tobago besetzt hatten, waren die span. Behörden daran interessiert, die Bevölkerungszahl Trinidads zu erhöhen, die bis dahin nur etwa 1 400 Menschen betrug. Einwanderer aus befreundeten Ländern erhielten bes. Vergünstigungen.

So kam es zu einer starken Einwanderung von Siedlern, die eine französisch-basierte Kreolsprache sprachen.

Diese Siedler kamen zunächst von Inseln, die die Briten ebenfalls 1763 besetzt hatten (Dominica, St. Vincent und v. a. Grenada), und später auch aus frz. Kolonien, in denen 1794 die Sklaverei abgeschafft worden war (Guadeloupe, Martinique, Haiti).

Als die Briten 1797 Trinidad besetzten, sprachen die meisten der 28 000 Einwohner eine französisch-basierte Kreolsprache (*French Creole*).

Im Laufe des 19. Jhs. setzten sich das Englische bzw. das *English Creole* jedoch zunehmend durch, u. a. durch Einwanderungen von ehemal. Sklaven aus den USA und Siedlern aus Barbados, und hatte bis zum frühen 20. Jh. eine allg. Verbreitung erlangt.

Nach der Abschaffung der Sklaverei im Jahre 1834 holte man Arbeitskräfte aus Indien für die Arbeit auf den Plantagen. Noch heute gibt es in Trinidad Sprecher des Bhojpuri (Hindi). Jedoch ist diese Sprache mittlerweile vom Aussterben bedroht.

Soziolinguistische Aspekte

Das **Englische** besitzt als offizielle Sprache ein bes. soziales Prestige. Es findet Verwendung in öffentl. Bereichen wie Politik, Verwaltung, Rechtsprechung und in den Massenmedien (Rundfunk, Fernsehen, Presse). Ferner ist Englisch allgemeine Bildungs- und Unterrichtssprache.

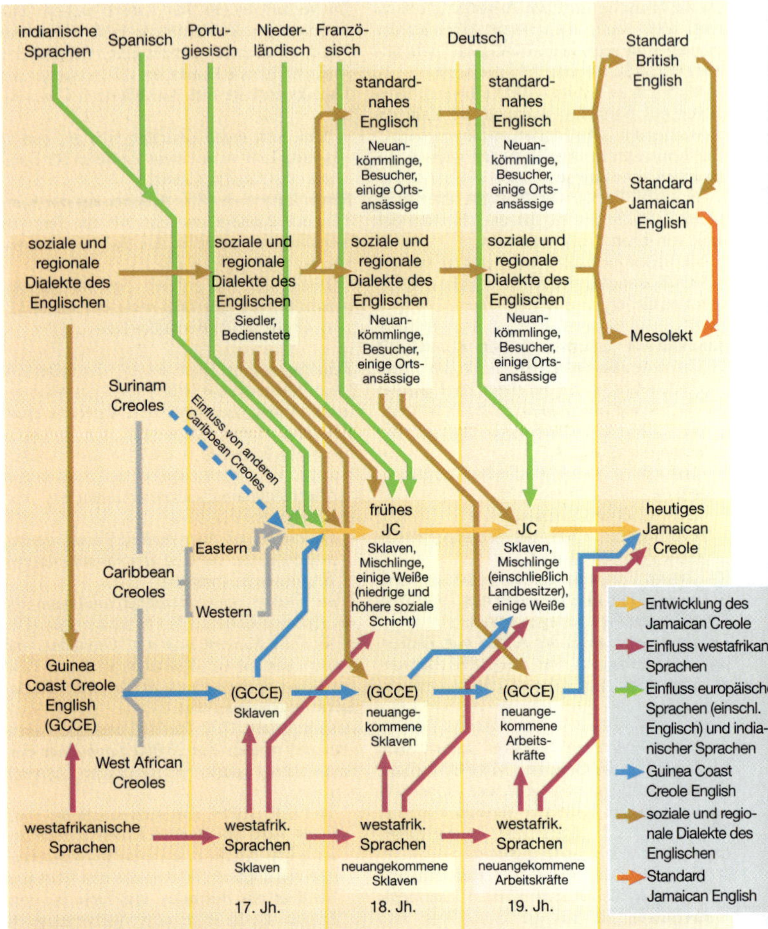

A Sprachliche Einflüsse auf das Jamaican Creole (JC)

Wantaim, wan man en ha wan gyal-pikni nomo. Im en niem Pini. Im ena wan priti gyal fi-truu. Im neba laik fi taak tu eni an eni man. Im laik a nais buosi man fi taak tu. Im taat taak tu wan man, tingk se a soch a wandaful man. Bot im get kalops aafta im taak tu di man.

Übersetzung (Standard Jamaican English):

Once upon a time, there was a gentleman who had an only daughter. Her name was Peony. She was a gay and dandy girl. She didn't like to talk to just any man. She liked (wanted) a gay, fine man to talk to. She started to talk to a man, thinking that he was a very wonderful man. But she got pregnant by talking to the man.

B Beispieltext für Jamaican Creole

Aber nur sehr wenige lernen Englisch als Muttersprache. Kenntnisse im Englischen werden v. a. durch das Bildungssystem erworben, d. h., die Beherrschung des Englischen ist Ausdruck einer guten Bildung und signalisiert die Zugehörigkeit zu einer höheren sozialen Schicht.

Der weitaus größte Teil der Bevölkerung spricht als **Muttersprache** die **örtliche Kreolsprache**, die als informelle Umgangssprache in der Familie, unter Freunden, Nachbarn und am Arbeitsplatz gebraucht wird. In formelleren Kommunikationssituationen findet eine Annäherung an das Englische statt. Art und Ausmaß dieser sprachl. Annäherung hängen vom soz. Hintergrund der Sprecher ab.

Das Nebeneinander von Englisch und englisch-basierter Kreolsprache führt zu einem **kreolsprachlichen Kontinuum**. Die einzelnen Sprachformen des Kontinuums sind gekennzeichnet durch ihre unterschiedl. Nähe zum Standardenglischen.

So kann man zwischen einer standardnahen *(Akrolekt)* und einer standardfernen Sprachform *(Basilekt)* unterscheiden. Dazwischen gibt es eine Vielzahl von Zwischenstufen, die man als *Mesolekte* bezeichnet (vgl. a. S. 153 ff.).

Die englischsprachige Karibik ist hinsichtlich des kreolsprachl. Kontinuums keineswegs einheitlich. Dafür sind die geschichtliche Entwicklung und die heutige soziolinguistische Situation zu verschieden. Die Distanz zwischen den beiden Endpunkten des Kontinuums, d. h. zwischen dem Englischen und der örtlichen Kreolsprache, ist unterschiedlich groß.

So ist der Basilekt in Jamaika und in Guyana relativ weit vom Englischen entfernt, während er ihm in Barbados, auf den Bahamas und in Trinidad näher steht.

Diejenigen Gebiete, die Englisch als offizielle Sprache verwenden, orientieren sich traditionellerweise am brit. Englisch, das auch heute noch einen bes. Einfluss auf die örtl. Standardformen ausübt.

Das amerikan. Englisch ist die Norm auf den zu den USA gehörenden Jungfern-Inseln und in Puerto Rico, wo jedoch die große Mehrheit der Bevölkerung Spanisch als Umgangssprache benutzt.

Im Verlauf des 20. Jhs. hat aber das amerikan. Englisch im gesamten karibischen Raum an Bedeutung gewonnen. Wichtige Gründe hierfür sind neben der geograf. Nähe und der wirtschaftl. Bedeutung der USA auch der Tourismus und der Einfluss der amerikan. Massenmedien, so dass heute auch das amerikan. Englisch als Bezugsnorm in Frage kommt.

Merkmale des Caribbean English (CarE)

Ein bes. Kennzeichen sind Betonung und Rhythmus. Es besteht allg. die Tendenz, jede Silbe gleich stark zu betonen, so dass der Rhythmus durch die Silben bestimmt wird (**Silbenrhythmus**), während sich sonst im Englischen der Rhythmus nach den betonten Silben richtet, die in etwa gleichmäßigen Abständen aufeinander folgen (**Betonungsrhythmus**).

Hinsichtlich der **Aussprache** des postvokal. /r/ in Wörtern wie *bar* oder *hard* gibt es regionale Unterschiede.

In Barbados wird das /r/ generell ausgesprochen, in Jamaika und in Guyana ist die Aussprache des /r/ variabel, und in Trinidad und auf den Bahamas wird es nicht ausgesprochen.

Die dentalen Reibelaute /θ/ und /ð/ können als [t] bzw. [d], wie z. B. in *thick* und *them*, realisiert werden.

Es besteht die Tendenz, Konsonantengruppen am Wortende zu reduzieren, wie etwa in *hand* [han] oder *child* [tʃaɪl].

Im vokalischen Bereich wird /æ/ häufig als [a] realisiert, und die Diphthonge /eɪ/ und /əu/ werden monophthongisiert zu [e:] bzw. [o:], wie z. B. in *face* und *boat*.

Grammatikalisch steht das CarE der engl. Standardsprache recht nahe. Als Merkmale können genannt werden

– der Gebrauch von *would* und *could* anstelle von *will* bzw. *can*:

I could swim 'I can swim', *I would do it tomorrow* 'I will do it tomorrow';

– Entscheidungsfragen in Aussageform und mit steigender Intonation sind wesentlich häufiger als entsprechende Inversionsfragen:

You are coming? 'Are you coming?'

Da Menschen zahlreicher Nationen in den karibischen Raum kamen, lassen sich im **Wortschatz** des CarE Entlehnungen aus vielen versch. Sprachen finden.

Aus **afrikanischen Sprachen** gibt es Entlehnungen wie *bakra, bukra* 'ein Weißer', *duppy* 'Geist, Gespenst' oder Lehnübersetzungen wie *cry water* 'Tränen', *sweet mouth* 'Schmeichler'.

Patois (häufig verwendete Bez. für) 'die örtliche Kreolsprache' kommt aus dem **Französischen**, *lagniappe* 'Zugabe, die man vom Verkäufer erhält' aus der französisch-basierten Kreolsprache, *mampala* 'ein verweichlichter Mann' aus dem **Spanischen**, *cayman* 'Alligator' aus dem **Carib** und *ganja* 'Marihuana' aus dem **Hindi**.

Darüber hinaus gibt es **engl. Wörter**, die im CarE eine veränderte oder erweiterte Bed. haben, wie z. B.

mash up 'zerstören, ruinieren', *tall hair* 'langes Haar', *to look for* 'besuchen'.

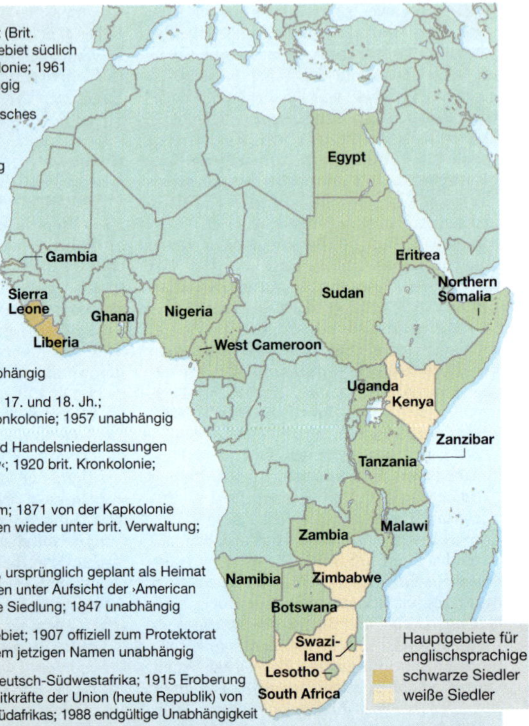

Botswana 1885 brit. Protektorat (Brit. Bechuanaland); 1886 wird das Gebiet südlich des Molopo-Flusses brit. Kronkolonie; 1961 innere Autonomie; 1966 unabhängig

(West) Cameroon ab 1884 deutsches Protektorat; 1919 Aufteilung Kameruns in brit. und frz. Verwaltungszonen; 1961 unabhängig

Egypt 1882 Besetzung durch brit. Truppen; 1914 brit. Protektorat; 1922 unabhängig

Eritrea ab 1890 ital. Kolonie; 1941 Besetzung durch brit. Truppen und brit. Protektorat; 1952 Zusammenschluss mit Äthiopien; 1993 unabhängig

Gambia 1843 brit. Kronkolonie; 1894 brit. Protektorat; 1965 unabhängig

Ghana brit. Handelskontakte im 17. und 18. Jh.; 1874 wird die Goldküste brit. Kronkolonie; 1957 unabhängig

Kenya 1890 brit. Protektorat und Handelsniederlassungen der ›British East Africa Company‹; 1920 brit. Kronkolonie; 1963 unabhängig

Lesotho ab 1868 brit. Territorium; 1871 von der Kapkolonie annektiert; ab 1884 nach Revolten wieder unter brit. Verwaltung; 1966 unabhängig

Liberia älteste Republik Afrikas, ursprünglich geplant als Heimat für befreite amerikanische Sklaven unter Aufsicht der ›American Colonization Society‹; 1822 erste Siedlung; 1847 unabhängig

Malawi seit 1891 brit. Schutzgebiet; 1907 offiziell zum Protektorat Nyasaland erklärt; 1964 unter dem jetzigen Namen unabhängig

Namibia 1884 Gründung von Deutsch-Südwestafrika; 1915 Eroberung der deutsche Kolonie durch Streitkräfte der Union (heute Republik) von Südafrika; 1920 Mandatsgebiet Südafrikas; 1988 endgültige Unabhängigkeit

Nigeria 1861 Annektierung von Lagos und Beginn der offiziellen brit. Herrschaft; 1886 brit. Kolonie; ab 1914 auch Protektorat; 1960 unabhängig

Sierra Leone 1787 brit. Gründung von Freetown für befreite/entflohene Sklaven; 1808 brit. Kolonie; Erschließung des Hinterlandes und ab 1896 brit. Protektorat; 1961 unabhängig

(Northern) Somalia 1884 brit. Protektorat im Norden (Britisch-Somaliland); 1889 ital. Schutzgebiet im Süden; 1960 unabhängig und Vereinigung mit Südsomalia (ehem. Italienisch-Somaliland)

South Africa 1806 brit. Eroberung der niederländischen Kapkolonie; ab 1820 Einwanderung brit. Siedler mit lang anhaltenden Konflikten zwischen Briten und Buren (Burenkrieg 1899-1902); 1910 Vereinigung der einzelnen Provinzen zur Südafrikanischen Union durch GB; 1931 Unabhängigkeit durch das Statut von Westminster

Sudan ab 1899 gemeinsame brit.-ägyptische Verwaltung - faktisch eine brit. Kolonie; 1956 unabhängig

Swaziland ab 1888 brit. Einfluss in der Verwaltung; seit 1907 brit. Protektorat und keine Aufnahme in die Südafrikanische Union (1910); 1968 unabhängig

Tanzania (früher **Tanganyika**) ab 1885 Schutzgebiet Deutsch-Ostafrika; ab 1920 brit. Kontrolle durch Völkerbundsmandat; ab 1946 brit. Treuhandgebiet durch die UNO; 1961 unabhängig

Uganda 1890 brit. Verwaltung durch die ›British East Africa Company‹; 1894 offiziell brit. Protektorat; 1962 unabhängig

Zambia (früher **Nordrhodesien**) ab 1890 Verträge zwischen den örtlichen Stammesfürsten und der ›British South Africa Company‹, die das Gebiet fortan verwaltet; 1911 als Nordrhodesien brit. Protektorat; 1924 brit. Kronkolonie; 1964 unabh.

Zanzibar 1890 brit. Protektorat; 1963 unabhängig; 1964 Vereinigung von Zanzibar und Tanganyika zur Republik Tansania

Zimbabwe (früher **Südrhodesien**) 1889 Gründung der ›British South Africa Company‹ durch Cecil Rhodes, um die Region für Kolonisierung und Handel zu erschließen; bis 1923 Verwaltung durch die ›British South Africa Company‹ - danach brit. Kolonie mit Selbstverwaltung; 1965 einseitige Unabhängigkeitserklärung durch die weiße Regierung unter Ian D. Smith; 1980 freie Wahlen, Regierung durch die schwarze Bevölkerungsmehrheit und endgültige Unabhängigkeit

Ehemalige britische Kolonialgebiete in Afrika

Der sprachl. und kulturelle Einfluss des Englischen auf dem afrikan. Kontinent reicht zurück bis ins 16. Jh., als engl. Seefahrer die westafrikan. Küste erkundeten.
1530–1532 bereiste William Hawkins drei Mal Westafrika. 1553 kamen engl. Schiffe zu Handelszwecken nach Benin.
In der Folgezeit wurde die westafrikan. Küste zu einem Eckpunkt im berüchtigten nordatlant. Handelsdreieck zwischen Afrika, Amerika und Europa. Während man Sklaven nach Amerika brachte, wurden Edelmetalle, Zucker, Rum nach Europa und Stoffe und industrielle Güter nach Afrika transportiert. Schon 1555 kamen auch Sklaven nach England.
Wegen des ungünstigen Klimas und der Gefahr von Krankheiten, bes. Malaria, drangen die Europäer nicht ins Landesinnere vor, stattdessen fand der Austausch der Waren an der Küste statt. Europäische Handelsgesellschaften erbauten befestigte Siedlungen an der Küste oder auf vorgelagerten Inseln. Wichtige britische Siedlungen waren:
– an der Mündung des Gambia (Fort St. James, 1618 gegründet),
– in Sierra Leone (Tassa Island, ab 1663),
– entlang der Goldküste (Cape Coast Castle, ab 1664, Accra Castle, ab 1672) und
– an der Küste von Ghana (1663 sechs befestigte brit. Siedlungen).
Der wirkl. Einfluss des Englischen in dieser Zeit lässt sich nur schwer genauer bestimmen. Es ist anzunehmen, dass der Kontakt zwischen Briten und Afrikanern eher begrenzt war und sich auf stereotype Kommunikationssituationen, wie z. B. Handel, beschränkte. Die Zahl der Muttersprachler des Englischen in der Region war vergleichsweise gering.
Zudem wurden noch eine Reihe von weiteren Sprachen, bes. Portugiesisch, als Handelssprachen benutzt.
Mit dem Aufstieg der Handelsmacht Großbritannien im 18. und v. a. im 19. Jh. nahm auch der brit. Einfluss in Afrika ständig zu. Neben den Handelsbeziehungen waren es bes. die Missionsstationen, die im Bildungsbereich den Gebrauch des Englischen förderten.
In der 2. Hälfte des 19. Jhs. entwickelte sich – bedingt durch die Rivalität der europäischen Länder untereinander – ein »Wettlauf um Afrika« (*»the scramble for Africa«*), in dem jede europ. Nation versuchte, sich einen möglichst großen Einflussbereich zu sichern. Auf der Berliner Konferenz von 1884 teilten die europ. Mächte Afrika unter sich auf, und die einzelnen Gebiete wurden auch formal als Kolonien anerkannt.
Bereits im 18. Jh. entwickelte sich eine immer stärker werdende Bewegung gegen die Sklaverei. Ein Ziel war es, befreite Sklaven wieder in Afrika anzusiedeln. Seit 1787 kamen von Briten befreite Sklaven nach Freetown (Sierra Leone). Im Jahre 1808 wurde die Siedlung eine Kronkolonie und übernahm eine wichtige Funktion im Kampf gegen den Sklavenhandel. Unter den befreiten Sklaven, die aus Großbritannien, Nova Scotia und Jamaika kamen, entwickelte sich bald eine englisch-basierte Kreolsprache, das **Krio**. Die Sprecher des Krio waren Christen. Sie konnten lesen und schreiben und genossen ein bes. Ansehen im ganzen westafrikan. Raum. Sie arbeiteten als Missionare, Lehrer und Verwaltungsbeamte. Krio fand rasch Verbreitung als Verkehrssprache und übte einen deutlichen Einfluss auf die verschied. Formen des Englischen in Westafrika aus.
Ab 1822 fand auch in Liberia eine Rücksiedlung von freigekauften und freigelassenen Sklaven mit Hilfe von amerikan. Antisklavereiorganisationen statt.

Die einzige Region in Afrika, in der sich eine größere Zahl von weißen brit. Siedlern niederließ, war das südl. Afrika. Es kamen aber auch brit. Siedler nach Rhodesien (Simbabwe) und Kenia.

Da in den brit. Kolonien Englisch in der Verwaltung, der Rechtsprechung und im Bildungswesen verwendet wurde, erhielt es ein bes. soziales Prestige.
Die Beherrschung des Englischen wurde zum Kennzeichen für eine gute Erziehung und Bildung. Parallel hierzu kam dem Englischen eine bes. Rolle beim wirtschaftl. und sozialen Aufstieg zu. An der Stellung des Englischen änderte sich wenig, als viele afrikan. Staaten nach 1960 unabhängig wurden.
Für eine Beibehaltung der ehem. Kolonialsprache sprechen eine Reihe von Gründen:
– In vielen Ländern existiert keine einheim. Sprache, die von allen Bevölkerungsgruppen gleichzeitig akzeptiert wird.
– Vor dem Hintergrund ethnisch bedingter Sprachunterschiede und -konflikte erweist sich das Englische als relativ neutral und beugt so gesellschaftl. Auseinandersetzungen vor.
– Der Gebrauch des Englischen ist hilfreich für die Verständigung unter den versch. ethnischen Gruppen und fördert die nationale Einheit.
– Gleichzeitig dient es auf nationaler Ebene zur Kommunikation in Wissenschaft, Technik und anderen Bereichen des modernen Lebens (einheimische afrikan. Sprachen haben hier oft noch einen Nachholbedarf).
– Aufgrund seiner weltweiten Bedeutung erlaubt das Englische eine Verständigung über die Landesgrenzen hinaus und ist daher für die internat. Kommunikation in Wirtschaft, Politik und Kultur von bes. Nutzen.

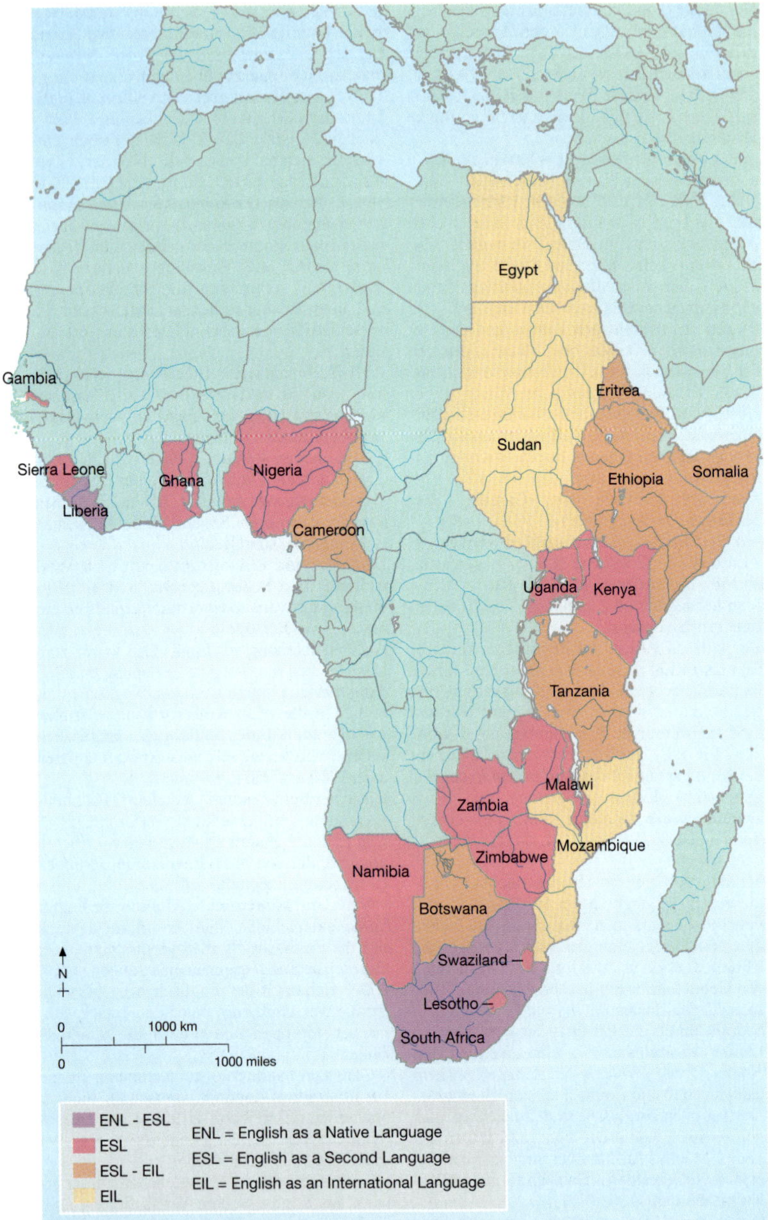

Die Stellung des Englischen in afrikanischen Ländern

Die Stellung des Englischen in den einzelnen Ländern Afrikas ist sehr unterschiedlich und bisweilen recht komplex.
In allen Ländern sind afrikan. Sprachen klar dominierend – selbst wenn es dort eine größere Zahl von Muttersprachlern des Englischen gibt.
Bei der englischsprachigen Bevölkerung in Afrika handelt es sich (mit Ausnahme der Republik Südafrika) um eine gebildete Minderheit. Der Erwerb des Englischen erfolgt in erster Linie über das Bildungswesen, so dass es in den meisten Ländern einen klaren Zusammenhang zwischen Länge der Schulzeit und Kompetenz im Englischen gibt.
Daneben ist der Beruf ein weiterer wichtiger Faktor. Wer in Bereichen arbeitet, in denen Englisch verwendet wird, verfügt durch seinen täglichen Kontakt mit dem Englischen über entsprechende Sprachkenntnisse, z. B. Mitarbeiter bei Zeitungen, Rechtsanwälte, Verwaltungsbeamte.
Ferner spielen auch die Faktoren Alter und Geschlecht eine Rolle. Nach Erlangung der Unabhängigkeit wurde das Bildungssystem in vielen Ländern stark ausgebaut, so dass es heute unter den Jüngeren deutlich mehr Sprecher des Englischen gibt als bei der älteren Bevölkerung.
Da noch die Ansicht vorherrscht, Bildung für Jungen sei wichtiger als für Mädchen, liegt die Zahl der männlichen Sprecher des Englischen deutlich über der Zahl der weiblichen.
Zudem macht sich der Unterschied Stadt – Land bemerkbar. In den ländlichen Gebieten spielt Englisch eine geringere Rolle als in den urbanen Zentren, in denen es bessere Bildungsmöglichkeiten, einen größeren Austausch mit anderen ethn. Gruppen und generell mehr Kontakte nach außen gibt.

Für eine Beschreibung der Stellung des Englischen lassen sich folgende Grundkategorien unterscheiden, die sowohl auf Länder als auch auf einzelne Sprecher anwendbar sind (Abb.):
– Englisch als Muttersprache (**ENL** = *English as a Native Language*),
– Englisch als Zweitsprache (**ESL** = *English as a Second Language*) und
– Englisch als eine internationale Sprache (**EIL** = *English as an International Language*).
Von den afrikan. Ländern haben heute nur **Liberia** und **Südafrika** anteilmäßig gesehen eine größere Zahl von Muttersprachlern des Englischen. Weit verbreitet dagegen ist Englisch als Zweitsprache (ESL), bes. in Ländern, in denen es keine allgemein akzeptierte einheim. Staatssprache gibt und in denen deshalb Englisch u. a. zur Förderung der nationalen Einheit dient. Englisch wird in diesen Ländern für offizielle Zwecke und in versch. Bereichen des öffentl. Lebens verwendet, z. B. in der Politik, der Verwaltung, der Justiz, in den Massenmedien und auch als Unterrichtssprache in den Schulen. Typ. Beispiele für ESL-Länder sind **Ghana, Nigeria** und **Sambia**.

Während Englisch in den ENL- und ESL-Ländern primär der *Kommunikation innerhalb* eines Landes dient, wird in den EIL-Ländern Englisch nur für die *Kommunikation auf internationaler Ebene* verwendet. Ein weiteres Unterscheidungsmerkmal zwischen ESL- und EIL-Ländern ist die gesellschaftl. Bedeutung. In den ESL-Ländern wird der Gebrauch des Englischen getragen von best. gesellschaftl. einflussreichen Schichten. In den EIL-Ländern hingegen ist Englisch eher die Sprache von Einzelpersonen, die ihre Sprachkenntnisse durch eine bes. Ausbildung erworben haben.
Darüber hinaus gibt es einige Länder in Afrika, die sich in einem Übergangsprozess von einem ESL-Land zu einem EIL-Land befinden. In diesen Ländern ist eine weit verbreitete afrikan. Sprache vorhanden, die als Nationalsprache fungieren kann. Ein Beispiel hierfür ist **Tansania**, das erst nach dem 1. Weltkrieg brit. Kolonie wurde (vormals Deutsch-Ostafrika) und wo das einheim. Swahili mehr und mehr an Bedeutung gewonnen hat.

Westafrika
In Westafrika gibt es einerseits eine große Zahl von einheim. Sprachen, andererseits existiert auch Englisch in unterschiedl. Formen und Funktionen.
Bei der Sprachverwendung lässt sich eine hierarch. Struktur feststellen.
So gibt es eine Vielzahl von einheim. Sprachen, die lokal sehr begrenzt sind und von Sprechern verwendet werden, die der gleichen ethn. Gruppe angehören.
Wenn Sprecher über keine gemeinsame ethn. Sprache verfügen, wird vorzugsweise eine afrikan. Regionalsprache (wie z. B. Hausa oder Yoruba in Nigeria) als Verkehrssprache verwendet.
Verfügen die Sprecher auch über keine gemeinsame Regionalsprache, besteht die Möglichkeit auf Pidgin English (s. u.) und schließlich auf Englisch auszuweichen.
Der Gebrauch des Englischen kann sich auch durch die Kommunikationssituation ergeben, da Englisch für versch. Bereiche des öffentlichen Lebens und als geschriebene Sprache gebraucht wird, während die afrikan. Sprachen für die informelle, private Kommunikation verwendet werden.

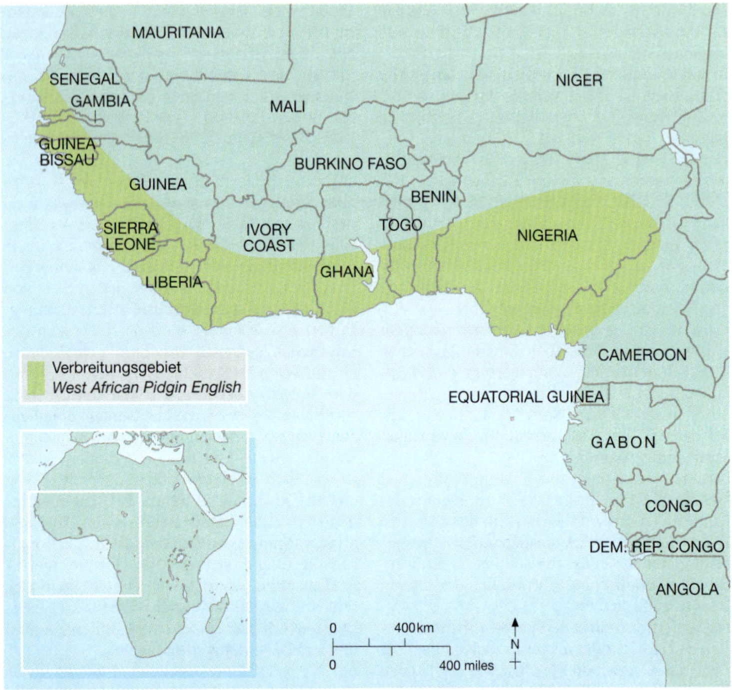

A Das Verbreitungsgebiet des West African Pidgin English

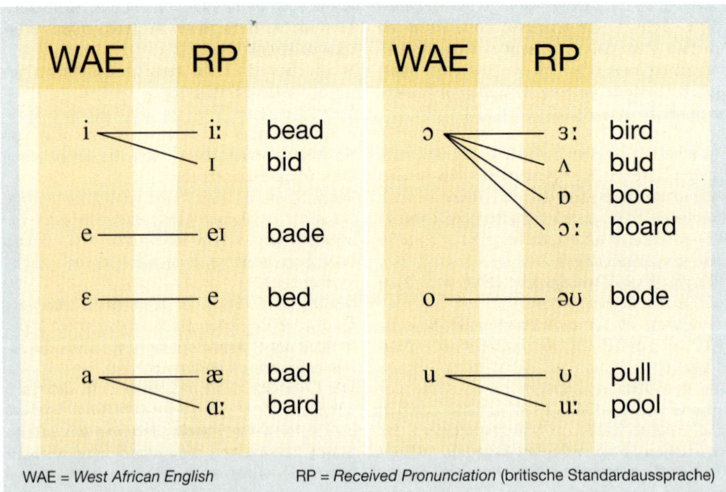

B Aussprache der Vokale im West African English

Die **engl. Sprache in Westafrika** lässt sich als ein Kontinuum von Sprachvarietäten beschreiben, die von der Standardsprache unterschiedl. weit entfernt sind. So gibt es Sprachformen, die sich durch eine **relative Standardnähe** auszeichnen, wobei in Westafrika normalerweise die brit. Standardsprache als Modell angesehen wird. Lediglich in Liberia orientiert man sich am amerikan. Englisch, was sich durch die histor. Bindungen dieses Landes an die USA erklärt.

Andere Varietäten des Englischen sind gekennzeichnet durch die **Übernahme von sprachlichen Merkmalen (Interferenzen)** aus einer afrikan. Sprache. Dieser Einfluss macht sich bei den einzelnen Sprechern unterschiedl. stark bemerkbar.

Schließlich gibt es Sprecher, deren Englischkenntnisse sehr beschränkt sind. Sie verfügen lediglich über einen begrenzten Wortschatz, mit dem sie einfache Kommunikationssituationen, wie z. B. Handel, bewältigen können.

Pidgin English

Von bes. Bedeutung für die sprachl. Situation in Westafrika ist das **Pidgin English,** das entlang der Küste von Gambia bis nach Äquatorial-Guinea verbreitet ist (Abb. A).

Es handelt sich hier nicht um eine einheitliche Sprachform, sondern es existieren regionale Unterschiede, die sich bisweilen kommunikationserschwerend auswirken.

Das Pidgin English entstand schon im 18. Jh. als vereinfachte Handelssprache zwischen Afrikanern und Briten und war v. a. in den Hafenstädten verbreitet. Die bes. Bedeutung des Pidgin English liegt heute in seiner Funktion als Verbindungssprache (*link language*) zwischen den einzelnen ethn. Gruppen und Ländern.

In versch. ethn. gemischten Sprachgemeinschaften, v. a. in den städtischen Regionen in Nigeria und Kamerun, hat ein **Kreolisierungsprozess** eingesetzt, d. h., Pidgin English hat sich hier zu einer Muttersprache weiterentwickelt.

Als ehemalige Kolonialsprache genießt Englisch nach wie vor einen bevorzugten Status in Westafrika. Es ist die **offizielle Sprache** in den folgenden westafrikan. Ländern: Gambia, Sierra Leone, Liberia, Ghana, Nigeria und Kamerun (neben Französisch).

Als institutionalisierte Sprache wird sie in öffentlichen Bereichen wie Verwaltung, Schulwesen, Politik, Handel und in den Massenmedien (Radio, Fernsehen, Zeitungen) verwendet. Da Englisch fast ausschließlich durch den schulischen Unterricht erworben wird und gleichzeitig die Zahl der Analphabeten in der Region noch sehr hoch ist, ist Englisch die Sprache einer Minderheit geblieben.

Wie viele Sprecher des Englischen es gibt, ist schwer feststellbar. Zum einen fehlen feste Kriterien, wer als Sprecher des Englischen gelten kann (die sprachlichen Fähigkeiten variieren sehr stark). Zum anderen fehlen entsprechende Statistiken. Schätzungen gehen von etwa 10–20% der Gesamtbevölkerung aus.

Nur in Liberia liegt der Anteil höher, etwa bei 40%. Für ca. 5% der Liberianer ist Englisch Muttersprache.

In Auswahl einige **typische Merkmale** des *West African English* (WAE):

– **Aussprache.**

Das Vokalsystem ist charakteristischerweise reduziert, so dass best. Vokalkontraste aufgehoben sind (Abb. B). Zu beachten ist bes. das Fehlen von Zentralvokalen und Diphthongen, die auf /ə/ enden, so dass z. B. *better* als [beta] und *here* als [hia] realisiert werden.

Wörter wie *button* oder *apple* werden nicht mit einem silbischen Endkonsonanten /n/ bzw. /l/ ausgesprochen, sondern es wird ein Vokal eingeschoben [bɔtin], [apul].

Ferner besteht die Tendenz, die dentalen Reibelaute /θ, ð/ durch [t, d] zu ersetzen. *Thief* wird so zu [tif] und *father* zu [fada].

– **Grammatische Merkmale.**

Das Fehlen des best. Artikels *I am going to cinema*;

die Verwendung von nicht zählbaren Begriffen als zählbare *I lost all my furnitures*;

die abweichende Verwendung der Verlaufsform *I am having a cold*;

die universelle Verwendung von *isn't it* bzw. *is it* als Kurzfrage (tag question) *You are tired, isn't it?*

– **Wortschatz.**

Der Wortschatz enthält Elemente, die den Einfluss der afrikan. Umgebung und Kultur deutlich machen.

Zum einen gibt es Entlehnungen aus einheim. Sprachen wie *buka* 'Lebensmittelstand', *danfo* 'Kleinbus', *juju music* 'Musikrichtung', *akara* 'Bohnengericht' oder Lehnübersetzungen wie *bush meat* 'Wild'.

Zum anderen findet eine Erweiterung oder Veränderung in der Bedeutung engl. Wörter statt, z. B. bei *amount* 'Geld', *balance* 'Wechselgeld', *corner* 'Straßenkurve'. Die Bezeichnungen *father* und *mother* werden allgemein für Verwandte gebraucht: *He is staying with his fathers* bedeutet 'Er hält sich bei Verwandten seines Vaters auf'. *A been-to* ist eine leicht abfällige Bezeichnung für jemanden, der schon einmal in Europa oder Nordamerika war.

Englisch
+ verwendet
(+) manchmal verwendet
– nicht verwendet
( ) Amtssprache

	Sambia (Englisch)	Simbabwe (Englisch)	Malawi (Englisch, Chewa)	Uganda (Englisch, Suaheli)	Kenia (Suaheli, Englisch)	Somalia (Somali, Arabisch)	Tansania (Suaheli, Englisch)	Äthiopien (Amharisch)
hohe Gerichtsbarkeit	+	+	+	+	+	–	+	–
niedere Gerichtsbarkeit	(+)	(+)	(+)	(+)	(+)	–	–	–
Parlament	+	+	+	+	+	–	–	–
Staatsdienst	+	+	+	+	+	+	–	–
Primarschule	+	+	+	+	+	–	–	–
Sekundarschule	+	+	+	+	+	+	+	+
Radio	+	+	+	+	+	+	+	+
Zeitung	+	+	+	+	+	+	+	+
einheimische Romane	+	+	+	+	+	(+)	+	+
einheimische Tonträger	+	+	+	+	+	–	–	–
einheimische Theaterstücke	+	+	+	+	+	(+)	–	–
Filme (unsynchronisiert)	+	+	+	+	+	+	+	–
Verkehrszeichen und Autoschilder	+	+	+	+	+	+	–	–
Werbung	+	+	+	+	+	+	(+)	–
Geschäftsbriefe	+	+	+	+	+	+	+	+
Privatbriefe	+	+	+	+	+	(+)	–	(+)

A Verwendungsbereiche des Englischen in ostafrikanischen Ländern

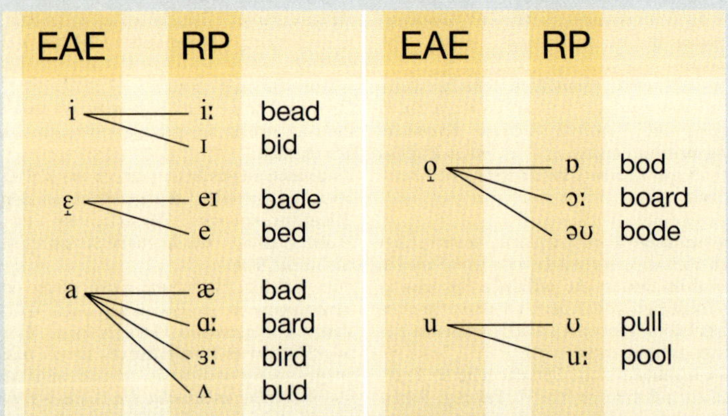

EAE = *East African English* RP = *Received Pronunciation* (britische Standardaussprache)

B Aussprache der Vokale im East African English

Im Vergleich zu Westafrika war die sprachl. Situation im östlichen Afrika grundsätzlich anders. Erst im Laufe des 19. Jhs. entwickelten die europ. Länder ein stärkeres Interesse an Ostafrika. Vorher waren es v. a. arabische Kaufleute, die die Ostküste Afrikas beherrschten und Handel und Verkehr kontrollierten.
Als Verständigungssprache wurde Swahili benutzt, vormals eine afrikan. Küstenkontaktsprache mit zahlreichen arabischen Elementen. Da Swahili in der Region schon als lingua franca verbreitet war, kam seit dem 19. Jh. mit dem Englischen eine weitere überregionale Sprache hinzu.
Zudem war die Präsenz von Muttersprachlern des Englischen in Ostafrika deutlich höher als in Westafrika. Hier ließ sich eine größere Zahl von englischsprachigen Siedlern nieder, die gesellschaftl. und polit. einen bes. Einfluss ausübten. Die Existenz einer einheim. überregionalen Verständigungssprache (Swahili) und die größere Zahl von Muttersprachlern des Englischen sind wichtige Gründe, warum es im Gegensatz zu Westafrika im östl. Afrika nicht zur Bildung eines *Pidgin English* kam.
Mit der Ankunft des Englischen wurde gleichzeitig eine von Missionsstationen organisierte Schulbildung eingeführt, was ebenfalls dazu beigetragen haben mag, dass sich in Ostafrika kein *Pidgin English* entwickelte. Teilweise wurde von den Kolonialmächten auch die Verwendung des Swahili gefördert, bes. in den dt. Kolonialgebieten (Deutsch-Ostafrika, heute Tansania).
Ähnlich wie in Westafrika wird für die Kommunikation unter Freunden, innerhalb der Familie und der gleichen ethn. Gruppe eine lokale afrikan. Sprache bevorzugt. Die Position des Englischen ist im Wesentlichen davon bestimmt, ob eine afrikan. Sprache vorhanden ist, die als überregionale, nationale Sprache fungieren kann und allgemein akzeptiert wird.

So ist die Bedeutung des Englischen in Ländern wie Tansania oder Somalia heute geringer, weil in diesen Ländern Swahili bzw. Somali als Verkehrs- und Amtssprachen weit verbreitet sind.

In **Tansania** wurde nach der Unabhängigkeit eine aktive Sprachpolitik betrieben, um den Gebrauch des Swahili als nationale Sprache zu fördern. Swahili hat hier eine Reihe von Funktionen übernommen, die in Uganda, Kenia oder Sambia vom Englischen wahrgenommen werden (Abb. A). Englisch hat in Tansania immer noch eine bes. Position als Unterrichtssprache im Sekundarbereich. Urspr. Pläne, auch hier Swahili zu verwenden, wurden wieder aufgegeben.
Die sprachl. Situation in **Kenia** und **Uganda** ist insofern anders, als hier die Position des Swahili aufgrund der Konkurrenz durch andere ethn. Sprachen nicht so gefestigt ist. Dies wiederum stärkt die Stellung des Englischen, das hier ein bes. Prestige als überregionale lingua franca besitzt.
Einen offiziellen Status hat Englisch in Uganda, Sambia, Simbabwe und Malawi. In Kenia und Tansania ist Englisch kooffizielle Sprache neben Swahili.
Hinsichtlich der Zahl der Sprecher des Englischen können nur ungefähre Angaben gemacht werden. Ähnlich wie in Westafrika gehen Schätzungen von 10–20% der Gesamtbevölkerung aus. In Tansania liegt die Zahl der Sprecher des Englischen bei etwa 5%.

Auch im östl. Afrika kann die engl. Sprache als ein Kontinuum von Sprachvarietäten aufgefasst werden, die durch ihre unterschiedl. Standardnähe definiert sind (mit dem brit. Englisch als Bezugspunkt). Das Spektrum reicht von standardnahen Sprachformen über Varietäten, die durch versch. Grade der Interferenz aus einer afrikan. Sprache geprägt sind, bis hin zu solchen Sprachformen, bei denen die Sprecher nur sehr begrenzte Kenntnisse des Englischen besitzen.
In Auswahl einige **typische Merkmale** des *East African English* (EAE):

– **Aussprache.**

Das Vokalsystem ist im EAE im Vergleich zum WAE noch weiter reduziert (Abb. B).
Die Konsonanten /b/ und /v/ sind häufig stimmlos, bes. am Wortende, z. B. *tab* [tap] oder *love* [laf].
Es besteht die Tendenz, in Konsonantengruppen einen Vokal einzufügen, bes. in der Umgebung von /n/: *against* [ə'genəst], *confidence* ['kɔnɪfɪdɛns].

– **Grammatische Merkmale.**

enjoy wird nicht mit dem Reflexivpronomen verbunden (*I'm really enjoying*);
bei mehrgliedrigen Verben (*phrasal verbs*) entfällt häufig die Präposition (*pick* anstelle von *pick up: I picked him outside his house*);
versch. Substantive erscheinen in der Pluralform, werden aber als Singular aufgefasst (*noses* für *nose* oder *nighties* für *nightie*).

– **Wortschatz.**

Es gibt Entlehnungen aus den ostafrikan. Sprachen, z. B. *shamba* 'Farm', *panga* 'Machete' oder Lehnübersetzungen, z. B. *dry coffee* 'Kaffee ohne Milch und Zucker', *beat a photo* 'ein Foto machen'.
Oder die Bedeutung von engl. Wörtern wird verändert bzw. erweitert, z. B. *box* 'Koffer', *duty* 'Arbeit, Beruf', *mono* 'Student im ersten Studienjahr'.

Verwendung von nicht zählbaren Begriffen als zählbare:
You must put more ***efforts*** *into your work.*
She was carrying ***a luggage.***

Auslassung des Artikels:
He was Ø good man.

Häufiger Gebrauch von wiederaufnehmenden Pronomen:
The man who I saw ***him*** *was wearing a big hat.*

Zusammenfall von geschlechtsspezifischen Pronomen:
She *came to see me yesterday.* (bezieht sich in diesem Fall auf eine männliche Person)

Verwendung der Singularform anstelle des Plurals bei Nominalgruppen:
We did all our ***subject*** *in English.*

Übermäßige Verwendung der Verlaufsform:
Even racism ***is still existing.***
Men ***are still dominating*** the key positions in education.

3. Person Singular Präsens ohne *-s*:
The survival of a person ***depend*** *on education.*

Besondere Strukturen der Satzergänzung:
I went to secondary school ***for doing*** *my standard 6.*
I tried ***that I might see her.***

Verwendung des Präsens anstelle der Vergangenheitsform:
In 1980 the boycott ***starts.*** *We stayed in our home until the boycott* ***stops.***

Besondere Verwendung von Präpositionen bei Verben:
He explained ***about*** *the situation.*
They were ***refusing with*** *my book.*

Besonderheiten bei Vergleichssätzen:
Some people think they are better ***to*** *others.*

Gebrauch von *too* und *very much* als Verstärker:
She is ***too*** *beautiful (= very).*
Hatred is ***very much*** *common.*

Gebrauch von *in order that* in Finalsätzen:
He went there ***in order that*** *he sees her.*

Verwendung von *being* als allg. Partizipalform:
He left ***being*** *thirsty.*

Abweichungen beim Gebrauch von Relativpronomen:
She was very unhappy ***of which*** *it was clear to see.*

Beibehaltung der direkten Frage in indirekten Fragesätzen:
I asked him ***why did he go.***

Besonderheiten beim Gebrauch von unterordnenden Konjunktionen:
Although *she loved him* ***but*** *she didn't marry him.*
If at all *you do not pay, you will go to jail.*

Gebrauch von *nè* als ein unveränderliches Frageanhängsel (Entlehnung aus dem Afrikaans):
You start again by pushing this button, ***nè****?*

Gebrauch von *the most thing* anstelle von *the thing I* [Verb] *most:*
The most thing *I like is apples.*

Gebrauch von *can be able to* als modales Hilfsverb:
I can be able to *go.*

A Grammatische Merkmale des Black South African English

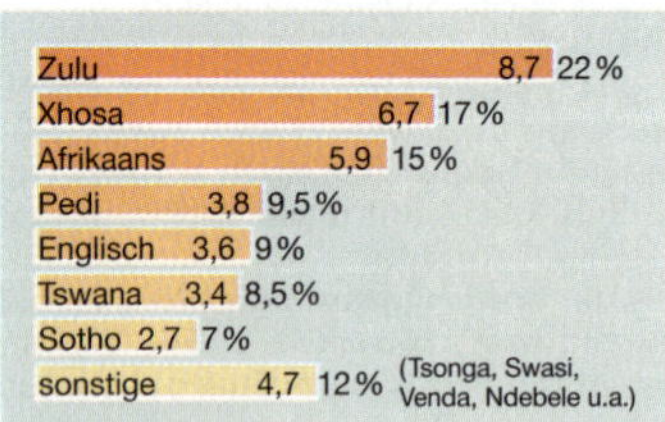

B Muttersprachen in Südafrika (in Mio. Sprecher)

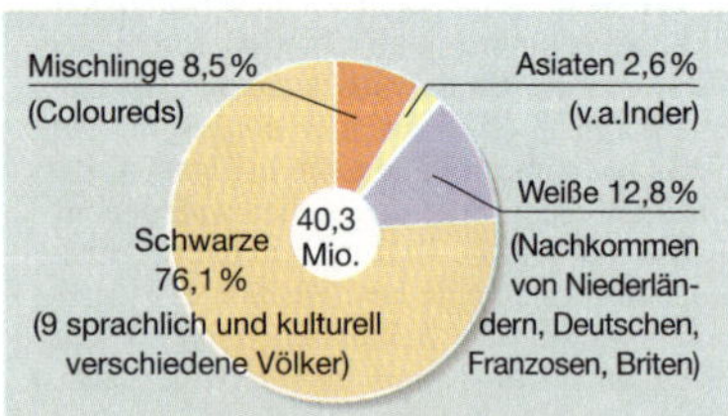

C Ethnische Gruppen in Südafrika (1994)

Aus brit. Sicht war das südl. Afrika lange Zeit die bedeutendste Kolonie in Afrika und die einzige Region, in der sich eine größere Zahl von brit. Siedlern niederließ.
Die ersten europ. Siedler am Kap der Guten Hoffnung waren jedoch Niederländer (*Afrikaander* oder auch *Buren* genannt), die sich dort schon ab 1652 niedergelassen hatten. Aus der von ihnen gesprochenen Varietät des Niederländischen entwickelte sich das **Afrikaans**, das heute von ca. 5,9 Mio. Südafrikanern als Muttersprache benutzt wird.
1806 wurde die niederländ. Kapkolonie von den Briten aus strategischen Gründen besetzt und fortan von ihnen verwaltet.
Ab 1820 kamen brit. Siedler in die Kapregion. Es kam zu Konflikten zwischen Briten und Buren auf wirtschaftlichem, sprachlich-kulturellem und polit. Gebiet. Auf dem »Großen Treck« (1836–39) verließen die Buren die Kapkolonie in Richtung Nordosten und gründeten die unabhängigen Burenrepubliken Natal, Oranjefreistaat und Transvaal.
Eine weitere Einwanderungswelle zwischen 1848–62 führte brit. Siedler nach Natal. Ab 1860 kamen auch Inder und andere Asiaten ins südl. Afrika, v. a. nach Natal, um dort auf den Plantagen zu arbeiten. Durch den Burenkrieg (1899–1902) wurde die brit. Herrschaft auf das ganze südl. Afrika ausgedehnt.
1910 wurden die einzelnen Provinzen von der brit. Regierung zur *Südafrikanischen Union* vereint, die 1931 ihre Souveränität im Rahmen des Commonwealth erlangte. Mit dem Wahlsieg der Nationalen Partei im Jahre 1948 ging die Macht auf die Afrikaander über. Die nachfolgenden Regierungen setzten eine strikte Politik der Rassentrennung (*Apartheid*) durch und ließen die schwarze Bevölkerungsmehrheit ohne wirklichen polit. Einfluss.

Sprachliche Situation

3/4 der Bevölkerung haben heute in Südafrika eine afrikan. Sprache als Muttersprache. Nach Zulu und Xhosa ist Afrikaans die dritthäufigste Muttersprache (Abb. B). Etwa die Hälfte der Afrikaans-Sprecher sind *Weiße*, die andere Hälfte sind *Coloureds* (Mischlinge europ. und afrikan. Abstammung) oder *Schwarze*.
Englisch liegt in der Rangfolge der Muttersprachen an 5. Stelle (3,6 Mio. oder 9% der Gesamtbev.). Etwa 60% der Englisch-Muttersprachler sind *Weiße*, die übrigen sind Südafrikaner *indischer Abstammung* (25%) und Mischlinge (11%). Betrachtet man lediglich die weiße Bevölkerung (ca. 12,7% = 5,2 Mio.), so sprechen ca. 60% Afrikaans und 40% Englisch als Muttersprache.
Die polit. Veränderungen seit Anfang der 1990er Jahre mit dem schrittweisen Abbau der Apartheid und der zunehmenden Demokratisierung haben sich auch auf die sprachl. Situation ausgewirkt. In der neuen, vorläufigen Verfassung, die im April 1994 in Kraft trat, wurde festgelegt, dass neben den bisherigen **Amtssprachen** Englisch und Afrikaans auch 9 afrikan. Sprachen (Ndebele, Nordsotho, Südsotho, Swatsi, Tsonga, Tswana, Venda, Xhosa, Zulu) als offizielle Landessprachen anerkannt werden.
Insgesamt ist aber durch die neueren gesellschaftl. und pol. Entwicklungen die Position des Englischen als überregionale Verkehrssprache und als Sprache zwischen den versch. gesellschaftl. Gruppen gestärkt worden.
Unter der schwarzen Bevölkerung Südafrikas ist Afrikaans mit einem Stigma behaftet. Für die meisten gilt es bis heute als die Sprache des weißen Minderheitsregimes und seiner Unterdrückungspolitik. Zudem ist Afrikaans in viel höherem Maße die Sprache einer best. Bevölkerungsgruppe, während Englisch v. a. in seiner Rolle als Vermittler zwischen den versch. gesellschaftl. Gruppen gesehen wird.
Politiker der Nationalen Partei und Interessenverbände des Afrikaans fürchten, dass ihre Sprache im Wettbewerb mit dem Englischen an Einfluss verlieren könnte.
Auch wenn die Zahl der Muttersprachler des Englischen in Südafrika nicht sonderlich hoch ist, so genießt Englisch auch nach dem Ende der Apartheid unter der schwarzen Bevölkerung ein bes. Prestige, und viele sind daran interessiert, Englisch als Zweitsprache zu erlernen. Gerade das Englische bietet die Möglichkeit, einen höheren Bildungsgrad zu erreichen und damit die Berufsaussichten zu verbessern.

Varietäten des Englischen

Englisch existiert in Südafrika in ganz unterschiedl. Formen und Funktionen. Das **South African English (SAE)** von weißen Muttersprachlern ist in erster Linie gekennzeichnet durch eine bes. Aussprache. Es lassen sich **3 Hauptakzente** unterscheiden:
– **Conservative SAE** steht der brit. Standardaussprache sehr nahe und ist typ. für Sprecher mit einem hohen sozialen Status.
– **Respectable SAE** hat sich aus dem *Natal English* entwickelt und ist die Sprachform, die einem eigenständigen südafrikan. Standard am nächsten kommt.
– **Extreme SAE** besitzt nur wenig Prestige und wird v. a. assoziiert mit der östl. Kapprovinz und jüngeren männl. Sprechern.

Der offizielle Status des Englischen in afrikanischen Ländern

In Auswahl einige **typische Merkmale** des SAE:

– **Aussprache.**

Kurzes /ɪ/ wie in *bit* oder *pin* wird häufig zentriert ausgesprochen und nähert sich so [ə] in [bət], [pən];

/æ/ wie in *track* wird geschlossener artikuliert und wird so zu [trek];

/e/ wird ebenfalls geschlossener ausgesprochen, z. B. in *yes* [je̝s];

hinteres /ɑ:/ wie in *park, car* wird als [ɔ:] realisiert (vgl. hierzu den stereotypen Ausdruck *pork the car*);

versch. Diphthonge werden monophthongisiert, z. B. wird /eə/ durch [e:] (*fair hair* [fe: he:]) und /aɪ/ durch ein hinteres [ɑ:] (*kite* [kɑ:t]) ersetzt;

in einigen Lehnwörtern aus dem Afrikaans wird ein velarer Reibelaut (ach-Laut) verwendet, z. B. in der Interjektion *ga* [xa].

– **Grammatische Merkmale** (einige von ihnen lassen den Einfluss des Afrikaans erkennen).

Die Verwendung der Struktur *be busy* + V-*ing*, z. B. *I'm busy listening* 'I am in the process of listening';

das Fehlen von Objektpronomen, z. B. A: *I asked for the car.* B: *And did you get?*;

der Gebrauch der Präposition *by* anstelle von *at*, z. B. *We bought it by the butcher's*;

die Verwendung eines eingeschobenen *it*, z. B. *We can afford it to go*;

der Gebrauch von bejahendem *no* zum Satzbeginn, z. B. *How are you?* – No, *I'm fine.*

– **Wortschatz.**

Der Wortschatz des SAE enthält spezifische Elemente, die nach Schätzungen zu 50% aus dem Niederländischen/Afrikaans kommen. 30% stammen aus dem Englischen, 10% aus afrikan. Sprachen und 10% aus anderen Sprachen. Die Besonderheiten beziehen sich v. a. auf die Topografie, die örtliche Pflanzen- und Tierwelt sowie auf polit. und kult. Gegebenheiten.

Die auch international bekannten Südafrikanismen wie *boer* 'Bure', *trek* 'Treck', *veld* 'Steppe' und *apartheid* sind Entlehnungen aus dem Niederländischen/Afrikaans. Eine Ausnahme ist *concentration camp*, das auf eine brit. Bildung während des Burenkrieges zurückgeht. Weitere Entlehnungen aus dem Niederländischen/Afrikaans sind z. B. *kloof* 'tiefes Tal', *lekker* 'angenehm, wohl tuend, lecker', *dorp* 'Dorf'.

Wörter engl. Herkunft haben neue Bedeutungen erhalten wie etwa *township* 'von Schwarzen bewohnte städtische Siedlung', *homeland* 'Gebiet, das der schwarzen Bevölkerung von der Regierung übergeben wurde', *ban* 'die Bewegungsfreiheit und die Kontaktmöglichkeiten von polit. Aktiven einschränken', *classify* 'eine Person einer best. Rasse zuordnen'.

Beispiele für Entlehnungen aus afrikan. Sprachen sind *donga* 'ein erodierter, meist trockener Flusslauf', *mamba* 'eine Schlangenart', *karroo* 'Halbwüste', *impi* 'Gruppe von bewaffneten Männern', *induna* 'Stammeshäuptling, Autoritätsperson', *gogga* 'Insekt'.

South African Indian English wird von Südafrikanern indischer Abstammung gesprochen, die mehrheitlich in Natal leben. Diese Varietät besitzt wenig Prestige. Sie enthält Merkmale, die auf den Einfluss von indischen Sprachen (Gujarati, Hindi, Urdu) zurückzuführen sind.

In informeller Rede richtet sich der Rhythmus nach den Silben im Gegensatz zum sonst üblichen Betonungsrhythmus im Englischen. /t/ und /d/ werden retroflektiert (mit zurückgerollter Zungenspitze artikuliert), v. a. am Silbenende, z. B. in *but* oder *bud.* Die th-Laute /θ, ð/ werden durch [t] und [d] ersetzt.

Eine Satzreihe wird häufig einem Satzgefüge vorgezogen, z. B. *I went to Derek – Derek filled that form in – he sent it.* Wie in indischen Sprachen folgt die Verwandtschaftsbezeichnung dem Eigennamen, z. B. *Johnny Uncle, Meena Auntie.* Das Relativpronomen kann fehlen, z. B. *We are talking about my friend lives down there.* Verdopplungen dienen der Verstärkung, z. B. *fast-fast* 'sehr schnell'.

Im lexikalischen Bereich gibt es Entlehnungen aus indischen Sprachen, z. B. *thanni* 'ein Kartenspiel', *dhania* 'Koriander', *isel* 'fliegende Ameise' oder engl. Wörter werden in einer neuen Bedeutung gebraucht, z. B. *future* 'zukünftiger Ehepartner', *proposed* 'verlobt', *cheeky* 'streng, unnachgiebig'.

Neben Muttersprachlern des Englischen gibt es in Südafrika eine große Zahl von Sprechern, die **Englisch als Zweitsprache** benutzen. Viele der Afrikaander sprechen neben Afrikaans auch Englisch (**Afrikaans English**).

Bedauerlicherweise hat man dem Englischen in der schwarzen Bevölkerungsmehrheit, dem **Black South African English**, bisher nur relativ wenig Aufmerksamkeit geschenkt. Schätzungen gehen davon aus, dass mehr als ein Drittel der Schwarzen in irgendeiner Form Englisch benutzen. Die Sprachkenntnisse variieren jedoch sehr stark. Bes. die Bewohner der städt. Regionen kommen durch die Massenmedien (Radio, Fernsehen, Zeitungen), den schul. Unterricht und den Arbeitsplatz mit dem Englischen in Kontakt. Bei den einzelnen Sprechern macht sich der Einfluss ihrer afrikan. Muttersprache unterschiedl. stark bemerkbar (Abb. A, S. 204).

A Englisch in Indien

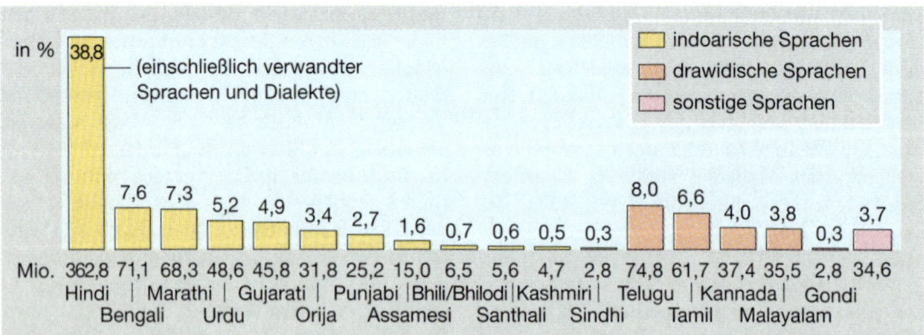

B Sprachen in Indien

Das Englische hat auch nach dem Ende der Kolonialzeit in versch. Ländern in S- und SO-Asien wichtige Funktionen behalten: entweder als **Zweitsprache** oder als **internationale Sprache** (s. S. 199), in jedem Fall aber als **überregionale Verständigungssprache (lingua franca)**.

Nach der Zahl der Englischsprecher rangiert Indien nach den USA und GB bereits an 3. Stelle. Man schätzt, dass ca. 3% (28 Mio.) der Bevölkerung regelmäßig Englisch benutzen. Zwar ist der prozentuale Anteil nicht sonderlich hoch. Die bes. Bedeutung des Englischen besteht aber darin, dass es von Kreisen verwendet wird, die über gesellschaftl., polit. und wirtschaftl. Einfluss verfügen.

Neben Indien gibt es auch in den anderen Ländern der Region (Bangladesch, Bhutan, Pakistan, Nepal, Sri Lanka) eine entsprechend große Zahl von Sprechern des Englischen. Englisch ist eine offizielle Sprache in Indien (neben Hindi) und in Pakistan (neben Urdu).

Die britische Kolonialzeit

Die Geschichte des Englischen in **Indien** beginnt mit der Gründung der **East India Company** im Jahre 1600. Deren erste Handelsniederlassungen entstanden in Surat (1612), Madras (1639–40), Bombay (1661) und Kalkutta (1690). Der brit. Herrschaftsbereich in Indien wurde im 18. und 19. Jh. nach und nach, z. T. gewaltsam, erweitert. Die von Briten kontrollierten Gebiete wurden bis 1773 von der East India Company allein verwaltet. Erst danach wurden immer mehr Handels- und Verwaltungsrechte von der brit. Krone selbst wahrgenommen. Nach dem Sepoy-Aufstand (1858) wurde die East India Company endgültig aufgelöst und die brit. Territorien in Indien erhielten den Status einer Kronkolonie.

Im 17. Jh. beschränkte sich die Verwendung des Englischen auf die Handelsniederlassungen. Ein erster bedeutender Faktor für die Verbreitung des Englischen war die Gründung von Missionsschulen im 18. Jh., z. B. die *St. Mary's Charity Schools* in Madras (1715), Bombay (1719) und Kalkutta (1720–31). Sie verwendeten Englisch als Unterrichtssprache und bilden den Ausgangspunkt eines englischsprachigen Bildungssystems in Indien.

Das Englische übernahm auch in anderen Bereichen (z. B. Justiz, Verwaltung, Militär) allmählich die Funktion einer offiziellen Sprache, so dass es einen wachsenden Bedarf an Indern mit engl. Sprachkenntnissen gab. Viele hatten den Wunsch, Englisch zu lernen, weil die Tätigkeit für die brit. Kolonialverwaltung einen bes. sozialen Status und materielle Vorteile mit sich brachte.

Gleichzeitig gab es im frühen 19. Jh. eine einflussreiche Gruppe von Indern (Kaufleute, Bankiers, Landbesitzer), die ein verstärktes Interesse an europ. Bildung, Kultur und den Wissenschaften hatte und für die Englischkenntnisse von sehr hohem Wert waren.

So entstanden neben den Missionsschulen auch weltl. Bildungseinrichtungen, in denen Englisch Unterrichtssprache war und Fächer wie Mathematik, Physik, Geschichte und engl. Literatur unterrichtet wurden.

Innerhalb der brit. Kolonialverwaltung kam es zu einem lang anhaltenden Streit über das Bildungswesen in Indien:

– Die **Anglicists** befürworteten ein Bildungssystem nach brit. Vorbild mit der Unterrichtssprache Englisch; ihnen standen die

– **Orientalists** gegenüber, die sich für die Stärkung von einheim. Bildungsinhalten, bes. für Sanskrit- und Arabischstudien, einsetzten.

Einen bed. Anteil daran, dass sich die *Anglicists* schließlich durchsetzen konnten, hatte Thomas B. Macaulay, der in einem offiziellen Protokoll vom 2. Feb. 1835 nachdrücklich für die Einführung des Englischen in das Bildungswesen plädierte (s. u.).

Englisch wurde Unterrichtssprache im mittleren und höheren Bildungsbereich. 1857 entstanden die ersten Universitäten nach westl. Vorbild in Bombay, Kalkutta und Madras.

Englisch konnte seine Position im öffentl. Bereich festigen und sich in seiner Verwendung als Zweitsprache etablieren. Es wurde nicht nur bei Verwaltung, Militär und Justiz gesprochen, sondern wurde auch die Sprache der einflussreichsten Presseorgane und des Rundfunks.

Thomas B. Macaulay, Mitglied des *Supreme Council of India*:

[...] that we are free to employ our funds as we choose; that we ought to employ them in teaching what is best worth knowing, that English is better worth knowing than Sanscrit or Arabic; that the natives are desirous to be taught English, and are not desirous to be taught Sanscrit or Arabic; that neither as the languages of law, nor as the languages of religion, have the Sanscrit and Arabic any peculiar claim to our engagement; that it is possible to make natives of this country thoroughly good English scholars; and that to this end our efforts ought to be directed [...] We must at present do our best to form a class who may be interpreters between us and the millions who we govern; a class of persons, Indian in blood and colour, but English in taste, in opinions, in morals, and in intellect. To that class we may leave it to refine the vernacular dialects of the country, to enrich those dialects with terms of science borrowed from the Western nomenclature, and to render them by degrees fit vehicles for conveying knowledge to the great mass of the population.

Aussprache

- die Aussprache des postvokalischen /r/ wie z.B. in *bar*, *heart* variiert; während viele Inder das postvokalische /r/ aussprechen, wird es von höher gebildeten und sozial höherstehenden Indern häufig nicht realisiert;
- die alveolaren Verschlusslaute /t/ und /d/ werden zu den retroflexen Lauten [ʈ] und [ɖ];
- die dentalen Reibelaute /ð/ und /θ/ werden zu den dentalen Verschlusslauten [d̪] und [t̪], z.B. *then* [d̪en] bzw. *thin* [t̪ɪn];
- der labiodentale Reibelaut /f/ wird als aspiriertes [p^h] ausgesprochen, z.B. *fit* [p^hɪt];
- /v/ und /w/ werden nicht unterschieden, d.h. Wörter wie *west* und *vest* werden gleich ausgesprochen [west];
- das Vokalsystem des *Indian English* ist im Vergleich zum RP-Akzent häufig reduziert. Welche Vokalkontraste existieren, hängt im Wesentlichen von der Muttersprache der Sprecher ab, z.B. entsprechen die beiden RP-Laute /ɑ:/ und /ɔ:/ oft nur einem [ɑ:] im *Indian English*, so dass nicht zwischen Wortpaaren wie *card* und *cord* unterschieden wird;
- die Diphthonge /eɪ/ und /əʊ/ werden zu den Monophthongen [e:] und [o:], z.B. *game* [ge:m] bzw. *no* [no:];
- im *Indian English* gibt es im Vergleich zu anderen Varietäten des Englischen deutliche Abweichungen in Betonung, Rhythmus und Intonation. Insbesondere besteht die Tendenz zum Silbenrhythmus, d.h. alle Silben werden etwa gleich stark betont und bestimmen so den Rhythmus, während sich sonst im Englischen der Rhythmus nach den betonten Silben richtet, die in etwa gleichmäßigen Abständen aufeinanderfolgen (Betonungsrhythmus). Veränderungen bei der Wortbetonung sind häufig, z.B. *mistake* ['mɪste:k], *suitable* [su'te:bl], *about* ['ɛbaʊt].

Es gibt ferner bestimmte regionale Merkmale:
- im südlichen Indien wird am Wortanfang den vorderen Vokalen häufig ein [j] und den hinteren Vokalen ein [w] vorangestellt, z.B. *eight* [je:t] bzw. *own* [wo:n];
- im Norden Indiens wird den Konsonantengruppen /sk/, /st/, /sp/ am Wortanfang ein [ɪ] vorangestellt, z.B. *school* [ɪ'sku:l], *speak* [ɪ'spi:k].

Grammatik

- eine von der Standardsprache abweichende Verwendung des bestimmten Artikels: *It is the nature's way. Office is closed today*;
- Gebrauch von *one* anstelle des unbestimmten Artikels: *He gave me one book*;
- Verwendung von nichtzählbaren Begriffen als zählbare: *We ate just fruits for lunch*;
- Present Perfect anstelle des Past Tense: *I have worked there in 1966*;
- Gebrauch der Verlaufsform bei Zustandsverben: *You must be knowing my cousin-brother Mohan*;
- generelle Verwendung von *isn't it* als tag question: *You went there yesterday, isn't it?*;
- *yes* bzw. *no* als tag questions: *He is coming, yes?; She was helping you, no?*;
- Gebrauch eines *that*-Nebensatzes nach *want*: *He wants that you should go there*;
- Bildung von Fragesätzen ohne Inversion: *Where you are going?*;
- Gebrauch von *itself* bzw. *only* für emphatische Zwecke: *It was God's order itself; They live like that only.*

Wortschatz

- Entlehnungen aus verschiedenen Sprachen: aus indischen Sprachen, z.B. *bungalow* 'Bungalow', *sahib* 'Herr, Meister', *lathi* 'mit Blei beschwerter Bambusstock der Polizei';
speziell aus dem Sanskrit, z.B. *guru* 'religiöser Lehrer, geistiger Führer', *nirvana* 'völlige, selige Ruhe als Endzustand im Buddhismus';
aus dem Portugiesischen, z.B. *almirah* 'Truhe', *caste* 'Kaste';
- Bedeutungsveränderungen bzw.
- erweiterungen von bereits im Englischen vorhandenen Wörtern: z.B. *four-twenty* 'Betrüger, Schwindler', *hotel* 'Restaurant, Cafe', *to be out of station* 'nicht am Ort oder am Arbeitsplatz sein';
- neue Wortzusammensetzungen: z.B. *black money* 'illegale Gewinne', *cousin-brother* 'Cousin', *dining-leaf* 'Bananenblatt zum Servieren von Nahrungsmitteln';
- Wörter, die im brit. Englisch archaisch sind, aber im *Indian English* noch verwendet werden: z.B. *dicky* 'Kofferraum im Auto', *stepney* 'Ersatzrad', *thrice* 'dreimal';
- hybride Wortbildungen (ein Bestandteil aus dem Englischen und ein Bestandteil aus einer einheimischen Sprache): z.B. *policewala* 'Polizist', *swadeshi cloth* 'selbst hergestelltes Tuch'.

A Sprachliche Merkmale des Indian English (Auswahl)

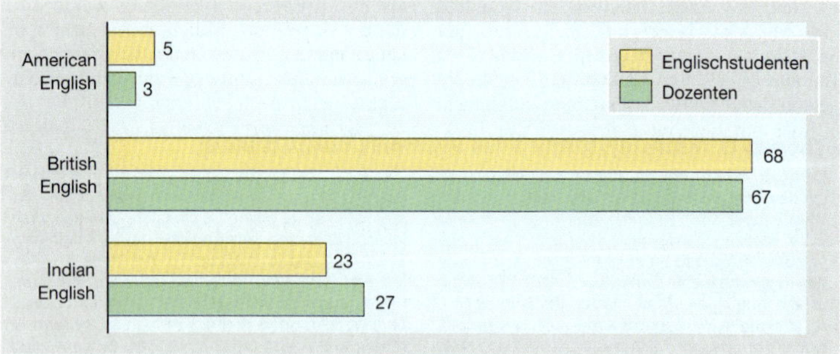

B Bevorzugte Norm für das Englische in Indien (in %)

Nach der Unabhängigkeit im Jahre 1947 erhielt Englisch in der Verfassung von 1950 neben der Staatssprache Hindi den Status einer assoziierten Sprache. Gleichzeitig wurde aber als Ziel festgelegt, Englisch innerhalb von 15 Jahren durch Hindi zu ersetzen.
Dies erwies sich bald als völlig unrealistisch. In den Landesteilen, in denen Hindi nicht Muttersprache der Bevölkerung ist (v. a. im Süden), gab es anhaltende Widerstände gegen die Einführung des Hindi als alleinige Staatssprache. In der Regierung kam man daher zu der Überzeugung, den Status quo beizubehalten und Englisch weiterhin als offizielle Sprache zu verwenden.
Insgesamt gesehen ist die sprachl. Situation in Indien sehr komplex. Es gibt Hunderte von lokalen Sprachen und Dialekten (S. 208, Abb. B). 15 Sprachen sind sog. Regionalsprachen, z. B. Telugu in Andhra Pradesh oder Tamilisch in Tamil Nadu, die in den einzelnen Bundesstaaten als Staatssprachen fungieren.
Englisch ist Staatssprache in den östl. Bundesstaaten Arunachal Pradesh, Manipur, Meghalaya, Mizoram, Nagaland und Tripura sowie in allen Unionsterritorien außer Delhi.
In versch. Bereichen hat Englisch überall wichtige Funktionen behalten:
– es wird zur Kommunikation zwischen der Zentralregierung und den Bundesstaaten verwendet, die nicht Hindi als Staatssprache haben;
– es ist Sprache am Obersten Gerichtshof (*Supreme Court*) und an den oberen Gerichten der Bundesstaaten (*High Courts*);
– es spielt eine wichtige Rolle im überregionalen Handel und im Bankwesen.
Ferner hat Englisch eine bes. Position in den Massenmedien, v. a. in der überregionalen Presse und im landesweiten Rundfunk und Fernsehen. Englischsprachige Zeitungen (*The Times of India, The Hindu, The National Herald, Indian Express*) sind im ganzen Land verbreitet. Sie haben insgesamt eine höhere Auflage als die hindisprachige Presse. Der Anteil der englischsprachigen Tagespresse liegt bei ca. 23% (4,32 Mio. bei einem Gesamtvolumen von 18,8 Mio.). Ca. 45% der Buchveröffentlichungen sind auf Englisch.
Die zahlreichen Stationen von *All India Radio* senden zumindest einen Teil ihres Programms in Englisch, v. a. Nachrichten, Kommentare, Auslandsberichte und Interviews. Auch der Fernsehsender von Delhi verbreitet Nachrichten sowohl in Hindi als auch in Englisch.
Englisch spielt nach wie vor eine bed. Rolle im Bildungswesen, nicht zuletzt im Hochschulbereich; hier wird es v. a. in den technischen und naturwiss. Fächern sowie in der Medizin verwendet. Allgemein gelten gute Englischkenntnisse als Voraussetzung für das Erreichen von höheren und gut bezahlten beruflichen Positionen.

In einer Studie in Karnataka (Südindien) meinten über 2/3 von Studenten unterschiedl. Fachrichtungen, dass ihre berufl. Aussichten mit einer englischsprachigen Ausbildung sehr gut (16%) oder ausgezeichnet (52%) seien. Nur 7% gaben an, dass sie ähnlich gute Aussichten mit Hindi hätten, während 28% auch eine Ausbildung in ihrer Muttersprache als eine entsprechend gute Grundlage ansahen.

Die befragten Studenten wollten später in lukrativen Berufen arbeiten, wie z. B. bei einer Bank, im höheren Verwaltungsdienst oder im Rechtswesen.

Die Variation des Englischen

Englisch in Indien ist keine einheitliche Varietät, sondern unterscheidet sich v. a. aufgrund von 3 Faktoren:
1. verschiedene Grade im Erwerb des Englischen; das Spektrum reicht von Sprechern, die durch ihre Bildung eine sehr hohe Kompetenz im Englischen erreicht haben, bis hin zu Personen, deren Sprachkenntnisse äußerst begrenzt sind;
2. die regionale Sprache oder die Muttersprache; durch den Einfluss der ersten Sprache der Sprecher ergeben sich versch. Sprachformen im Englischen, z. B. *Bengali English, Tamil English* u. a.;
3. die ethnische bzw. religiöse Zugehörigkeit; je nach Bevölkerungsgruppe (wie z. B. Muslime, Sikhs) gibt es Unterschiede bei der Verwendung des Englischen.
Der Terminus **Indian English** bezieht sich üblicherweise auf die gebildete Sprachform. Diese wird landesweit verstanden und dient zunehmend als Standard für das Bildungswesen, die Massenmedien und andere Bereiche, in denen Englisch überregional gebraucht wird.
Es stellt sich dennoch das Problem eines eigenen Standards für das *Indian English*. Es besteht die Gefahr, dass das Englische in Indien in divergierende Sprachformen zerfällt, die einander nicht mehr verständlich sind. In der Tat kann es aufgrund der unterschiedl. Muttersprachen der Sprecher zu Kommunikationsproblemen kommen.
Traditionell wird der brit. Standardsprache eine bes. Rolle als Norm eingeräumt. Dies zeigte sich auch in einer Studie unter Englischstudenten und deren Dozenten: mehr als 2/3 der Befragten favorisierten das brit. Englisch als Norm, während sich nur etwa 1/4 für den örtlichen Standard, *Indian English*, entschied (Abb. B).

Aussprache

- postvokalisches /r/ wie in *star* oder *start* wird nicht realisiert;
- Endkonsonanten werden häufig ohne Verschlusslösung und mit einem glottalenVerschlusslaut ausge-sprochen, z.B. *kit* [kɪʔ], step [stɛʔ];
-Konsonantengruppen am Wortende werden auf einen Konsonanten reduziert, z.B. *just* [dʒʌs], *told* [tol];
-die Diphthonge /ei/ und /əʊ/ werden zu den Monophthongen [ɛ] und [o], z.B. *take* [tɛʔ], *go* [go];
- bei der Intonation werden alle Silben etwa gleich stark betont (Silbenrhythmus im Gegensatz zum sonst üblichen Betonungsrhythmus im Englischen); die letzte Silbe in einer Intonationseinheit wird häufiger leicht gelängt.

Grammatik

- Auslassung des bestimmten Artikels: *You have pen or not?; He went to office yesterday;*
-Verwendung des Präsens in Verbindung mit *already* anstelle des englischen Present Perfect Progressive: *Eight years she worked here already* ('She has been working here for eight years');
- Gebrauch von *use to* als Ausdruck einer gewohnheitsmäßigen Handlung im Präsens: *My mother, she use to go to the market* ('My mother goes to the market');
- direkte und indirekte Objekte werden zur Hervorhebung an den Satzanfang gestellt: *This book we don't have*; *Me you don't give it to*;
-Wendungen mit [...] *or not ?* dienen zur Nachfrage beim Gesprächspartner: *Like it or not?*; *Can or not?*; *Got or not?*;
- chinesische Partikel wie *lah* und *aa* werden zur Hervorhebung und zum Ausdruck der besonderen Vertrautheit mit dem Gesprächspartner verwendet: *Can you come tonight? - Cannot lah.; You wait me, aa?* ('Will you wait for me?).

Wortschatz

-Entlehnungen aus Sprachen der Region, z.B. aus dem Malaiischen *makan* 'Nahrung, Essen' oder aus dem Chinesischen (Hokkien Dialekt) *ang pow* 'Geldgeschenk' (wörtl. Bed. 'rotes Päckchen', weil derartige Geschenke traditionell in rotes Papier eingewickelt wurden);
- Verwendung von nichtenglischen Ausrufen, z.B. *ay yor!* (Schmerz oder Überraschung) oder *ay yaah!* (Ausdruck von Verärgerung);
- Bedeutungsveränderungen bzw. -erweiterungen von im Englischen vorhandenen Wörtern, z.B. *send* im Sinne von 'take' (*I will send you home*) oder *open* im Sinne von 'put on' (*Open the light*);
-Verdoppelungen dienen zur Verstärkung, z.B. *I like hot-hot curries;*
- Stilniveaus werden nicht so deutl. unterschieden wie in muttersprachl. Formen des Englischen. Es kommt zur Vermischung formeller und informeller Ausdrücke, z.B. *her deceased hubby* anstelle von *her dead husband.*

A Sprachliche Merkmale des Singapore English (Auswahl)

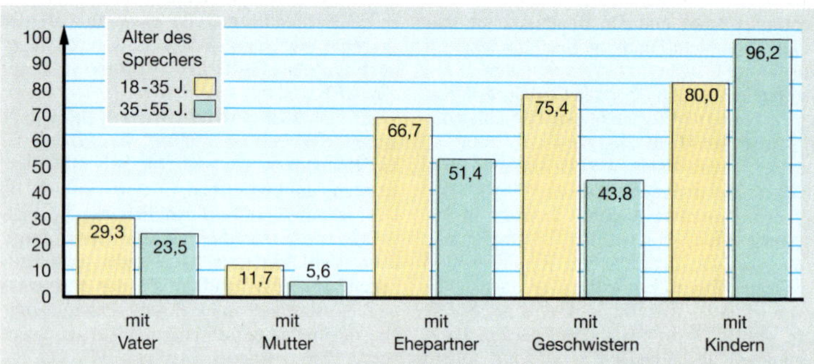

B Verwendung des Englischen zwischen Familienmitgliedern in Singapur (in %)

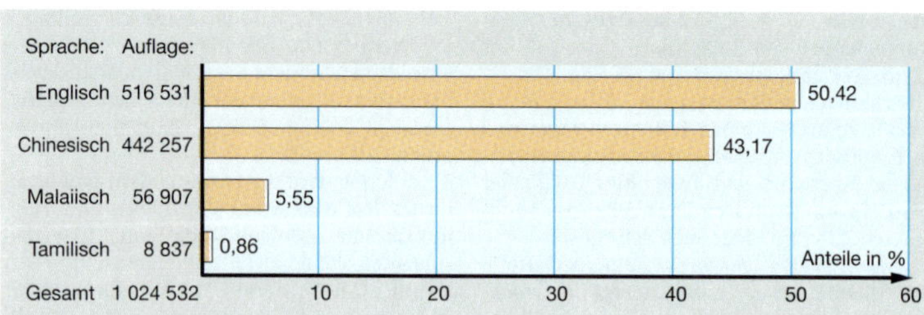

C Tageszeitungen in Singapur (1997)

Die Bevölkerung **Malaysias** (19,9 Mio.) ist unterschiedl. ethnischer Herkunft: 59,9% Malaien, 29,7% Chinesen, 9,5% Inder (bes. Tamilen) und 0,5% Sonstige.
Der **Einfluss des Englischen** geht zurück auf die brit. Kolonialzeit seit dem Ende des 18. Jhs. Die Briten kontrollierten zunächst wichtige Handelsplätze entlang der Westküste der Malaiischen Halbinsel (Penang, Singapur, Malacca). Das brit. Einflussgebiet wurde durch Verträge mit umliegenden Sultanaten nach und nach erweitert. Ebenso wurde der nördl. Teil der Insel Borneo (Sarawak, Sabah und Brunei) brit. Kolonie.
Im 19. Jh. wurden von den Briten Schulen mit der **Unterrichtssprache Englisch** eingerichtet (Penang 1816, Singapur 1823, Malacca 1826, Kuala Lumpur 1894). Die Schüler kamen aus den wohlhabenderen Familien der versch. ethnischen Gruppen. Für diese privilegierte Schicht wurde der Gebrauch des Englischen sowohl im Beruf als auch im täglichen Leben üblich.
Als die Briten sich Ende der 1950er Jahre zurückzogen, war Englisch die Sprache einer einflussreichen, nicht-europ. Elite und diente daneben als Verständigungssprache zwischen den ethn. Gruppen.
Mit der Unabhängigkeit des *Malaiischen Bundes* (das heutige westl. Malaysia) im Jahre 1957 wurden zunächst sowohl Malaiisch als auch Englisch Amtssprache. In den 1960er Jahren kam es jedoch zu wesentl. Veränderungen im Staatswesen und in der Sprachpolitik. 1963 schlossen sich der Malaiische Bund mit Sarawak und Sabah (auf der Insel Borneo) zum neuen Staat Malaysia zusammen. 1967 wurde Malaiisch zur einzigen offiziellen Landessprache bestimmt.
Um die Idee einer nationalen Sprache zu fördern, wählte man anstelle des Namens *Malaiisch* die neue, ethn. neutralere Bez. **Bahasa Malaysia** (wörtl. »die malaysische Sprache«). 1969 entschied das Erziehungsministerium, in allen Schulen Englisch als Unterrichtssprache durch Malaiisch zu ersetzen. Bis zum Anfang der 1980er Jahre wurde dieses Ziel fast vollständig erreicht. In der Öffentlichkeit machte man sich indes Sorgen um die abnehmenden Englischkenntnisse in der Bevölkerung. Um dem entgegenzuwirken, wurde Englisch im Primar- und Sekundarbereich ein Pflichtfach.
Es gibt weiterhin eine englischsprachige Tagespresse mit einer Auflage von über 500 000 Ex.
Englisch ist noch immer die Sprache einer einflussreichen Elite, bes. in den Städten. Praktisch alle Sprecher des Englischen sind heute zweisprachig, und Sprachwechsel (*code-switching*) ist weit verbreitet. Nach Schätzungen können ca. 20% (4 Mio.) der Bevölkerung Englisch verstehen, und ca. 25% der Bewohner städt. Regionen verwenden Englisch aktiv.
Es ist anzunehmen, dass in Malaysia die Bedeutung des Englischen als Zweitsprache abnehmen wird und mehr und mehr die Funktion einer wichtigen internat. Sprache übernimmt.

In **Singapur** ist eine deutliche Mehrheit der 3,1 Mio. Ew. des Stadtstaates chin. Abstammung (77,2%). 14,1% sind Malaien, 7,4% Inder (Tamilen) und 1,3% anderer ethn. Herkunft.
Singapur war seit 1867 brit. Kronkolonie und erhielt 1959 eine Selbstverwaltung. Für kurze Zeit (1963–65) gehörte es zu Malaysia. Seither bildet es einen unabhängigen Staat.
Singapur ist ein wichtiges Verkehrs-, Finanz- und Handelszentrum für den südostasiat. Raum mit einem hohen Lebensstandard. Amtssprachen sind: Englisch, Chinesisch (Mandarin), Malaiisch und Tamilisch.
Nach dem 2. Weltkrieg hat die Bedeutung des Englischen in allen Bereichen des öffentl. und privaten Lebens deutlich zugenommen. Es dient als Verständigungssprache zwischen den versch. ethn. Gruppen und ist Ausdruck der nationalen Einheit und Identität.
Die wachsende Bedeutung des Englischen zeigt sich bes. im Bildungswesen. 1941 besuchten nur 37,6% der Schüler Schulen mit der Unterrichtssprache Englisch. Nach der Unabhängigkeit wurde ein zweisprachiges Schulsystem eingeführt, in dem Englisch entweder die 1. oder aber in jedem Fall die 2. Unterrichtssprache war. Der Anteil der Schulen mit Englisch als 1. Unterrichtssprache nahm immer weiter zu, so dass bis 1987 Englisch generell zum Unterrichtsmedium in allen Schulen geworden war.
In der sechsjährigen Grundschule steht zunächst das Erlernen der englischen Sprache im Vordergrund. Daneben erhalten die Schüler aber auch Unterricht in ihrer jeweiligen Muttersprache (Mandarin, Malaiisch, Tamilisch). Diese Sprachen spielen eine bes. Rolle für die informelle, private Kommunikation innerhalb der einzelnen ethn. Gruppen.
Es besteht jedoch die Tendenz, Englisch immer häufiger im privaten Bereich zu verwenden, und mittlerweile gibt es in Singapur muttersprachl. Sprecher des Englischen.

Zentrale Faktoren beim Gebrauch des Englischen innerhalb der Familie sind der Gesprächspartner und das Alter des Sprechers (Abb. B).

Mehr als die Hälfte aller Zeitungen in Singapur erscheinen auf Englisch (Abb. C). Auch die Sendungen der örtl. Radio- und Fernsehstationen sind mehrheitlich auf Englisch.

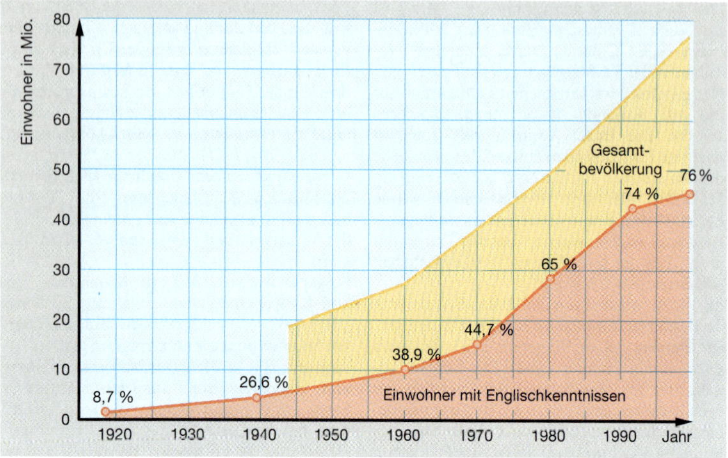

A Bevölkerungsanteil mit Englischkenntnissen auf den Philippinen

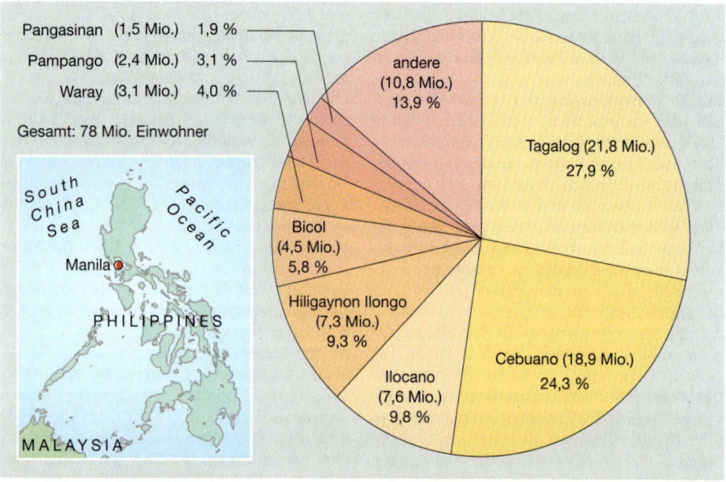

B Muttersprachen auf den Philippinen und Anzahl der Sprecher (1999)

Our students face a unique language environment:

- *Our community is essentially Chinese. We speak, read and write Chinese in our daily life. Government has therefore been promoting the use of Chinese over the years. We have also encouraged teaching and learning in the mother tongue.*
- *Hong Kong is an international business, financial and trading centre, and English is the language of business worldwide. To maintain a good standard of English is crucial to our economic competitiveness. Learning of the English language in schools is therefore a Government priority.*

Our aim is for our students to be biliterate (ie master written Chinese and English) and trilingual (ie speak fluent Cantonese, Putonghua [Mandarin] *and English).*

C Mitteilung der Erziehungsbehörde Hongkongs für Sekundarschulen (Sept. 1997; Auszug)

Auf den **Philippinen** ist nicht das brit., sondern das amerik. Englisch die Bezugsnorm.
Die Philippinen waren seit dem 16. Jh. span. Kolonie. Nach dem span.-amerik. Krieg von 1898 musste Spanien die Philippinen an die USA abtreten. Der Einfluss des Spanischen ging daraufhin deutlich zurück, und Englisch wurde die neue Kolonialsprache, u. a. in der Verwaltung und im Erziehungswesen.
Es wurden versch. Anreize geschaffen, Englisch zu lernen, u. a. hatten Bewerber mit Englischkenntnissen bessere Chancen, eine Stelle in der Verwaltung zu erhalten. Es bestand zudem die Möglichkeit, in den USA zu studieren.
1935 erhielten die Philippinen eine Eigenverwaltung und wurden 1946 unabhängig. Seit dieser Zeit gibt es Bestrebungen, eine einheim. Sprache als nationale Sprache zu etablieren. Zu diesem Zweck wurde **Pilipino** neben Englisch zur offiziellen Sprache erhoben und in der Verfassung von 1986 zur Nationalsprache erklärt.
Pilipino ist eine modifizierte Form des Tagalog. Tagalog ist die Muttersprache von ca. 19,5 Mio. Menschen, v. a. im südl. Teil der Insel Luzon, wo sich auch die Hauptstadt Manila befindet. Daneben gibt es eine große Zahl (ca. 85) weiterer lokaler bzw. regionaler Sprachen, die der malaiisch-polynesischen Sprachfamilie angehören.
Viele der heutigen Bewohner der Philippinen (72 Mio.) sind zwei- oder mehrsprachig.
In letzter Zeit hat das Pilipino insges. an Bedeutung gewonnen und man diskutiert über die Möglichkeiten, es in Bereichen zu verwenden, die traditionell dem Englischen vorbehalten sind.
Dennoch hat Englisch nach wie vor eine wichtige Stellung in prestigeträchtigen Bereichen, wie z. B. Regierungsverwaltung, Justiz, Handel und im Bildungswesen. Die Sitzungen im Senat und im Repräsentantenhaus finden meistens auf Englisch statt.
In der Bevölkerung steht man dem Englischen positiv gegenüber. Eltern ermutigen ihre Kinder, Englisch zu lernen, weil damit soziale und wirtschaftliche Vorteile verbunden sind.
Insgesamt haben die Englischkenntnisse unter der Bevölkerung im 20. Jh. rasch zugenommen (Abb. A).

In einer Umfrage von 1993 gaben 74% der Befragten an, Englisch zu verstehen. 56% äußerten, dass sie auch Englisch sprechen würden.

1842 wurde die Insel **Hongkong** brit. Kolonie, 1860 kam die Halbinsel Kowloon dazu. Durch einen Pachtvertrag erwarb die brit. Regierung 1898 die *New Territories* für 99 Jahre. Gemäß einer Vereinbarung von 1984 zwischen Großbritannien und der Volksrepublik China wurde die gesamte Kolonie 1997 an China zurückgegeben.
Hongkong hatte 1998 6,7 Mio. Einwohner, davon sind 95% Chinesen.
Offizielle Sprachen sind Kantonesisch und Englisch. Erstere ist Muttersprache von über 80% der Einwohner; daneben werden noch andere chines. Dialekte gesprochen.

Mit den polit. Veränderungen wird sicherlich auch die Bedeutung des Mandarin, die offizielle Landessprache Chinas, zunehmen.

Englisch hat in Hongkong nach wie vor bes. Funktionen in Handel, Verwaltung, Justiz, in den Medien und im Bildungswesen.
Auch vor 1997 fand der Unterricht in der Primarstufe zumeist auf Kantonesisch statt. Im Sekundarbereich gab es eine Wahlmöglichkeit zwischen den *Anglo-Chinese schools* (mit Unterrichtssprache Englisch) und den *Chinese middle schools* (mit Unterrichtssprache Kantonesisch). Für die Sekundarschulen sind jedoch Änderungen geplant (Abb. C).
In den Leitlinien der Erziehungsbehörde wird die bes. Bedeutung der Muttersprache als Unterrichtsmedium hervorgehoben. Ab dem Schuljahr 1998/99 wurde nach und nach Chinesisch (Kantonesisch) als alleinige Unterrichtssprache eingeführt. Es wird aber auch auf die Wichtigkeit des Englischen hingewiesen.
Nach diesem ehrgeizigen Plan sollen die Schüler lernen, Chinesisch und Englisch zu schreiben. Gleichzeitig sollen sie neben Kantonesisch und Englisch auch Mandarin (Putonghua) sprechen lernen.
Nach ihrer Schulzeit besuchen ca. 20% der Schüler eine der 8 Hochschulen, in denen Englisch weiterhin als Unterrichtsmedium dominiert.
Bei Rundfunk und Fernsehen gibt es ein Nebeneinander von Englisch und Chinesisch. Die beiden kommerziellen TV-Sender *Television Broadcasts Ltd.* und *Asia Television Ltd.* haben einen chinesisch- und einen englischsprachigen Kanal. Auch die Hörfunkprogramme von *Radio Television Hong Kong* sind teils auf Chinesisch, teils auf Englisch.
Die Mehrzahl der Tageszeitungen ist in chinesischer Sprache. Es gibt aber 2 englischsprachige Zeitungen mit einer Auflage von zusammen ca. 170 000 Ex.
Die Position des Englischen in Hongkong steht natürlich in engem Zusammenhang mit der weiteren polit. Entwicklung. Es ist jedoch zu erkennen, dass die Regierung in Peking Hongkong und auch das Englische als wichtige Brücke für eine weitere Öffnung Chinas betrachtet.

Gruppe	Untergruppe	Nr.	Sprache
Ost-Santo	Sakao	1	Sakao
	Süd-ost-Santo	2	Lorediakarkar
		3	Shark Bay
		4	Butmas-Tur
		5	Polonombauk
Zentral-Malekula	Small Nambas	6	Letemboi
		7	Repanbitip
		8	Dixon Reef
		9	Nasarian
	Zentral-Malekula	10	Katbol
		11	Lingarak
		12	Vinmavis
		13	Litzlitz
		14	Larevat
		15	Maragus
		16	Big Nambas
	Labo	17	Labo
Erromanga		18	Sie
		19	Ura
Tanna		20	Kwamera
		21	Whitesands
		22	Nord-Tanna
		23	Lenakel
		24	S.-W.-Tanna
Aneityum		25	Aneityum
Nord- und Zentral-Vanuatu	Ost-Vanuatu	26	Hiw
		27	Loh
		28	Lehali
		29	Lehalurup
		30	Motlav
		31	Mota
		32	Vatrata
		33	Mosina
		34	Nume
		35	Koro
		36	Wetamut
		37	Lakona
		38	Merlav
		39	Marino
		40	Zentral-Maewo
		41	Baetora
		42	N.-O.-Aoban
		43	Nduindui
		44	Raga
		45	Apma
		46	Sowa
		47	Seke
		48	Sa
		49	Nord-Ambryn
		50	Lonwolwol
		51	Dakaka
		52	Port Vato
		53	S.-O.-Ambryn
		54	Paama
	West-Santo	55	Valpei
		56	Nokuku
		57	Vunapu
		58	Piamatsina
		59	Tolomako
		60	Tasmate
		61	Wusi
		62	Akei
		63	Malmariv
		64	Navut
		65	Lametin
		66	Morouas
		67	Roria
Nord- und Zentral-Vanuatu	West-Santo	68	Fortsenal
		69	Amblong
		70	Wailapa
		71	Tangoa
		72	Araki
		73	Narango
		74	Tambotalo
		75	Aore
		76	Malo
		77	Tutuba
		78	Mafea
Nord- und Zentral-Vanuatu	Küstenregion Malekulas	79	Malua Bay
		80	Vovo
		81	Mpotovoro
		82	Mae
		83	Vao
		84	Atchin
		85	Uripiv-Wala-Rano
		86	Unua
		87	Rerep
		88	Aulua
		89	Burmbar
		90	Port Sandwich
		91	Maskelynes
		92	Ascamb
		93	Malfaxal
		94	Süd-Ost-Bay
	Epi	95	Lewo
		96	Bierebo
		97	Baki
		98	Maii
		99	Bieria
	Zentral-Vanuatu	100	Namakuran
		101	Nord-Efate
		102	Süd-Efate
polynes. »Ein-sprengsel«		103	Emwae
		104	Fila-Mele
		105	Futuna-Aniura

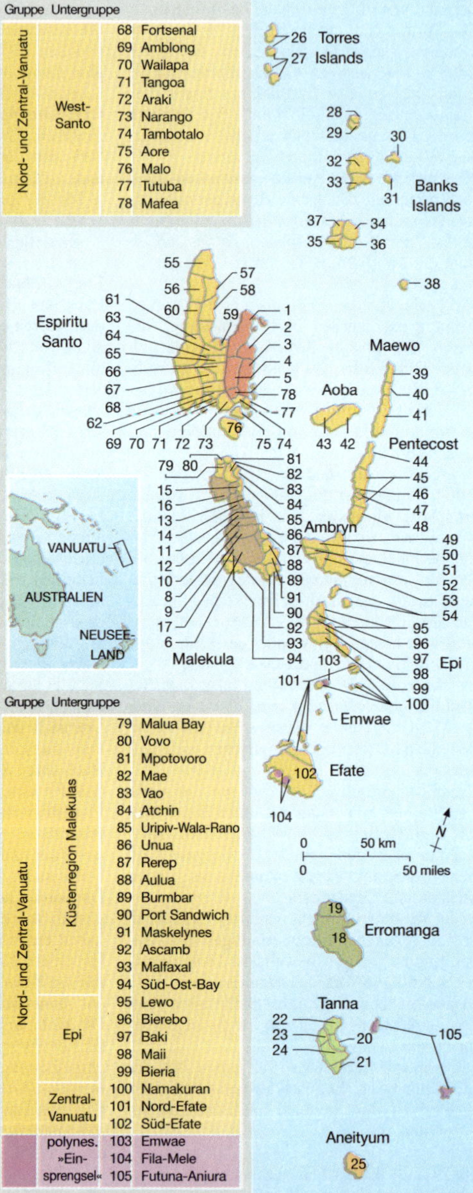

Einheimische Sprachen in Vanuatu

Ozeanien ist die Bez. für die Inseln im Pazifischen Ozean. Einige von ihnen wurden im 16. und 17. Jh. von Spaniern, Portugiesen und Holländern entdeckt. Ein Jh. später kamen Briten, Franzosen und Amerikaner wie SAMUEL WALLIS, JAMES COOK und LOUIS ANTOINE DE BOUGAINVILLE.

Zu Beginn des 19. Jhs. lebten Weiße auf den meisten der größeren Inseln Ozeaniens, darunter Walfänger, Sandelholzsammler und von ihren Schiffen geflüchtete Matrosen.

Abenteurer schreckten nicht davor zurück, Melanesier zur Arbeit auf den Zuckerrohrplantagen nach Australien oder Polynesier nach Chile und Peru zu verschleppen, um dort Guano abzubauen.

Die christl. Missionare, die etwa seit Ende des 18./Anfang des 19. Jhs. in Ozeanien oft erfolgreich missionierten, verwendeten anfangs die jeweiligen Lokalsprachen und seit etwa 1900 häufig Pidgin-English-Varietäten.

Die »Schutzmächte« wechselten je nach weltpolitischer Lage. Nicht wenige dieser Inseln bzw. Inselgruppen wurden innerhalb der letzten 25 Jahre unabhängig.

Die Bevölkerung Ozeaniens setzt sich aus ganz versch. Gruppen und Stämmen zusammen, die jeweils andere Sprachen sprechen. Die enorme Vielzahl der Sprachen ist ein wichtiges Charakteristikum dieser Region.

Allein in Vanuatu werden 105 einheim. Sprachen von ausschließl. lokaler Bedeutung gesprochen (Abb.).

Englisch-basierte Pidgin- und Kreolsprachen

Damit Menschen so vieler versch. Sprachen sich überhaupt miteinander und mit den Europäern verständigen konnten, bedurfte es stark reduzierter Sprachen, die leicht erlernbar und leicht verwendbar sind, den **Pidgins**. Diese können sowohl auf europ. als auch auf nichteurop. Sprachen basieren.

Im pazifischen Raum basieren sie wortschatzmäßig auf dem Englischen – beim Tok Pisin Papua-Neuguineas z. B. zu 75–80%. In Ozeanien wurde und wird weltweit die größte Zahl von englisch-basierten Pidgin- und Kreolsprachen gesprochen.

Mit deren – auch historischer – Dokumentierung und Klassifizierung wurde erst vor etwa 25 Jahren begonnen.

Die vielseitigen Wechselbeziehungen der um 1880 gesprochenen Varietäten des Pidgin English zeigt S. 220, Abb. A.

Während sowohl das chin. Pidgin English als auch die Handelssprache (*Jargon English*) inzwischen ausgestorben sind und auch die frühen auf den Zuckerrohrplantagen auf Samoa, den Fidschi-Inseln und in Australien entstandenen Pidgins (*Queensland Canefields English*) heute fast völlig verschwunden sind, haben sich 3 Pidgins, die von den Plantagenarbeitern v. a. von Samoa nach Hause zurückgebracht wurden, erhalten:

- **Bichelamar** bzw. **Bislama** auf den Neuen Hebriden (jetzt Vanuatu),
- **Solomon Islands Pijin** sowie
- **New Guinea Pidgin** (offiziell seit 1981 als **Tok Pisin** bezeichnet).

Sie haben sich seit der Zeit, als sie zuerst in die genannten Gebiete gebracht wurden, deutlich verändert und strukturell, funktional und wortschatzmäßig erweitert.

Von allen englisch-basierten Pidgin- und Kreolsprachen Ozeaniens ist **Tok Pisin** sprachlich am weitesten entwickelt und auch sozial am stärksten gefestigt.

Es weist die Merkmale einer Kreolsprache auf (zu einigen dieser Merkmale s. S. 169) und ist heute in 2 Hauptsoziolekte, einen ländlichen und einen städtischen, differenziert.

Es ist die mit etwa 1,5 Mio. Sprechern wichtigste lingua franca Papua-Neuguineas. (Zu dessen Entwicklung und Verbreitung auf der Hauptinsel s. S. 220, Abb. B.)

Tok Pisin ist Unterrichtssprache mit seit der Übersetzung des Neuen Testaments (*Nupela Testamen* 1996) standardisierter, weitgehend phonem. Schreibung und spielt eine bed. Rolle in den Medien und im Parlament.

Während 1964–68 erst 40% der Parlamentsdebatten in Tok Pisin erfolgten, waren es 5 Jahre später bereits 95%.

Für über 50 000 Personen ist Tok Pisin Muttersprache.

Eine weitere wichtige Pidginsprache Papua-Neuguineas ist **Hiri Motu** oder **Police Motu**, die auf der austron. Motu Sprache basiert.

Sie wurde zuerst von einheim. Polizeikräften verwendet und verbreitet und verdankt dieser Tatsache ihren Namen.

Englisch ist mit etwa 200 000 Sprechern in Papua-Neuguinea heute eher die Sprache der Elite; es übt einen deutlichen Einfluss auf Tok Pisin aus.

Die einzige Kreolsprache, die auf dem Deutschen aus der dt. Kolonialzeit basiert, ist **Unserdeutsch** in Rabaul, dem ehem. deutschen Verwaltungszentrum im N der zu Papua-Neuguinea gehörenden Insel Neubritannien.

Es wird nur noch von wenigen Personen gesprochen.

Im Tok Pisin haben sich bis heute nur wenige dt. Lexeme erhalten. Früher war der dt. lexikale Einfluss wesentl. größer, aber seit dem Ende der dt. Kolonialzeit wurden viele Wörter dt. Ursprungs durch engl. ersetzt, z. B:

Staat	Bevölkerung (1995)	Geschichte	offizielle Sprache/ Staatssprache(n)
Fidschi 332 Inseln, davon nur 110 bewohnt (Melanesien/Polynesien)	784 000 – etwa 50% Fidschianer und 50% Inder (Nachfahren derer, die zwischen 1879 und 1916 auf den Zuckerrohrplantagen arbeiteten)	ab 1874 unter brit. Souveränität; seit 1970 unabhängig; bis 1987 Mtgl. d. Commonwealth	Englisch
Kiribati ['kiribæs] bestehend aus Gilbert-, Phönix- u. Line-Inseln; über 4 000 km in O-W-Richtung, über 2 000 km in N-S-Richtung (Mikronesien/Polynesien)	79 000 – zu über 90% Mikronesier auf den Gilbert-Ins.; Polynesier, Chinesen u. 0,2% Europäer	ab 1892 Gilbert-Ins. brit. Protektorat; seit 1979 unabhängig, im Commonwealth	Englisch; I-Kiribati weit verbreitet
Marshall-Inseln 2 über rd. 1 200 km Länge gestreckte Atollreihen mit zus. über 1 200 Inseln (Mikronesien)	54 700 – 96,6% Mikronesier, 3,4% Sonstige	ab 1885 dt., 1920 japan. Mandat, ab 1947 amerikan. Treuhandgeb., 1986 Assoziierung mit USA; seit 1990 unabhängig	Kajin-Majol (Marschallesisch) und Englisch
Mikronesien (früher Karolinen-Inseln) 607 Inseln u. Atolle	rd. 105 000–88,7% Mikronesier, 11% Polynesier	bis 1899 zur span. Einflusssphäre, dann dt. Kolonie. 1920 japan. Mandat, ab 1947 der USA; 1986 Assoziierung mit USA	Englisch ist Schulsprache u. halboffizielle Sprache; daneben 4 mikrones. Sprachen
Nauru (Mikronesien)	10 000 – 58% Nauruer, 26% sonstige Südseeinsulaner, 8% Chinesen	1888 von Dtl. annektiert; ab 1914 unter austral. Herrschaft, ab 1920 als Mandat; ab 1947 UN Treuhandgebiet (austral. Verwaltung); seit 1968 unabhängig im Commonwealth	Nauruisch (offiziell), Englisch (halboffiziell)
Palau (Belau) rd. 350 Inseln (Mikronesien)	17 000 – vorwiegend Mikronesier, ferner Malaien und Melanesier	urspr. spanisch, ab 1899 dt., 1919–45 japan. Mandat, dann der USA, seit 1993 Assoziierung mit USA; seit 1994 unabhängig als Rep. Belau	Englisch auf dem gesamten Staatsgebiet; daneben inselabhängig unterschiedl. einheim. Sprachen
Papua-Neuguinea (Papua-Niugini) Der Westteil der Insel, Irian Jaya, war früher niederländ. Kolonie, heute Teil Indonesiens; neben Ostteil der Insel Neuguinea über 600 Inseln (Melanesien)	4,3 Mio. – hauptsächl. Papua, daneben im S indones., im N auch melanes., im O auch polynes. Gruppen	ab 1884 der N dt. (1921 austral. Mandat), der S ab 1884 brit., ab 1906 austral. 1945 Zusammenschluss beider Teile; seit 1975 unabhängig u. Mtgl. d. Commonwealth	Tok Pisin (< *Talk Pidgin*) u. Hiri Motu (Police Motu) sind lingue franche; Englisch ist offizielle Sprache; daneben über 700 Sprachen u. 300 Dialekte
Pitcairn (Polynesien)	55 (1993) – v. a. Nachkommen der 10 Meuterer der HMS Bounty und 6 Männer und 12 Frauen aus Tahiti, die hier 1790 Zuflucht suchten	1831 ging die ges. Bev. nach Tahiti, kam aber 1832 zurück: 1856 wurden die meisten Insulaner auf die Norfolk Insel gebracht, von denen einige 1863 zurückkamen; seit 1898 brit. Kolonie	Englisch

Die wichtigsten Staaten, in denen Englisch eine Rolle spielt I

Staat	Bevölkerung (1995)	Geschichte	offizielle Sprache/ Staatssprache(n)
Salomonen 6 relativ großflächige Inseln und zahlr. kleine Inseln (Melanesien)	378 000 – 94,2% Melanesier, 3,7% Polynesier, 0,4% Europäer, 0,2% Asiaten, 1,5% Sonstige	Norden ab 1886 dt. Kolonialgebiet, Süden brit. Schutzgebiet; 1976 Autonomie; seit 1978 unabhängig, im Commonwealth	Englisch ist offizielle Sprache; Solomon Islands Pijin ist weit verbreitet; ferner über 60 melanes. u. polynes. Sprachen
Samoa 2 Hauptinseln und 7 sehr kleine Inseln (Polynesien)	159 000 – 90% Polynesier, 9% Euronesier (Mischlinge)	polit. Teilung 1900, östl. Inseln bis heute Amerikanisch-Samoa, westl. Teil 1899 dt. Schutzgebiet; 1919/20 als Mandat, 1946 als UNO Treuhandgebiet an Neuseeland; seit 1962 selbständig im Commonwealth	Samoanisch und Englisch in Western Samoa; Englisch in Samoa
Tonga (früher Freundschaftsinseln) 170 Inseln, nur 36 bewohnt (Polynesien)	rd. 99 000 – 99% Polynesier, kleine Gruppen von Mischlingen u. Europäern	von 1900 – 1970 brit. Protektorat, dann unab hängig im Commonwealth (1876 Freundschaftsvertrag mit dem Deutschen Reich, der 1970 erneuert wurde)	Tonga und Englisch
Tuvalu (früher Ellice-Inseln) 9 weit gestreute Korallenatolle (Polynesien)	rd. 13 000 – 91,2% Polynesier, 1% Europäer, 7,8% Sonstige	1896 brit. Inbesitznahme; ab 1916 mit Gilbert-Inseln zur »Gilbert and Ellice Islands« Kolonie; 1975 wird aus Ellice Islands separate Kolonie Tuvalu, seit 1978 selbständ. Staat im Commonwealth	Tuvalu und Englisch
Vanuatu ('Das Land, das sich aus dem Meer erhebt') (früher: Neue Hebriden) 16 größere u. 66 kleinere Inseln (Melanesien)	170 000 – 94% Melanesier, 3% Polynesier, 3% Europäer	ab 1886 engl.-franz. Protektorat, ab 1906 franz.-brit. Kondominium; seit 1980 unabhängig	Staatssprache Bislama (< engl. *beach* 'Ufer' u. französ. *la mer* 'Meer'), offizielle Sprachen sind daneben Englisch u. Französisch; daneben zahlreiche einheimische Sprachen (s. Abb. S. 216)

Die wichtigsten Staaten, in denen Englisch eine Rolle spielt II

hobel durch *plen* (engl. *plane*) 'Hobel', *hebsen* durch *pi(s)* (engl. *pea*) 'Erbse(n)', *sutman* durch *polisman* (engl. *policeman*) 'Schutzmann, Polizist' und *beten* durch *pre* (engl. to *pray*).

Im Bibel-Kontext hat sich *beten* bis heute erhalten: *Em i beten long Jisas olsem* 'er betete zu Jesus so'.

Unter den phonetischen Merkmalen des Tok Pisin, die aufs Dt. zurückzuführen sind, ist die Auslautverhärtung zu nennen, z. B. *rot* (engl. *road*) oder *dok* (engl. *dog*).

In **Vanuatu** werden die offiziellen Sprachen **Englisch und Französisch** bes. in der Schule verwendet, so wie es auch in der Verfassung (Konstitusin blong Ripablik blong Vanuatu) steht (Art. 3,1):

> Langwis blong Ripablik blong Vanuatu, hemia Bislama. Trifala langwis blong mekem ol wok long kantri ya, i gat Bislama mo Inglis mo Franis. Tufala big langwis blong edukesen long kantri ya, i gat Inglis mo Franis bzw. in der englischen Version: The national language of the Republic of Vanuatu is Bislama. The official languages are Bislama, English and French. The principal languages of education are English and French.

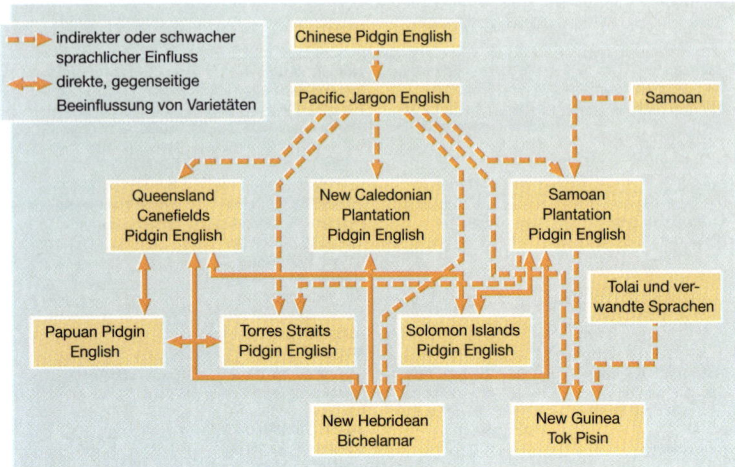

A Pidgin English im Pazifik um 1880

B Entwicklung und Verbreitung des Tok Pisin

Die Staatssprache **Bislama** mit etwa 100 000 Sprechern dient als lingua franca für 105 lokale Sprachen in dieser Region.
In den 1830er Jahren in den Neuen Hebriden als Kontaktsprache namens *Sandelwood English* entstanden, stabilisierte und erweiterte es sich zwischen 1890 und 1910. Die Kreolisierung begann in den Städten und ist derzeit noch nicht weit fortgeschritten, jedoch sendet der staatl. Rundfunk zu 90% auf Bislama, der *nambawan langwis* ('number one language').

Das unten stehende Formular in Bislama ist für ein austral. Visum auszufüllen.

Das **Solomon Islands Pijin**, die einzige lingua franca von wirklicher Bedeutung auf dieser Inselgruppe, stabilisierte sich in der gegenwärtigen Form in den 1930er Jahren und wird heute von etwa 175 000 Personen gesprochen, von denen es allerdings bisher nur wenige als Muttersprache verwenden.
Eine Sonderrolle spielen das **Pitcairnese** und das Norfolkese. Wegen der austral. und neuseeländ. Besiedlung entwickelte sich das Pitcairnese auf Norfolk in Richtung auf ein Nicht-Standard-Englisch. Auch auf Pitcairn ist diese Tendenz vorhanden.

Sprachliche Merkmale des Tok Pisin

Da die Kommunikation zwischen den Gebieten Ozeaniens wenig intensiv war, entwickelten sich die versch. englisch-basierten Pidgin- und Kreolsprachen eigenständig weiter.
Während die Verständigung zwischen Sprechern von Bislama und Solomon Islands Pijin auch heute noch nur geringe Schwierigkeiten bereitet, gibt es zwischen diesen 2 Pidgin-Formen und dem Tok Pisin zahlreiche Unterschiede in Wortschatz, Idiomatik und Syntax, die die Verständigung erschweren.
Ein Sprecher des Bislama oder des Solomon Islands Pijin benötigt etwa 3 Monate, um Tok Pisin zu lernen.

Verständlich daher, dass die Gespräche, die im Oktober 1980 stattfanden, mit dem Ziel, diese 3 Sprachen zu vereinheitlichen, scheiterten.

Schon ein kurzer lexikal. Vergleich zeigt, dass Solomon Islands Pijin und Bislama deutlich mehr Entlehnungen aus dem Engl. aufweisen als Tok Pisin, das sich mehr auf einheim. Sprachen stützt und außerdem eine entwickeltere Wortbildungskomponente aufweist:

Englisch	Bislama	Solomon Islands Pijin	Tok Pisin
cemetory	borigraon (burying-ground)	berigiraon	(ples) matmat
body	bode	bodi	skin
but	be	bat	tasol

Die seit 1970 erscheinende Wochenzeitung *Wantok* (< engl. *one talk*) ist das einflussreichste Periodikum bei Schreibung und Wortwahl des Tok Pisin. Es macht deutlich, dass sich Tok Pisin für Kreuzworträtsel (S. 222, Abb. A) ebenso eignet wie für Anzeigen und Werbung (S. 222, Abb. B).

Zu den transparenten lexikal. Bildungen des Tok Pisin gehören: *man bilong kwin* 'Herzog von Edinburgh'; *gras bilong ai* 'Augenbraue', *son bilong God* 'Christus'; *meri* ('Frau') *bilong publik* 'Prostituierte'; *tupela room* 'zwei Zimmer'; *wanpela room spaisesima* (dt. *Speisezimmer*) 'Esszim-

PEPA (APLIKESEN) BLONG VISITIM OSTRELIA
Plis rait long ol bigbigfala leta.

1. NEM BLONG FAMLE | **2. OL NEM WE OLI GIVIM LONG YU** | **3. KASTOM NEM BLONG YU**

5. TAEM YU BON
Dei Manis Yia | Taon/Vilej | Kantri

6. MAN NO WOMAN Man Woman | **7. YU MARET NO YU NO MARET** | **8. WOK BLONG YU** | **9. NASONALITI**

10. FUL POSTOFES ADDRESS
Telefon Namba

11. OLSAMTING INSAID LONG PASPOT Taem we yu karem | Taem we Paspot i finis long hem
Namba | Ples we yu karem | Dei Manis Yia | Dei Manis Yia

12. WANEM YU TINGTING BLONG MEKEM LONG OSTRELIA
Holide Bisnes Visitim Famle Go long Haospetel

13. ADRES BLONG KONTAKTEM YU LONG OSTRELIA (Sapos yu visitim famle, talem yu wanem rilesen long famle ia, sapos yu go long haospetel givim nem blong dokta no haospetel we bae yu go long hem.

14. TAEM WE BAMBAE YU STAP LONG OSTRELIA Manis Dei | **15. DEI WE BAMBAE YU GO LONG OSTRELIA**

16. SAPOS YU BIN GO LONG OSTRELIA BIFO, RAITEM EVRI SAMTING YU BIN GO FROM

17. OL MEMBA BLONG FAMLE WE BAE OLI GO WETEM YU Taem hemi bon
Full Nem Hemi wanem rilesen long yu Dei Manis Yia Nasonaliti

Stret:
1. Sakrifais.
3. Em bilong –.
5. Ridima bilong graun.
7. Em liklik binating ai i no lukim.
8. Em meta bilong taim.
10. Em haus bilong baim ol samting.

Daun:
2. Wanpela Saut Pasifik kantri.
3. Mama bilong Jisas.
4. Hap sankamap.
5. Wanpela aposel.
6. Strongpela rop long ain.
9. Wanpela dring.

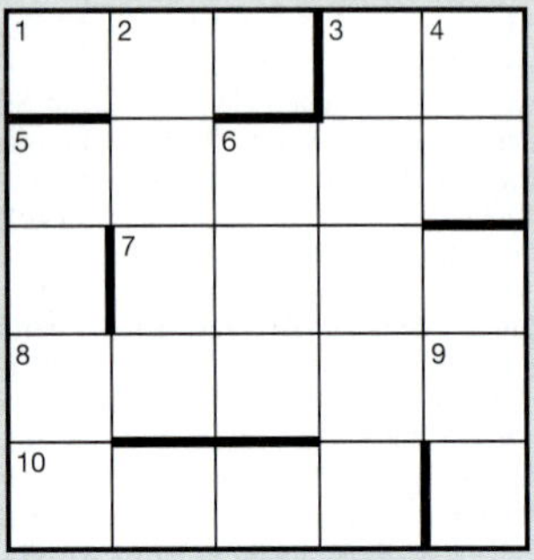

Ansa

Stret:
1. Ofa.
3. Mi.
5. Jisas.
7. Jerm.
8. Minit.
10. Stua.

Daun:
2. Fiji.
3. Maria.
4. Is.
5. Jems.
6. Sen.
9. Ti.

A Kreuzworträtsel

B Anzeige für gebrauchte Kleidung

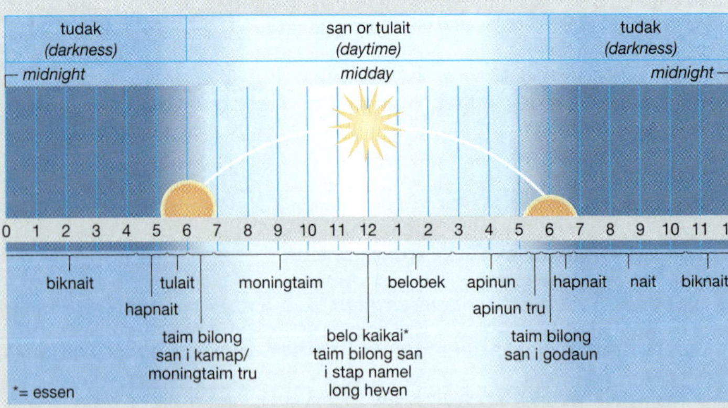

C Zeiteinteilung

mer'; *wanpela room bilong sleep* 'Schlafzimmer'.

Tok Pisin kann in 4 Gruppen eingeteilt werden:

– Tok Pisin bilong bus (Buschpidgin; wird dort gesprochen, wo Tok Pisin erst kürzlich eindrang)

– Tok Masta (Pidgin der Nicht-Einheimischen)

– Tok Pisin bilong ples (ländliches Pidgin)

– Tok Pisin bilong taun (städtisches Pidgin).

Von diesen sind heute die städtischen und ländl. Soziolekte am wichtigsten. Beide sind gegenseitig nicht mehr ganz verständlich.

Das städtische Tok Pisin ist in ständigem Kontakt mit Englisch. Da ihm soziales Prestige zukommt, ist die Zahl der Entlehnungen aus dem Englischen groß. Dies betrifft einmal neue Wörter, auch Komposita:

Tok Pisin bilong ples	wörtl. Wiedergabe	Tok Pisin bilong taun	Englisch
smokbalus	smoke plane	setplen	jet plane
bunbalus	skeleton plane	helikopta	helicopter
glasbalus	glass plane	helikopta	helicopter
wilkar	wheel-cart	wilbero	wheelbarrow
senkar	chain-car	katapila	caterpillar
switmuli	sweet lime	orins	orange

Wesentlich problem. ist der durch den Entlehnungsvorgang bedingte Zuwachs an Homophonen. In der folgenden Liste sind die hinzugekommenen neueren Bedeutungen in Kapitälchen gesetzt:

Tok Pisin bilong taun	aus Englisch
sip	ship, jib, JEEP, sieve, CHIEF
sem	shame, SAME
wet	to wait, white, WEIGHT
sevim	to save, TO SERVE
sekim	to shake, TO CHECK
pos	post, FORCE
lek	leg, LAKE
bot	boat, BOARD
pas	fast, TO PASS
lip	lip, leaf, TO LEAVE

Hierdurch können schwer wiegende Missverständnisse entstehen. So wurde die Bemerkung eines Parlamentsabgeordneten »les long toktok long *sit* nating« fälschlich als »tired of talking to a bunch of shits« übersetzt anstatt des intendierten »tired of talking to empty seats«.

Wäre anstelle der engl. Entlehnung das etablierte *sia* 'seat' ('Sitz') gebraucht worden, hätte es keine Mehrdeutigkeit gegeben.

Auch der **Wechsel zwischen Tok Pisin und Englisch** wird in den Städten immer häufiger:

A *Sometimes, mi save wok till tri four which is bad.*
Sometimes I work until three or four which is bad.

B *Tru ya?* Is that so?

A *Mi got practicols na mi no save slip.*
I have practicals and I don't go to sleep.
Monday, Tuesday after lunch mi save go slip.
On Mondays and Tuesdays after lunch I sleep.
Kirap one o'clock, work till four, na i go long leksas.
I get up at one, work till four and then go to lectures.

Der enge Kontakt zwischen Tok Pisin und der Superstratsprache Englisch wird auf lange Sicht nicht ohne Folgen für die sprachl. Unabhängigkeit des Tok Pisin bleiben. Die Zeitung *Wantok* und die *Nasenel Brotkasting Komisin* haben die Gefahr erkannt und versuchen, das Tok Pisin vor dem engl. Einfluss zu bewahren.

Tok Pisin Bibeltext:

Ol *i kamap long hapsait bilong raunwara,*
(markiert Plural) (side) (round water)
'They came to (the) other side of (the) lake',

long graun bilong ol Gerasa. *Em* *i lusim*
(ground) (Plural) (3. Pers. Sg.) (lose + -im = Transitivsuffix)
'to (the) country of (the) Gerasenes. He got off'

bot pinis, *na kwiktaim wanpela man i got*
(finish = markiert Ende einer Handlung) (one fellow)
'(the) boat and quickly a man who had'

spirit doti *i stap long en,* *em i kam painim*
(dirty) (find + Transitivsuffix)
'(a) spirit unclean stopped by him, he came to find'

Jisas. Dispela man . . . i save *slip long* *ples matmat.*
(this fellow) (markiert Gewohnheitsmäßiges) (place)
Jesus. This man slept in (the) cemetery.

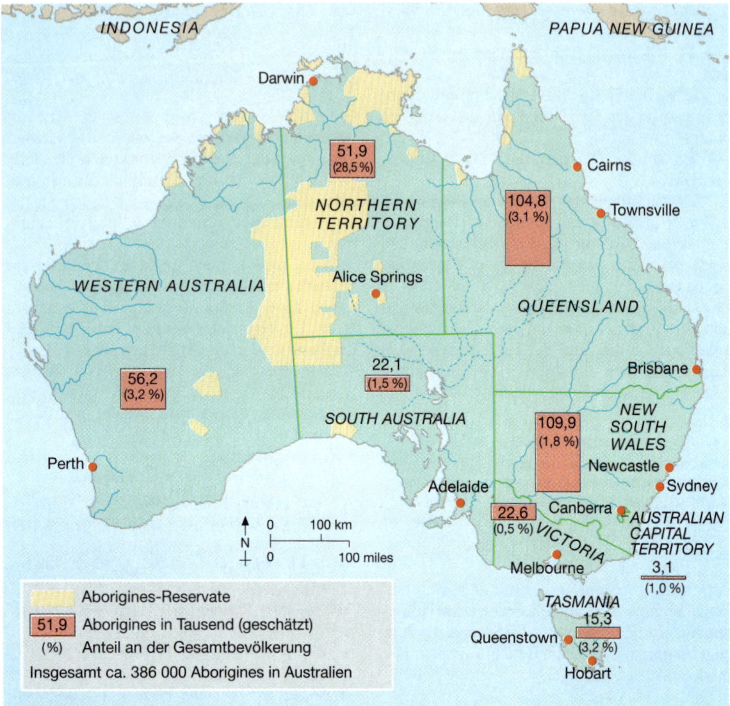

A Verteilung der schwarzaustralischen Bevölkerung (1996)

Sprache	Sprecher in % der Bevölkerung
Italienisch	2,3
Griechisch	1,6
Kantonesisch	1,2
Arabisch/Libanesisch	1,0
Vietnamesisch	0,8
Deutsch	0,6
Mandarin	0,5
Spanisch	0,5
Mazedonisch	0,4
Tagalog	0,4
Kroatisch	0,4
Polnisch	0,4
Maltesisch	0,3
Eingeborenensprachen und Kreolisch	0,3
Türkisch	0,3
Niederländisch	0,3
sonstige	4,1
insgesamt	**15,5**

B Zu Hause gesprochene Sprachen außer Englisch

Herkunftsland	1947 (a) in Tsd.	1971 (a) in Tsd.	1997 (b) in Tsd.
Großbritannien und Irland	541,3	1.088,3	1.214,1
Neuseeland	43,6	80,5	325,5
Italien	33,6	289,5	256,7
früheres Jugoslawien	5,9	129,8	197,6
Vietnam	–	0,7	165,4
Griechenland	12,3	160,2	141,7
Deutschland	14,6	110,8	121,5
China	6,4	17,6	130,3
Hongkong	–	–	(c) 78,7
Niederlande	2,2	99,3	94,7
Philippinen	0,1	2,6	104,7
insges. aus Übersee	744,2	2.579,3	4.322,6
Australien	6.835,2	10.176,3	14.209,6
Einwohner insgesamt	**7.579,4**	**12.755,6**	**18.532,2**

(a) Volkszählung (b) geschätzt (c) mit Macao

C Die wichtigsten Herkunftsländer der Einwanderer

Siedlungsgeschichte und Bevölkerung

1770 nahm James Cook die **Ostküste Australiens** für Großbritannien in Besitz. Die ersten brit. Ansiedlungen waren **Sträflingskolonien**:

1788 in Port Jackson, dem heutigen Sydney, mit 730 Sträflingen (570 Männer und 160 Frauen) und ca. 250 freien Personen (hauptsächlich Soldaten und Offiziere).

Neusüdwales war noch bis 1840 Sträflingskolonie. Sträflinge wurden auch nach Tasmanien gebracht (1804–52). Die Kolonie in Westaustralien wurde 1829 zunächst für freie Siedler gegründet. Wegen akuten Arbeitskräftemangels entschloss man sich aber auch hier, Sträflinge zu beschäftigen (1850–68). Lediglich Südaustralien war nie eine Sträflingskolonie.

Nach Ableistung ihrer Strafe oder nach Begnadigung bestand für die ehem. Sträflinge die Möglichkeit, nach Großbritannien zurückzukehren. Sie mussten sich zur Arbeit auf dem Schiff während der Rückreise verpflichten. Viele aber entschieden sich, in Australien zu bleiben. Sie waren als Arbeitskräfte bes. geschätzt, weil sie mit den örtl. Verhältnissen vertraut waren.

Ab 1793 kamen auch **freie Siedler** nach Australien. Ihre Zahl blieb zunächst noch relativ gering (ca. 1 300 im Jahre 1820). Erst um 1840 waren sie zahlenmäßig den (ehemaligen) Sträflingen überlegen.

Die freiwilligen Siedler und die Sträflinge bildeten zwei getrennte gesellschaftl. Gruppen.

Auch nach Abbüßung ihrer Strafe hatten die Sträflinge aufgrund ihrer Vergangenheit oft Schwierigkeiten, völlige Gleichberechtigung zu erlangen.

Im Verlauf des 19. Jhs. wurde das Siedlungsgebiet allmählich von SO (Neusüdwales) her ausgedehnt, im Süden nach Victoria und Tasmanien, im Norden nach Queensland. Die Kolonien in Süd- und Westaustralien waren separate Gründungen. Bei der Erschließung großer Gebiete für die Schafzucht und die Produktion von Wolle wurden die Ureinwohner Australiens (**Aborigines**) von ihrem angestammten Land vertrieben.

In der Zeit der ersten Besiedlung durch Europäer Ende des 18. Jhs. lebten ca. 300 000 Aborigines in Australien. Ihre Zahl hatte sich innerhalb eines Jahrhunderts auf ca. 50 000 reduziert, v. a. durch von Europäern eingeschleppte Infektionskrankheiten, wie z. B. Pocken.

Als man 1851 in Victoria Gold entdeckte, führte dies zu einer Wanderungsbewegung unter der Bevölkerung. Gleichzeitig kam es durch die Goldfunde zu einer Einwanderungswelle aus Kalifornien und Europa, so dass die Bevölkerung Australiens deutlich anstieg. 1901 schlossen sich die versch. austral. Kolonien zu einer Föderation, dem *Commonwealth of Australia* zusammen.

Bis zum Ende des 2. Weltkriegs kamen die meisten Einwanderer aus Großbritannien und Irland. Schon die Kolonien hatten sich bemüht, die Einwanderung aus Asien einzuschränken. Nach der Gründung der Föderation wurde bis in die 1950er Jahre die Politik eines *»Weißen Australien«* verfolgt.

Nach 1945 wurde die Einwanderung aus anderen europ. Ländern wie Italien, Griechenland, Deutschland bes. gefördert. Es war das erklärte Ziel, die Einwanderer in die anglo-austral. Gesellschaft zu integrieren.

Ab Mitte der 1970er Jahre wurden die Einwanderungsbeschränkungen allmählich gelockert und der Weg in eine multikulturelle Gesellschaft eingeschlagen. Der Anteil der Einwanderer aus Europa ging deutlich zurück (Abb. C). Anfang der 1990er Jahre waren von insges. ca. 110 000 Einwanderern nur noch ¼ Europäer, während die Hälfte aus Asien kam.

Australien hat heute 18 Mio. Einwohner. Bei der Volkszählung 1991 betrug der Anteil der Australier mit europ. Abstammung 61% (1986: 68%); 25% gaben an, im Ausland geboren zu sein. 266 000 Menschen (1,5%) bezeichneten sich als Aborigines.

Eindeutiger Bevölkerungsschwerpunkt ist der SO Australiens (Neusüdwales und Victoria). Fast 90% der Bevölkerung lebt heute in städtischen Regionen: Über 60% der Australier wohnen allein in den Metropolen Sydney (3,7 Mio.), Melbourne (3,2 Mio.), Perth (1,9 Mio.), Brisbane (1,3 Mio.) und Adelaide (1,0 Mio.), die sich alle an oder nahe der Küste befinden.

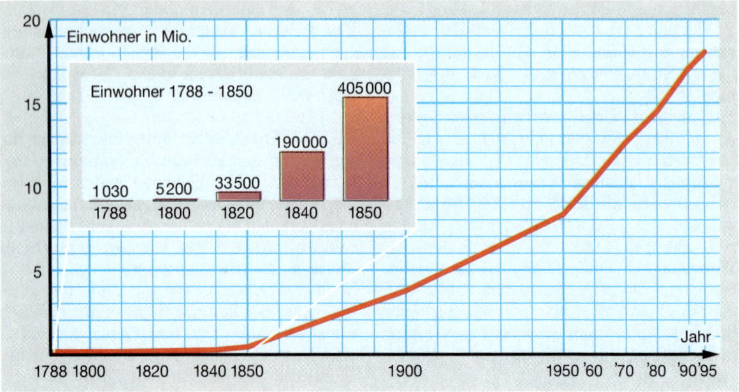

A Bevölkerungsentwicklung in Australien (ohne Aborigines)

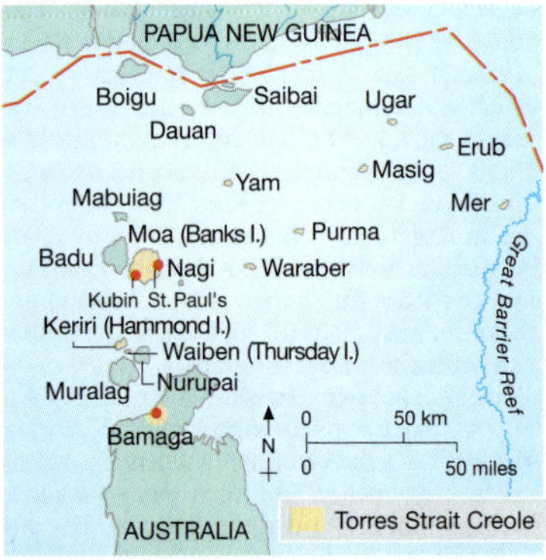

B Verbreitungsgebiet des Torres Strait Creole

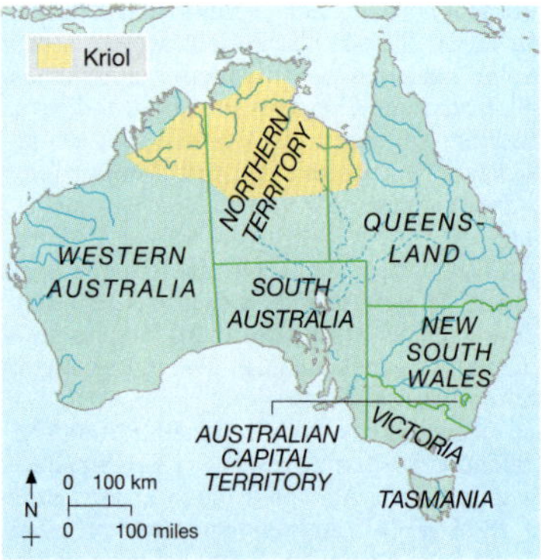

C Verbreitungsgebiet des Kriol

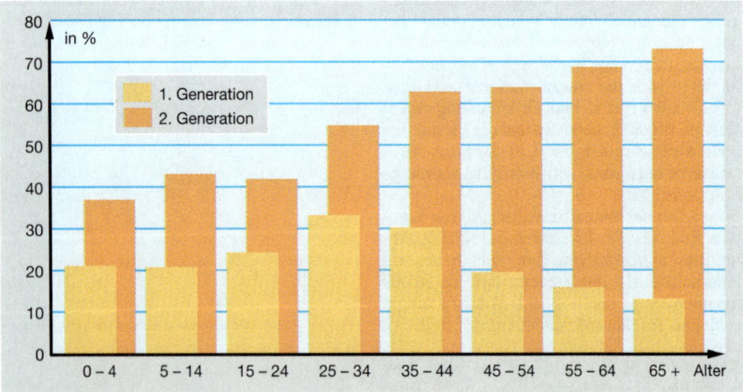

D Sprachwechsel zum Englischen bei Einwanderern

Englisch wird nunmehr seit über 200 Jahren in Australien gesprochen. In dieser Zeit hat es die eingeborenen Sprachen verdrängt und ist ebenso zur Sprache der meisten Nachkommen nicht-englischsprachiger Einwanderer geworden. Es ist heute die klar dominierende Sprache sowohl in demographischer als auch in funktionaler Hinsicht.

Für ca. 83% der Bevölkerung ist Englisch die erste und einzige Sprache.

Es ist die Sprache des öffentlichen Lebens (Verwaltung, Politik, Schulwesen, Justiz, Handel) und für die meisten genauso die Sprache im privaten Bereich. Dennoch wird in Australien eine Vielzahl von anderen Sprachen verwendet, bes. die Sprachen der Aborigines und die Sprachen der nicht-englischsprachigen Einwanderer (s. S. 224, Abb. B).

Zur Zeit der ersten europ. Besiedlung gab es ca. 250 Eingeborenensprachen. In den südl. Landesteilen, wohin die meisten Europäer kamen, war die traditionelle Kultur schon Ende des 19. Jhs. weitgehend verdrängt und Englisch zur alltägl. Sprache auch der Aborigines geworden. Heute sind viele der Eingeborenensprachen bedroht bzw. schon ausgestorben. Die Gesamtzahl der Sprecher beträgt weniger als 30 000. Etwa 70 Sprachen werden noch aktiv verwendet. Aber nur etwa 25 von ihnen haben 250 oder mehr Sprecher.

Eingeborenensprachen finden sich v. a. noch in den entlegeneren Gebieten im Inneren Australiens, v. a. im Nordterritorium. Aber auch hier macht sich der Einfluss des Englischen bemerkbar, z. B. durch das Schulwesen, am Arbeitsplatz und in der Verwaltung.

In neuerer Zeit bemühen sich versch. Stammesorganisationen und Institutionen, wie die *School of Australian Linguistics* oder das *Institute for Aboriginal Development,* um den Erhalt der Eingeborenensprachen. Es ist jedoch fraglich, ob solche Initiativen den Fortbestand dieser Sprachen sichern können.

Durch den Sprachkontakt mit dem Englischen haben sich versch. Pidgin- und Kreolsprachen herausgebildet:

– **Kriol**, eine englisch-basierte Kreolsprache, entstand zu Beginn des 20. Jhs. und wird heute von über 20 000 Aborigines in NW-Queensland, in der nördl. Hälfte des Nordterritoriums und im Kimberley Gebiet (Westaustralien) gesprochen. Für mehr als die Hälfte der Sprecher ist Kriol auch die Muttersprache.

Kriol bildet ein Kontinuum von Sprachformen: von *hebi Kriol* (heavy creole), dem Basilekt, bis zum *lait Kriol* (light creole), dem Akrolekt. Hebi Kriol wird bes. von Personen gesprochen, die eine Eingeborenensprache als Erstsprache haben und Kriol als Zweitsprache verwenden.

– **Torres Strait Creole** wird auf einigen Inseln zwischen Papua Neuguinea und Australien und in Bamaga auf der Kap-York-Halbinsel von ca. 3 000 Sprechern als Erstsprache verwendet. Weitere 12 000 Sprecher sprechen Torres Strait Creole als Zweitsprache.

– das **Pidgin English** von Queensland, das auch unter dem Namen *Queensland Canefields English* oder *Queensland Kanaka English* bekannt wurde; bes. gesprochen von Melanesiern, die zwischen 1860 und 1910 als Arbeiter auf den Zuckerrohrplantagen in Queensland beschäftigt waren.

Heute wird das Queensland Kanaka English nur noch bruchstückhaft von einigen älteren Sprechern beherrscht. Jedoch hatte dieses Pidgin einen wichtigen Einfluss auf die Entwicklung des *Melanesian Pidgin English.*

Mit der großen Zahl von nicht-englischsprachigen Einwanderern (Italiener, Griechen, Chinesen, Araber, Deutsche) nach 1945 kamen versch. Sprachen nach Australien, die in den einzelnen nationalen Sprechergemeinschaften als so genannte **community languages** weiterexistieren. Sie dienen in erster Linie der Kommunikation in der Familie und unter Freunden. Doch setzt schon bei den Einwanderern ein Assimilationsprozess zum Englischen hin ein, und ab der 2. Generation dominiert meist bereits eindeutig das Englische.

Abb. D zeigt den ausschließlichen Gebrauch des Englischen (*Home language – English only*) in der 1. und 2. Generation von Einwanderern (Daten von 1986).

Von der 1. Einwanderer-Generation sind es die über 65-Jährigen, die noch am meisten ihre Muttersprache im privaten Bereich verwenden. Der Sprachwechsel zum Englischen ist am häufigsten in der Gruppe der 25- bis 34-Jährigen, gefolgt von den 35- bis 44-Jährigen. In der 2. Generation steigt der Sprachwechsel mit höherem Alter stetig an. Bes. deutlich ist hier der Anstieg in der Gruppe der 25- bis 34-Jährigen. Bei den über 65-Jährigen verwenden schon über 70% nur noch Englisch.

Auch auf offizieller Seite hat sich die Idee einer multikulturellen und multilingualen Gesellschaft mehr und mehr durchgesetzt. 1987 wurde die vom austral. Erziehungsministerium in Auftrag gegebene Studie *National Policy on Languages* veröffentlicht, die einerseits das Ziel verfolgt, den Unterricht des Englischen als Erst- und Zweitsprache zu verbessern, andererseits auch die Zweisprachigkeit fördert. Danach soll jeder Australier eine 2. Sprache lernen. Gleichzeitig setzt sich die Studie für den Erhalt und den Unterricht der *community languages*, einschließlich der Eingeborenensprachen, ein.

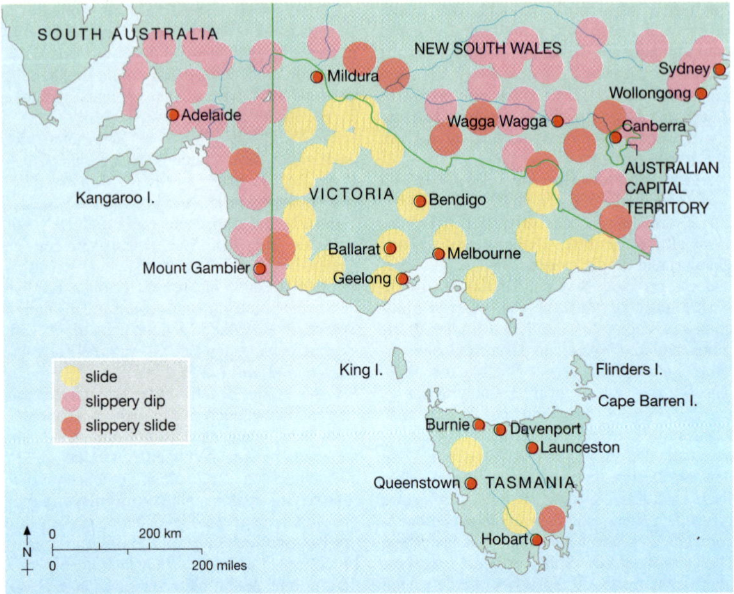

A Verteilung der Wörter für 'Rutschbahn' in Süd-Australien

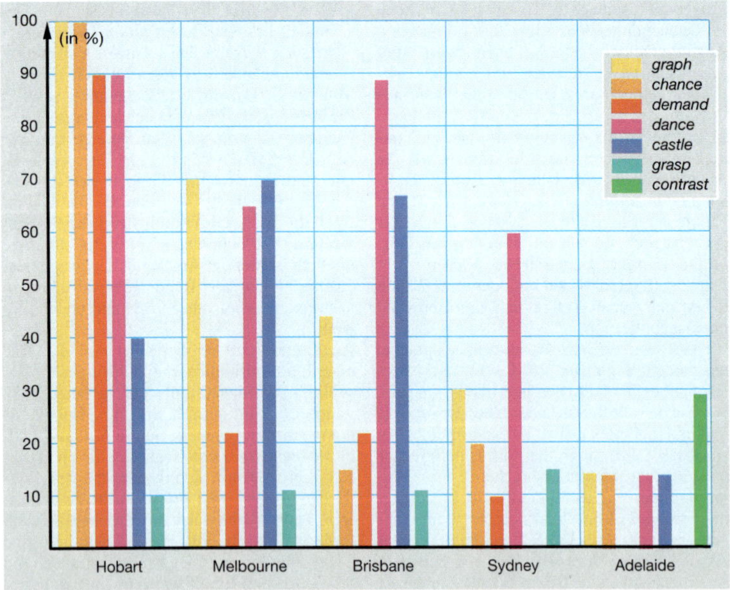

B Aussprache von <a> als [æ]

Nach gesellschaftl. Gruppen können 3 Varietätsklassen des Englischen unterschieden werden: Aboriginal English, Migrant English und Australian English.

Aboriginal English
bezeichnet die Sprachformen, die von den Nachkommen der austral. Ureinwohner gebraucht werden. Ein großer Teil der Aborigines lebt heute in den städt. Regionen. Da sie üblicherweise Englisch durch den Kontakt mit Weißen der unteren sozialen Schichten erworben haben, weist das *Aboriginal English* Merkmale des White Nonstandard AusE auf. Andererseits enthält es Merkmale, die nur für diese Sprachvarietät charakterist. sind und die Sprecher als Aborigines identifizieren.
Von Weißen wird das *Aboriginal English* eindeutig negativ bewertet. Unter den Aborigines gilt es jedoch als ein Kennzeichen der ethn. Identität.
Bes. Beachtung schenkt man dem *Aboriginal English* mittlerweile im Schulwesen. Während man es früher einfach als minderwertiges Englisch ansah, setzt sich mehr und mehr die Ansicht durch, dass das *Aboriginal English* eine eigenständige Sprachform darstellt, die als Basis dienen kann, Kindern auch Kenntnisse in der engl. Standardsprache zu vermitteln.

Migrant English
ist eine Sammelbezeichnung für die Sprachformen des Englischen, wie sie von Einwanderern aus nicht-englischsprachigen Ländern verwendet werden. Sie sind bestimmt durch zahlreiche unterschiedl. Faktoren, wie z. B. die Muttersprache, das Alter und den Bildungsgrad der Einwanderer. Gleichfalls eine Rolle spielen die Identifizierung mit einer nationalen Gruppe, vorherige Kenntnisse des Englischen und die sozialen Kontakte nach der Einwanderung.
Generell besteht die Tendenz, sprachl. Merkmale aus der Muttersprache ins Englische zu übernehmen. Solche Transferenzerscheinungen sind auf allen sprachlichen Ebenen möglich.
So werden engl. Laute, die es in der Muttersprache nicht gibt, durch ähnliche, in dieser Sprache vorkommende Laute ersetzt, z. B. /θ/ und /ð/ durch /s/ bzw. /z/.
Ebenso können syntaktische Muster übertragen werden, wie z. B. *I know him for five years* ('I have known him for five years').
Lexikalische Übernahmen treten auf, wenn für das Herkunftsland der Einwanderer typ. Inhalte bezeichnet werden sollen, für die im Englischen keine Entsprechungen vorhanden sind, wie z. B. *schnitzel, ccino* (für *cappuccino*).
Bei Transferenzmerkmalen stellt sich die Frage, ob es sich nur um vorübergehende Erscheinungen während des Spracherwerbs handelt oder ob sie bestehen bleiben.
Stabile Transferenzen im Bereich der Aussprache gibt es z. B. bei älteren Sprechern in einer ehemals deutschsprachigen Enklave, dem Barossa Valley.
Ferner sind Entlehnungen aus europ. Sprachen im Bereich »Essen und Trinken« zu einem festen Bestandteil im Wortschatz des AusE geworden.
Viele Transferenzen sind jedoch nur vorübergehender Natur, so werden z. B. Merkmale, die in der ersten Generation von ital. Einwanderern in Sydney auftreten, schon von der 2. Generation nicht mehr übernommen.

Australian English (AusE)
ist der Terminus für die klar dominierende Sprachvarietät des Englischen, wie sie von in Australien geborenen Muttersprachlern des Englischen gebraucht wird. Es wird immer wieder betont, dass das AusE **in regionaler Hinsicht sehr homogen** ist, d. h., es gibt kaum dialektale Unterschiede, was bei der Größe des Landes in der Tat überrascht. Diese Homogenität lässt sich erklären durch die Siedlungsgeschichte und durch Wanderungsbewegungen innerhalb Australiens.
Gerade für die frühe Besiedlung war Sydney der Ausgangspunkt, von dem aus das Land nach und nach erschlossen wurde. Orte wie Hobart, Brisbane oder Newcastle waren zunächst Außenposten von Sydney. Ein Austausch von Sträflingen und Soldaten zwischen den Kolonien war üblich. Für die später gegründeten Kolonien wie Melbourne und Adelaide war Sydney ein wichtiges Handelszentrum und ein Ort, wo neue Siedler angeworben werden konnten.
Neuere Forschungen belegen aber, dass das AusE doch nicht ganz so homogen ist, wie es oft beschrieben wurde.
Abb. B zeigt regionale Unterschiede bei der Aussprache des Vokals in Wörtern wie *dance, castle* u. a. in verschied. austral. Städten. Die Aussprache variiert zwischen [a:] und [æ]. Insgesamt gesehen kommt die [æ]-Aussprache in Hobart (Tasmanien) am häufigsten vor, während sie in Sydney und in Adelaide weitaus seltener ist.

Abb. A zeigt ein Beispiel für regionale Unterschiede im Wortschatz.

Im AusE gibt es eine **ausgeprägte soziale Differenzierung**. Die traditionelle Analyse unterscheidet 3 Hauptvarietäten: **Cultivated (Educated), General** und **Broad Australian**. Grundlage für diese Einteilung bildet die unterschiedl. Aussprache bestimmter Vokale und Diphthonge.

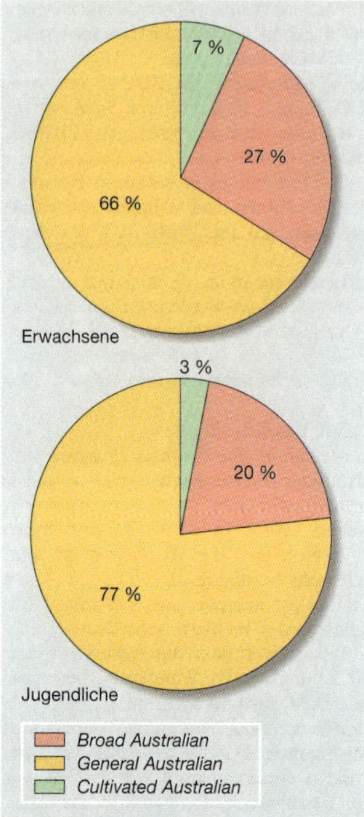

A Australisches Englisch in Sydney

	RP	*Broad AusE*
bid	/ɪ/	[i̝]
bed	/e/	[e̝]
bad	/æ/	[ɛ̝]
pot	/ɒ/	[ɔ̝]
putt	/ʌ/	[ɐ˖]
put	/ʊ/	[ʊ]
bee	/iː/	[ə·ɪ]
bay	/eɪ/	[a̝·ɪ]
buy	/aɪ/	[ɒ·ɪ]∼[ɒ·ə]
boy	/ɔɪ/	[o·ɪ]
boot	/uː/	[ə·ʊ]
boat	/əʊ/	[ɒ·ʊ]∼[ɐ·ə]
bout	/aʊ/	[æ·ʊ]∼[æ·ᶛ]∼[ɛ·ʊ]
peer	/ɪə/	[i̝ː]
pair	/eə/	[e̝ː]
paw	/ɔː/	[oː]∼[oɐ]
bard	/ɑː/	[aː]
bird	/ɜː/	[əː]

RP britische Standardaussprache

B Aussprache der Vokale im Broad Australian English

C Missverständnis einer britischen Lady in Neuseeland

Die **regionale Herkunft der frühen Siedler/ Sträflinge** ist für die Herausbildung des AusE von bes. Bedeutung. Sie kamen in erster Linie aus London und anderen städt. Regionen Süd- und Mittelenglands, aber auch aus Irland. Die Zahl der Siedler anderer Nationen war äußerst gering.

Zwischen dem *Broad Australian* und dem Londoner Dialekt, *Cockney*, gibt es auffällige Parallelen. Da aber unter den ersten Siedlern auch Sprecher zahlreicher anderer Varietäten vertreten waren, kam es zu einem sprachl. Nivellierungsprozess, der letztlich zur Entstehung einer eigenständigen austral. Varietät des Englischen führte.

Ferner gab es bereits sehr früh soziale Unterschiede. Angehörige der höheren Schicht wie Offiziere, Regierungsbeamte oder wohlhabende Siedler unterschieden sich aufgrund ihrer Bildung auch in sprachl. Hinsicht von den unteren sozialen Schichten, einschließlich der Sträflinge.

Über lange Zeit galt die brit. Standardsprache und der RP-Akzent als Norm für das AusE. Durch den Niedergang des brit. Empire und mit der Aufgabe traditioneller Bindungen an Großbritannien hat diese Sprachnorm jedoch deutlich an Einfluss verloren. Darüber hinaus hat sich die Einstellung der Bevölkerung gegenüber ihrer eigenen Sprachvarietät seit dem 2. Weltkrieg geändert. Das AusE wird mehr und mehr als eine eigenständige nat. Varietät des Englischen gesehen.

Diese Entwicklung wurde nachhaltig gefördert durch die Veröffentlichung des ›*Macquarie Dictionary*‹ (1981), das eine wichtige Instanz für die Standardisierung des AusE darstellt.

Nach 1945 hat aber auch der Einfluss des amerik. Englisch merklich zugenommen, der v. a. über die Massenmedien wie Film, Fernsehen oder Werbung wirksam wird. Der Amerikanisierung des AusE wird in der Öffentlichkeit bes. Beachtung geschenkt und sie wird oft kritisiert.

Sprachliche Merkmale

Das AusE ist nicht-rhotisch, d. h., das postvokalische /r/ wie in *bar* oder *hard* wird nicht realisiert. Intervokalisches /t/ wie in *letter* oder *city* kann als stimmhaftes [t̬] realisiert werden, jedoch ist dies bei weitem nicht so häufig wie im amerikan. Englisch.

Im Gegensatz zum RP-Akzent kann /l/ auch in Anfangsposition als dunkles [ɫ] ausgesprochen werden, z. B. *leaf* [ɫə·ɪf].

Die Lautkombination /lj/ wird oft zu /j/ reduziert, z. B. *million* ['mɪjən].

Bei **Vokalen** ist zu beachten, dass die Vorderzungenvokale dazu tendieren, im Vergleich zum RP-Akzent geschlossener ausgesprochen zu werden (Abb. B). Die beiden langen Vokale /i:/ und /u:/ werden zu den Diphthongen [ə·ɪ] bzw. [ə·ʊ], z. B. in *bean* bzw. *moon*.

Auffällig ist die Aussprache einiger Diphthonge. So wird /aɪ/ (z. B. in *high, wide*) als [ɒ·ɪ] und /eɪ/ (z. B. in *Australia, day*) als [a·ɪ] realisiert (vgl. Abb. C).

Da die austral. Krankenschwester das Wort *today* wie *to die* ausspricht, wird die engl. Patientin in Angst und Schrecken versetzt.

Zudem besteht bei den Diphthongen generell die Tendenz, dass das erste Element gelängt wird. Dem RP-Vokal /ɑ:/ entspricht ein vorderes [a:] wie in *start*.

Der Endvokal in Wörtern wie *city, many* ist nicht ein kurzes, sondern ein langes [i:]. [ə] wird im AusE häufiger verwendet als im RP-Akzent, da es oft anstelle von /ɪ/ in unbetonten Silben gebraucht wird (z. B. *boxes* ['bɔksəz], *darkest* ['da:kəst]).

Eine neuere Erscheinung im AusE ist der sog. **High Rising Tone**. Üblicherweise wird im Englischen nur in Fragesätzen eine steigende Intonation verwendet, im AusE jedoch auch in Aussagesätzen.

Der steigende Intonationsverlauf hat eine bes. kommunikative Funktion. Der Sprecher möchte den Kontakt zum Hörer aufrechterhalten und sich vergewissern, ob er dem Gesagten folgt.

Im Bereich der **Grammatik** gibt es keine wesentl. Unterschiede zwischen der Standardform des AusE und der brit. Standardsprache. Alle wichtigen nichtstandardsprachl. Merkmale des AusE finden sich auch in versch. Varietäten des brit. Englisch.

Hingegen gibt es zahlreiche **Besonderheiten im Wortschatz**, die folgenden Kategorien zugeordnet werden können:

1. **Entlehnungen** aus den Sprachen der Aborigines, z. B. *boomerang* 'Bumerang', *dingo* 'Dingo, wilder Hund', *billabong* 'ein trockener Flussarm', sowie viele Bezeichnungen für einheim. Tiere und Pflanzen, z. B. *kookaburra* 'eine Vogelart', *mallee* 'ein Eukalyptusbaum';
2. **Bedeutungsveränderungen** bzw. **-erweiterungen** von bereits im Englischen vorhandenen Wörtern, z. B. *station* 'große Schaf- oder Rinderfarm', *bush* 'die natürliche Vegetation, das Land im Gegensatz zur Stadt';
3. **neue Wortzusammensetzungen**, z. B. *bushranger* 'bewaffneter Bandit', *gum-tree* 'Gummibaum';
4. **Wortneubildungen**, z. B. *emancipist* 'entlassener Sträfling', *woop-woop* 'entlegene, rückständige Gegend oder Stadt';
5. **Wörter**, die **aus engl. Dialekten** übernommen wurden, z. B. *dinkum* 'echt, zuverlässig', *larrikin* 'Rowdy', *tucker* 'Nahrung'.

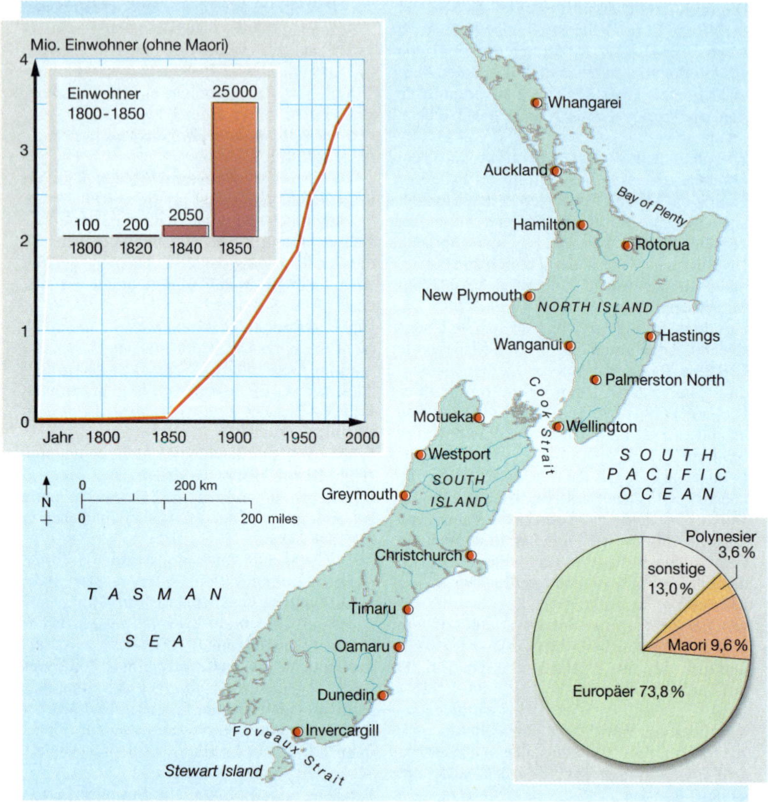

A Neuseeland – Bevölkerungsentwicklung und ethnische Gruppen

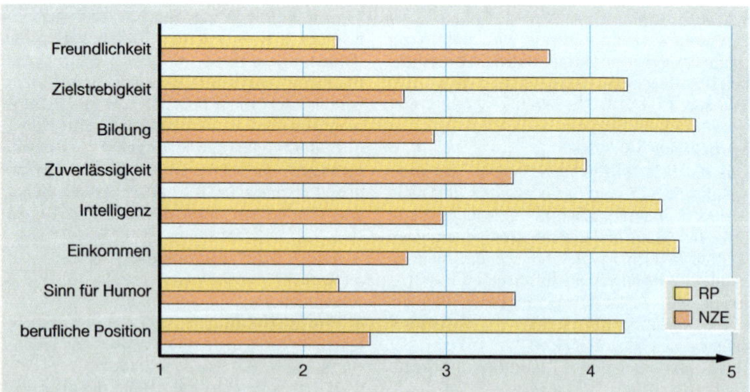

B Bewertung des RP-Akzents im Vergleich zum NZE (Broad, General, Cultivated)

Die europ. Besiedlung **Neuseelands**, die zunächst von Australien ausging, begann um ca. 1800. Austral. Gesellschaften errichteten kleine Handels- und Walfangstationen an der Küste der Nord- und Südinsel. Mit der christl. Missionierung der Maori, den polynesischen Ureinwohnern Neuseelands, wurde 1814 begonnen. Von 1839 bis 1841 war Neuseeland Teil der austral. Kolonie Neusüdwales. Im Gegensatz zu Australien war Neuseeland aber nie eine brit. Sträflingskolonie.
Im Vertrag von Waitangi im Jahre 1840 erkannten die Maori die Herrschaft Großbritanniens an und erklärten sich bereit, Land nur an die brit. Krone zu verkaufen. Als Gegenleistung wurde ihnen Schutz gewährt und ihnen ihr Landbesitz garantiert. 1841 wurde Neuseeland offiziell brit. Kronkolonie.
Die Beziehungen zwischen Siedlern und Maori verschlechterten sich jedoch bald, da Letztere nicht bereit waren, mehr Land zu verkaufen. Die Folge waren kriegerische Auseinandersetzungen zwischen 1843–48 und 1860–71.
Um 1840 betrug die Zahl der Briten etwa 2 000. Erst danach kamen mehr Siedler ins Land. Sie kamen v. a. aus Großbritannien und Australien. Unter den Einwanderern zwischen 1854 und 1870 waren 7 239 Briten und 4 523 Australier.
Ein wichtiger Grund für die Einwanderung nach 1850 waren Goldfunde. Durch die Einführung von Kühlschiffen ab 1880 war es möglich, landwirtschaftl. Produkte (Butter, Käse, Fleisch) zu exportieren und eine leistungsfähige Agrarindustrie aufzubauen.
Neuseeland hat heute 3,66 Mio. Ew.; 2,73 Mio. leben auf der Nordinsel, 930 000 auf der Südinsel. 84% der Bevölkerung leben in städt. Regionen, 74% sind europ. Abstammung. Die meisten von ihnen sind brit. Herkunft.

In der Sprache der Maori heißen sie *Pakehas* (mit der Bedeutung 'weiß, seltsam').

Englisch ist die klar dominierende Sprache in Neuseeland. Für 95% der Bevölkerung ist es die erste und für 90% auch die einzige Sprache. In allen öffentl. Bereichen (Massenmedien, Schulwesen, Verwaltung, Justiz usw.) ist die Position des Englischen unangefochten, trotz neuerer Versuche, der Maori-Sprache hier mehr Geltung zu verschaffen.
Die Ausrichtung der neuseeländ. Gesellschaft war lange Zeit britisch. Im Vergleich zu Australien war man sich hier noch stärker der histor. Bindung zu Großbritannien bewusst.

Es wurden sowohl typ. brit. Traditionen und Institutionen fortgeführt, als auch die brit. Standardsprache und der RP-Akzent als sprachl. Norm angesehen.

Erst in neuerer Zeit gibt es ein stärkeres Bewusstsein für die Eigenständigkeit des New Zealand English (NZE), v. a. auch im Hinblick auf sprachl. Unterschiede zum austral. Englisch.

Praktisch alle Maori (340 000 oder 9,6% der Bevölkerung) sind heute auch Sprecher des Englischen. Der Gebrauch der einheim. **Maori-Sprache** geht immer weiter zurück. Selbst in den entlegeneren, ländl. Gebieten hat sich Englisch durchsetzen können.
Nach Schätzungen gibt es heute noch etwa 60 000 Maori, die ihre angestammte Sprache fließend sprechen können. Die meisten Sprecher sind mittleren Alters oder älter. Unter den Jüngeren gibt es noch einige, die die Maori-Sprache passiv beherrschen, sich aber selbst nicht in der Lage sehen, sie aktiv zu verwenden. Die Sprache für den privaten Bereich ist für sie Englisch.
In der jüngeren Vergangenheit wurden bes. Anstrengungen unternommen, den Gebrauch der Maori-Sprache zu fördern. Ein Schwerpunkt bildet hierbei die Verwendung in den Schulen sowohl als Unterrichtsmedium für Maori-Kinder als auch als Unterrichtsfach. Es ist jedoch zweifelhaft, ob hierdurch eine Trendwende erreicht werden kann.
Für die Variation im NZE kann man analog zum AusE **drei Ausspracheformen** unterscheiden: **Cultivated, General** und **Broad NZE**. Hierbei handelt es sich um ein sprachl. Kontinuum. Das *Broad NZE* enthält typ. neuseeländ. Merkmale, das *Cultivated NZE* steht dem RP-Akzent nahe und das *General NZE* liegt sprachlich gesehen dazwischen.
Das bes. Prestige des RP-Akzents zeigt sich nach wie vor in Bewertungsskalen, die Einstellungen von Neuseeländern gegenüber dem RP-Akzent und dem NZE wiedergeben (Abb. B).
Im Vergleich zu Sprechern des NZE werden RP-Sprecher als zielstrebiger, gebildeter, zuverlässiger und intelligenter angesehen. Ebenso nimmt man an, dass sie ein höheres Einkommen haben und einen angeseheneren Beruf. In 2 Fällen, nämlich für »Freundlichkeit« und für »Sinn für Humor«, erhalten die Sprecher des NZE deutlich höhere Werte, was auf deren soziale Attraktivität hinweist.
Stellt man nur das *Cultivated NZE* dem RP-Akzent gegenüber, sind die Unterschiede deutlich geringer, auch wenn der RP-Akzent noch bei 5 der 8 Bewertungskriterien höher eingeschätzt wird. Das *Cultivated NZE* erhält außer für »Freundlichkeit« und »Sinn für Humor« auch für »Zuverlässigkeit« höhere Werte.

	RP	NZE		RP	NZE
bid	/ɪ/	[ə]	*boy*	/ɔɪ/	[o̞·ɪ]
bed	/e/	[e̝]	*boot*	/u:/	[ə·ʊ]
bad	/æ/	[ɛ̝]	*boat*	/əʊ/	[ɐ̟·ʊ~ɐ̟·ɵ]
pot	/ɒ/	[ɒ]	*bout*	/aʊ/	[æ·ʊ]
putt	/ʌ/	[ɐ·]	*peer*	/ɪə/	[e̝ə]
put	/ʊ/	[ɤ]	*pair*	/eə/	[e̝ə]
bee	/i:/	[ə·ɪ]	*paw*	/ɔ:/	[o̝:]
bay	/eɪ/	[a·ɪ]	*bard*	/ɑ:/	[a:]
buy	/aɪ/	[ɑ·ɪ]	*bird*	/ɜ:/	[ø̝:]

A Vokale der britischen Standardaussprache (RP) und des New Zealand English (NZE) im Vergleich

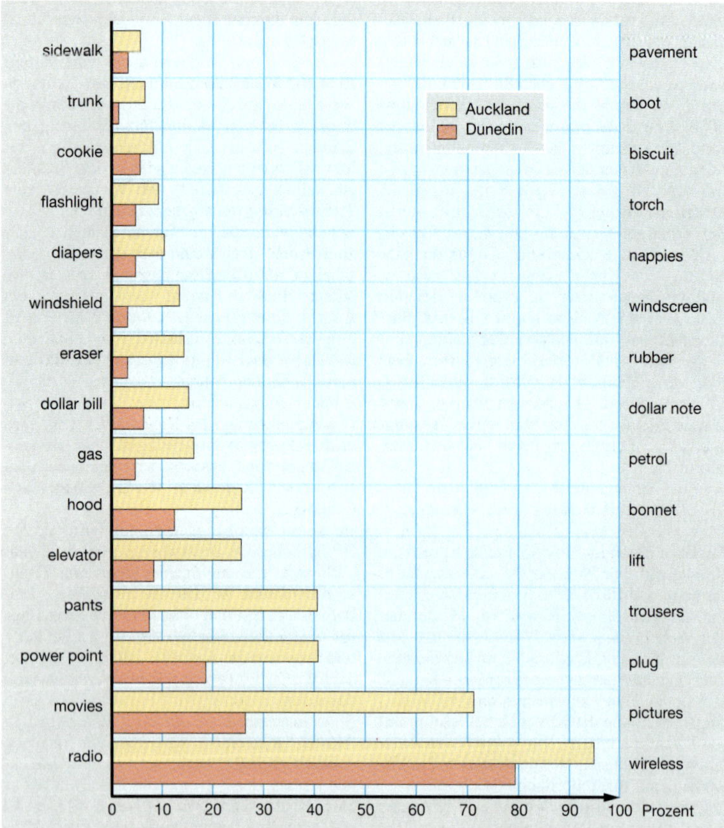

B Gebrauch von Amerikanismen (*sidewalk*, *trunk* usw.) im NZE in Auckland und Dunedin

Sprachliche Merkmale

Das austral. Englisch (AusE) und das neuseeländ. Englisch (NZE) sind zwei Varietäten des Englischen, die sich sehr nahe stehen.

Hierauf weisen auch Bezeichnungen wie *Australasian English* oder *Antipodean English*, die früher häufiger als Oberbegriff für die beiden Sprachformen benutzt wurden.

Ihre Ähnlichkeit ist geschichtl. bedingt. Beide Varietäten haben ihren Ausgangspunkt im brit. Englisch des späten 18. und frühen 19. Jhs., und brit. Einfluss war in beiden Ländern lange durch die vielfältigen Bindungen zum Mutterland und durch Einwanderer aus Großbritannien wirksam.

Ferner unterhalten Australien und Neuseeland trotz der großen räumlichen Distanz (1 900 km) traditionell enge Kontakte untereinander (Handel, Austausch von Arbeitskräften).

Die Unterschiede zwischen dem AusE und dem NZE waren lange Zeit nicht bes. deutlich. Auch heute noch ist es für Außenstehende schwierig, Australier und Neuseeländer sprachlich auseinander zu halten. Doch gibt es in neuerer Zeit deutliche Unterschiede in der Aussprache.

Das wohl **deutlichste Unterscheidungskriterium** ist die **Aussprache** des kurzen /ɪ/, das im AusE als [i] und im NZE als [ə] realisiert wird.

So geben Australier an, dass Neuseeländer nicht '*fish and chips*' sagen, sondern 'fush and chups', während umgekehrt Neuseeländer meinen, Australier sagen hierfür 'feesh and cheeps'.

Ein weiteres typ. Kennzeichen des NZE ist der Zusammenfall der Diphthonge /ɪə/ und /eə/, die beide als [eə] realisiert werden, so dass Wortpaare wie *ear/air* oder *beer/bear* gleich ausgesprochen werden.

Die genannten Erscheinungen haben sich im NZE schnell verbreitet und sind bes. typisch für jüngere Sprecher. Andererseits gibt es viele Parallelen zwischen dem NZE und dem AusE.

Auch im NZE neigen die langen Vokale /i:/ und /u:/ zur Diphthongierung, wie z. B. in *keen* [kə·ɪn] bzw. *goose* [gə·ʊs].

Die beiden Vorderzungenvokale /æ/ und /e/ werden geschlossener artikuliert als im RP-Akzent, so dass Wörter wie *ham* oder *pen* von Außenstehenden als 'hem' bzw. 'pin' wahrgenommen werden.

Dem RP-Vokal /ɑ:/ entspricht ein vorderes /a:/, wie z. B. in *cart.*

Bei den Diphthongen besteht die Tendenz, dass das 1. Element gelängt wird. Der Diphthong /eɪ/ wird auch im NZE als [a·ɪ] realisiert, wie z. B. in *face.*

Der Endvokal in Wörtern wie *very, many* ist im NZE ein langes [i:].

[ə] wird häufig anstelle von /ɪ/ in unbetonten Silben verwendet, z. B. in *rubbish* ['rʌbəʃ] oder *horses* ['ho:səz].

Wie das AusE ist das NZE ein nicht-rhotischer Akzent (d. h. keine Realisierung des postvokalischen /r/ wie in *far* oder *farm*).

Intervokal. /t/ wie in *better, city* wird bisweilen als stimmhaftes [ţ] artikuliert.

Dunkles [ɫ] erscheint in allen Positionen, d. h. auch am Wortanfang, z. B. *light* [ɫa·ɪt].

Zudem besteht die Tendenz, dass /l/ am Wortende mit Lippenrundung vokalisiert wird, z. B. *bell* [beɫ] oder [beo].

Auch im NZE kann ein steigender Intonationsverlauf (*High Rising Tone*) in Aussagesätzen verwendet werden. Ähnlich wie im AusE möchte der Sprecher so den Kontakt zum Hörer aufrechterhalten und sich vergewissern, ob er dem Gesagten folgt.

Im **grammatikalischen** Bereich gibt es keine wesentl. Unterschiede zwischen der Standardform des NZE und der brit. Standardsprache.

Die Besonderheiten im **Wortschatz** können wie folgt klassifiziert werden:

1. **Entlehnungen** aus der Sprache der Maori; neben Bezeichnungen für die einheim. Flora und Fauna gibt es eine Reihe von Lehnwörtern, die mit dem Stammesleben und den Gebräuchen der Maori in Verbindung stehen, z. B.
   mana 'Macht, Prestige, Autorität', *iwi* 'Volksstamm', *runanga* 'Versammlung, Unterredung', *whanau* 'Familie';
2. **Bedeutungsveränderungen** bzw. **-erweiterungen** von bereits im Englischen vorhandenen Wörtern, z. B.
   bach 'Ferienhaus am Strand' (Wortkürzung von engl. *bachelor*), *lolly* 'jede Art von Süßigkeit', *section* 'Baugrundstück';
3. **neue Wortzusammensetzungen**, z. B.
   chilly bin 'Kühlbox', *Canterbury lamb* 'Lamm aus der Provinz Canterbury', *fizz boat* 'Rennboot';
4. **Übernahme** von Wörtern **aus engl. Dialekten** (auch im AusE vorhanden), z. B.
   chook 'Hühnchen, Geflügel', *to barrack* 'Spieler bei einem Spiel anfeuern', *wowser* 'Spielverderber';
5. **Entlehnungen aus dem AusE**, z. B.
   backblocks 'entlegene Gegend im Landesinneren', *dill* 'Dummkopf', *ocker* 'Rüpel'.

Wie im AusE hat auch im NZE der Einfluss des amerik. Englisch nach dem 2. Weltkrieg deutlich zugenommen (vgl. Abb. B).

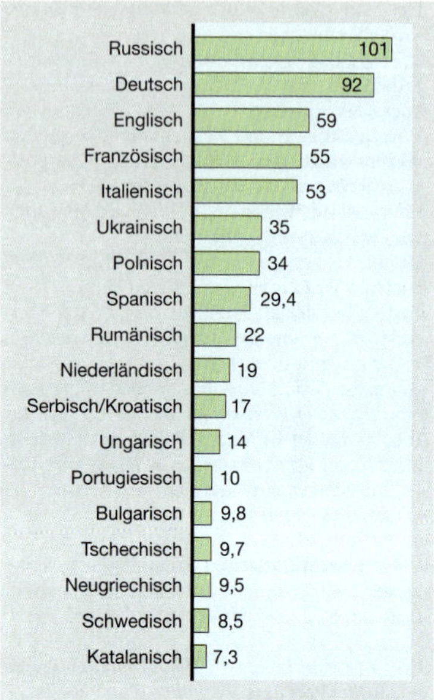

A Sprachen in Europa (1993; in Mio. Sprecher)

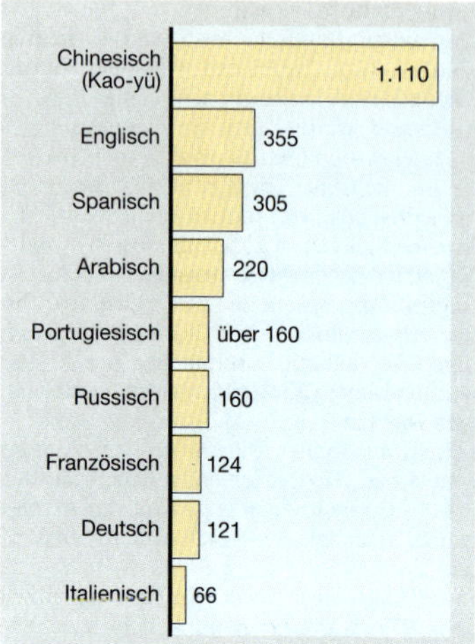

(Chinesisch weist zwar die größte Sprecherzahl auf, aber es ist auf den (süd)ostasiatischen Raum beschränkt, und es treten große Verständigungsprobleme bei Sprechern aus verschiedenen Regionen auf.)

B Sprachen in der Welt (1996; in Mio. Sprecher)

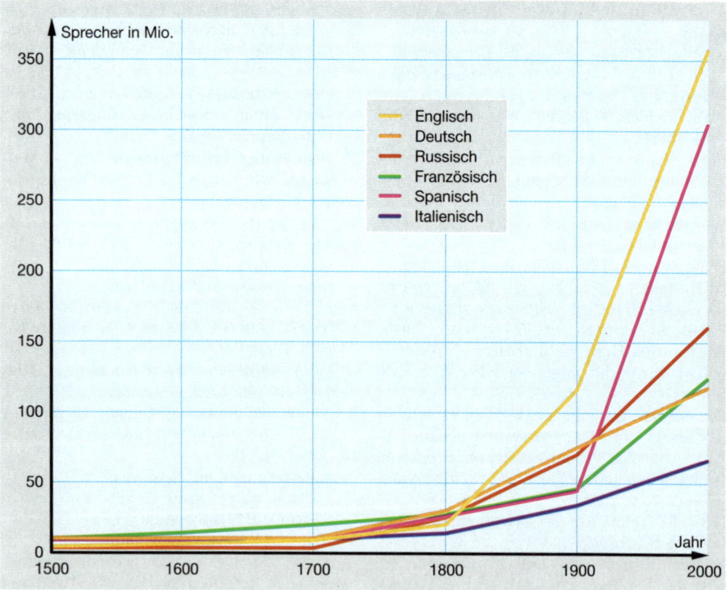

C Entwicklung des Englischen im Vergleich zu anderen Sprachen (Mio. Sprecher)

Plansprachen

Die Idee einer Universalsprache, einer Weltsprache, beschäftigt die Menschheit schon seit dem 17. Jh. und ging einher mit der Ablösung des Latein als internat. Wissenschaftssprache. Bis heute sind etwa 900 Versuche, Welthilfssprachen oder Plansprachen zu schaffen, bekannt geworden.

Ganz bes. zahlreich waren derartige Vorschläge Ende des 19. und Anfang des 20. Jhs. So veröffentlichte 1880 der kath. Pfarrer JOHANN MARTIN SCHLEYER (1831–1912) aus Konstanz das **Volapük** (vereinfachte Aussprache von *world speak*), das einen Wortschatz von etwa 14 000 Wörtern umfasste.

Ein Drittel der Wörter, bes. die häufig gebrauchten, entstammte dem Englischen.

Die Zahl der Anhänger des Volapük stieg im ersten Jahrzehnt seiner Existenz enorm: Anfang der 1890er Jahre gab es weltweit etwa 1 Mio. Anhänger. Etwa 10 Jahre später war dieses System jedoch fast völlig vergessen, obwohl sich so angesehene Wissenschaftler wie HUGO SCHUCHARDT, MAX MÜLLER und ALEXANDER ELLIS dafür eingesetzt hatten. Die Grammatik war noch zu kompliziert, und Volapük war daher schwer zu lernen.

In der Kategorie der Plansprachen ist bis heute **Esperanto** am erfolgreichsten. Es wurde von dem poln. Augenarzt LUDWIG ZAMENHOF (1859–1917) 1887 als *Lingvo Internacia de la Doctoro Esperanto* (Internationale Sprache von Dr. Hoffnungsvoll) erstmalig vorgestellt.

Dem Volapük ist es in Grammatik und Wortbildung weit überlegen.

Etwa 75% der Morpheme des Esperanto stammen aus roman., 20% aus german. und 5% aus anderen Sprachen. Zu den dt. Morphemen gehören *baldaŭ* (< *bald*), *bedaŭri* (< *bedauern*), *haŭto* (< *Haut*).

Der log. Aufbau des Esperanto zeigt sich auch daran, dass jedes Substantiv auf *-o*, jedes Adjektiv auf *-a*, jedes Verb im Infinitiv auf *-i* endet. Es gibt nur einen bestimmten Artikel (*la*) für Singular und Plural und keinen unbest. Artikel. Mit wenigen Wortbildungselementen lassen sich viele Wörter bilden: *sana* 'gesund', *malsana* 'krank', *feliĉo* 'Glück', *malfeliĉo* 'Unglück'; *-ej* als Nachsilbe für den Ort ergeben z. B. *lernejo* 'Schule', *bakejo* 'Bäckerei'.

Nach Angaben der UN beherrschen Esperanto heute 8 Mio. Menschen in 130 Ländern, eine Zahl, die völlig bedeutungslos gegenüber der Zahl derer ist, die Englisch als Muttersprache sprechen (Abb. B).

Symptomat. ist auch, dass 1969 vom ›Center for Research on International Language Problems‹ in Rotterdam eine Zeitschrift ›Lingvaj problemoj kaj lingvoplanado‹ gegründet wurde, in der von allen Beiträgen noch heute eine Zusammenfassung auch in Esperanto erscheint, die aber wenige Jahre später in ›Language Problems and Language Planning‹ umbenannt wurde.

Dass auch heute noch Vorschläge für eine Universalsprache gemacht werden, zeigt **Adli**, das der Franzose PIRAS 1984 mit Computerhilfe entwickelte. Adli besteht aus insgesamt 25 000 Wörtern, von denen 42% aus dem Englischen stammen.

BASIC English

Die Frage, ob sich zu einer Weltsprache eine Plansprache, wie dies der dän. Linguist OTTO JESPERSEN in seinem 1928 erschienenen Buch ›An International Language‹ noch propagierte, oder eine lebende Sprache besser eignet, dürfte zugunsten Letzterer entschieden sein.

Aber die Realität hat auch denen den Boden für den Disput entzogen, die zwar das Englische, aber nur in vereinfachter Form am geeignetsten hielten.

BASIC English (**B**ritish, **A**merican, **S**cientific, **I**nternational, **C**ommercial) dürfte innerhalb dieser Kategorie gewisse Chancen u. a. durch die Parteinahme WINSTON CHURCHILLS (Rede am 6. 9. 1943 an der Harvard Universität) gehabt haben.

Schließlich überwogen jedoch die Bedenken, mit 850 Grundwörtern (davon 600 Substantive, 150 Adjektive und nur 16 Verben und 2 Hilfsverben), die der engl. Psychologe CHARLES K. OGDEN (1889–1957) 1930 ausgewählt hatte, wirklich auskommen zu können.

Bei der Übertragung der Bibel, literar. Werke und von Arbeiten aus dem wiss. Bereich zeigte sich nämlich, dass man mit dem BASIC Vokabular allein nicht auskommt. Die Umschreibungen im BASIC English sind notgedrungenermaßen oft schwerfällig, z. B.

he takes the hair off his face für *he shaves* oder *to put into writing* für *to write* (es gibt im BASIC English das Substantiv *writing*, aber nicht das Verb *to write*).

Auch die Konversion, die so ökonom. Fähigkeit des Englischen, dass Wörter ohne formale Änderung die Wortklasse wechseln (Bsp.: *the water – to water*), kommt im BASIC English nicht zum Zuge.

Allein für das intransitive Verb *to go* ohne Partikel gibt es über 20 versch. Bedeutungen im BASIC English.

Zu bedenken ist auch, dass BASIC English außergewöhnl. rationale Fähigkeiten vom engl. Muttersprachler erfordert, da er seine eigene Sprache sehr stark »einfrieren« muss.

Die von H. G. WELLS 1933 in ›The Shape of Things to Come‹ gemachte Prophezeiung, um 2020 würde fast jeder BASIC English verwenden, dürfte daher nicht eintreten.

Der Status des Englischen in der Welt

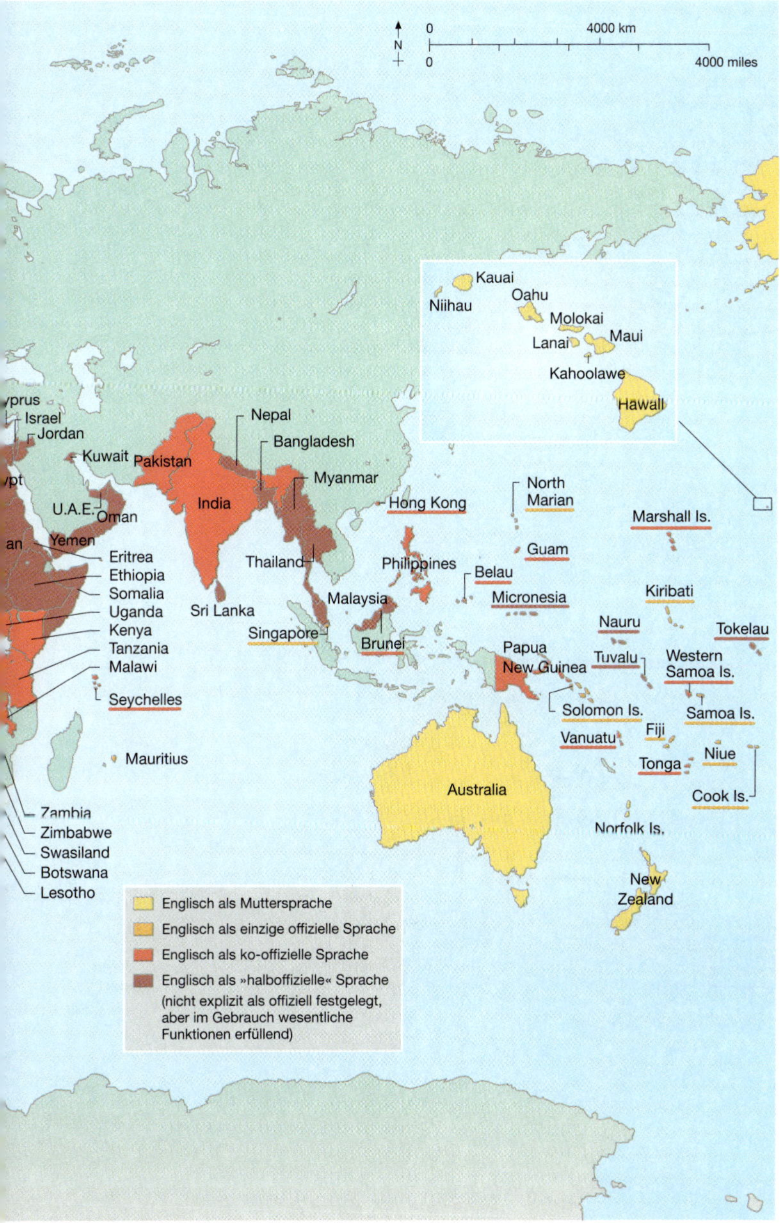
0
4000 km
0
4000 miles
N
Kauai
Niihau
Oahu
Molokai
Maui
Lanai
Kahoolawe
Hawaii
Cyprus
Israel
Jordan
Kuwait
Pakistan
Nepal
Bangladesh
Myanmar
India
U.A.E.
Oman
Yemen
Eritrea
Ethiopia
Somalia
Uganda
Kenya
Tanzania
Malawi
Seychelles
Mauritius
Zambia
Zimbabwe
Swasiland
Botswana
Lesotho
Sri Lanka
Thailand
Hong Kong
Philippines
Malaysia
Singapore
Brunei
North Marian
Guam
Belau
Micronesia
Marshall Is.
Kiribati
Nauru
Tokelau
Papua New Guinea
Tuvalu
Western Samoa Is.
Solomon Is.
Samoa Is.
Vanuatu
Fiji
Niue
Tonga
Cook Is.
Australia
Norfolk Is.
New Zealand
Englisch als Muttersprache
Englisch als einzige offizielle Sprache
Englisch als ko-offizielle Sprache
Englisch als »halboffizielle« Sprache (nicht explizit als offiziell festgelegt, aber im Gebrauch wesentliche Funktionen erfüllend)

Das britische Empire 1920

Das »normale« Englisch hat sich mehr und mehr durchgesetzt. Dafür gibt es auch linguist. Gründe: Ein *Teil der Grammatik* ist relativ leicht erlernbar; einige grammat. Kategorien wie Numerus und Kasus sind stark reduziert, andere (wie grammat. Geschlecht) ganz verschwunden. Demgegenüber hat der *Wortschatz* des Englischen, abgesehen von einer kleinen Zahl von Wörtern, die in vielfältiger Weise verwendet werden können, auch aufgrund histor. bedingter Differenziertheit seine Tücken.
Es gibt 3 versch. Typen von Ländern, die sich des Englischen bedienen:
1. englischsprachige Länder, d. h. Länder, in denen Englisch als Muttersprache (Erstsprache oder *Home language*) gesprochen wird, wenn auch nicht zu 100%.
Englisch sprachen 1992 z. B. in Großbritannien 96%, in Neuseeland 91% und in Kanada 66%.
2. Länder, in denen Englisch als Zweitsprache wichtige Funktionen übernimmt (wie z. B. Indien oder Ghana).
3. Länder, in denen Englisch als Fremdsprache im Wesentlichen auf die internat. Funktionen beschränkt ist.
Fasst man alle 3 zusammen, so ergibt sich, dass Englisch heute prakt. in jedem Land der Welt in Gebrauch ist. Das gilt für keine andere Sprache.

In den folgenden Ländern ist **Englisch** heute **offizielle** oder **ko-offizielle Sprache** (Abb.):
In **Afrika** und in Ländern des **Atlantischen** und **Indischen Ozeans**:
Ascension, Botswana (neben Tswana), Gambia, Ghana, Kamerun (neben Französisch), Kenia (neben Suaheli), Lesotho (neben Sotho), Liberia, Malawi (neben Chichewa), Mauritius, Namibia, Nigeria, Sambia, Seychellen (neben Standard- und Kreolfranzösisch), Sierra Leone, Simbabwe, St. Helena, Südafrika (neben Afrikaans und – seit Ende der Apartheid – den folgenden 9(!) afrikan. Sprachen: Ndebele, Nordsotho, Südsotho, Swati, Tsonga, Tswana, Venda, Xhosa und Zulu), Südgeorgien und Südliche Sandwich-Inseln, Swasiland (neben Swasi), Tansania (neben Suaheli), Tristan da Cunha, Uganda (neben Suaheli).
In beiden **Amerikas** und der **Karibik**:
Anguilla, Antigua und Barbuda, Bahamas, Barbados, Belize, Bermuda-Inseln, Britische Jungferninseln, Cayman-Inseln, Dominica, Falkland-Inseln, Grenada, Guyana, Jamaika, Jungferninseln, Kanada (neben Französisch; in Quebec nur Französisch), Montserrat, Puerto Rico (neben Spanisch), St. Kitts und Nevis, St. Lucia, St. Vincent and the Grenadines, Trinidad und Tobago, Turks und Caicos Inseln, Vereinigte Staaten von Amerika.
In **Asien** und **Ozeanien**:
Australien, Cook-Inseln, Fidschi, Guam, Hongkong (neben Kantonesisch), Indien (neben Hindi), Kiribati, Marshallinseln (neben Kajin-Majol), Mikronesien, Neuseeland, Niue, Nördliche Marianen, Norfolk-Insel, Pakistan (neben Urdu), Palau/Belau, Papua-Neuguinea, Philippinen (neben Pilipino), Salomonen, Samoa-Inseln, Singapur, Tokelau, Tonga (neben Tonga), Tuvalu (neben Tuvalu), Vanuatu (neben Französisch, Bislama), Westsamoa (neben Samoanisch).
In **Europa**:
Gibraltar, Großbritannien, Malta (neben Maltesisch), Republik Irland (neben Irisch).

Englisch kann zwar offizielle Sprache eines Landes sein, aber trotzdem nur von einem geringen Prozentsatz der Bevölkerung gesprochen und verstanden werden.
Ein krasses Beispiel ist Namibia, wo nur ca. 5% der Bevölkerung Englisch sprechen und verstehen. Dort dürfen Schüler nur bis zur 4. Klasse aus 13 versch. Landessprachen wählen, danach ist Englisch obligatorisch.
Ein weiteres krasses Beispiel ist Südafrika: Mit Ende der Apartheid wurden 11 Sprachen zu offiziellen Landessprachen erklärt. Das hat das derzeitig herrschende »bürokratische Babylon« zur Folge.
Englisch ist zwar z. Zt. nur für 9% der Südafrikaner die Muttersprache, hat aber gute Chancen, überregional vorherrschend zu werden, v. a. weil Afrikaans das Stigma der Herrensprache anhaftet.
Länder, in denen Englisch Zweitsprache ist, gehörten fast ausnahmslos zum ehem. brit. Empire (s. Abb.). Englisch dient heute
– einmal als **lingua franca** in all jenen Ländern, in denen eine Vielzahl von Sprachen gesprochen wird, so dass man sich auf ein Verständigungsmittel einigte, das niemandes Muttersprache war,
– zum anderen als Unterrichtssprache in weiterführenden Schulen
– sowie als Kommunikationsmittel beim Handel, in der Wissenschaft und Technologie.
In seiner Verwendung als Zweit- und als Fremdsprache zeigt sich die Weltgeltung des Englischen am deutlichsten. Die Angaben, wie viele Menschen Englisch als Zweit- oder als Fremdsprache sprechen, schwanken erheblich. Verlässliche Zahlen gibt es noch nicht einmal für die Mitgliedsstaaten der EU.
Schätzungen sind auch deshalb unzuverlässig, weil es keine Übereinstimmung gibt, über welche Sprachkompetenz jemand verfügen muss, um als Sprecher des Engl. zu gelten.
Die S. 242, Abb. A angegebenen Zahlen stellen eher eine vorsichtige Schätzung dar.

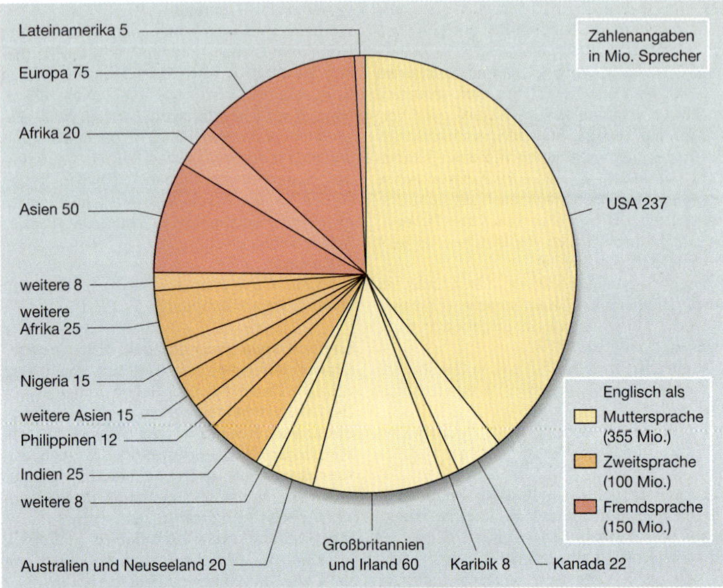

A Sprecher des Englischen (Schätzung 1996)

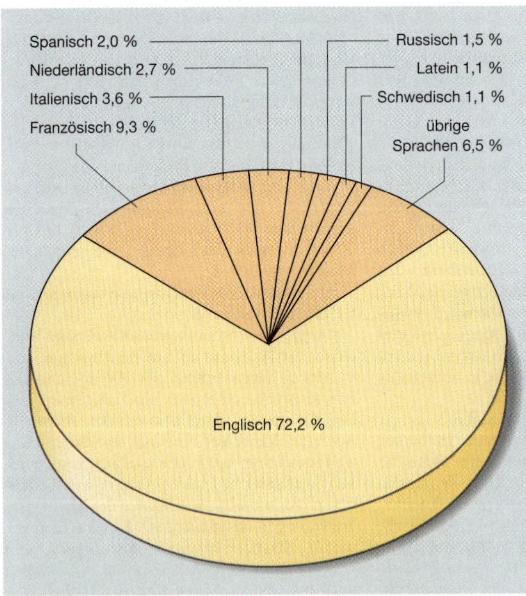

Sprache	Anzahl der Übersetzungen
Englisch	5.179
Französisch	669
Italienisch	256
Niederländisch	192
Spanisch	147
Russisch	110
Schwedisch	78
Latein	77
Portugiesisch	54
Norwegisch	50
Neuhebräisch	43
Dänisch	40
Polnisch	36
Tschechisch	36
Japanisch	25
Chinesisch	23
Arabisch	22
Altgriechisch	21
Ungarisch	15
Neugriechisch	11
Türkisch	10
übrige Sprachen*	83
insgesamt	**7.177**

*Sprachen mit weniger als 10 Übersetzungen

B Herkunftssprachen der Übersetzungen ins Deutsche 1998 (Erstauflagen)

Natürlich bedienen sich auch die zahlreichen **internationalen Organisationen** v. a. des Englischen.

Hinter deren krypt. Abkürzungen steckt meistens ein engl. Wortlaut (von *ADF* = *African Development Fund* bis *WTO* = *World Tourism Organization).*

Die führende Rolle des Englischen (neben dem Französischen) in internat. Organisationen zeigt die folgende Tabelle:

	Vollstatus	Teilstatus
1. Englisch	61	3
2. Französisch	59	2
3. Spanisch	23	5
4. Russisch	18	7
5. Deutsch	12	18
6. Arabisch	10	7
7. Chinesisch	8	11
8. Niederländisch	2	4
9. Italienisch	2	3
10. Dänisch	2	0

Vollstatus bedeutet, dass die Sprache mündlich und schriftlich auf allen Ebenen und in allen Gremien verwendet und aus ihr und in sie übersetzt und gedolmetscht wird.

In der **Luftfahrt** wird die engl. Sprache seit 40 Jahren offiziell verwendet.

Nur in Quebec wird die Flughafenkommunikation seit 1980 auf Englisch und Französisch durchgeführt.

Das sog. **Seaspeak**, ein international anerkanntes Seefahrtsenglisch, und das **Emergencyspeak** bei internationalen Katastropheneinsätzen wurden erst 1980 in Angriff genommen und 1984 international offiziell eingeführt.

Buchproduktion

Als weiteres Indiz für die herausragende Rolle, die das Englische weltweit spielt, können die Zahlen über die Buchproduktion sowie die Anzahl der Übersetzungen aus dem Englischen gelten.

Folgende Tabelle zeigt die Anzahl englischsprachiger Bücher in % der Gesamtzahl der publizierten Bücher in ausgewählten Ländern, in denen Englisch keine Muttersprache ist: (Weder französisch- noch deutschsprachige Bücher spielen in diesen Ländern eine Rolle [meist deutlich unter 1%]).

Land	1980/81		1993	
	insges.	davon Engl. in %	insges.	davon Engl. in %
Afrika				
Malawi	70	30	152	79,6
Simbabwe	402	90,5	349	94,3
Amerika (Süd)				
Kolumbien	5 492	1,7	1 486	0,7
Kuba	1 438	0	2 199	4,7
Asien				
Malaysia	2 356	23,3	3 748	27,1
Sri Lanka	2 352	24,8	3 204	20,9
Thailand	4 498	8,2	7 626	6,6
Zypern	1 137	15,8	942	9,1
Europa				
Dänemark	8 563	8,5	11 492	11,7
Finnland	8 227	10,8	11 785	14,6
Niederlande	13 939	8	11 844	12,9
Polen	10 435	2,7	9 788	3,0
Schweden	8 582	13,4	12 895	14,3

Übersetzungen

Die herausragende Anzahl von Übersetzungen aus dem Englischen weltweit weist zum einen auf die hohe Zahl der in dieser Sprache verfassten Bücher, zum anderen auf die Attraktivität des Englischen für andere Sprachgemeinschaften hin: Bereits 1960 betrug der Anteil der Übersetzungen aus dem Englischen weltweit 33%. Er ist seither deutlich gestiegen. Die ab Mitte der 1970er Jahre zu beobachtende Position des Russischen (an 2. Stelle) lag daran, dass mehr als die Hälfte der Übersetzungen in der Sowjetunion selbst in die zahlreichen Sprachen dieses Vielvölkerstaates vorgenommen wurden; ⅓ entfiel auf die ehemal. sozialist. Staaten Europas.

Die Zahl der übersetzten Titel aus dem Italienischen und Spanischen bewegte sich in dem beobachteten Zeitraum um die 1 000, alle anderen Sprachen bleiben weit darunter.

In Dtl. ist Englisch mit mittlerweile 72,2% (1998) die weitaus wichtigste Herkunftssprache für Übersetzungen. Alle weiteren Sprachen folgen mit sehr großem Abstand (Abb. B).

Von 1987 bis heute hat sich an der Reihenfolge der Herkunftssprachen für Übersetzungen ins Deutsche in der Spitzenposition nichts geändert: Englisch in großem Abstand gefolgt von Französisch und Italienisch; Russisch ist vom ehemals 4. Platz auf den 6. abgerutscht und wurde von Niederländisch und Spanisch überholt.

Der Anteil der Übersetzungen an der gesamten Buchproduktion ist in Italien mit 25%, in Spanien mit 26%, in Portugal mit 33% und in Schweden mit sogar 60% deutlich höher als in Deutschland, wo er zwar zwischen 1989 und 1992 kontinuierlich von 11,2% auf 15,5% stieg, aber bis 1996 wieder auf 13,7% sank.

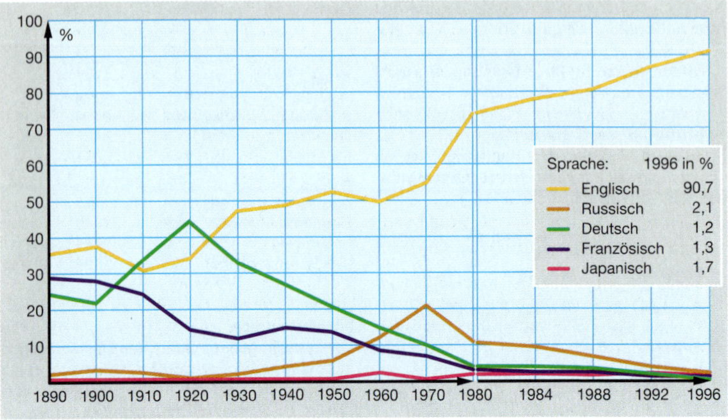

A Anteil verschiedener Sprachen an den naturwissenschaftlichen Publikationen 1890-1996

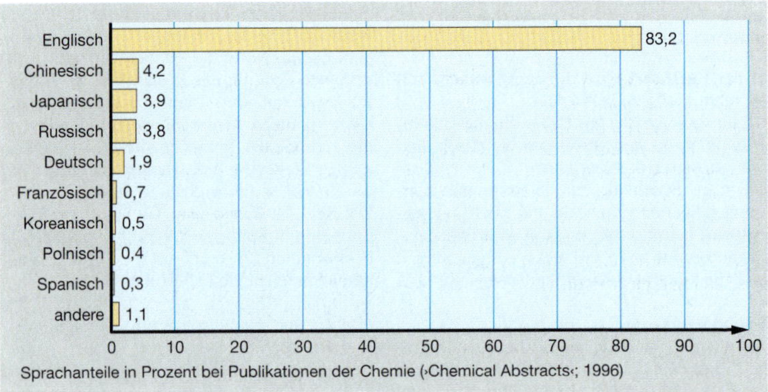

Sprachanteile in Prozent bei Publikationen der Chemie (›Chemical Abstracts‹; 1996)

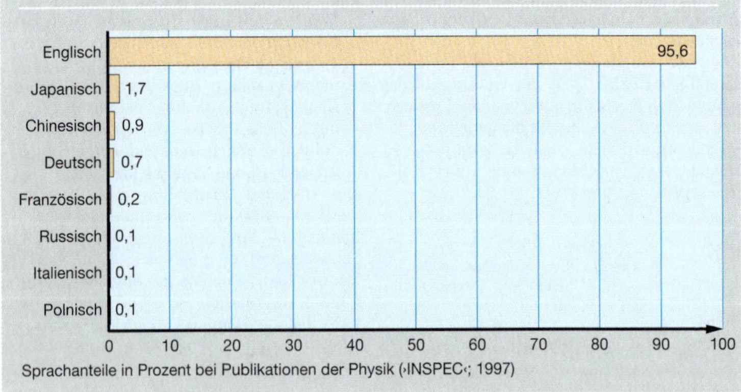

Sprachanteile in Prozent bei Publikationen der Physik (›INSPEC‹; 1997)

B Sprachverteilung der in der Chemie und Physik verfassten Originalliteratur

Englisch ist in immer stärkerem Maße die Sprache des internationalen Handels, von Wirtschaft, Technik und Internet, der Wissenschaft überhaupt und der Diplomatie geworden.
Sowohl als Fach- wie auch als Gemeinsprache ist es heute in der Elektronik, der Computertechnologie, der Astronomie unentbehrlich.
Auch werden hier wie in anderen Wissenschaften die meisten Forschungsergebnisse auf internat. Kongressen in engl. Sprache vorgestellt, diskutiert und dann publiziert.

Im Bereich von Wissenschaft und Technik hat das Englische v. a. das Deutsche abgelöst.

In der Physik z. B. wurden vor dem Zweiten Weltkrieg Beiträge in russ. Zeitschriften bes. in dt. Sprache publiziert, wie schon ein Zeitschriftentitel wie ›Physikalische Zeitschrift der Sowjetunion‹ bezeugt.

Heute werden die Beiträge in dieser Zeitschrift in russ. oder engl. Sprache veröffentlicht.
Das bekannte ›Archiv für Kreislaufforschung‹ heißt jetzt ›Basic Research in Cardiology‹, und aus der ›Zeitschrift für Kinderheilkunde‹ wurde das ›European Journal of Pediatrics‹.
In der ›Zeitschrift für Tierpsychologie‹, der ältesten Fachzeitschrift auf dem Gebiet der Verhaltensforschung, die man als dt. Domäne bezeichnen kann, erschienen 1950 alle Beiträge in dt. Sprache. 1984 waren 95% der Aufsätze in engl. Sprache verfasst, und 1986 wurde die Zeitschrift in ›Ethology‹ umbenannt.
Das Titelblatt einer traditionsreichen dt. geisteswiss. Zeitschrift sieht heute so aus: ›Zeitschrift für Vergleichende Sprachforschung = Historische Sprachforschung (Historical Linguistics)‹.
Das renommierte Handbuch für Chemiker ›Ullmanns Enzyklopädie der technischen Chemie‹ heißt seit 1985 ›Ullmann's Encyclopedia of Industrial Chemistry‹.
Den Rückzug des Deutschen in unmittelbarem Zusammenhang mit den verlorenen Weltkriegen zu sehen, ist nicht gerechtfertigt. Auch andere Sprachen mussten dem Englischen weichen (Abb. A):

So akzeptierte die ital. Physik-Zeitschrift ›Nuovo Cimento‹ ab 1950 Veröffentlichungen auch in anderen Sprachen als italienisch. Innerhalb von 20 Jahren ging der Anteil der ital. Beiträge auf Null zurück, derjenige der engl. stieg von Null auf 100% an.

In der in Zusammenarbeit mit dem Observatorium von Marseille in Deutschland erscheinenden Zeitschrift ›Astronomy and Astrophysics‹ publizieren ⅔ der franz. Wissenschaftler in engl. Sprache; im offiziellen Organ der ›Agence Internationale de l'Energie Atomique‹, ›Nuclear Fusion‹, sind alle Artikel in engl. Sprache abgefasst, obwohl die Behörde von der franz. Regierung subventioniert wird.
Für einzelne (bes. naturwiss.) Disziplinen gibt es Statistiken, die die zunehmende Verwendung der engl. Sprache belegen.
So hat der japan. Sprachwissenschaftler MINORU TSUNODA den Anteil mehrerer Sprachen an naturwissenschaftlichen Publikationen zwischen 1880 und 1996 nach amerikan. Referatenorganen ermittelt (Abb. A). Die amerikan. Bibliografien sind v. a. für die neuere Zeit am umfassendsten.
Bei aller Repräsentativität ist allerdings zu berücksichtigen, dass in ihnen wohl doch die Veröffentlichungen in engl. Sprache bevorzugt ausgewertet werden. Um eine Verzerrung der Ergebnisse zu vermeiden, wurde von TSUNODA der Mittelwert aus den Referatenorganen aller Länder gebildet. Von 1910 bis Mitte der 1920er Jahre rangierte Deutsch sogar vor Englisch. Ab dann ist jedoch der Siegeszug des Englischen unaufhaltsam.
Die Naturwissenschaften neigen allerdings mehr zum Englischen als die Geisteswissenschaften, und auch innerhalb der Naturwissenschaften gibt es Unterschiede, was bereits ein früherer Vergleich von Zeitschriftenaufsätzen deutschen Universitätspersonals zeigt:

Disziplin	Publikationen 1974	Publikationen 1980	davon Engl. in % 1974	davon Engl. in % 1980
Medizin	3960	5040	26	44
Biologie	792	1200	49	93
Chemie	1992	3083	32	46
Physik	1679	2652	85	89
Psycholog.	213	345	13	20

Seither hat sich an diesem Bild nichts geändert. Auch die Unterschiede in den Bereichen Chemie und Physik (Abb. B) waren damals schon deutlich.
Die ›Chemical Abstracts‹ erscheinen seit 1907. Dieses Referatenorgan ist in der ganzen Welt verbreitet und steht praktisch konkurrenzlos da, nachdem 1979 das ›Chemische Zentralblatt‹ (1830 gegründet) sein Erscheinen eingestellt hat. Aus Anlass des Abdrucks des zehnmillionsten Referates wurden die in Abb. B verwendeten Daten veröffentlicht.
Ein analoges Referatenorgan für die Physik stellen die ›Physics Abstracts‹ dar. Aufgrund der Ermittlungen von INSPEC (**In**formation **S**ources in **P**hysics, **E**lectrotechnology and **C**ontrol) war bereits 1982 die Verwendung des Englischen auf 90% gestiegen, ein Anteil, der wesentlich höher liegt als in der Chemie.

Auch hier muss wohl eine gewisse Bevorzugung englischsprachiger Veröffentlichungen bedacht werden.

Englisch	Deutsch		Dänisch		Französisch		Italienisch	
Substitution	Voll	Null	Voll	Null	Voll	Null	Voll	Null
massive retaliation (1954)	massive Vergeltung massives Zurückschlagen	massive retaliation	massiv gengældelse		représailles massives		rappresaglia massiccia; contrattacco massiccio	massive retaliation
deterrence (1954)	Abschreckung		afskrækkelse			deterrence déterrence		deterrenza
deterrent (1954)	Abschreckungswaffe(n)		afskrækkelses-våben		pouvoir/force(s) de dissuasion	deterrent déterrent	armi dissuasive	deterrent deterrente
(policy of) containment (1947)	Eindämmungs-strategie/-politik	(Politik des) containment Containment	inddæmnings-politik			containment	(politica di) contenimento	containment
disengagement (1957)	Entspannung	disengagement Disengagement	afspænding		désengagement		disimpegno	disengagement
peaceful coexistence (1920-52)	friedliche Koexistenz friedl. Zusammenleben		fredelig-sameksistens		coexistence pacifique		coesistenza pacifica	
(racial) segregation (1957)	Rassentrennung	Segregation	raceads-killelse	segregation	ségrégation (raciale)		segregazione	
McCarthyism (1950)		McCarthyismus McCarthismus		McCarthyisme		maccarthysme maccartisme		maccarthysmo maccartismo
witch-hunt (1950)	Hexenjagd		heksejagt		chasse aux sorcières		caccia alle streghe	
New Frontier(s) (1960)	neue Grenze(n)		ny grænse		nouvelle(s) frontière(s)		nuove frontiere nuova frontiera	
the hawks and the doves (1962)	Habichte und Tauben (1962) Falken und Tauben (1966)		høge og duer		faucons et colombes		falchi e colombe	

Der Einfluss des (amerikanischen) Englisch auf einige europäische Sprachen am Beispiel des politischen Wortschatzes (Teil 1)

Ein Indiz für die internat. Geltung des Englischen ist schließlich auch, dass von keiner anderen Sprache ein ähnlich starker Einfluss auf andere Sprachen weltweit ausgeübt wird. Seinen internat. Status bestätigt »das Ressentiment, das aus Bezeichnungen wie 'Spanglish', 'Franglais' … spricht.« (WÄCHTLER 1977).

Spanglish und **Franglais** sind Zusammensetzungen aus **Spanish** + **English** bzw. **Français** + **Anglais**.

Weitere Wortschöpfungen mit Englis(c)h und anderen Sprachen zeigen an, wie verbreitet derartige Wortmischungen sind.

Für das Deutsche wird dies neben **Denglisch** an zwei Buchtiteln deutlich: ›Sprechen Sie Engleutsch?‹ (1993) und ›Engleutsch? Nein, danke‹ ([2]2000).

Beim Export der engl. Sprache zeigen sich naturgemäß Anpassungen an die Lautstruktur der aufnehmenden Sprachen. So erscheinen

engl. *motor car* im Zulu als *imotokali* und *glasses* als *izingilazi*, engl. *shilling* im Suaheli *shillingi* oder *bulb* als *balbu*.

Auch im Japanischen führt die phonolog. Integration von Anglizismen zu Besonderheiten, wie die folgenden Beispiele zeigen:

engl. *strike* > jap. *sutoraiku, text* > *tekisuto, salad* > *sarada, cake* > *keki.*

Hier ist gelegentlich auch Homophonie zu verzeichnen. So werden

engl. *light* und *right* zu jap. *raito* und engl. *fry* und *fly* zu jap. *furai.*

In anderen Sprachen sind manche Anglizismen orthograph. integriert, wie z. B.

im Spanischen *sueter* (< engl. *sweater*), *líder* (< engl. *leader*), andere nicht, wie z. B. *cocktail* oder *sketch*. Für das fremd aussehende *whisk(e)y* wurde wiederholt die Schreibung *güisqui* vorgeschlagen.

Das ›Österreichische Wörterbuch‹ von 1979 bucht für das Deutsche die Schreibungen *Couch* und *Kautsch.*

Mit Einführung der neuen Rechtschreibung sind zahlreiche Veränderungen in der Schreibung engl. Wortguts im Dt. eingetreten, die bes. Wortzusammensetzungen betreffen. Zu den orthographischen Änderungen gehören *Jumbojet* (engl. *jumbo jet*) oder *Ketschup* (brit.-engl. *ketchup*, amerikan.-engl. *catchup, catsup*).

Die verborgenen Einflüsse aus dem Englischen stellen vielfach Probleme dar. Übersetzungen engl. Wörter und Begriffe oder semant. Entlehnungen aus dem Engl. bleiben in den aufnehmenden Sprachen des Öfteren unerkannt oder sind kontrovers. Dies ist bes. bei nahe verwandten Sprachen der Fall, bei denen es sich auch um Parallelbildungen handeln kann.

Übersetzt z. B. dt. *Arbeitsessen* engl. *working dinner* oder dt. *Gelbe Seiten* (des Telefonbuchs) engl. *yellow pages*?

Auch **Scheinentlehnungen**, d. h. engl. erscheinende Wörter, die es im Englischen nicht gibt, bestätigen die heutige große Bedeutung der engl. Sprache.

Im Niederländischen – und nicht nur dort – sind aus dieser Kategorie z. B.

home trainer (engl. (*home*) *exercise bicycle/machine*), *ladyshave* (Firmenname für einen Rasierapparat für Frauen), *showcaravan* (engl. *demonstration model* 'Vorführwohnwagen') und *speaker box* (engl. *speaker* (*cabinet*) 'Lautsprecherbox') belegt;

im Deutschen u. a.

Dressman(n) (engl. *male model* bzw. *male mannequin*), *Zapping* (engl. *channel hopping*), *Handy* (brit.-engl. *mobile phone* und amerikan.-engl. *cell(ular) phone* bzw. schlicht *cell*) und *Showmaster* (engl. *compère, host* oder *master of ceremonies*) und

im Ungarischen und Französischen u. a. *rekordman* (engl. *record holder*).

Es ist heute eine zunehmende Internationalisierung der Wortschätze festzustellen. Zu einer weltweit gültigen Wortliste dürften die folgenden Anglizismen gehören:

airport, bar, boss, golf, jeans, know-how, no problem, okay, sex-appeal, stop, weekend.

Diese Internationalisierung geht über den Alltagswortschatz weit hinaus und schließt auch den Fachwortschatz ein. Termini aus Politik und Technik, die in den USA in den 1950er und frühen 1960er Jahren entstanden waren, wurden in viele Sprachen Europas in Ost und West übernommen – in englischer, lehnübersetzter und/oder semant. entlehnter Form, wie die folgenden Beispiele zeigen:

Summit oder *summit conference* 'Konferenz auf höchster Ebene, an der die führenden Staatsmänner der Großmächte teilnehmen' begegnet als semant. Entlehnung in dt. *Gipfel*, frz. *sommet*, ital. *vertice*, span. *cumbre*, poln. *szczyt* oder als Lehnübersetzung in dt. *Gipfeltreffen*, *Gipfelkonferenz*, dän. *topkonference*, niederl. *topconferentie*, frz. *conférence/rencontre/consultation au sommet*, ital. *conferenza/incontro al vertice*, span. *conferencia máxima, reunión 'cumbre'*, *conferencia 'en la cima'*, *conferencia en la cumbre*, poln. *konferencja na szczycie*, kroat./serb. *vrhunska konferencija* und finn. *huippukokous.*

Direkte Entlehnung von engl. *summit (conference)* gibt es

im Italienischen mit *summit*, im Spanischen mit *sumit* und im Kroatisch/Serbischen mit *sumit* und *samit.*

Englisch	Spanisch		Polnisch		Kroatisch/Serbisch		Finnisch	
Substitution	Voll	Null	Voll	Null	Voll	Null	Voll	Null
massive retaliation (1954)			zmasowany odwet		masovna odmazda		massiivinen hyökkäys	
deterrence (1954)			Doktryna zastraszenia		zastrašivanje politika zastrašivanja		pelotusase	
deterrent (1954)	disuasión	deterente						
(policy of) containment (1947)	(política de) contención		Doktryna powstrzymywania			politika containmenta	laajenemispolitiikka	
disengagement (1957)	'desenganchamiento'; desempeño	disengagement	Doktryna politycznego niezaangażowania	disengagement	popuštanje napetosti			
peaceful coexistence (1920 - 52)	coexistencia pacífica		pokojowe współistnienie pokojowa koegzystencja		miroljubiva koegzistencija		rauhanomainen rinnakkaiselo	
(racial) segregation (1957)	segregación (racial)		segregacja (rasowa)		(rasna) segregacija		rotuerottelu	segregation
McCarthyism (1950)		macarthysmo macartismo		makkartyzm		makartizam		McCarthyism
witch-hunt (1950)	caza de brujas		polowanie na czarownice		lov na vještice		noitavaino	
New Frontier(s) (1960)	nueva frontera		(Doktryna przerzucania mostów)		nova granica	New Frontier	uusi rintama	
the hawks and the doves (1962)	halcones y palomas		jastrzębie i gołębie		jastrebovi i golubovi		haukat ja kyyhkyt	

Der Einfluss des (amerikanischen) Englisch auf einige europäische Sprachen am Beispiel des politischen Wortschatzes (Teil 2)

Brain-washing wurde anfangs im Zusammenhang mit stalinist. Methoden gebraucht.

Man verstand darunter ein Verhör, das so geführt wurde, dass der Beschuldigte Selbstkritik übte und schließlich zugab, schuldig und zur polit. Bekehrung bereit zu sein.

Im Englischen ist *brain-washing* 1950 erstbelegt und z. B. ins Französische und Italienische direkt entlehnt worden. Die meisten Sprachen haben es lehnübersetzt. Die Lehnübersetzung heißt

im Deutschen *Gehirnwäsche*, im Dänischen *hjernevask*, im Französischen *lavage de cerveau*, im Italienischen *lavaggio del cervello*, im Spanischen *lavado de cerebro* (daneben auch direkt entlehnt), im Polnischen *pranie mózgu*, im Kroatisch/Serbischen *pranje mozga* (daneben auch direkt entlehnt) und im Finnischen *aivopesu*.

Das engl. Verb *to brainwash* wird im Deutschen und Französischen auch als Phrase wiedergegeben:

jemanden einer Gehirnwäsche unterziehen bzw. *laver le cerveau à quelqu'un*.

Im Italienischen ist als Lehnübersetzung auch der Plural *lavaggio* oder *lavatura dei cervelli*, im Spanischen der Plural *lavados de cerebro* belegt.

Engl. *peace offensive* 'Förderung des (internat.) Friedens durch außenpol. Initiativen' kam 1950 erstmals als Lehnübersetzung *Friedensoffensive* ins Deutsche. Der Begriff fiel zuerst im Zusammenhang sowjet. Friedensbemühungen. Überraschend ist, dass von Frieden mit Kriegsmetaphern gesprochen wird. Dies zeigt sich auch bei anderen Sprachen:

Dän. *fredsoffensiv*, frz. *offensive de paix*, ital. *offensiva di pace*, span. *ofensiva de paz* und finn. *rauhan offensiivi*.

Ob poln. *ofensywa pokojowa* eine Lehnübersetzung aus dem Englischen ist oder unabhängig davon geprägt wurde, ist nicht genau festzustellen.

In die Kriegsmetaphorik fällt auch *peace strategy*, ein Begriff, der von Präsident KENNEDY erstmals 1963 in seiner Rede an der Universität Washington gebraucht wurde. Auch er fand schnelle Verbreitung in Europa, und zwar in lehnübersetzter Form

im Deutschen als *Friedensstrategie* oder *Strategie des Friedens*, im Dänischen als *fredsstrategi*, im Französischen als *stratégie de paix*, im Italienischen als *strategia di pace*, im Spanischen als *estrategia de paz*, im Kroatisch/Serbischen als *mirovna strategija* und im Finnischen als *rauhan strategia*.

Missile diplomacy bedeutet, eine bestimmte Politik mit Hilfe von atomaren Drohungen zu verfolgen. Der Begriff wurde in den späten 1950er Jahren in den USA geprägt und ist in Wörterbüchern nicht gebucht. Lehnübersetzungen finden sich in mehreren Sprachen,

so im Deutschen *Raketen-Diplomatie*, im Dänischen *raket-diplomati* und im Finnischen *ohjusdiplomatia*.

Missile gap, 1958 im amerikan. Englisch erstbelegt, bezog sich auf die Unterlegenheit der USA gegenüber der Sowjetunion bei Raketenwaffen. Dieser Neologismus könnte nach *dollar gap* (1948) gebildet worden sein.

Missile gap wurde ins Französische, Italienische und Spanische direkt entlehnt. Lehnübersetzt wurde es ins Deutsche als *Raketenlücke* (1960) und ins Dänische als *missilkløft*.

Seit 1960 tauchten eine Reihe von Komposita mit *Lücke* als 2. Element im Deutschen auf wie *Weltraum-Lücke* (nach amerikan.-engl. *space gap*), *technologische Lücke* (nach amerikan.-engl. *technology gap*) und *Glaubwürdigkeits-* bzw. *Vertrauenslücke* (nach amerik.-engl. *credibility gap*).

Die von General MAXWELL TAYLOR erarbeitete Strategie des *flexible response* (1965) sah im Falle eines feindl. Angriffs eine Reihe von angemessenen Gegenmaßnahmen vor anstatt der automat. Drohung eines nuklearen Gegenschlags (*massive retaliation*). Im Gegensatz zu anderen Sprachen wurde *flexible response* neben der direkten Übernahme auf unterschiedl. Weise ins Deutsche übersetzt, z. B. als

Strategie der flexiblen Reaktion und *flexible/bewegliche Antwort*.

Auch in folgenden Sprachen taucht *flexible response* in lehnübersetzter Form auf: im Dänischen als *fleksibel reaktion*, im Französischen als *réponse graduelle*, im Italienischen als *risposta flessibile*, im Spanischen als *respuesta flexible*, im Polnischen als *doktryna elastycznego reagowania*, im Kroatisch/Serbischen als *fleksibilan odgovor* und im Finnischen als *joustavan vastaiskun strategia*.

Frankreich hat versucht, dem Zustrom von Anglizismen per Gesetz Einhalt zu gebieten und in vielen Fällen den Gebrauch franz. Wörter und Ausdrücke vorzuschreiben, z. B.

prêt-à-manger bzw. *restauration rapide* für *fast food*, *baladeur* für *walkman* oder *ordinateur* für *computer*.

Solche Vorschriften gehen jedoch vielfach am Wesentlichen vorbei, denn die franz. kulturellen Traditionen sind von der Sache *fast food* wohl mehr bedroht als von dem Ausdruck, der besser als amerikan. Import durch Beibehaltung des engl. Ausdruckes gekennzeichnet geblieben wäre.

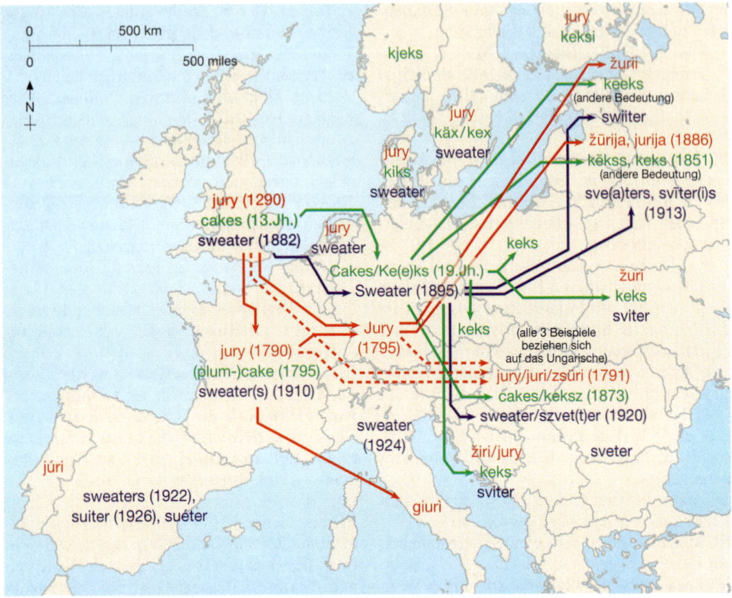

A Sekundärentlehnungen aus dem Englischen: Jury, Keks, Sweater

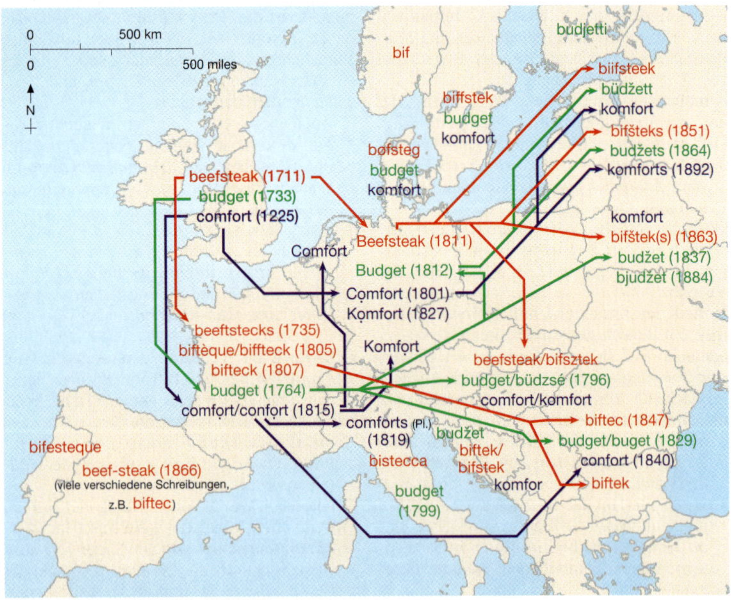

B Sekundärentlehnungen aus dem Englischen: Beefsteak, Budget, Komfort

Von sprachwiss. Interesse in diesem Bereich sind nicht zuletzt auch die Entlehnungen aus dem Englischen, die über eine zweite Sprache an eine oder mehrere weitere vermittelt wurden, die sog. **Sekundärentlehnungen**.

Keks

Ist z. B. *keksz* 'Teegebäck' ein dt. Lehnwort oder ein Anglizismus im Ungarischen?
Hier kann das Konzept der **mehrfachen Etymologie** weiterhelfen, bei dem zwischen genet., primärhistor. und histor. Quelle unterschieden wird.
Auf das genannte Beispiel übertragen, heißt das, dass für ungar. *keksz* dt. *Keks* die histor., engl. *cakes* 'Kuchen' die primärhistor. und altnord. *kaka* die genet. Quelle ist.

Die Entlehnung vom Englischen zum Deutschen brachte auch semant. und morpholog. Veränderungen mit sich.

Das urspr. Duden-Dekret *der Kek, die Keks* wurde nicht befolgt, vielmehr hat sich *der Keks, die Kekse* durchgesetzt, d. h., aus dem engl. Pluralwort wurde im Deutschen ein Singularwort, was übrigens auch bei dt. *der Koks* 'Brennstoff', *die Kokse* (engl. *coke*) der Fall ist.
Was wir *Kekse* nennen, sind in England *biscuits* und in Amerika *crackers*.

Was in den USA *biscuits* heißt, nennen die Engländer *rolls*.

Nach BENKŐ ist *Keks* die histor. Quelle für kroat./serb., tschech., poln. und russ. *keks*.

Sweater

Sweater bedeutete 'wollene Sportjacke'. Das Wort wurde in zahlr. europ. Sprachen entweder direkt oder indirekt entlehnt; direkt u. a. ins Deutsche und Französische. Die phonet. Integration ist – im Gegensatz z. B. zum Deutschen – vielfach auch orthographisch sichtbar, was zu zahlreichen Varianten führt, wie im Lettischen. Auch für ungar. *szveter* ist dt. *der Sweater* 'Pullover' die histor. und engl. *sweater* die genet. Quelle.

Jury

Ungar. *jury, jüri*, später *zsüri* könnte aus dem Englischen direkt, über das Französische oder auch Deutsche entlehnt worden sein.

Urspr. bedeutete *Jury* 'Schwurgericht', heute 'Bewertungskommission bei Wettbewerben aller Art'.

Neben semant., lautl. und orthograph. Kriterien sind auch solche der Datierung der Entlehnungen beim Nachzeichnen der Entlehnungswege von Bedeutung. Vorsicht ist jedoch stets geboten.

Im Estnischen und Lettischen indes kann man in der Annahme, dass frühe Entlehnungen aus dem Englischen über das Deutsche vermittelt wurden, kaum fehlgehen.

Beefsteak

Beefsteak 'kurz gebratenes Rindsstück' ist sowohl ins Deutsche als auch ins Französische direkt entlehnt worden, dagegen weist die Lautung dieses Wortes im Russischen auf Vermittlung durch das Deutsche hin.

Ende des 19. Jhs. war *Beefsteak* in Wörterbüchern des Deutschen noch mit [-ʃt-] gebucht, gegenüber heutigem [-st-].

Budget

Budget ist über das Französische in andere Sprachen vermittelt worden, z. B. ins Deutsche und ins Ungarische; das lässt sich aus der Endbetonung schließen. *Budget* war urspr. ein Fachausdruck des engl. Parlaments und wurde zunächst in der Bed. 'Staatshaushaltsplan' ins Deutsche und Französische übernommen. Die Bed. erweiterte sich im 19. Jh. zu 'Haushaltsplan', z. B. einer Familie oder Gruppe.

Komfort

Wie bei *Beefsteak* so dürfte es sich auch bei *Komfort* 'Behaglichkeit, Luxus, Bequemlichkeit' – zumindest zuerst – sowohl im Französischen als auch im Deutschen um direkte Entlehnungen aus dem Englischen gehandelt haben, da dieses Wort im Deutschen im 19. Jh. anfangsbetont war. Erst später setzte sich im Deutschen die frz. Endbetonung durch.

Das frz. Betonungsmodell findet sich auch im Niederländischen.

Waggon

Nach BENKŐ ist ungar. *vagon* ein Lehnwort aus dem Deutschen, das es direkt aus dem Englischen habe.

An der Endbetonung von *Waggon* und an der Bedeutung 'Eisenbahnwagen' wird indes deutlich, dass Französisch die Mittlersprache war (Abb. A, S. 252).

Das Französische hat das Wort aus dem Englischen direkt entlehnt und es nicht nur an das Deutsche, sondern auch an das Niederländische und das Italienische (vielleicht auch an das Spanische) vermittelt.

Ins östl. und südöstl. Europa (ins Polnische, Tschechische, Ungarische und Kroatisch/Serbische) gelangte der Begriff über die Vermittlungssprache Deutsch.

Die genet. Quelle von dt. *Waggon* ist niederländ. *wag(h)en*, die primärhistor. engl. *wag(g)on* und die histor. frz. *wagon*.

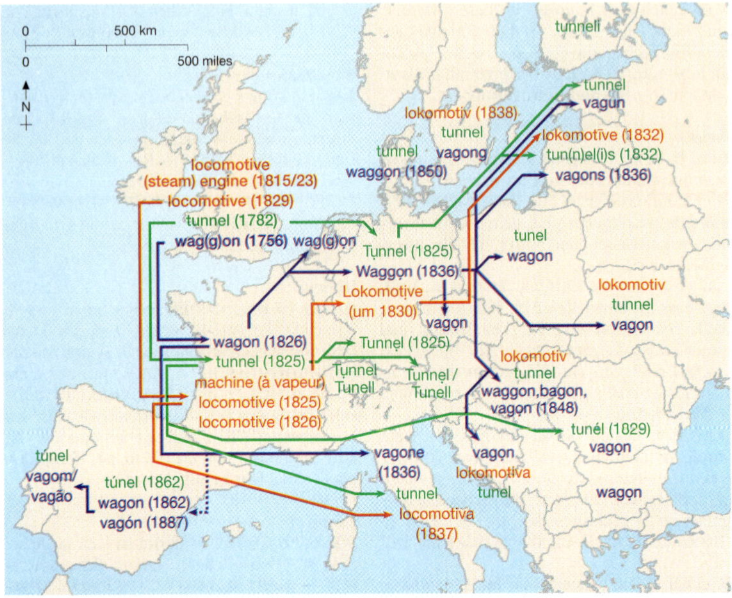

A Sekundärentlehnungen aus dem Englischen: Lokomotive, Tunnel, Waggon

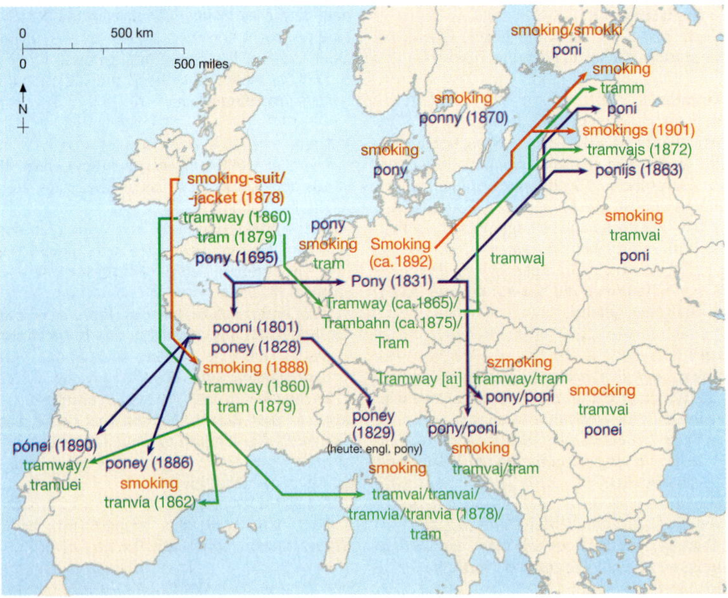

B Sekundärentlehnungen aus dem Englischen: Pony, Smoking, Tramway

Tunnel
Dt. *Tunnel* stammt urspr. aus dem frz. *tonnelle* und ist im Englischen (*tunnel*) in der Bedeutung 'Unterführung' 1782 erstbelegt. Auf dem Kontinent wurde das Wort 1825 durch den zu der Zeit erbauten Gang unter der Themse in London bekannt und dann (1826 wiederum von England aus) auf die Bergdurchstiche der Eisenbahnbauten angewandt.
In Deutschland wurde Tunnel ab 1839 richtig gebräuchlich, als zwischen Leipzig und Dresden der erste Eisenbahndurchstich erfolgte.
Es dürfte sich anfangs um eine Entlehnung der geschriebenen Sprache gehandelt haben. Der Hinweis LEHNERTS (1990 : 43)

> »Neben der heute allgemein gültigen englischen anfangsbetonten Aussprache bestand in der ersten Hälfte des 20. Jahrhunderts die häufigere französische endbetonte Aussprache«

wird weder von DUNGER noch von anderen Wörterbüchern gestützt. Die endbetonte Aussprache dieses Wortes ist im dt. Sprachraum vielmehr noch heute fast ausschließl. auf Süddeutschland und Österreich beschränkt, was in Österreich auch in der Schreibung *Tunell* deutlich wird.
In der Schweiz halten sich anfangs- und endbetonte Aussprache in etwa die Waage.
Die Endbetonung weist fraglos auf Vermittlung durch das Französische hin.

Lokomotive
Das gilt auch für *Lokomotive*, das im Deutschen stets endungsbetont ist. Im Englischen ist *locomotive* zuerst als Adjektiv belegt,

> *locomotive (steam) engine* 1815, und in dieser Funktion auch zuerst ins Französische übernommen worden (*machine [à vapeur] locomotive* 1825).
> Danach verlief die Entwicklung in beiden Sprachen parallel, wenngleich unabhängig voneinander, denn im Französischen ist *locomotive* als Substantiv 3 Jahre früher erstbelegt (1826) als im Englischen (1829) (wenn die Datierungen stimmen).

Die Abkürzungen sind in beiden Sprachen identisch:

> engl. *loco* 1833, frz. *loco* 1878, gegenüber dt. *Lok.*
> *Locomotive (steam) engine* wird im Englischen heute wesentlich häufiger zu *engine* als zu *locomotive* verkürzt.

Pony
Pony 'kleinwüchsiges Pferd' ist nach der Schreibung zu urteilen sowohl ins Französische (als *poney*) als auch ins Deutsche (als *Pony*) direkt entlehnt worden.
Über das Französische wurde *poney* z. B. an das Italienische und das Spanische vermittelt, über das Deutsche z. B. an das Ungarische.
Pony in der neueren Bedeutung im Deutschen und Niederländischen 'fransenartig in die Stirn gekämmtes Haar', wobei der Zusatz 'Damenfrisur' im ›Duden-Fremdwörterbuch‹ (1990) als überholt zu gelten hat, heißt in England *fringe* und in den USA *bangs* (Plural), ist im Deutschen und Niederländischen also eine semant. Scheinentlehnung.

Smoking
Der *Smoking* 'meist schwarzer Gesellschaftsanzug für Herren mit seidenem Revers' ist eine Kurzform aus engl. *smoking-jacket*, die Ende des 19. Jhs. ins Deutsche kam. Dort erfuhr sie eine Bedeutungsveränderung, denn im Englischen bezeichnet *smoking-jacket* eine bequeme Hausjacke, die Herren nach dem Essen zum Rauchen überzogen, um den Frack zu schonen.
Die Kurzform *Smoking* hat in viele Sprachen Europas Eingang gefunden.
Ob bei *Smoking* im Deutschen auch frz. Einfluss vorliegt, ist nicht mit Sicherheit zu entscheiden.
Die semant. Veränderung, die *Smoking* bei seiner Entlehnung erfahren hat, ist auch daran zu ersehen, dass das, was die Deutschen *Smoking* nennen, in England *dinner jacket* (1891 erstbelegt) und in den USA *tuxedo* (1889 erstbelegt) genannt wird.
In den 1920er Jahren war der *Smoking* in England und in Frankreich ein Kleidungsstück nicht nur für Herren, sondern auch für Damen; das Wort wurde 1922 aus Frankreich als dem damals in der Mode führenden Land in der Bedeutung 'dress-suit' nach England rückentlehnt

Tramway
Um 1865 wurde von England aus in Deutschland die Pferdeeisenbahn zusammen mit dem engl. Namen *Tramway* eingeführt, der jedoch bald darauf – nach engl. Vorbild – zu *Tram* verkürzt oder zu *Trambahn* teilweise eingedeutscht wurde.
Im Französischen ist *Tramway* zwar etwas früher belegt als im Deutschen, eine größere Verbreitung fand das Wort dort allerdings erst ab 1873 mit der Inbetriebnahme der Strecke Paris–Lille.

> Mit dem Verschwinden der Straßenbahn kommt dieses Wort jedoch in vielen Ländern mehr und mehr außer Gebrauch.

Was den dt. Sprachraum anlangt, so sind die Bez. mit engl. Bestandteilen *Tram, Trambahn* und *Tramway* (*-way* vielfach als [-vai] eingedeutscht) ausschließlich in Bayern, Österreich und in der Schweiz gebräuchlich.

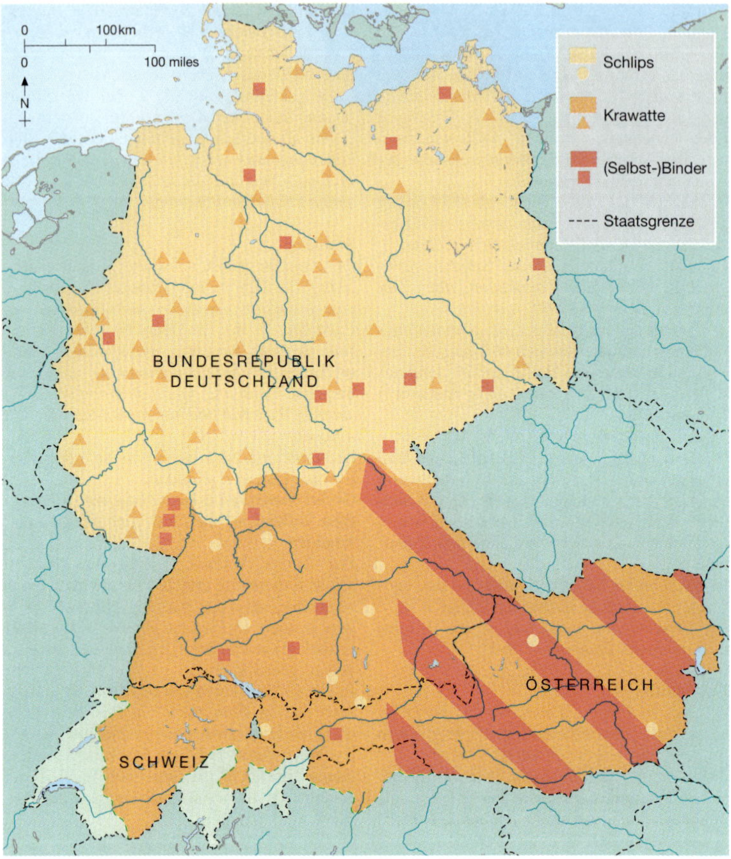

Krawatte und Varianten im gesamtdeutschen Sprachgebiet

Das gesamte deutschsprachige Gebiet umfasst EICHHOFFS ›Wortatlas der deutschen Umgangssprachen‹ (1978, 1993, 2000). Neben den beiden bereits erwähnten Anglizismen *Tunnel* und *Tram(way)* enthält er noch folgende:

> *Mumps, Schlips, Blue Jeans, Grapefruit, Plastik* und *Broiler.*

Die kartografierten Ergebnisse sind interessant, obwohl die Beweiskraft bezüglich der Schlussfolgerungen aufgrund der geringen Zahl der Entlehnungen fraglos begrenzt ist.

Die Entlehnung *Mumps* 'Ziegenpeter', die bereits 1813 in engl. Bedeutung im Plural ins Deutsche eingeführt wurde und längst auch lautlich eingedeutscht ist, hat im gesamten dt. Sprachraum als *der* oder *die Mumps* Verbreitung gefunden.

Schlips kam nach 1840 ins Deutsche. England führte die neue Mode der gebundenen anstatt der fertig genähten Krawatte ein. Für *Schlips* ist engl. Pl. *slips* 'schmale Schleife(n)' als historische Quelle anzunehmen. Seine Verbreitung folgt der histor. Nord-Süd-Verteilung, der im Volksmund populären ›Mainlinie‹.

Im Verbreitungsgebiet von *Schlips* gilt *Krawatte* als vornehmer. *Krawatte* wurde Ende des 17. Jhs. aus dem Franz. entlehnt.

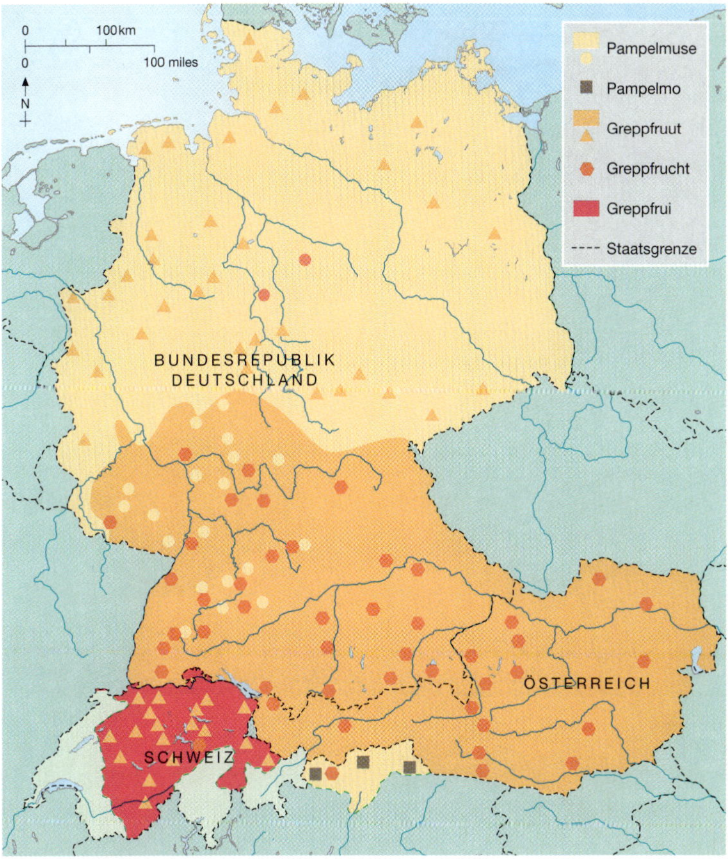

Pampelmuse und Varianten im gesamtdeutschen Sprachgebiet

Pampelmuse

Grapefruit, 1941 zum ersten Mal im Duden-Rechtschreibungsband gebucht, hat kaum Eingang in den Sprachgebrauch der DDR gefunden. Im Gegensatz zu allen anderen deutschsprachigen Gebieten war dort fast ausschließlich die Anfang des 18. Jhs. aus dem Niederländ. stammende Entlehnung *Pampelmuse* im mündl. Gebrauch, die im Westen nördl. der Mainlinie auch weit verbreitet ist, jedoch dort wesentlich häufiger mit *Grapefruit* konkurriert.

Südlich des Mains ist nur *Grapefruit* ausgewiesen, wie im Norden indes in unterschiedl., teilweise übersetzter Gestalt als *Greepfruut* und *Greppfrucht* und in der Schweiz häufig als *Grepfrüi* unter Abfall des *-t* nach frz. Muster.

Wo *Pampelmuse* gebräuchlich ist, gilt *Grapefruit* des Öfteren als das feinere Wort. Da die Informanten aufgefordert wurden, so zu schreiben, wie man spricht, zeigte sich selten die standardsprachl. Schreibung. Es ergaben sich vielmehr zahlreiche Varianten, die bis zur Übersetzung des Grundwortes reichen. In Südtirol wird ital. Einfluss sichtbar (ital. *pompelmo*) – auch in der auf der 2. Silbe liegenden Betonung.

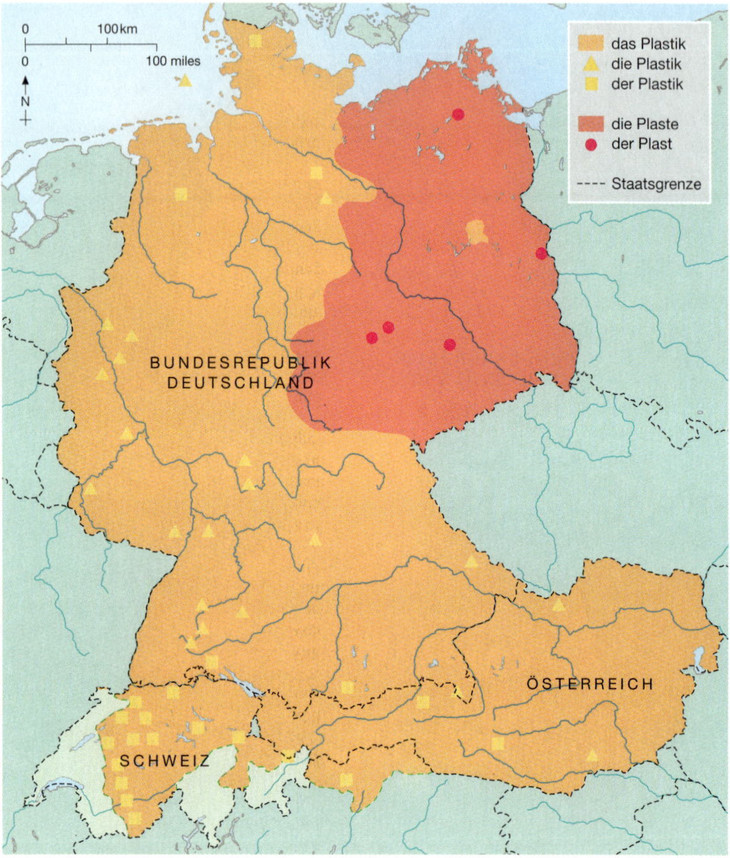

Plastik und Varianten im gesamtdeutschen Sprachgebiet

Plastik

Dass engl. Entlehnungen, die nach dem 2. Weltkrieg übernommen wurden, bzw. deren dt. Prägungen deutlicher dem polit. Grenzverlauf folgen, zeigen die folgenden Beispiele.

So wurde aus engl. *plastics* im Westen *der/die/* (meist) *das Plastik,* im Osten *die Plaste,* selten *der Plast.*

Bei der Artikelzuordnung waren sich lediglich die Schweizer Gewährspersonen meist sicher: *der Plaschtigg.* Im Westen Deutschlands wurde der Artikel des Öfteren nicht angegeben, da man *Plastik* in der Regel ohne Artikel verwendet *(aus Plastik).* In DDR-Wörterbüchern wurde mal zwischen hochsprachl. Sing. *der Plast* und umgangssprachl. Sing. *die Plaste* unterschieden, mal unterblieben derartige Kennzeichnungen. Die Unsicherheit der nebeneinander bestehenden gleichwertigen Formen führte in der Ex-DDR zu beliebig wechselnden Bildungen, wie die Wörterbucheintragungen *Plast-, Plaste-* oder *Plastikbeutel/ -eimer* zeigen.

Um *Plast* und *Plaste* wurde eine längere sprachwiss. Auseinandersetzung geführt. Die Begriffe wurden auf skandinav. Sprachen zurückgeführt, aufs Russische und aufs Englische.

Analog zu *Plaste* wurde aus engl. *elastics* in der Ex-DDR *Elaste* gebildet.

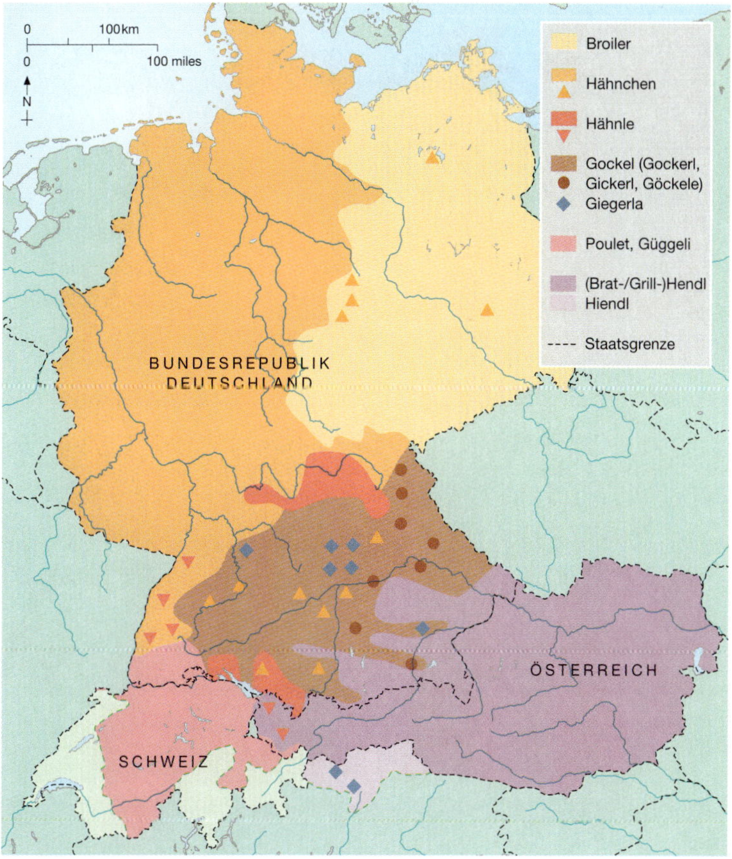

Brathähnchen und Varianten im gesamtdeutschen Sprachgebiet

Brathähnchen

Der bekannteste Ex-DDR-Anglizismus war *Broiler* (< engl. *broiler*). Im Deutschen ist er 1963 erstbelegt. Wort und Sache sind wohl von Bulgarien aus in die frühere DDR gelangt. Bes. häufig war dort das Kompositum *Goldbroiler.* In der alten Bundesrepublik hieß der gegrillte Hahn bzw. das gegrillte Huhn zunächst *Brathähnchen*, später fast nur noch *Hähnchen.* Im Gegensatz zum Norden überwiegen in Bayern und Österreich die zusammengesetzten Formen, wohl um sie vom panierten *Backhendl* zu unterscheiden.

In der Schweiz konkurriert mit dem mundartl. Ausdruck *Güggeli* der Gallizismus *Poulet.* In den Randgebieten der deutschsprachigen Schweiz wird dieses Lehnwort wie im Französischen betont, im zentralen Gebiet um Zürich vielfach *Pule* geschrieben, was auf eine Akzentverschiebung auf die erste Silbe hindeutet. Wiederholt wurden auch die Akzentzeichen entsprechend gesetzt.

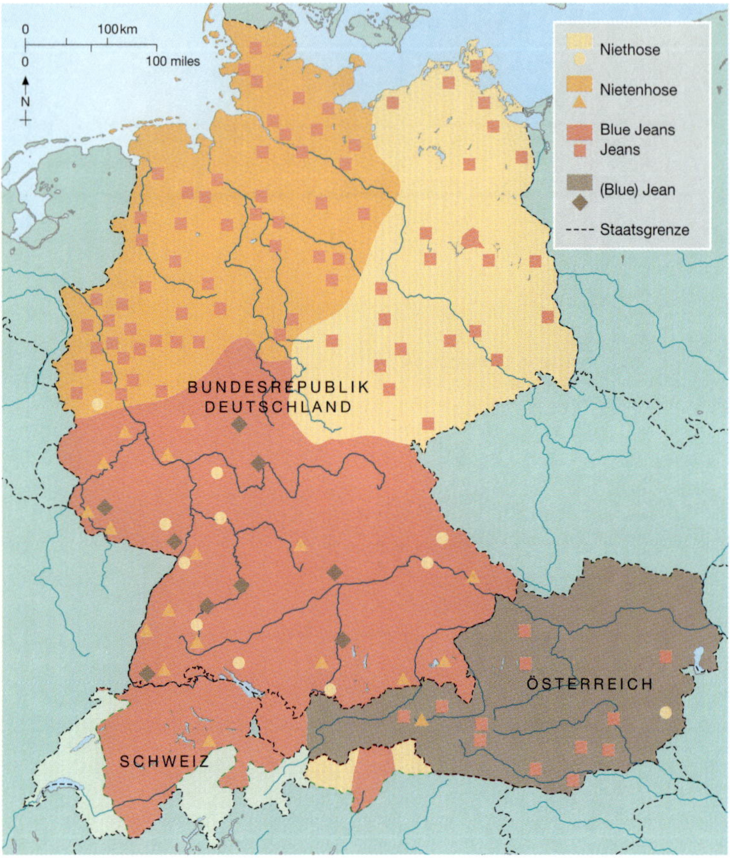

Blue Jeans und Varianten im gesamtdeutschen Sprachgebiet

Blue Jeans

Für das beliebteste amerikan. Bekleidungsstück, die *Blue Jeans* – im Deutschen 1950 erstbelegt –, war in der ehemaligen DDR die dt. Bildung *Niethose* am gebräuchlichsten (Taschen und Nähte waren urspr. mit Nieten verstärkt). *Jeans* (im Deutschen 1959 erstbelegt) wird meist als Kurzform von *Blue Jeans* angesehen, obwohl es vermutlich eigenständig aus dem Engl. ins Dt. entlehnt wurde. Im Norden der Bundesrepublik gebrauchen junge Leute fast ausschließlich *(Blue) Jeans*, die älteren meist *Nietenhose*. Die gelegentlich auftretende Schreibung *Bluejeans* weist auf Anfangsbetonung hin, so wie es bei *Bluejean*, ohne das Plural-*s* des Engl., in Österreich der Fall ist.

Die schriftlichen Befragungen erfolgten in den 1970er Jahren. Im Norden des dt. Sprachgebiets zeigen die Ergebnisse umso mehr eine polit. Ost-West-Verteilung, je jünger die Entlehnungen sind. Wie lange sich diese Verteilung noch erhält, wird die Zukunft zeigen.

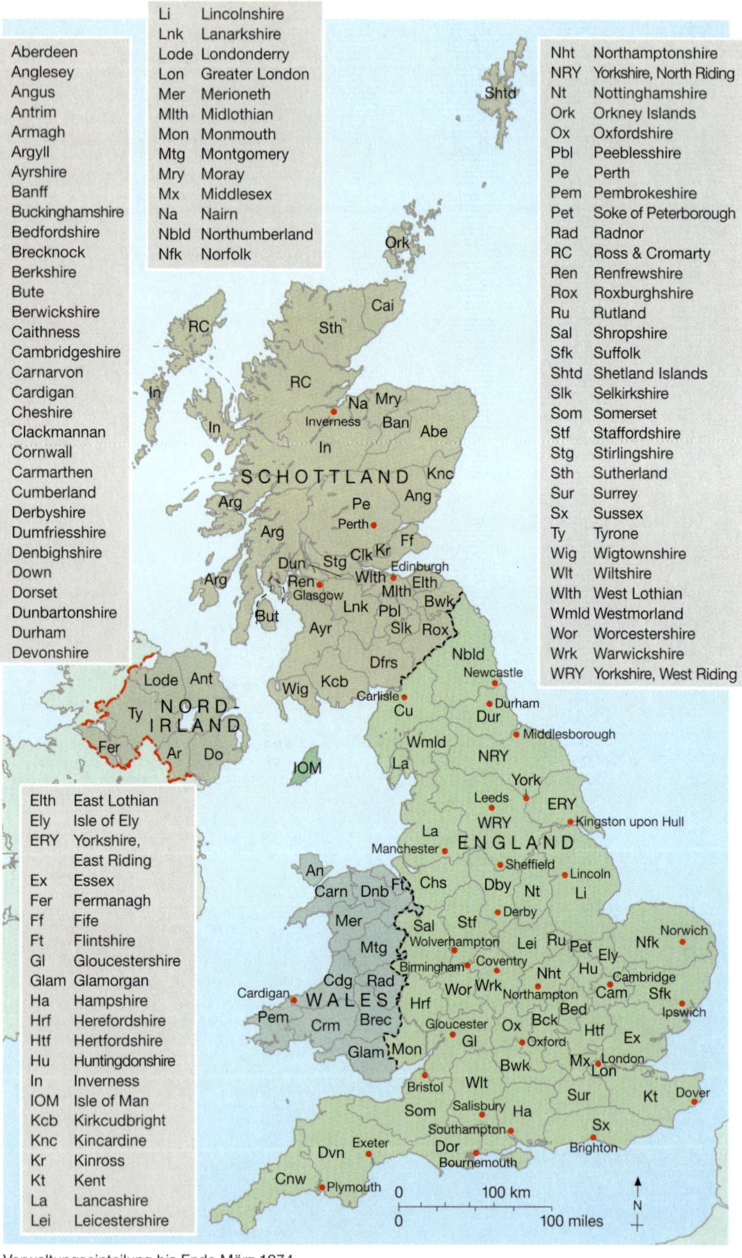

Verwaltungseinteilung bis Ende März 1974

Verwaltungseinteilung ab April 1974

Literaturverzeichnis

Die folgende Auswahl erhebt keinen Anspruch auf Vollständigkeit.
Die Literaturangaben beschränken sich auf wichtige Werke. Mit ihrer Hilfe lässt sich leicht weiterführende Literatur auffinden. Bei Sammelbänden ist die folgende Kategorisierung nicht immer aufrechtzuerhalten.

Bibliographien

1. Glauser, B. u. a.: A New Bibliography of Writings on Varieties of English, 1984–1992/93. Amsterdam 1993
2. Viereck, W. u. a.: A Bibliography of Writings on Varieties of English, 1965–1983. Amsterdam 1984

Umfassendere Überblicke und Sammelbände

3. Aitken, A. J./McArthur, T. (Hg.): Languages of Scotland. Edinburgh 1979
4. Bailey, G. u. a. (Hg.): The Emergence of Black English: Text and Commentary. Amsterdam 1991
5. Bamgbose, A. u. a. (Hg.): New Englishes: A West African Perspective. Ibadan 1995
6. Bell, A. (Hg): New Zealand English. Amsterdam 1999
7. Bell, A./Holmes, J. (Hg.): New Zealand Ways of Speaking English. Clevedon 1990
8. Blake, N. (Hg.): The Cambridge History of the English Language 1066–1476. Bd. 2. Cambridge 1992
9. Burchfield, R. (Hg.): The Cambridge History of the English Language. Bd. 5: English in Britain and Overseas: Origins and Development. Cambridge 1994
10. Cheshire, J. (Hg.): English around the World: Sociolinguistic Perspectives. Cambridge 1991
11. Collins, P./Blair, D. (Hg.): Australian English: The Language of a New Society. St. Lucia 1989
12. Coupland, N. (Hg.): English in Wales: Diversity, Conflict and Change. Clevedon 1990
13. Crystal, D.: The Cambridge Encyclopedia of the English Language. Cambridge 1997
14. Crystal, D.: English as a Global Language. Cambridge 1998
15. Edwards, J. (Hg.): Language in Canada. Cambridge 1998
16. Foulkes, P./Docherty, G. (Hg.): Urban Voices: Accent Studies in the British Isles (und Tonkassette). London 1999
17. Freeborn, D. u. a. (Hg.): Varieties of English. London ^{2}1993
18. Görlach, M. (Hg.): Focus on: Scotland. Amsterdam 1985
19. Görlach, M./Holm, J. A. (Hg.): Focus on the Caribbean. Amsterdam 1986
20. Harris, J. u. a. (Hg.): Perspectives on the English Language in Ireland. Dublin 1986
21. Hogg, R. M. (Hg.): The Cambridge History of the English Language. Bd. 1: The Beginnings to 1066. Cambridge 1992
22. Kallen, J. L. (Hg.): Focus on Ireland. Amsterdam 1997
23. Köppl, S. u. a. (Hg.): Englisch: Formen und Funktionen einer Weltsprache. Bamberg 1983
24. Lass, R. (Hg.): The Cambridge History of the English Language 1476–1776. Bd. 3. Cambridge 1999
25. Leitner, G.: English as a Pluricentric Language. In: Clyne, M. (Hg.): Pluricentric Languages: Differing Norms in Different Nations. Berlin 1992, S. 179–237
26. McArthur, T.: The English Languages? In: English Today 11 (1987), S. 9–13
27. McArthur, T. (Hg.): The Oxford Companion to the English Language. Oxford 1992
28. McArthur, T.: The English Languages. Cambridge 1998
29. McCrum, R.: u. a.: The Story of English. London ^{2}1992
30. Milroy, J./Milroy, L. (Hg.): Real English: The Grammar of English Dialects in the British Isles. London 1993
31. Poplack, S. (Hg.): The English History of African American English. Oxford 2000
32. Romaine, S. (Hg.): Language in Australia. Cambridge 1991
33. Romaine, S. (Hg.): The Cambridge History of the English Language 1776–1997. Bd. 4. Cambridge 1999
34. Schneider, E. W. (Hg.): Englishes around the World. 2 Bde. Amsterdam 1997

35. Strevens, P.: Teaching English as an International Language. From Practice to Principle. Oxford 1980
36. Strevens, P.: World English or the World's Englishes – or, whose Language is it anyway? In: The Royal Society for the Encouragement of Art Manufactures and Commerce Journal 130 (1982), S. 418–431
37. Tristram, H. L. C. (Hg.): The Celtic Englishes. Heidelberg 1997
38. Tristram, H. L. C. (Hg.): The Celtic Englishes II. Heidelberg 2000
39. Trudgill, P. (Hg.): Sociolinguistic Patterns in British English. London 1978
40. Trudgill, P.: Sociolinguistics: An Introduction. Harmondsworth ^{4}2000
41. Trudgill, P. (Hg.): Language in the British Isles. Cambridge 1984
42. Ureland, P. S./Broderick, G. (Hg.): Language Contact in the British Isles. Tübingen 1991
43. Viereck, W. (Hg.): Focus on: England and Wales. Amsterdam 1985

Sprachgeschichte

44. Barber, C.: The English Language: A Historical Introduction. Cambridge 1993
45. Baugh, A. C.: The Chronology of Loan-words in English. In: Modern Language Notes 50 (1935), S. 90–93
46. Baugh, A. C./Cable, T.: A History of the English Language. London ^{4}1993
47. Berndt, R.: A History of the English Language. Leipzig ^{3}1989
48. Blake, N.: Premisses and Periods in a History of English. in: Fernández, F. (Hg.): English Historical Linguistics 1992. Papers from the 7th International Conference on English Historical Linguistics. Amsterdam 1994, S. 37–46
49. Bonaparte, Prince L.-L.: On the Dialects of Eleven Southern and South-western Counties, with a new Classification of the English Dialects. In: English Dialect Society. Series D. Miscellaneous. Miscellanies II. London 1877, S. 13–24
50. Brunner, K.: Die englische Sprache: Ihre geschichtliche Entw. 2 Bde. Tübingen ^{2}1960
51. Devitt, A. J.: Standardizing Written English: Diffusion in the Case of Scotland, 1520–1659. Cambridge 1989
52. Dillard, J. L.: All-American English: A History of the English Language in America. New York 1975
53. Dillard, J. L.: A History of American English. Harlow 1992
54. Ellis, A. J.: The Existing Phonology of English Dialects Compared with that of West Saxon Speech. London 1889 (Karte von 1887)
55. Faiß, K.: Englische Sprachgeschichte. Tübingen 1989
56. Fisiak, J.: An Outline History of English: External History. Poznań ^{3}2000
57. Haliburton, T. C.: The Clockmaker; or, The Sayings and Doings of Sam Slick of Slickville. New York 1840
58. Hughes, G.: Words in Time: A Social History of the English Vocabulary. Oxford 1988
59. Jespersen, O.: Growth and Structure of the English Language. Oxford ^{9}1962
60. Murray, J. A. H.: The Dialect of the Southern Counties of Scotland. London 1873
61. Rot, S.: Old English. Budapest ^{3}1992
62. Rydén, M./Brorström, S.: The Be/Have Variation with Intransitives in English. Stockholm 1987
63. Scheler, M.: Der englische Wortschatz. Berlin 1977
64. Wright, J.: A Grammar of the Dialect of Windhill, in the West Riding of Yorkshire. London 1892

Modernes Englisch, Dialektologie und Soziolinguistik

65. Bailey, R. W.: Dialects of Canadian English. In: English Today 27 (1991), S. 20–25
66. Barry, M. V.: The Southern Boundaries of Northern Hiberno-English Speech. In: Linguistic Studies in Honour of Paul Christophersen. Occasional Papers in Linguistics and Language Learning 7 (1980), S. 105–152
67. Barry, M. V.: The English Language in Ireland. In: Bailey, R. W./Görlach, M. (Hg.): English as a World Language. Ann Arbor 1982, S. 84–133
68. Bayard, D.: Kiwitalk: Sociolinguistics and New Zealand Society. Palmerston North 1995
69. Bertz, S.: Der Dubliner Stadtdialekt. Eine synchronische Beschreibung der Struktur und Variabilität des heutigen Dubliner Englischen. Diss. Freiburg 1975

70. Butters, R. R.: The Death of Black English: Divergence and Convergence in Black and White Vernaculars. Frankfurt 1989
71. Carr, E. B.: Da Kine Talk. From Pidgin to Standard English in Hawaii. Honolulu 1972
72. Carver, C.: The Influence of the Mississippi River on Northern Dialect Boundaries. In: American Speech 61 (1986), S. 245–261
73. Catford, J. C.: Vowel-systems of Scots Dialects. In: Transactions of the Philological Society 1957 (1958), S. 107–117
74. Chambers, J. K./Hardwick, M. F.: Comparative Sociolinguistics of a Sound Change in Canadian English. In: English World-Wide 7 (1986), S. 25–46
75. Chambers, J. K./Trudgill, P.: Dialectology. Cambridge ²1998
76. Clark, T. L.: Marietta, Ohio: The Continuing Erosion of a Speech Island. Publication of the American Dialect Society 57 (1972)
77. Clyne, M.: Community Languages: The Australian Experience. Cambridge 1991
78. Cruttenden, A.: Gimson's Pronunciation of English. London ⁵1994
79. DeCamp, D.: Towards a Generative Analysis of a Post-creole Continuum. In: Hymes, D. (Hg.): Pidginization and Creolization of Languages. Cambridge 1971, S. 349–370
80. Deverson, T.: Finding a New Zealand Voice: Attitudes towards English Used in New Zealand. Auckland 1989
81. DeWolf, G. D.: Social and Regional Factors in Canadian English: A Study of Phonological Variables and Grammatical Items in Ottawa and Vancouver. Toronto 1992
82. Douglas-Cowie, E.: Linguistic Code-switching in a Northern Irish Village: Social Interaction and Social Ambition. In: Trudgill, P. (Hg.): 1978, S. 37–51
83. Downes, W.: Language and Society. Cambridge ²1998
84. Filppula, M.: From Anglo-Irish to Hiberno-English: Divergence and Convergence in the Irish Dialects of English. In: Viereck, W. (Hg.): Verhandlungen des Internationalen Dialektologenkongresses, Bamberg, 29. 7.–4. 8. 1990. Bd. 3. Zeitschrift für Dialektologie und Linguistik. Beiheft 76. Stuttgart 1994, S. 180–196
85. Filppula, M.: The Grammar of Irish English. London 1999
86. Glauser, B.: The Scottish-English Linguistic Border. Bern 1974
87. Gordon, E./Deverson, T.: New Zealand English: An Introduction to New Zealand Speech and Usage. Auckland 1985
88. Graddol, D.: Language Variation and Diversity. Milton Keynes 1981
89. Graddol, D.: The Future of English? A Guide to Forecasting the Popularity of the English Language in the 21st Century. London 1997
90. Harris, J.: Phonological Variation and Change: Studies in Hiberno-English. Cambridge 1985
91. Harris, J.: Northern Territory Pidgins and the Origin of Kriol. Canberra 1986
92. Henry, A.: Belfast English and Standard English: Dialect Variation and Parameter Setting. New York 1994
93. Henry, P. L.: A Linguistic Survey of Ireland: Preliminary Report. In: Lochlann 1 (1958), S. 49–208
94. Henry, P. L.: Anglo-Irish and its Irish Background. In: Ó Muirithe, D. (Hg.): The English Language in Ireland. Dublin 1978
95. Holm, J.: Pidgins and Creoles. 2 Bde. Cambridge 1989
96. Honey, J.: Does Accent Matter? The Pygmalion Factor. London 1991
97. Honey, J.: Language is Power: The Story of Standard English and its Enemies. London 1997
98. Horvath, B. M.: Variation in Australian English: The Sociolects of Sydney. Cambridge 1985
99. Hudson, R. A.: Sociolinguistics. Cambridge ²1996
100. Joy, R. J.: Languages in Conflict: The Canadian Experience. Toronto 1972
101. Kurath, H./McDavid, Jr., R.: The Pronunciation of English in the Atlantic States. Ann Arbor 1961
102. Labov, W.: The Social Stratification of English in New York City. Washington, DC 1966
103. Lanham, L. W./Macdonald, C. A.: The Standard in South African English and its Social History. Heidelberg 1979
104. Macafee, C.: Traditional Dialect in the Modern World: A Glasgow Case Study. Frankfurt 1994
105. Macaulay, R. K. S.: Variation and Consistency in Glaswegian English. In: Trudgill, P. (Hg.): 1987, S. 132–143

106. Mehrotra, R. R.: Indian English. Amsterdam 1998
107. Millar, S.: The Question of Ethno-linguistic Differences in Northern Ireland. In: English World-Wide 8 (1987), 201–213
108. Milroy, J.: Regional Accents of English: Belfast. Belfast 1981
109. Milroy, L.: Language and Social Networks. Oxford 1980
110. Milroy, L.: Observing & Analysing Natural Language. Oxford 1987
111. Mühlhäusler, P.: Pidgin and Creole Linguistics. Oxford 1986
112. Mugglestone, L.: 'Talking Proper': The Rise of Accent as a Social Symbol. Oxford 1995
113. Murison, D.: The Scottish Language. In: Daiches, D. (Hg.): A Companion to Scottish Culture. London 1981, S. 345–347
114. Orton, H. u. a.: The Survey of English Dialects. Leeds 1962–71, Nachdruck London 1998
115. Paddock, H.: Newfoundland Dialects of English. In: Paddock, H. (Hg.): Languages in Newfoundland and Labrador. St. John's 1982, S. 71–89
116. Parry, D.: On Producing a Linguistic Atlas: The Survey of Anglo-Welsh Dialects. In: Kirk, J. M. u. a. (Hg.): Studies in Linguistic Geography. London 1985, S. 51–66
117. Patrick, P.: Urban Jamaican Creole. Amsterdam 1998
118. Penhallurick, R. J.: The Anglo-Welsh Dialects of North Wales. Frankfurt 1991
119. Penhallurick, R. J.: Gowerland and its Language. Frankfurt 1994
120. Poplack, S./Tagliamonte, S.: African American English in the Diaspora: Evidence from Old-line Nova Scotians. In: Clarke, S. (Hg.): Focus on Canada. Amsterdam 1993, S. 109–150
121. Preston, D. R.: Perceptual Dialectology: Nonlinguist's Views of Areal Linguistics. Dordrecht 1989
122. Quirk, R. u. a.: A Comprehensive Grammar of the English Language. London 1985
123. Ramisch, H.: The Variation of English in Guernsey/Channel Islands. Frankfurt 1989
124. Romaine, S.: Pidgin and Creole Languages. Harlow 1988
125. Romaine, S.: Language in Society: An Introduction to Sociolinguistics. Oxford ²2000
126. Sabban, A.: Gälisch-englischer Sprachkontakt: Zur Variabilität des Englischen im gälischsprachigen Gebiet Schottlands. Heidelberg 1982
127. Sandred, K. I.: Good or Bad Scots? Attitudes to Optional Lexical and Grammatical Usages in Edinburgh. Uppsala 1983
128. Schmied, J. J.: English in Africa: An Introduction. London 1991
129. Sebba, M.: London Jamaican: Language Systems in Interaction. London 1993
130. Shorrocks, G.: A Grammar of the Dialect of the Bolton Area. Bd. 1: Frankfurt 1998, Bd. 2: 1999
131. Speitel, H.-H.: An Areal Typology of Isoglosses. Isoglosses near the Scottish-English Border. In: Zeitschrift für Mundartforschung 36 (1969), S. 49–66
132. Speitel, H.-H.: The Geographical Position of the Scots Dialect in Relation to the Highlands of Scotland. In: Benskin, M. u. a. (Hg.): So Meny People Longages and Tonges. Edinburgh 1981, S. 107–129
133. Sutcliffe, D.: British Black English. Oxford 1982
134. Todd, L.: By their Tongue divided: Towards an Analysis of the Speech Communities in Northern Ireland. In: English World-Wide 5 (1984), S. 159–180
135. Trudgill, P.: The Dialects of England. Oxford 1990
136. Trudgill, P./Hannah, J.: International English: A Guide to Varieties of Standard English. London ³1994
137. Viereck, W.: Regionale und soziale Erscheinungsformen des britischen und amerikanischen Englisch. Tübingen 1975 a
138. Viereck, W.: Lexikalische und grammatische Ergebnisse des Lowman-Survey von Mittel- und Südengland. 2. Bde. München 1975 b
139. Wächtler, K.: Geographie und Stratifikation der englischen Sprache. Düsseldorf 1977
140. Wakelin, M. F.: The Stability of English Dialect Boundaries. In: English World-Wide 4 (1983), S. 1–15
141. Wakelin, M. F.: The Archaeology of English. London 1988
142. Wells, J. C.: Accents of English. 3. Bde. und Tonkassette. Cambridge 1982
143. Wilson, H. R.: The Dialect of Lunenburg County, Nova Scotia. Ph. D. University of Michigan, Ann Arbor 1958
144. Winer, L.: Trinidad and Tobago. Amsterdam 1993

Atlanten und Wörterbücher

145. Allsopp, R.: Dictionary of Caribbean English Usage. Oxford 1996
146. Anderson, P.: A Structural Atlas of English Dialects. London 1987
147. Avis, W. S.: A Dictionary of Canadianisms on Historical Principles. Toronto 1967
148. Avis, W. S.: The Gage Canadian Dictionary. Toronto [2]1984
149. Barnhart, C. L.: The Barnhart Dictionary of New English: 1963–1972. London 1973
150. Barnhart, C. L.: The Second Barnhart Dictionary of New English. Bronxville 1980
151. Barnhart, R. K.: Third Barnhart Dictionary of New English. New York 1990
152. Branford, J./Branford, W.: A Dictionary of South African English. Cape Town [4]1991
153. Bright, E. S.: A Word Geography of California and Nevada. Berkeley 1971
154. Carver, C.: American Regional Dialects: A Word Geography. Ann Arbor 1987
155. Cassidy, F. G./Hall, J. H.: Dictionary of American Regional English. Bd. 1: Cambridge, MA 1985, Bd. 2: 1991, Bd. 3: 1996
156. Cassidy, F. G./LePage, R. B.: Dictionary of Jamaican English. Cambridge [2]1980
157. Craigie, W. A./Aitken, A. J.: A Dictionary of the Older Scottish Tongue. Chicago 1931 ff.
158. Delbridge, A.: The Macquarie Dictionary. North Ryde, NSW, [2]1991
159. Fowler, H. W.: A Dictionary of Modern English Usage (1926). Second edition rev. by E. Gowers. Oxford 1965
160. Fyle, C. N./Jones, E. D.: A Krio-English Dictionary. Oxford 1980
161. Grant, W./Murison, D. D.: The Scottish National Dictionary. 10 Bde. Edinburgh 1931–76
162. Holm, J. A./Shilling, A. W.: Dictionary of Bahamian English. Cold Spring, NY 1982
163. Jakobsen, J.: An Etymological Dictionary of the Norn Language in Shetland. London 1928–1932
164. Jones, D.: English Pronouncing Dictionary. Cambridge [15]1997
165. Kurath, H.: A Word Geography of the Eastern United States. Ann Arbor 1949
166. Kurath, H. u. a.: Middle English Dictionary. Ann Arbor 1952–2001
167. Kurian, G. B. T.: Dictionary of Indian English. Madras 1966
168. Lamb, G.: Orkney Wordbook: A Dictionary of the Dialect of Orkney. Byrgisey 1988
169. Macafee, C.: A Concise Ulster Dictionary. Oxford 1996
170. Mather, J. Y./Speitel, H.-H.: The Linguistic Atlas of Scotland. Scots Section. Bd. 1: London 1975. Bd. 2: 1977. Bd. 3: 1986
171. Mathews, M. M.: A Dictionary of Americanisms on Historical Principles. Chicago 1951
172. McIntosh, A. u. a.: A Linguistic Atlas of Late Mediaeval English. 4 Bde. Aberdeen 1986
173. Murray, J. A. H. u. a.: The Oxford English Dictionary. Oxford [2]1989
174. The New Oxford Dictionary of English on CD-ROM. Oxford 2000
175. Orsman, H. W.: The Dictionary of New Zealand English. A Dictionary of New Zealandisms on Historical Principles. Auckland 1997
176. Orton, H./Wright, N.: A Word Geography of England. London 1974
177. Orton, H. u. a.: The Linguistic Atlas of England. London 1978
178. Parry, D.: The Survey of Anglo-Welsh Dialects. Bd. 1: The South-East. Swansea 1977; Bd. 2: The South-West. Swansea 1979
179. Pearsall, J.: The New Oxford Dictionary of English. Oxford 1998
180. Pratt, T. K.: Dictionary of Prince Edward Island English. Toronto 1988
181. Ramson, W. S.: The Australian National Dictionary: A Dictionary of Australianisms on Historical Principles. Melbourne 1988
182. Robinson, M.: The Concise Scots Dictionary. Aberdeen 1985
183. Rooney, K.: Encarta World English Dictionary. Gütersloh 1999
184. Story, G. M. u. a.: Dictionary of Newfoundland English. Toronto 1982
185. Todd, L.: Words Apart: A Dictionary of Northern Ireland English. Gerards Cross, Bucks. 1990
186. Upton, C. u. a.: Survey of English Dialects: The Dictionary and Grammar. London 1994
187. Upton, C./Widdowson, J. D. A.: An Atlas of English Dialects. Oxford 1996
188. Viereck, W./Ramisch, H.: The Computer Developed Linguistic Atlas of England. Bd. 1: Tübingen 1991, Bd. 2: 1997
189. Wells, J. C.: Longman Pronunciation Dictionary. Harlow [2]2000
190. Wright, J.: The English Dialect Dictionary. 6 Bde. London 1898–1905. Bd. 6 enthält The English Dialect Grammar

Namenkunde und Genetik

191. Bahlow, H.: Deutschlands geographische Namenwelt: Etymologisches Lexikon der Fluß- und Ortsnamen alteuropäischer Herkunft. Frankfurt/M. 1965, Nachdruck 1985
192. Brown, E. S.: Distribution of the ABO and Rhesus (D) Blood-groups in the North of Scotland. In: Heredity 20 (1965), S. 289–303
193. Cameron, K.: English Place-Names. London 1961
194. Frazer, T. C.: Isoglosses and Place Names in Historical Context. In: Names 33 (1985), S. 225–231
195. Gelling, M.: Signposts to the Past: Place-Names and the History of England. London 1979
196. Gelling, M.: Towards a Chronology for English Place-Names. In: Hooke, D. (Hg.): Anglo-Saxon Settlements. Oxford 1988, S. 59–76
197. Greenberg, J. H.: The Languages of Africa. Bloomington ²1963
198. Greenberg, J. H.: Languages in the Americas. Stanford 1987
199. Kopeć, A. C.: The Distribution of the Blood-Groups in the United Kingdom. London 1970
200. Lasker, G. W.: Surnames and Genetic Structure. Cambridge 1985
201. Renfrew, C.: Archaeology and Language: The Puzzle of the Indoeuropean Origins. London 1987
202. Vennemann, T.: Zur Erklärung bayerischer Gewässer- und Siedlungsnamen. In: Sprachwissenschaft 18 (1993), S. 425–483
203. Viereck, W.: Pri la kulturhistorio de Eŭropo/Zur Kulturgeschichte Europas. Acta Sanmarinensia Academiae Internationalis Scientiarum Vol. V. 3 (2000)
204. Voitl, H.: Die Entstehung englischer Familiennamen aus Taufnamen (Patronymika). In: Schützeichel, R. u. a. (Hg.): Erlanger Familiennamen-Colloquium. Neustadt an der Aisch 1985, S. 19–39
205. Voitl, H.: Englische Familiennamen als fossile englische Wörter. In: Bertram, U. u. a. (Hg.): Erlanger Anglistik und Amerikanistik in Vergangenheit und Gegenwart. Erlangen 1990, S. 115–137

Verschiedenes

206. Ammon, U. (Hg.): The Dominance of English as a Language of Science. Berlin 2000
207. Campbell, M.: Social Origins of some Early Americans. In: Smith, J. M. (Hg.): Seventeenth-Century America: Essays in Colonial History. Chapel Hill 1959, S. 63–89
208. Carter, H./Williams, G.: Aggregate Studies of Language and Culture Change in Wales. In: Williams, G. (Hg.): Social and Cultural Change in Contemporary Wales. London 1978, S. 143–165
209. Churchill, W.: History of the English-speaking Peoples, 2. Bd. London 1956
210. Daiches, D./Flower, J.: Literary Landscapes of the British Isles. Harmondsworth 1985
211. Eichhoff, J.: Wortatlas der deutschen Umgangssprachen. Bd. 2. Bern 1978, Bd. 3. München 1993, Bd. 4: München 2000
212. Fishman, J. u. a. (Hg.): Post Imperial English: Status Change in Former British and American Colonies, 1940–1990. Berlin 1996
213. König, W.: dtv-Atlas Deutsche Sprache. München ¹²1998
214. Lehnert, M.: Anglo-Amerikanisches im Sprachgebrauch der DDR. Berlin 1990
215. Ogden, C. K.: Basic English. London 1930
216. Österreichisches Wörterbuch, hg. im Auftrag des Bundesministeriums für Unterricht und Kunst. Wien ³⁵1979
217. Pfeffer, A. J./Cannon, G.: German Loanwords in English. An Historical Dictionary. Cambridge 1994
218. Ritchie, A.: Picts: An Introduction to the Life of the Picts and the Carved Stones in the Care of the Secretary of State for Scotland. Edinburgh 1989
219. Viereck, K.: Englisches Wortgut, seine Häufigkeit und Integration in der österreichischen und bundesdeutschen Pressesprache. Frankfurt 1980

Abbildungsnachweis

Alle Abbildungen wurden für diesen Atlas erstmals oder neu gezeichnet. Im Folgenden werden die Vorlagen, Teilvorlagen und Datenquellen nachgewiesen. Die **halbfetten** Zahlen beziehen sich auf die Seiten der Abbildungen, die Zahlen nach dem Doppelpunkt auf die Nummern der Titel im Literaturverzeichnis. Wo keine Quelle angegeben ist, handelt es sich um allgemein verbreitete Darstellungen.

10: F. Schmidt: Zeichen und Wirklichkeit, Stuttgart 1966 und H. Ramisch. **12A:** 135. **12B:** 40. **14A:** H. Ramisch. **14B:** S. Greenbaum in: English Today 28, 1991. **16A:** 78. **16B,18A:** 164. **18B:** 78. **20:** 164. **22A,B:** H. Ramisch. **22C:** L. Lipka: An Outline of English Lexicology, Tübingen 1992[2]. **24A,B,C,26A,B,C:** 122. **28A:** L. Lipka: An Outline of English Lexicology, Tübingen 1992[2]. **28B:** F. de Saussure: Cours de linguistique générale, Paris 1916. **28C:** C. K. Ogden und I. A. Richards: The Meaning of Meaning, London 1949[10]. **30A:** G. Leech: Semantics. The Study of Meaning, Harmondsworth 1981[2]. **30B:** F. Palmer: Semantics. A New Outline, Cambridge 1981[2]. **30C:** L. Lipka: An Outline of English Lexicology, Tübingen 1992[2] und H. Ramisch. **32A:** H. Ramisch. **32B:** G. Leech: Semantics. The Study of Meaning, Harmondsworth 1981[2]. **32C:** F. J. Hausmann: Einführung in die Benutzung der neufranzösischen Wörterbücher, Tübingen 1977. **34,35:** Philip E. Ross in: Spektrum der Wissenschaft 6/1991. **36:** Atlas Linguarum Europae, Rom 1997. **38,40A:** Philip E. Ross in: Spektrum der Wissenschaft 6/1991. **40 B:** Cavalli-Sforza in: Spektrum der Wissenschaft 1/1992. **42A:** 213. **42 B:** J. P. Mallory: In Search of the Indo-Europeans, London 1989. **46A:** 213. **48:** 213. **50A:** T. Capelle: Archäologie der Angelsachsen, Darmstadt 1990 und W. Viereck. **50B:** The Reader's Digest Complete Atlas of the British Isles, London 1965. **52A:** DER SPIEGEL 41/1994 und W. Viereck. **52B:** P. Vidal-Naquet und J. Bertin: Historischer Bild-Atlas, München 1991. **54B:** 213. **54C:** M. Lehnert, Poetry and Prose of the Anglo-Saxons, Halle 1960. **56A,B,C:** The Reader's Digest Complete Atlas of the British Isles, London 1965. **56D:** 195. **58A:** G. Fellows-Jensen in: Wikinger – Waräger – Normannen, Berlin 1992 und W. Viereck. **58B:** W. Viereck. **60A:** G. Bernage in: Heimdal. Normandie – Europe du Nord 16/1975 und W. Viereck. **60B:** R. A. Donkin in: H. C. Darby, A New Historical Geography of England before 1600, Cambridge 1976. **62:** H. Kinder und W. Hilgemann: dtv-Atlas zur Weltgeschichte Bd. 1, München 1986[21]. **64A,B:** D. F. Renn: Norman Castles in Britain, London 1973[2]. **66A,B,C,D:** R. Beadle in: M. Laing und K. Williamson, Speaking in our Tongues, Cambridge 1994. **68A,B,C,D:** 172. **72A:** 62. **72B:** A. Ellegrd: The Auxiliary Do, Stockholm 1953. **74B:** M. Görlach: Einführung in die englische Sprachgeschichte, Heidelberg 1994[3] und W. Viereck. **76A,B:** D. Graddol u. a.: English: History, Diversity and Change, London 1996. **78A:** W. Viereck. **78B:** D. Daiches und J. Flower: Literary Landscapes of the British Isles, Harmondsworth 1981. **78C:** J. Forster: Class Struggle and the Industrial Revolution, London 1977. **78D:** J. T. Coppock in: H. C. Darby, A New Historical Geography of England after 1600, Cambridge 1976. **78E:** R. E. Dickinson: City and Region, London 1972. **80A:** 54. **80B:** W. Viereck in: English World-Wide 1, 1980. **82A:** 137. **82B,C:** The Reader's Digest Complete Atlas of the British Isles, London 1965. **82D:** 177. **84 A,B:** W. Viereck. **84C,D,86A,B:** 188. **86C:** M. Alinei in: M. Alinei und W. Viereck, Atlas Linguarum Europae: Perspectives nouvelles en géolinguistique, Rom 1997. **88A:** W. Viereck in: K. Hyldgaard-Jensen und Arne Zettersten, Symposium on Lexicography IV, Tübingen 1988. **88B:** W. Viereck. **88C:** 88. **88D:** W. Viereck. **88E:** 188. **90:** 137. **92A:** 199. **92B:** A. Fischer: Dialects in the South-West of England, Bern 1976. **92C:** B. Glauser in: English World-Wide 12, 1991. **94A:** W. Viereck in: D. Kastovsky und A. Szwedek, Linguistics across Historical and Geographical Boundaries, Berlin 1986. **94B:** R. K. S. Macaulay in: J. Kirk u. a., Studies in Linguistic Geography, London 1985. **94C:** 88. **96A,B,C,D** und **98A,B,C:** H. Vogel. **98D:** H. Händler. **100A,B:** 135. **102A:** 88. **102B:** W. Viereck. **104A:** K. J. George in: Cornish Studies 14, 1986. **104B:** G. Broderick in: P. S. Ureland und G. Broderick, Language Contact in the British Isles, Tübingen 1991. **106A,B:** 123. **108A:** H. L. Humphreys: La langue galloise, Rennes 1979. **108B:** H. Carter und G. Williams in: G. Williams, Social and Cultural Change in Contemporary Wales, London 1978 und A. Thomas. **112A:** W. Viereck. **112B:** 178. **114:** C. W. J. Withers in: Scottish Literary Journal Supplement 9, 1979; C. W. J. Withers: Gaelic in Scotland 1698–1981, Edinburgh 1984. **116A:** K. Mackinnon in: 42; 1991 Census: Monitor for Scotland, Edinburgh 1992. **116B:** C. W. J. Withers: Gaelic in Scotland 1698–1981, Edinburgh 1984; 1991 Census: Monitor for Scotland, Edinburgh 1992. **116C:** 132. **118:** 126 und W. Viereck. **122A:** W. Viereck. **122B:** 51. **124A:** 182; D. Murison in: D. Daiches, A Companion to Scottish Culture, London 1981. **124C:** 88. **126A,B:** The Reader's Digest Complete Atlas of the British Isles, London 1965. **126C,128A:** 170. **128B:** The Reader's Digest Complete Atlas of the British Isles, London 1965. **128C,D,130A:** 170. **130B:** 170 und M. Gressmann. **132A,B:** W. Viereck. **134A:** 3. **134B:** R. K. S. Macaulay in: 39. **136A:** The New Encyclopædia Britannica, Bd. 21, Chicago 1990[15]. **136B:** R. D. Edwards: An Atlas of Irish History, London 1981. **136C:** R. Lawton in: Irish Geography 4, 1959. **138A:** R. Hindley in: C. H. Williams, Linguistic Minorities, Society and Territory, Clevedon 1991. **138B,140B:** Volkszählungsergebnisse. **142A:** 67. **142B,144:** P. L. Henry in: J. Kirk u. a., Studies in Linguistic Geography, London 1985. **146:** W. Viereck. **148A:** 108. **148B:** 82. **150:** P. Vidal-Naquet, J. Bertin: Historischer Bild-Atlas, München 1991. **152A:** 26 und W. Viereck. **152B:** 136. **154A,B:** 124. **156A:** P. Vidal-Naquet und J. Bertin: Historischer Bild-Atlas, München 1991; H. Kinder und W. Hilgemann: dtv-Atlas zur Weltgeschichte, München 1986[21] und W. Viereck. **156B:** P. Vidal-Naquet und J. Bertin: Historischer Bild-Atlas, München 1991. **156C:** N. Stone: The Times Atlas of World History, London 1990[3]. **156D:** US Census Bureau. **158A:** 141. **158B:** H. Kurath: Studies in Area Linguistics, Bloomington 1972. **158C,D:** H. Kurath u. a.: Handbook of the Linguistic Geography of New England, New York 1973[2]. **160A:** 1980 Census of Population: Ancestry of the Population by State, Washington 1983 und J. Eichhoff in: F. Trommler, Amerika und die Deutschen, Opladen 1986. **160B:** R. I. McDavid, Jr. in: W. N. Francis, The

Structure of American English, New York 1958. **160C:** 153. **162A:** N. F. Conklin und M. A. Lourie: A Host of Tongues: Language Communities in the United States, New York 1983; W. Zelinsky: The Cultural Geography of the United States, Englewood Cliffs, N. J. 1973 und W. Viereck. **162B:** 154. **164A:** 102. **164B:** C. E. Reed: Dialects of American English, Amhurst 1977. **164C:** 155. **164D:** N. F. Conklin und M. A. Lourie: A Host of Tongues: Language Communities in the United States, New York 1983. **166A:** R. L. Morrill in: Economic Geography 48, 1972. **166B:** T. R. Miller: Graphic History of the Americas, Melbourne, FL 1972. **166C:** R. L. Morrill in: Economic Geography 48, 1972. **168A:** R. Burling: English in Black and White, New York 1973. **168B:** P. Jones-Jackson in: M. B. Montgomery und G. Bailey: Language Variety in the South: Perspectives in Black and White, University, AL 1986 und W. Viereck in: Neuphilologische Mitteilungen 92, 1991. **170:** Brockhaus Enzyklopädie Band 10 (1999), S. 448 u. Philip's Atlas of World History, London 1999, S. 109. **172A:** M. Görlach. **172B:** G. Glissmeyer in: R. W. Bailey, Varieties of Present-Day English, New York 1973. **174:** L. Wolf: Französische Sprache in Kanada, München 1987. **176:** D. G. G. Kerr: A Historical Atlas of Canada, Ontario 1966[2] und W. Viereck. **178A:** Statistics Canada/Statistique Canada, Ottawa 1993. **178B:** L. Wolf in: Zeitschrift der Gesellschaft für Kanada-Studien 1, 1981; Statistics Canada/Statistique Canada, Ottawa 1993. **180:** M. Görlach in: Zeitschrift der Gesellschaft für Kanada-Studien 7, 1987. **182A:** M. H. Scargill: Modern Canadian English Usage. Linguistic Change and Reconstruction, Toronto 1974. **182B:** 74. **184A:** 143. **184B:** R. W. Winks: The Blacks in Canada: A History, Montreal 1971. **184C:** J. Edwards in: C. H. Williams, Linguistic Minorities, Society and Territory, Clevedon 1991. **186A:** W. Kirwin und R. Hollet in: Journal of English Linguistics 19, 1986. **186B:** 115. **188:** H. Ramisch. **190,192:** J. Holm in: 9. **194A:** B. Lalla und J. D'Costa: Language in Exile. Three Hundred Years of Jamaican Creole, Tuscaloosa 1990. **194B:** B. Bailey in: D. Hymes, Pidginization and Creolization of Languages, Cambridge 1971. **196:** H. Ramisch. **198:** 128 und H. Ramisch. **200A:** L. Todd in: R. W. Bailey und M. Görlach, English as a World Language, Ann Arbor 1982. **200B:** I. Hancock und R. Angogo in: R. W. Bailey und M. Görlach, English as a World Language, Ann Arbor 1982. **202A:** 128. **202B:** I. Hancock und R. Angogo in: R. W. Bailey und M. Görlach, English as a World Language, Ann Arbor 1982. **204A:** D. Gough in: V. de Klerk, Focus on South Africa, Amsterdam 1996. **204B:** H. Ramisch. **206:** 128 und H. Ramisch. **208A,B,210A:** H. Ramisch. **210B:** B. Kachru in: R. W. Bailey und M. Görlach, English as a World Language, Ann Arbor 1982. **212A:** H. Ramisch. **212B:** J. Platt in: R. W. Bailey und M. Görlach, English as a World Language, Ann Arbor 1982. **212C,214A,B,C:** H. Ramisch. **216:** C. Moseley und R. E. Asher: Atlas of the World's Languages, London 1994. **220A:** 124. **220B:** S. A. Wurm u. a.: Atlas of Languages of Intercultural Communication in the Pacific, Asia, and the Americas, Berlin 1996. **222A,B:** Wochenzeitung Wantok: Niuspepa bilong ol Papua Niugini stret. **222C:** T. Dutton: A new course in Tok Pisin (New Guinea Pidigin). Canberra 1994. **224A,B,C:** H. Ramisch. **226A:** R. Eagleson in: R. W. Bailey und M. Görlach, English as a World Language, Ann Arbor 1982 und H. Ramisch. **226B:** A. Shnukal in: 32. **226C:** J. Harris: Northern Territory Pidgins and the Origins of Kriol, Canberra 1986. **226D:** M. Clyne: Community Languages. The Australian Experience, Melbourne 1991. **228A:** P. Bryant in: 32. **228B:** D. Bradley in: 10. **230A:** B. Horvath in: 32. **230B:** 136. **230C:** H. Ward: Down Under Without Blunder, Rutland 1967. **232A:** R. Eagleson in: R. W. Bailey und M. Görlach, English as a World Language, Ann Arbor 1982 und H. Ramisch. **232B:** E. Gordon und M. Abell in: 7. **234A:** 136. **234B:** D. Bayard: Kiwitalk: Sociolinguistics and New Zealand Society, Palmerston North 1995. **236A:** Die Presse, Wien, 16. 7. 1993. **236B:** W. Viereck. **236C:** 59 und W. Viereck. **238,239:** W. Viereck. **240:** J. Baden u. a.: Empire, Commonwealth, Europe, Stuttgart 1988. **242A:** W. Viereck. **242B:** Börsenblatt 57/20. Juli 1999. **244A,B:** U. Ammon: Ist Deutsch noch internationale Wissenschaftssprache? Berlin 1998. **246,248:** W. Viereck in: Folia Linguistica 22, 1988. **250A,B,252A,B:** W. Viereck. **254,255,256,257,258:** 211. **260:** Britain: An Official Handbook, London 1964. **261:** H. Händel und D. A. Gossel: Großbritannien, München 1994[3].

Personenregister

Sachregister